奢侈品品牌 管理研究

Research on Luxury Brand Management

张梦霞　郭希璇◎著

经济管理出版社
ECONOMY & MANAGEMENT PUBLISHING HOUSE

图书在版编目（CIP）数据

奢侈品品牌管理研究/ 张梦霞，郭希璇著．—北京：经济管理出版社，2019.7
ISBN 978-7-5096-6755-2

Ⅰ. ①奢… Ⅱ. ①张… ②郭… Ⅲ. ①品牌—企业管理—高等学校—教材 Ⅳ. ①F273.2

中国版本图书馆 CIP 数据核字（2019）第 143328 号

组稿编辑：张　艳
责任编辑：张　艳　张广花　朱江涛
责任印制：黄章平
责任校对：王纪慧

出版发行：经济管理出版社
　　　　　（北京市海淀区北蜂窝 8 号中雅大厦 A 座 11 层　100038）
网　　　址：www. E-mp. com. cn
电　　　话：（010）51915602
印　　　刷：三河市延风印装有限公司
经　　　销：新华书店
开　　　本：720mm×1000mm/16
印　　　张：20.75
字　　　数：518 千字
版　　　次：2019 年 10 月第 1 版　　2019 年 10 月第 1 次印刷
书　　　号：ISBN 978-7-5096-6755-2
定　　　价：59.00 元

前言 CONTENTS

自 2016 年以来，中国消费者对奢侈品的购买开始规模性地从国际市场向国内市场回流，并呈现出明显的增长趋势，其主要原因是我国政府连续降低奢侈品关税、《中华人民共和国电子商务法》等法律法规的颁布、国内加强对奢侈品代购和入境物品的稽查，以及奢侈品企业在中国投资政策的调整。

中国消费者奢侈品消费的回流趋势呈现出两个重要特征：第一，国际奢侈品品牌扩大在中国市场的发展；第二，国际奢侈品品牌线上线下同时布局全渠道营销，特别是线上渠道越来越受到重视。事实上，以路易威登（Louis Vuitton）、古驰（Gucci）和香奈儿（CHANEL）等为代表的超过 76 个国际奢侈品品牌已经加快在中国内地市场布局的速度，尤其是在线上渠道。2017 年，国际奢侈品品牌的数字化营销支出占比为 40%～50%，同比增长 29%。路威酩轩集团（LVMH）旗下五大部门先后入驻天猫，斯沃琪集团（Swatch）和阿玛尼（Armani）旗下的品牌也宣布加入天猫高端专享平台（Luxury Pavilion）。这种新的市场环境的变化，对国内外品牌商而言，机遇与挑战并存。

本书聚焦奢侈品品牌的特殊性，系统研究奢侈品品牌管理的理论体系，从理论和实践两个方面深入探索奢侈品品牌管理的内在逻辑，反映奢侈品品牌管理理论发展的新趋势。同时，笔者通过对大量的奢侈品品牌管理案例进行分析，力图从品牌管理实践中找到新的理论思想依据。本书对现有奢侈品品牌理论有所补充，也为日益增长的奢华时尚产业从业者补充必备的专业知识。

本书由张梦霞负责理论构架、内容设计、学术规范和最终统稿。郭希璇负责本书撰写过程中的体例规范、初稿修改和协调工作等。叶慧敏负责对初稿的校对。本书共包括十五章，第一章为奢侈品品牌演进；第二章为奢侈品品牌的基本特征；第三章为奢侈品品牌产品；第四章为奢侈品品牌行业与企业；第五章为奢侈品品牌商业模式；第六章为奢侈品品牌消费者行为；第七章为奢侈品品牌的感知价值；第八章为奢侈品定价；第九章为奢侈品品牌营销渠道与物流；第十章为奢侈品品牌零售；第十一章为奢侈品电子商务；第十二章为奢侈品品牌延伸与品牌授权；第十三章为奢侈品品牌形象识别与传播；第十四章为奢侈品品牌资产与度量；第十五章为奢侈品品牌的可持续发展。各章的初稿作者依次为原梦琪、周游、毛晨曦、肖彦庭、谢蓉花、夏莉、陈静、郭希璇、齐永智、黄韵衡、常辉、孙宁、李雨花、张梦霞和叶慧敏。其中，齐永智为山西财经大学副教授，郭希璇和陈静是对外经济贸易大学博士研究生，其他作者是对外经济贸易大学硕士研究生。作为本书的第一作者和课题负责人，本人对参加本书编写工作的各位作者表示真诚的感谢。本书的撰写博采众长，对于公开发表的理论、观点、信息和数据等，本人在书中尽力标注文献来源，若有未尽之处敬请告知，本人将在再版时予以补充。在此，对文献的相关作者表示衷心的感谢和敬意。由于水平有限，在本书写作过程中会有疏漏和欠缺，敬请读者批评指正。

特别感谢对外经济贸易大学校级教改立项基金"奢侈品品牌管理（2017）"的支持。

张梦霞
对外经济贸易大学国际经贸学院

第 一 章
奢侈品品牌演进 ···

第一节　奢侈品品牌的概念

在世界经济发展水平不断提高和奢侈品消费快速增长的时代，尤其是在经济正处于快速增长时期的中国，奢侈品行业受到了广泛关注。虽然奢侈品的经济体量占社会经济总量的比重较小，但奢侈品消费对政治、经济、社会、文化的发展具有深远的意义。

一、品牌

（一）品牌的界定

美国市场营销学会对品牌的定义：品牌是一种名称、术语、标记、符号或设计，或是它们的组合运用，其目的是借以辨认某个销售者，或某群销售者的产品及服务，并使之与竞争对手的产品和服务区别开来。

品牌的出现可追溯到 19 世纪早期，酿酒商为了突出自己的产品，在盛有威士忌的木桶上打出区别性的标志，品牌概念的雏形由此而形成。早期的品牌界定主要强调品牌是一个区别于其他产品的标志，其内涵相对狭窄。随着品牌营销实践的不断推进，品牌的内涵和外延也在不断扩大。如果说品牌最初只是一个区别性的标志，那么当今时代的品牌是价值创造的源泉。品牌不仅能改变一个行业的前景，一些强势品牌甚至能深深根植于整个民族的心智，成为民族文化的一部分。比如，可口可乐的"快乐的、自我的"品牌理念已成为美国文化的象征。

品牌的价值在于可以在消费者心中树立独特的、良好的形象。如苹果手机品牌不只是手机上的苹果名称和标识，而是苹果的名称及标识能在消费者心中唤起对该品牌手机的一切美好印象。这些印象既有有形的，也有无形的，包括社会的或心理的效应。

（二）品牌的内涵

品牌的内涵在于，它除了向消费者传递品牌的属性和利益外，更重要的是它向消费者所传递的品牌价值、品牌个性及在此基础上形成的品牌文化。品牌属性、品牌利益、品价值、品牌文化、品牌个性及品牌使用者六种要素共同构成品牌的内涵，这六种要素是一个紧密联系的统一体。

1. 品牌属性

一个品牌首先代表特定产品的属性。例如，海尔表现出的质量可靠、服务上乘和"一流的产品，完善的服务"是其成为中国家电第一品牌的成功基础。特定的属性附着在一定的产品上，不同品牌的产品表现为不同的属性差异。消费者可以根据不同的品牌区分出同类产品的属性差异，据此选择自己所需要的产品。

2. 品牌利益

消费者购买利益而不是购买属性。从消费者视角来看，品牌属性就是品牌功能和情感利益。"质量可靠"会减少消费者维修费用，给消费者提供节约维修成本的利益；"服务上乘"意味着极大地方便了消费者。

3. 品牌价值

品牌的价值是品牌向消费者承诺的功能性、情感性及自我表达性利益，体现了制造商的某种价值观。品牌的价值是一种超越企业实体和产品以外的价值，是与品牌的知名度、认同度、美誉度、忠诚度及消费者对品牌的印象紧密相关的、能给企业和消费者带来效用的价值，是产品属性的升华。例如，"高标准、精细化、零缺陷"是海尔的服务价值。品牌价值的积累需要企业的长期努力，并通过企业与顾客之间保持稳固的联系得以实现。

4. 品牌文化

品牌属于文化价值的范畴，是社会物质形态和精神形态的统一体，是现代社会的消费心理和文化价值取向的结合。如海尔体现了高效率、高品质的文化，而小糊涂仙则象征难得糊涂的价值观。

5. 品牌个性

个性是品牌存在的灵魂，品牌个性是品牌与消费者沟通的心理基础。从深层次来看，消费者对品牌的喜爱源于对品牌个性的认同。海尔最突出的品牌个性是真诚，而沃尔玛则是勤俭和朴实。

6. 品牌使用者

品牌暗示了购买或使用产品的消费者类型。品牌将消费者区隔开来，这种区隔不仅从消费者的年龄、收入等表象特征体现出来，更多地体现在消费者心理特征和生活方式上。如购买奔驰车的消费者是追求彰显身份和地位的成功人士。

（三）品牌与名牌

人们往往用名牌来比喻强势品牌，"树精品名牌战略"的口号比比皆是，用名牌替代品牌，导致企业品牌营销走入误区。品牌与名牌的区别是明显的。如前所述，品牌深远的内涵使得企业塑造品牌必须是一个系统工程，品牌价值、个性和文化的形成是一个不断积累、丰富、完善和更新的过程，品牌是企业整体素质的体现。名牌，顾名思义是指知名度较高的品牌，而知名度仅仅是品牌特征的一部分。一个只有知名度的品牌，不一定是强势的品牌。将名牌视同为品牌，表现在企业的品牌营销行为上便是简单地将广告视为做品牌。在中国企业的品牌营销历史上，追求品牌知名度而不注重其他内涵的品牌都只是昙花一现，秦池、爱多等品牌让我们吸取了深刻的教训。

品牌管理涉及企业运作的方方面面，只有真正树立品牌观念，加上科学的管理、优秀的人才、先进的营销策略以及过硬的产品质量，才能实现企业可持续发展，产品才具有竞争力、生命力，才能打造一个真正的强势品牌。

二、奢侈品品牌

(一) 奢侈品的内涵

奢侈一词来源于拉丁语"Luxus"，意为斜的、额外的，它的词根是一个古老的印欧语系单词"扭曲"，起初是指某些东西偏离正常轨道，具有强烈的负面含义。随着时代发展，奢侈所包含的"差别"和"精致理念"的概念在增强。工业革命后，奢侈逐渐标志着生活质量的提升。当人们想要把自己同他人区分开来时，"奢侈"便开始含有排他性的愉悦感受和稀缺性，关于有价值的、昂贵的意思也被包含其中，代表着财富、铺张和权力。后现代品牌的传播，使得奢侈有了不同的等级，同时也意味着不同的权力和声望。

经济学中，奢侈品往往只是相对于必需品来说的。亚当·斯密在《国富论》中最早给出了必需品的定义，然后采取了排除法，将不属于必需品的另一些产品归类为奢侈品。1997年，Kapferer首次从社会学角度对奢侈品进行了解释，"奢侈品代表的是美好的事物，是应用于功能性产品的艺术，就像光可以带来光明一样，它们提供的不仅是纯粹的物品，而是高品位的代名词"。[①] Simon Nyeck 将奢侈品的定义扩大到了生活方式，涉及由奢侈品消费带来的愉悦和欲望。奢侈可以是一个私人概念，具有高度情感化的特征。Christopher Berry（1994）认为"奢侈品是那些可以轻易并毫无痛苦地被替代的物品，特别精美并且具备一定品质，可以满足某种普遍存在的需求"。截至目前，学者们对奢侈品确定意义、轮廓、界限或组成成员尚未达成一致。原因在于：首先，奢侈品并非一个绝对范畴，而是一个相对的概念，它与当代社会环境和政治体制具有密切联系。其次，奢侈品的定义随着社会层级的不同而不同，一件商品对于一个层级的人来说是奢侈品，但对于另一个层级的人来说只是普通商品，人人都有自我意义上的奢侈品。再次，奢侈品并非一成不变，随着时间的推移，奢侈品所指范畴会发生改变。比如，由于工业生产力的发展使得曾经小众的产品大众化，当今的奢侈品未必就是明天的奢侈品。最后，奢侈品概念的模糊性源于概念的多元性，如新奢侈品、大众奢侈品、顶级豪华、平价奢华等。[②]

为更好地理解奢侈品的概念，我们需要区别以下概念：绝对概念上的奢侈品、相对概念上的奢侈品、个人选择意义上的奢侈品、作为工业部门的奢侈品、作为商业模式的奢侈品和作为经营策略的奢侈品，它们之间的区别如表1-1所示。

---

① J. N. Kapferer. Managing Luxury Brands [J]. Journal of Brand Management，1997（4）：251-259.

② 丹尼尔·兰格，奥利弗·海尔. 奢侈品营销与管理 [M]. 潘盛聪译. 北京：中国人民大学出版社，2016.

表 1-1　奢侈品相关概念对比

绝对概念上的奢侈品	商品本身就是奢侈品，甚至无须品牌的支撑。一般指遥不可及的特质、富裕的生活方式、昂贵的物品和人性化的服务等
相对概念上的奢侈品	奢侈品是一个相对的概念，对于部分人群来说该物品是奢侈品，对于另一部分人群来说是非奢侈品。比如驾驶中高档汽车对某些人来说是奢侈品，而对于某些人来说是正常品
个人选择意义上的奢侈品	这是一个私人的概念，揭示了个人所珍视的东西，它高度情感化但并非遥不可及，只要人们能真正付诸实践行动。与个人的经历有关，很难具有共性，因此不会引起人们的效仿，更无法催生一个行业
作为工业部门的奢侈品	奢侈品企业是这个部门的成员。例如，法国的精品行业联合会和意大利的豪奢品协会。而奢侈品发展、行业总销售额即是这些企业的销售总额
作为商业模式的奢侈品	奢侈品经营构成了一种特殊的商业模式，它创建自如今世界知名的奢侈品品牌
作为经营策略的奢侈品	此概念源于咨询公司将其应用于市场调查

资料来源：[法] 萨宾·伊史科娃. 奢侈品品牌管理概述 [J]. 韩燕（整理）. 艺术设计研究，2011（3）：11-16.

明晰了表 1-1 中六种与奢侈品相关的概念后，就很容易界定奢侈品，其定义需包含六项基本标准：①品质上乘的享受经历或长久耐用的产品；②以远高于其功能价值的价格出售；③其品牌与传统传承、特殊专门技术和文化内涵相关联；④有目的地限量、限区域发售；⑤提供人性化相关服务；⑥体现社会地位和优越性，使所有者或受益者深感与众不同。

以上六项标准包含了奢侈品概念的基本条件，并根据标准的特殊性侧重而有所不同。第一项标准将奢侈品与市场品区分开：前者是永恒的，后者是当下的。第二项、第三项、第六项标准将奢侈品与高档品和超高档品区分开：高档品根植于比较下的客观优越性，价格和收获成正比，而奢侈品是无法比较的。奢侈品的定价来自其深刻的无形魅力，这使得其品牌独一无二：首先是文化内涵和传统传承，其次是出产国、特殊专门技术、顾客知名度。

值得注意的是，奢侈品并没有价格门槛，其定价由品牌所定位的潜在顾客决定。核心定义中的稀有性并非客观意义上的稀有，而是部分奢侈品有意为之的稀有。

奢侈品是超出人们生存与发展需要范围的，具有独特、稀缺、珍奇等特点的商品。包括符号型商品（珠宝、名牌手表、提包等）和功能型商品（跑车、家具等）。奢侈品具有示范效应，人们向往美好生活的同时，有意或者无意地将奢侈品作为目标，以拥有它来模仿和追求高消费的生活方式。

（二）奢侈品品牌的含义

目前，对奢侈品品牌的认识有两种不同的观点：一是认为奢侈品品牌是泛指带给消费者某类生活方式的象征，暗示着品牌商品拥有者注重品位和质量；二是认为奢侈品品牌代表一种优雅的气质，几乎每个奢侈品品牌背后都有文化沉淀，而拥有者则受这些气质所感染。两类观点都从消费者的角度理解奢侈品品牌，因而在原意上并不冲突，只是前者更强调奢侈品的暗示作用，后者更强调消费者的认同，二者侧重有所不同。

如果说奢侈无形，奢侈品有形的话，那么奢侈品品牌更应归于无形领域。正如大卫·艾克所指出的，"品牌是一个'精神的盒子'，它是与品牌名称和标志联系在一起的一套资产，可以增加或减少产品或服务的价值"。从另一个角度来看，奢侈品只是一种物化的表现，而奢侈品品牌却有可能包含了服务、体验等无形内容。从广义角度看，奢侈品品牌泛指带给消费者高雅和精致生活方式的象征意义，注重品位和质量，并且主要面向高端产品。Nueno 和 Quelch（1998）对奢侈品品牌的界定是：奢侈品品牌是指产品价格中所包含的功能性效用比率较低，而无形的情境性效用比率较高的品牌。其中，功能性效用是指消费者能够从产品实际功能中获得的效用，无形的情境性效用是指像文化、社会、心理等无形因素给消费者带来的效用。[①] 奢侈由相对的、主观的观念形成，文化是构成奢侈品概念的关键因素。

奢侈品出现品牌化经营已有 100 多年的历史，众多奢侈品经营企业更是在现代商业文明的冲击下走上品牌化经营的道路。对于每家奢侈品企业来说，树立品牌具有重要的意义。首先，一个成功的奢侈品品牌实际上代表了一组忠诚的顾客，这批顾客会不断地购买本品牌的产品，形成品牌稳定的顾客群，确保该品牌销售额的稳定。其次，由于其高水平的消费者品牌知晓度和忠诚度，企业的营销成本相对减少，单位产品成本的降低意味着利润的增加。再次，由于奢侈品品牌具有较高的认知品质，企业可以在定价时考虑比同行业其他产品制定更高的价格，运用品牌价值制造利润空间的余地可以更大。复次，在激烈的价格竞争中，品牌价值可以保护其免受价格波动的风险冲击，提升其市场竞争力。最后，由于奢侈品品牌具有高信誉度，国际奢侈品品牌更容易开展品牌扩展，实施市场战略，扩充产品线。

由此可见，奢侈品品牌对品牌企业未来可持续性的发展起着非常重要的作用，而一个高知名度的奢侈品品牌是由多方面所支撑的，高质量、高性能、高附加值，良好的品牌形象以及优质的品牌服务，都可以不断提升奢侈品品牌的价值。

（三）奢侈品品牌与高档品牌的区别

消费升级已成为新消费时代热议的话题，人们越来越追求做工精良、价格高昂的高端品牌，但高端品牌的产品就一定是奢侈品吗？尽管它们在价格区间上有所重合，但高档品牌不同于奢侈品品牌，两者的对比如表 1-2 所示。

表 1-2　奢侈品品牌与高档品牌对比

	奢侈品品牌	高档品牌
营销诉求	无价、不可比拟、稀缺、尊贵	性价比、认同感
情感连接方式	冷漠、距离感、被怠慢	亲近、参与感
产品策略	强调手工、利用稀缺元素、求异	大规模公益化、整体体验提升

资料来源：奢侈品与高档品在营销上有哪些差异 [EB/OL]．[2016-08-18]．http：//www.shichangbu.com/article-27693-1.html.

"奢侈"和"高档"存在密切的联系，但二者扮演着不同的角色。通常，统治者们并不愿意将商人和银行家等纳为他们中的一员，这一反差可以帮助我们理解奢侈品品牌和高档品牌之间的区别。"奢侈品品牌"和"高档品牌"在被设计出来时所需要满足的需求是截然不同的，奢侈品是区分人群的需要，而高档品是努力工作的馈赠。

---

① Jose L. N., John A. Q. The Mass Marketing of Luxury [J]. Business Horizons, 1998, 41 (6)：61-68.

在营销诉求上，选择购买高档品的消费群体追求的是高性价比、新生活方式，而奢侈品则代表着排他性和稀缺性。比如，有些瓶装水生产厂商借鉴了奢侈品品牌营销策略，选择在水源地的稀缺性上做宣传，强调高端大气、全球限量、独家定制等特质；而有些厂商会将营销重点放在高性价比这一特点上，抓住当代年轻人对新生活方式的追求，寻求消费者的情感认同，强调消费者在消费高档品时可获得的过程体验。

在情感连接方式上，奢侈品品牌难免使消费者产生距离感，甚至有时看起来有些冷漠。例如，有人走进普拉达（Prada）或路易威登（Louis Vuitton）专卖店，原本抱着上帝的心态去消费，但销售人员的态度似乎令其感受到被怠慢。这样的情况在奢侈品品牌零售店是存在的。在营销学中，这种现象被称作"零售拒绝"，即冷漠态度有时反而能够使得消费者对品牌产生更高的评价，甚至产生更强烈的购买欲望。而高档品与消费者之间的情感连接方式恰恰相反，需要与顾客建立互动，促使其产生高度参与感。

在产品策略上，大众商品是大规模生产的产物，而奢侈品强调手工艺和产品稀缺性，高档品是二者的结合，即"大规模的工艺化"。奢侈品品牌总是强调超高的制作工艺，高档品工艺追求的是提升实际使用利益。比如，定位是奢侈品的小牛皮箱，文案会是"一头牛只能做四个"，而定位高档品的小牛皮箱，文案会是"精选新西兰小牛皮，下雨也能用"。

第二节　奢侈品品牌的起源及创始人

一、关于奢侈品起源的说法

（一）显赫说

在古埃及，人们燃烧芳香的树脂祭奠神灵，最尊贵的祭司才有配制香料的权力。此外，研究远古时期的墓穴我们可以发现，埋葬在墓里的东西，除了骸骨之外，陪葬的还有主人最贵重的珠宝和他们权力的象征，例如武器、马匹甚至是船只。

从中我们可以看出，奢侈品始终服务于生前的盛大辉煌和死后的高度仪式感。活着的时候，显赫、质感可以通过各种方式表达展示，并且能激发创造出一些专属的物品，例如香水，仅供神灵、法老、大祭司以及他们身边的人使用。而去世之后，这一切变得更加隆重，金字塔、墓穴、木乃伊……这些绝美的工艺和珍贵的记忆都被用于延续逝者生前拥有的宏达与壮丽。显贵们对奢侈的攀比和财富的炫耀，以及用无产出的消费去实现这种名誉的竞争，构成了社会等级化的市值。于是，在人与人的关系超过人与物的关系的社会中，名誉消费就是一种社会层级的义务和理想，一种表现社会差别和自我肯定的必要工具。这也正是奢侈品为了满足极小部分人的显赫而产生的说法。

（二）进步说

一方面，社会进步促使权贵们对奢侈品的保有量提出了新的要求，民主的呼声缩小了社会等级间的距离。普通大众可以通过努力工作获取财富，并且能够购买奢侈品。奢侈品的大众时代逐渐到来，而制造工艺的进步为奢侈品大众化奠定了技术基础。从奢侈品"制造技艺精湛"这一重要特征来看，处于制造业高端的产品容易首先成为奢侈品中的一员，尤其是依附于宫廷的各种皇家作坊生产出的产品。直到现在，欧洲许多奢侈品品牌都是由作坊发展而来，并且通过为皇室提供商品来提高品牌知名度。比如爱马仕（Hermès）、路易威登（Louis Vuitton）、卡地亚（Cartier）等。

另一方面，中世纪的商业革命引起了社会经济的巨大变革，使得由贵族掌握的科学与平民掌握的技术开始紧密结合起来。从 18 世纪英国第一次工业革命起，机器的批量生产使得奢侈品的批量复制更为简单，促进了现代奢侈品的发展。

（三）女性说

男性会为了取悦女性而向她们赠送象征"美好"的物品，以表达心意。他们认为，这些物品的贵贱可以表示自己的真诚与仰慕的程度，也可以展现自己的经济实力。而这些物品一般往往会超出生活必需品的范畴，具有"美好但不实用"的奢侈品含义。为了满足这种需求，制造商们开始研制奢侈品。另外，部分处于显赫地位的女性自身对财富和对美的追求也成为社会不断创造奢侈品的原动力。女性对物品特有的题材喜好和消费品位，使得很多物品的装饰中增添了不少女性色彩。在古代艺术中，大量女性题材比比皆是。这些专为女性制造的物品被赋予奢侈特征之后，也就成了名副其实的奢侈品。西班牙第三大奢侈品品牌雅致（Lladro）瓷器就是以细腻精美的手工刻画著称，作品主题多充满童话和梦幻色彩，其对于蕾丝、小花瓣、人物面部表情等细节的刻画十分传神，深受女性喜爱。

（四）完美说

大部分奢侈品制造商往往是完美主义者，他们在疯狂追求产品完美化的过程中造就了奢侈品。每个时期的奢侈品都是该阶段完美产品的化身，代表着最佳审美和最优技术。从产品功能角度来看，奢侈品往往是形式多于内容，因此，附着在产品表面的奢华形式是奢侈品区别于普通制品的标志之一。早期的奢侈品上有许多装饰，如立体或平面的雕刻、贵重材料的点缀等，这些都是奢侈品常用的装饰手段。奢侈品的起源与装饰艺术无法分开，只有高度发展而又操作完善的技术，才能产生完美的形式，技术和美感之间有着密切的联系。因此，奢侈品源于人们对完美效果的不断追求，技术进步则推动了奢侈品的日新月异。

（五）工业说

近现代工业的发展在奢侈品大量诞生与发展过程中功不可没。尽管许多奢侈品品牌一向以手工制造为傲，然而这种手工制造建立在其供应商们使用先进机器为其提供优质原材料的基础上。许多奢侈品不得不借助机器生产，因其生产的标准化概念是手工业生产无法企及的。因此，出现了许多因工业进步而诞生的奢侈品。

追溯国际顶级奢侈品品牌的创始年份，不难发现，它们几乎都是百年企业且大多起源于 19 世纪，这与 18 世纪中后期的工业革命有着密切的关系。19 世纪不仅是现代奢侈品的源流，更是奠定法国奢侈品业在全球领导地位的时期。当时法国政府大力推动和支持纺织和服装行业的发展，同时给予了大力的政策支持。随后，由于经济和文化的影响力提升，意大利和美国的奢侈品工业也逐渐发展起来。

二、品牌的生命周期

品牌的生命周期是由强势的扩张期与相对平滑的停滞期构成的，有时甚至会或多或少地出现急速的衰退，如图1-1所示。

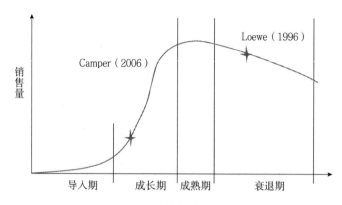

图1-1　品牌的生命周期

资料来源：米歇尔·舍瓦利耶，热拉尔德·马扎罗夫.奢侈品品牌管理［M］.卢晓译.上海：格致出版社，2015.

由图1-1可知，品牌的生命周期和产品的生命周期一样，也是由导入期、成长期、成熟期和衰退期组成。

（一）导入期

品牌是如何诞生的？我们在此谈论的都是一些很强势的品牌，是一些期望在其所在时代留下烙印的品牌。虽然某一特定的措施和资源可以协助提高品牌的声望和地位，但是成功不是必然的。

在明确以上事实后，有一点很清楚：一个强势品牌的诞生经常源于一项雄心勃勃的事业，而事业背后则是由一个具有坚定信念的有才能的个人去支撑，这个人就是该品牌的创始人。对自己眼光和能力的自信使得一切变为现实，自信是其成功的决定性因素，勇敢、有远见、果断是其不可或缺的品质。改革创新是品牌创始人的另一重要素质。品牌创始人以创造性的天赋对其所在时代的特征进行解读，并在设计和技术层面上以新颖的方式响应这个时代，或者以其创造性天赋来辨认某一新的市场需求，如香奈儿（CHANEL）、阿玛尼（Armani）、迪奥（Dior）等。这些品牌的创始人都可以在某一时期的特定时点上捕捉大量消费者的兴趣点和新想法。

那么在一个怎样的节点上，品牌才能真正地被称作名牌呢？至少以下几个指标非常重要：
- 品牌的创建者逝世后，该品牌还会持续地繁荣下去。
- 广告活动对于产品的销售不再是必需。
- 品牌产品销售额超过3500万美元。
- 在一个特定的国家有超过50%的熟知度。
- 品牌遍布欧洲、美国及亚洲市场。

实际上，任何一种经济行为都包含着一粒品牌的种子，如果环境有利，这粒种子就会生根发芽，并逐步发展下去。许多品牌都是从小规模的工匠或者商店主发展而来的。

（二）成长期

品牌发展的维度是多重的，在成长期，一个品牌将会在数量和质量两个方面实行扩张。在数量上，品牌在对其原有市场进行扩张、巩固的同时，也会试图定位新的地理区域市场。量的逻辑性在这一阶段更为明显：产品销售量越多，对于固定成本的补偿就会越容易。但是，由于品牌宣传费用的多少一般是根据销售的百分比来控制，因此，销售量越大，品牌所得到的宣传费用就会越多。在质量上，品牌将最佳优化其生产和销售手段，改善产品，并将其日益提升的知名度转移到新的领域。当然，这种通过引进新产品种类的扩张是品牌成长的一个因素，但由于有了更加多样、广阔的销售渠道，使得品牌更易接近，因此该扩张政策也相应地提升了品牌的知名度。人们为品牌在未来其他部门扩张的合理性埋下了"种子"。品牌宣传的预算以及品牌特性的强化成为其他几类产品的保护伞，并使该几类产品更容易变得有利可图。

（三）成熟期

成熟期是最适宜现金流动的时候，是加宽和多样化产品组合的时期。一种产品可能是为了满足某一专门的需求，另一种产品的导入可能是为了满足人们另一种需求，但必须要注意避免产品种类过多。香奈儿（CHANEL）曾多年面临着成熟期的危机，但它通过加宽产品品类供给、导入新产品，获得了令人印象深刻的结果。首先是该品牌皮革制品生产线的导入，然后是手表产品线，最后是奢侈珠宝产品线。

在成熟期，品牌仍然存在再增长的机遇并继续发展，但是这需要其在处于很强势的成长期时，能够预测到成熟期和衰退期的到来，并提前找到发展的路径和方法。否则，品牌就只能听天由命了。

（四）衰退期

市场份额的逐渐萎缩宣告了品牌衰退期的到来，此时目标消费者已经失去对品牌的兴趣。衰退期有三个可能的发展阶段：经过一个或长或短的持续衰退时期、品牌消亡和品牌的重新推出。

第三节　古希腊时期至 19 世纪末期的奢侈品品牌

一、古希腊时期的奢侈品品牌

虽然人们对奢侈品的概念众说纷纭，但是对于奢侈品稀缺性的特点却高度一致。在人类历史的初期阶段，肉食是绝对的奢靡。在古希腊时期，大多数人只有举行祭祀的时候才能大快朵颐。在宗教庆典上，动物被宰杀作为献给神的祭品。在举行盛大的祭祀活动时，人们为一次盛大的公众烧烤而聚集起来，享受免费吃喝的待遇。肉食在当时虽然是奢侈的，但人人都可以从中分一杯羹，而并非权贵们的特权。这种行为在当时确实是挥霍，但是这种挥霍却能够转化为将全社会联系起来的隐性纽带。

约公元前 7 世纪，执掌雅典权力的人包括富人、上层精英及贵族。每个人都想执掌大权，掌权斗争不仅局限于政治方面，还扩展到文化领域。政客们不遗余力地展示着自己的奢华。公元前 7 世纪后期，古希腊的权贵似乎已经陷入挥霍的怪圈不能自拔，财富与权力令这些权贵眩晕失控。炫富不只是一种简单的公关行为，也是斗争策略的基础和争夺权力的工具，我们可以从墓穴中发现一些痕迹。当时，贵族的葬礼常常一掷千金，尽显尊贵奢华，是炫耀奢侈的一种形式。与贵族不同，当时许多雅典平民都负债累累，一些雅典人甚至被迫卖身为奴只为还清债务。在这种情况下，社会矛盾愈演愈烈，人们开始重新思考如何看待奢侈品本身以维护社会稳定。雅典的社会危机在公元前 6 世纪末发展到了高潮，并推动了雅典民主制的发展。民主制的发展戏剧性地影响了雅典人在对待奢侈品上的态度。为了稳固新生的民主政权，遵守人人平等的观念，雅典实行奢侈品的完全公有化，杜绝个人私有。这种新观念对寺庙和祭祀产生了巨大的影响。在公元前5 世纪的民主雅典，人们重建了卫城，建立公共地标性建筑，拒绝竖立私人纪念碑。这些在民主制下的奢侈建筑重新定义了雅典，也重新定义了雅典人对奢侈品的态度。

在古希腊，雅典和斯巴达的世俗冲突更好地说明了社会不同观念的对峙。比如，斯巴达人以长发而闻名，而在其他地方，蓄长发则被看作是软弱的标志。斯巴达没有城墙，因为斯巴达人坚如磐石守卫城邦。他们崇尚军事上的荣誉，斯巴达就是为战争而生的，军事训练是每个孩子的必修课，而所有的斯巴达成年男子每天都要集体进餐。在这种情况下，斯巴达人穿戴样式必须一致，金银的配搭也被明令禁止。但是通过历史考证，考古学家却发现了很多斯巴达男子佩戴金银首饰。公元前 4 世纪初，斯巴达通过征战，成为希腊最富庶的城邦之一。但法律依旧禁止人们拥有私有财产，因此人们只能通过祭祀的方式向外人展示自己的奢侈。

伴随着奢侈品进口量的剧增，大量金银流入奸商手中，斯巴达贫富差距逐渐扩大，社会矛盾加剧，这一系列的问题最终导致斯巴达的覆灭。雅典人能够在民主城邦的体制下广纳良言，并且善于经营他们的奢侈品，而斯巴达却正好相反，奢侈品最终沦为亡国之物。

在古意大利，当罗马军队成功击退外敌、保卫家园之后，共和国的拥护者们产生了分歧。一方艰苦朴素、崇尚仁义道德；另一方则推崇建立一个更加优雅和成熟的共和国。一方好战、刚性、古朴，反对奢侈；另一方则平和、柔性、精细，赞成奢侈。两种根本不同的社会观念分歧造成的冲突不断上演，甚至上升到内战，给人民带来苦难，也表明了"奢侈"观念的举足轻重。这种观念冲突一直普遍存在于人类社会中，而且在西方社会延续至今。①

---

① 资料来源：根据 BBC 纪录片《奢侈品的历史》整理编写。

二、19世纪的奢侈品品牌

（一）19世纪奢侈品品牌的发展基础

1. 思想基础

18世纪哲学和社会的动荡对奢侈品造成的影响，19世纪开始愈加明显。自然主义非常支持贸易和奢侈品发展，认为这两者是经济发展的驱动力，而且还首次提出了真正的奢侈品经济理论，将其视作为民造福的一种方式。与此同时，18世纪的英国哲学家们也开始探讨"奢侈"和"品德"的关系。在此之前，在欧洲基督教的观点中，这两者一直被认为是互相矛盾的。但是随着时间的推移，在18世纪末，普遍的民主化使奢侈为世人所接受。正是这一系列思想上的转变，促使19世纪奢侈品的快速发展。

2. 产业基础

1765年发明的珍妮纺纱机标志着第一次工业革命的开始，随后，以英国为代表的工业革命将19世纪50年代的西方国家推向了帝国主义全盛发展时期。欧洲工业化浪潮极大地刺激了人们在科学技术领域发明创造的热情。

当时，欧洲民主思想对工业化的渴望，推动了具有进步意义的生产技术和重大发明相继问世，比如1838年俄国的雅可比发明了首次使用电力传动的蓄电池直流电动机供电驱动的快艇；1839年法国的达盖尔制成第一台能拍出清晰照片的实用银版照相机等。大量实用发明成为当时欧洲经济工业化建设的助推器，各种先进的产品功能以及产品加工技术使财富积累实现成为可能，财富积聚效应又为奢侈品的繁荣奠定了社会基础。

3. 行业规模

产业技术的迅速发展为奢侈品提供了技术保障和消费基础。工业革命对社会改造的实际作用常常超过政治革命，生产力的发展超乎人们意料，工业产值远远超过农业产值，带动着整个社会快速地演变，大大改变了人们的生活方式和国家的经济状况。当时的手工业蓬勃发展，为发明和应用机器创造了条件，培养了大批富有实践经验的熟练工人，积累了丰富的生产技术知识，自然科学的发展及其成就也为奢侈品深度加工奠定了技术基础。

尽管近代意义上的奢侈品比较集中地诞生于这个时代，但是，由于整个社会的工业经济规模总量有限，使本来就分散在各个行业里的奢侈品更是凤毛麟角，总量也不是很大。主要原因是当时社会财富过于集中在少数富有人群手中，作为社会发展动力的中坚力量的消费总量有限，进一步影响了对奢侈品的市场需求，制约了奢侈品生产总量的扩张。

（二）19世纪奢侈品品牌的发展特征

欧洲奢侈品品牌诞生于19世纪30年代至60年代。目前，大家耳熟能详的奢侈品品牌，例如爱马仕（Hermès）、卡地亚（Cartier）、博柏利（Burberry）等都是诞生于这个时期（李飞等，2015）。这些品牌具有以下共同点：

第一，起源于宫廷，最初专供皇室贵族使用。世界著名的奢侈品品牌爱马仕就是在这一时期诞生的。1837年，蒂埃利·爱马仕（Thierry Hermès）在繁华的Madeleine地区的Basse-du-Rempart街上开设了第一家马具专营店。他的马具工作坊为马车制作各种精致的配件，在当时巴黎城里最漂亮的四轮马车上，都可以看到爱马仕马具的踪影。1879年，蒂埃利的儿子查理·爱马仕（Charles Emile Hermès）将家族企业扩大，他不但把爱马仕总店迁往巴黎著名的福宝大道 24 号，方便当地贵族购买，还把爱马仕远销欧洲各国。爱马仕制造的高级马具深受当时欧洲贵族们的喜爱，其品牌也成为法国式奢华消费的典型代表。受到众多人喜爱的卡地亚（Cartier）、路易威登（Louis Vuitton）、欧米茄（Omega）也是在这一时期创立的。路易威登最初是为宫廷皇后制作专用行李箱的专家，后来发展成为世界顶级奢侈品品牌。而卡地亚最初也以自己精湛的技艺，独特的珠宝设计受到法国宫廷皇室的喜爱。

第二，这一时期诞生的奢侈品品牌发展路径相似。其大多都是匠人、专业技术人员出身，从家庭小作坊开始逐渐发展成大企业。博柏利拥有 160 年的历史，是具有浓厚英伦风情的著名品牌，长久以来成为奢华、品质、创新以及永恒经典的代名词，旗下的风衣作为品牌标识享誉全球。1856 年，年仅 21 岁的 Thomas Burberry 一手创立了博柏利品牌，在英国南部的汉普夏郡和贝辛斯托市开设了他的第一家户外服饰店。优良的品质、创新面料的运用以及在外套上的设计使 Thomas Burberry 获得了一批忠实顾客，到 1870 年，店铺的发展已初具规模。1879 年，他研发出一种组织结实、防水透气的斜纹布料——华达呢，因耐用的特性使然，很快就被广泛使用，由此获得大家的认可。华达呢于 1888 年取得专利，为当时的英国军官设计及制造雨衣。

第三，此时的奢侈品品牌最初以手工技术为主，细节追求完美。在奢侈品制造商不能独自霸占某种工业原料的情况下，手工技术成了制造商们制作与众不同产品的看家本领。1587 年在日内瓦开始生产手表的瑞士钟表业正是这种技术派的典范。例如，1848 年诞生于瑞士的欧米茄（Omega），主要经营钟表，并且经过几百年的发展，已经获得诸多的荣誉，扮演着钟表技术领航者的角色。从初创到后来发展的几十年间，欧米茄一直坚持着手工制作。直到 1880 年，欧米茄开始引进机械化生产，统一零件规格，使用新式的分工系统装备。现在，该品牌共拥有星座、海马 300、奥运会等多个系列的手表，每个系列都有自己的特色，能够满足不同消费者的需求。

第四节　20 世纪以来的奢侈品品牌

一、20 世纪奢侈品发展的驱动力

进入 20 世纪，奢侈品的发展进入新的阶段。奢侈品逐渐从王室走向大众，越来越多的普通民众开始了解和接触奢侈品，奢侈品开始与工业化社会和消费社会接轨。20 世纪以来，政治、经济、文化等各个方面的变化，成为这一时期奢侈品发展的重要推动力。

（一）产业基础

比起手工业时期由小商人组成的资产阶级，工业资产阶级有着更强的进取精神和在自由竞争中求发展的意识，早先奢侈品无品牌化的现象正在被克服，制造商产生品牌意识的同时，现代制造业的先进技术使奢侈品中的机器加工成分开始增多。

20世纪80年代后，奢侈品也进入了全球经济一体化的主轨道。这一时期，其产业基础获得了长足发展，主要表现在三个方面：首先，第一阶段，许多技术发明都来源于工匠的实践经验，科学和技术尚未真正结合；第二阶段，奢侈品的新发展开始同工业生产紧密地结合起来，科学地推动生产力发展，与技术结合使奢侈品取得了巨大成果。其次，第一阶段的奢侈品产品主要源自欧洲老牌工业国家，其他国家工业革命发展相对缓慢，而在第二阶段，奢侈品产品几乎同时发生于除欧洲以外的几个先进的资本主义国家，如美国、日本等。新的技术和发明都超出了一国的范围，其规模更广泛，发展也比较迅速。最后，与19世纪相比，奢侈品发展是交叉进行的。它既吸收了第一阶段的技术成果，又直接利用了新技术，使科学技术成为生产力发展的直接动力，推动了奢侈品的迅速发展。

（二）思想基础

民主化进程是奢侈品发展的最强劲的驱动力。民主化进程体现在以下两种要素：第一，它意味着每个人都有机会拥有奢侈品，这一观念推动了客户群的快速增长。第二，民主化意味着历史性的社会分层正在逐渐被淡化。在人类社会，奢侈品是社会分层的产物，是上流社会地位的符号。尽管在进入20世纪以后，社会层级不像以前那么重要，但是它仍然是奢侈品品牌发展的驱动力。

（三）行业规模

从行业发展基础上看，"一战"以后的汽车、化学、电气等产业的繁荣成为这一时期产业进步的主导力量和奢侈品兴盛的坚实基础。与美国、英国相比，法国重工业的进展尤其令人瞩目，汽车、电力、化学等新兴工业发展更快，巨额贸易顺差加上投资利润回流，大量黄金流入法国。奢侈品兴盛期到来之前，西方主要发达国家的经济发展成为奢侈品发展的重要原因。这是由于个人财富随着社会经济总体规模的扩大而增长，富裕起来的人们产生了强烈的高端消费欲望，而且以第二产业为主的发展时期加速了西方先进国家的工业化进程，为开发和生产更高档次的奢侈品提供了技术保证，也为今后的第三产业发展奠定了坚实的基础。

"二战"结束后的和平时期使经济环境更加活跃，企业之间的技术封锁不易实现完全的市场经济，造成行业内的产品设计、生产技术、市场销售等跟风现象比较严重。在奢侈品巨额利润驱使下，一些企业从"二战"期间生产普通商品转而生产奢侈品，出现了早期的品牌提升。比如，因早期被英国政府指定为军服生产商而声名鹊起的博柏利服装，战争结束后走上了奢侈品路线。这种军品转民品的例子并不鲜见，由于军品一向以良好的品质示人，因此，一旦转向民品，质量是其主要招牌。

行业规模扩大的主要原因：一是社会生产力的发展大大提高了生产技术水平，奢侈品配套行业的生产能力也得到大幅提升。比如，高精度、多品种的钢铁冶炼速度大幅度提高，为钟表、汽车等传统型奢侈品制造提供了高品质原材料。二是战后的享乐主义心态刺激着优质产品的诞生，不仅是传统型奢侈品领域出现了升级换代产品，而且在其他行业里处于行业领导地位的新贵品牌也发展成为奢侈品新生力量，因而这一时期的市场上新增了不少奢侈品产品门类，大到酒店、高尔夫球场、游艇，小到眼镜、打火机、水笔，都可以成为盛极一时的奢侈品，这无疑也增加了奢侈品的市场占有率。三是单价相对较低的易耗型奢侈品开始应市，最为突出的是时尚类奢侈品品牌大量涌现。比如，1935年法国的兰蔻

（Lancôme）化妆品、1937 年法国的巴黎世家（Balenciaga）服装、1946 年法国的迪奥（Dior）时装、1946 年美国的雅诗兰黛（Estée Lauder）化妆品等，还有早先几年诞生的香奈儿（CHANEL）、菲拉格慕（Ferragamo）、赛琳（Celine）、莲娜·丽姿（Nina Ricci）等品牌，以不俗的实力成为时尚类奢侈品的主力军。尽管这些产品价格不菲，但是与更为昂贵的钟表、汽车等传统型奢侈品相比，服装、香水等产品的价格显然不可望其项背。因此，很多人从拥有高级服装、香水等高级易耗品开始转向奢侈品。

二、20 世纪以来奢侈品品牌的发展状况

20 世纪三四十年代，许多奢侈品品牌的发展遇到困难，甚至出现了停滞的现象。朗格（Lange）、万宝龙（Montblanc）、香奈儿（CHANEL）等品牌的发展遭到限制，甚至导致品牌消失。但劳力士（Rolex）、宝格丽（Bvlgari）、圣罗兰（Yves Saint Laurent）等品牌，在战争中找到了发展的机会，成长并壮大起来，如表 1-3 所示。

表 1-3　第二次世界大战中受到影响的部分奢侈品品牌

名称	第二次世界大战中受到的影响
朗格（Lange）	品牌消失，生产部门被炸毁，1990 年才得以重建
万宝龙（Montblanc）	工厂被毁，品牌消失，但很快得到重建
香奈儿（CHANEL）	品牌几乎消失，发展严重停滞，战争期间只有一家店面存在，其他被迫关掉
古驰（Gucci）	战争促进其发展，1947 年设计出经典之作，生产出以竹节代替皮手柄的提包
沛纳海（Panerai）	促进其发展，开发出"Radiomir"腕表的首个作品，供意大利皇家海军第一潜水部队指挥部的蛙人部队使用

资料来源：李飞，贺曦鸣，胡赛全，于春玲. 奢侈品品牌的形成和成长机理——基于欧洲 150 年以上历史顶级奢侈品品牌的多案例研究［J］. 南开管理评论，2015，18（6）：60-70.

1914~1918 年第一次世界大战期间，各大奢侈品品牌没有受到明显的、严重的影响。1939 年，第二次世界大战爆发，其涉及的国家，整体损失都远超过第一次世界大战，此场世界性的战争涉及诸多主要奢侈品生产国，如瑞士、法国、英国等，影响了奢侈品行业的发展。20 世纪 30 年代，以美国为发源地，进入了经济大萧条时期，并随后波及欧洲多个国家。经济大萧条造成大规模失业，居民生活水平下降，可支配收入减少，大大阻碍了奢侈品行业的发展。

战争期间，有许多奢侈品品牌以战争为素材进行创作。例如，卡地亚（Cartier）在"二战"中推出"笼中鸟"珠宝，象征着法国已成为"笼中鸟"被纳粹军团占领；宝格丽（Bvlgari）在第二次世界大战中融合了意大利文艺复兴时期的艺术风格和 19 世纪罗马金匠学派，形成了独特的设计风格，品牌价值迅速上升；万国（IWC）在第二次世界大战期间，为了配合战争的发展为飞行员研制的防磁手表大获成功。第二次世界大战期间，皮革原材料受到限制，但在此情况下却激发了各大服装品牌的设计灵感。例如，古驰（Gucci）在 1947 年设计并生产出以竹节代替皮手柄的提包，至今仍堪称经典；菲格拉慕（Ferragamo）用编染椰叶纤维和赛璐玢两种材料制作鞋面等。

第二次世界大战结束后，奢侈品行业一度欣欣向荣。更准确地说，从 1946 年至今，

该行业取得了持续性的重大进展。

被战争改变了对传统事物看法的人们开始重新梳理价值观，随着以美国为代表的享乐主义价值观逐渐兴盛，这一时期的奢侈品在设计风格上出现了复古主义风格特征，追求体积庞大和装饰华丽，在产品功能的进步上却少有收获。这种倾向从美国制造的奇形怪状的汽车中可见一斑，飞机尾翼造型的高油耗超长敞篷车就是其中的典型。从游艇、家具、服装、首饰等历史资料中也能看出，这些领域的奢侈品都具有这些特征。

随后，当时的高新科技研究成果开始部分地融入传统型奢侈品。奢侈品制造商借助新科技成果，在产品功能上进行拓展。于是，一些早年的跨界型多用途产品开始出现。由于产品数量稀少，这些开发成本高昂的新产品因其售价昂贵而被视为奢侈品或准奢侈品。比如集收音、电视和唱机于一体的微型音响系统等。在当时非常活跃的现代艺术思潮影响下，这些新兴产品的设计在外观上变得简洁起来，尤其是随着生产过程中机械加工比重的增加，产品设计的细节处理上不得不采用简洁路线，其奢侈特征主要表现在新材料、新技术的应用上。比如，创建于1964年的博士公司（Bose Corporation）是业内"原音重现技术"的革新者，其率先打破传统的革命性设计，摆脱了巨型扬声器的束缚，不仅震撼了人们的耳朵，也彻底改变了人们对扬声器的固有看法。

第五节　进入21世纪的奢侈品品牌

一、21世纪奢侈品品牌的发展基础

全球奢侈品产业在20世纪90年代之前一直以10%~20%的超常规速度发展，创造了2500亿美元的全球市场。从2000年开始，这个行业却开始进入寒冰期。尽管如此，以中国为代表的亚太地区经济迅速崛起，成为世界经济增长最快的地区，这里的部分新生消费群成为奢侈品消费的生力军，奢侈品消费出现了西风东渐的地区转移现象。如在20世纪90年代，当世界经济增长速度仅为1.1%时，被称为"东亚奇迹"的东亚经济增长速度却高达8.3%。"亚洲四小龙"（中国香港、中国台湾、韩国、新加坡）和"亚洲四小虎"（泰国、马来西亚、印度尼西亚、菲律宾）相继高速发展，以及之后经济腾飞的中国，成为当时与日本并驾齐驱的奢侈品新兴市场。

（一）产业基础

自20世纪80年代起，随着"冷战"时代结束，世界经济总量以前所未有的速度增长，科技新成果从发现、发明到实际应用的周期越来越短，开发速度不断加快。

这一时期不断提高的科学技术促进了生产力的全方位提高，刺激着先进制造技术问世，促成了无数专利技术的诞生。在产品制造过程中，先进制造业的精准加工、超高效率和统一标准，都是手工生产无法替代的。一直以高超手工技术示人的奢侈品，宣称是所谓的"全手工打造"，但很少有产品能够真正做到"全手工"。事实上，在有些奢侈品生产过程中，早已将多项可以由机器替代的加工工序交由机器完成，只象征性地保留几道手工完成的工序，节省了大量昂贵的人工费，缩短了生产周期。另外，几个世纪以来，奢侈品产业一直由家族企业掌握，服务于社会最富有群体。但在最近几年的并购潮中，许多家族企业被商业巨头并购，为实现可持续发展，许多公司开始生产相对便宜的奢侈品。这种高消费的平民化战略在一段时间内效果显著。

（二）市场基础

亚太地区新富人群的快速增长，使得包括中国在内的亚太地区成为继欧洲奢侈品市场饱和后的另一个国际奢侈品品牌争相开拓的新市场。财富资源不断重新分配，使得许多发展中国家拥有消费奢侈品的巨大市场。

在全球经济一体化的形势下，经济运行动荡的负面影响进一步扩大，出现了整体沉浮、牵连波动的情况，不断壮大的奢侈品领域并不稳定。这一时期的世界经济泡沫破裂，出现了阶段性的剧烈震荡，对世界奢侈品的快速发展产生了不利影响。此外，由于奢侈品销售额中相当一部分是通过旅游实现的，但在经历了"9·11"恐怖袭击、阿富汗战争、美国经济衰退和"SARS 事件"等一系列的打击之后，世界游客数量锐减，奢侈品消费人群相应缩水。但由于这一经济衰退期并未延续太久，亚太、中东、北非等新兴经济体及时弥补了西方发达国家留出的市场空缺，使得世界范围内的奢侈品行业继续小幅增长。随后，世界经济走出低谷，高于预期的全球产出带动了世界各国贸易，奢侈品市场进一步回暖。欧盟经济在经历了快速发展期（2001 年）、衰退期（2002~2003 年）、复苏期（2004 年）以及调整期（2005 年）后，2006 年重新焕发生机，开始蓄势上行，全年经济增长突破 2.6%，高出 2015 年的 1%以上。欧元区强有力的经济增长动力，主要是来自于其内部需求的强劲反弹及全球经济整体持续好转，这为奢侈品行业的发展提供了很好的市场消费支持。

二、21 世纪奢侈品品牌的发展特征

进入 21 世纪，奢侈品品牌呈现多元化的发展态势。

第一，众多奢侈品品牌初具规模，开始朝着规模化方向发展。例如雨果·博斯（Hugo Boss）品牌，由最初的家庭小作坊发展成为世界顶级品牌。据统计，雨果·博斯在全球 100 多个国家拥有 5000 多家专卖店，涉及服装、手表、眼镜等多个行业，其 2012 年销售额达到 23.459 亿欧元，相比 2011 年增长了 14%。

第二，奢侈品品牌进行品牌延伸，多线程共同发展。例如，1845 年创立的路易威登（Louis Vuitton）公司，原先是以行李箱闻名世界，后来，为顺应时代发展，其推出了其他产品线。截至目前，路易威登旗下产品包括手提包、旅行用品、小型皮具、配饰、鞋履、成衣、腕表、高级珠宝及个性化定制服务等，全方位满足了顾客的需求。宝格丽（Bvlgari）成立于 1884 年，主营珠宝首饰，1993 年，在全球推出首款香水 Eau Parfumee（Cologne au the vert），标志着宝格丽的多元化经营迈出了第一步。在此之后，宝格丽进一步推进多元化策略，相继推出丝巾、眼镜等产品，在全球颇受好评。宝格丽并不仅局限于零售行业，2001 年，宝格丽宣布与万豪国际集团高级酒店事业部 Luxury 集团建立合资企业 Bulgari Hotels & Resorts，在全球各大主要城市与度假胜地建造奢华酒店。除了横向扩大品牌经营范围之外，各大奢侈品品牌也开始纵向拓展，扩大经营区域，加大对发展中国家

市场的开放力度。其中，中国市场成为众多奢侈品品牌的必争之地。

第三，20世纪末21世纪初，奢侈品行业出现垄断竞争，垄断化发展愈演愈烈。世界奢侈品主要被四大集团垄断，分别是法国路威酩轩集团（LVMH）、瑞士历峰集团（Richemont）、法国开云集团（Kering）和瑞士斯沃琪集团（Swatch）。与此同时，奢侈品品牌也逐渐走向了国际化发展道路，抢占国际市场，特别是发展较快的发展中国家。

第四，高个性化。现代服务技术和制造技术已经可以满足个性化消费者的特殊需求，一些著名品牌为了维护企业形象，纷纷采取个性化服务。"帕累托法则"理论认为，世界上大部分财产被极少数人掌握。而这一少部分人，恰巧就是奢侈品的消费者。因此，满足这类人群的需求，研究他们的心理十分重要。对于不同的人群，个性化有着不同的释义，表现方式和表现程度也因人而异。在个性化消费中，人们常遇到"订制"和"定制"两个概念，对于奢侈品品牌来说，前者一般是依照样品进行简单复制，后者必须对样品进行较大改动，而两者的共同点是必须提前下单。与早先相比，当前的奢侈品"下单订制"改为"度身定制"，奢侈品品牌的高个性化特征达到了极致。

第五，高便利化。互联网技术的普及，使一切都可以在网络上实现，足不出户地完成商品交换过程，也会使人们对消费品本身产生新的认识。高便利化主要体现在使用方法、使用功能和维修服务上的便利。随着现代生活方式的变化，人体工程学、空气动力学、生物工程学、微电子学等学科最新研究成果的引用，改变了以前单纯依靠优质原材料来获取产品垄断地位的习惯做法。

第六，高科技化。奢侈品品牌越来越依赖高科技，以提升产品的舒适性、可操控性、节能性等功能。这一高科技化既体现在利用高新技术制备新型材料，如超纯、超硬、超韧、超轻、超薄等新材料，也表现为对产品采用高新技术加工处理，如具备高科技含量的印染、涂装、电化或其他表面处理技术，还表现为增加产品的高技术功能，如记忆、储能、康复、预测等。

第二章
奢侈品品牌的基本特征 ::

第一节　奢侈品品牌特征与品牌要素

随着全球化进程的推动、人们消费能力的提高以及通信技术行业的发展，奢侈品已经成为人们追捧的消费品之一。奢侈品不仅是金钱、时尚和艺术的结合体，其背后的品牌还被人们不断赋予象征意义，成为人们提升社会形象、进行自我奖励、满足享乐主义的方式。奢侈品品牌与大众品牌具有本质上的不同，其概念具有模糊性，人们或许能说出几个有名的奢侈品品牌，但很难对其特征、要素、界限进行准确定义。进行奢侈品品牌管理，追求奢侈品品牌最大化利益，首先要识别奢侈品品牌的特征和品牌要素。

一、奢侈品品牌特征

奢侈品品牌对企业品牌未来可持续发展起着非常重要的作用，其特征如下：

（一）注重品牌美学

在塑造品牌的过程中，文化起着催化剂的作用，使品牌更有意蕴。奢侈品品牌百年不衰的原因在于其拥有以美学为支撑的品牌文化内涵。奢侈品品牌美学文化主要由三大要素支撑，分别为品质、风格与历史传统。首先，奢侈品品牌充分掌握了消费者的审美需求，从产品设计、品质、包装、色彩、标志、陈列、店头、广告等一切外显的审美设计上都充满美感，全方位地让消费者沉浸在协调、匀称的和谐中，使其产生一种情绪上的快感。其次，奢侈品品牌致力于让消费者与奢侈品品牌的历史传统、文化、风格产生联结，生成一种美感体验，并让这样的感受深植于消费者的心中，持续与消费者建立牢不可破的关系。奢侈品品牌利用存在于顾客生活中的美学生命力，找到品牌的差异点，以美学来营造各种正面的整体形象，为消费者提供审美需求与感知上的满足，形成一种赏心悦目的、以美学为核心的品牌文化。

（二）地域特色鲜明

对于许多奢侈品品牌来说，原产地有着举足轻重的地位，既代表了品质手工制造与历史渊源传承，还传递了一种生活方式与附加价值。原产地就像是奢侈品品牌的血统，是一个极为重要的元素。例如瑞士的手表、法国的香水、意大利的皮具、德国的名车等。许多消费者在选购时，会将原产地作为购买商品的重要参考条件之一。

（三）传奇品牌故事

奢侈品企业往往有着悠久的历史，享有传奇般的声誉。人们都在浑然不觉中被奢侈品企业精心设计和渲染的品牌主题故事所感染。著名的历史事件往往为品牌文化蒙上一层传奇色彩。如1930年爱马仕（Hermès）推出的丝巾系列，围绕着品牌主题，赋予商品历史故事性，创造了独一无二的品牌价值。通常情况下，奢侈品品牌的创始者也就是该品牌的设计师，在奢侈品品牌发展中扮演着重要角色，其个人风格会深深影响品牌文化的精神。

（四）品牌传播手段多样

奢侈品品牌的传播手段较为复杂。有些奢侈品品牌依靠主流媒体的广告，采取强势的组合传播模式，还有一些奢侈品品牌则以较为含蓄的手法，采取低调的自我传播模式传播品牌理念和生活态度，以引导消费者的消费习惯。奢侈品品牌传播的主要媒介有：时尚和专业杂志、报纸、电视、互联网等各类媒体。在广告营销方面，与知名的时尚杂志合作，如 Marie Claire 和 Vogue 等；也与具有区别性、文化性和更能体现时尚生活方式的杂志合作，如 Wallpaper、Quest 等。同时，奢侈品品牌也常选择在五星级酒店和航空杂志放置广告。也有一些奢侈品品牌从不做广告，依靠消费者自我传播。这类品牌往往采用定制化或小批量的生产方式，或者利用事件与公共关系的炒作，制造新闻与市场话题以引起消费者的注意，如每年赞助许多高级时尚活动，通过慈善活动来提升其正面的形象，通过与知名人物合作来宣传等。

（五）品牌标识鲜明

奢侈品品牌善于将有形的产品与无形的精神价值、产品形象融为一体，形成一种整体感，体现出自己的文化与风格。几乎所有的奢侈品品牌都有一个经典的品牌标识，并且一直以来致力于强化标识的一致性印象。在这些品牌标识设计中通过赋予颜色、字母、图案等元素一定的符号意义，打造成神圣的符号象征，使人们产生特定的情感联想，最终反映奢侈品品牌的特性，成为奢侈品品牌价值的重要资产。奢侈品品牌的产品包装与色彩也同样成为奢侈品品牌的印记与象征，利用精美包装与色彩运用，将品牌独特的个性和文化底蕴传达给消费者。此外，奢侈品品牌的名称通常受到最初起源的影响，多是以创立时的设计师的名字命名，因此形成了一种特殊的历史意义。

（六）品牌延伸性强

品牌延伸策略是奢侈品品牌最成功的一个营销策略，即把经营已久的品牌价值转移到其他的产品线或产品类别上以获得溢价效益与市场份额。品牌延伸策略又分为品牌延伸和产品延伸。品牌延伸是指将品牌当下覆盖的产品类别拓展到新的产品类别。例如，现在有许多奢侈品品牌从服装产业跨界到豪华五星级酒店产业，如意大利奢侈品品牌范思哲（Versace）在澳大利亚的黄金海岸开设了全新的精品酒店，将品牌风格与价值运用在酒店内的元素上。产品延伸是指将品牌延伸到同一产品类别中新的产品种类。其中又分为宽度延伸与深度延伸两种。宽度延伸是指在同一品牌中横向发展，如迪奥（Dior）原本是服装

品牌，而后延伸到香水、皮革、高级成衣等产品类别。深度延伸则是在品牌中纵向发展，如迪奥（Dior）服装下设有迪奥（Dior）高级定制服、迪奥（Dior）高级成衣等。

（七）高品质、稀缺性和卓越的功能性

奢侈品品牌与其他品类商品品牌的显著不同就体现在其令人称颂的高品质稀缺材料的应用上。例如，名酒人头马的原料必须是产自夏朗德省科涅克地区的优质葡萄。葡萄成熟后，要尽可能晚摘，以便其香味更浓郁。采摘下来的葡萄经过去籽、压榨、发酵，酿成葡萄酒，为避免其变质，必须在来年 3 月底之前将葡萄酒两次蒸馏，使之成为酒精含量达70%的烧酒，然后把没有颜色的烧酒注入橡木桶内，放入酒窖窖藏，储存若干年后，等其变成金黄的琥珀色。

（八）品质感外溢

奢侈品品牌所服务的产品必须是最高级的，这种最高级必须从外观到品质都能逐一体现，且高级性应当是看得见的。正因为其奢华显而易见，才能为主人带来荣耀。那些购买奢侈品的人不完全是在追求实用价值而是在追求一种最好的感觉。奢侈品品牌的品牌魅力不仅"最贵"而且"最优"。

二、奢侈品品牌要素

如果一个独家品牌的产品价格高昂、工艺独特或是严格限量、很难买到，很可能会被认为是奢侈品品牌。人们对奢侈品品牌的感知受到多种因素的影响，这些因素通常被认为是一系列组成奢侈品品牌及获得奢侈体验的关键。如果这些因素存在，那么一种产品就可以被塑造或是被认为是奢侈品，这些因素既包括品牌设计、品牌名称、标识、代言人、商铺等可以直观感受到的显性要素，又包含品牌的历史传承和文化这些需要了解品牌内涵才能获得的隐性要素，品牌要素能够促成强有力的、独特的品牌联想，提升品牌正面判断和感受。

（一）品牌设计

相对于大众品牌，奢侈品品牌面对的消费者数量较少，其产品设计思路、态度以及期望达到的目标也因经营模式的不同而存在差异。奢侈品品牌的设计思维具有三个特点：①传承性。这是奢侈品本身的价格、质量以及使用者的人文因素决定的。一般而言，奢侈品是精心打造而成的，在销售之初已价格不菲，产品质量得到了可靠保障，甚至可以供几代人使用。此外，消费者需要通过辨别产品的专属元素来分辨品牌，这些品牌专属设计元素需要保存下来，过于频繁地更换设计元素不利于消费者对品牌的辨别。②唯一性。这种唯一性不仅体现在本品牌的产品系列中，还能体现在市面上同类产品中。这要求品牌设计师非常钟爱自身品牌的产品基因，不能与其他产品产生雷同，更不能出于主观目的而抄袭其他品牌产品。普通商品中经常发生抄袭现象，在奢侈品品牌设计中比较少见。③极致性。奢侈品设计要在材料、外形、功能、工艺四个方面达到极致，与其说是为了让消费者满意，不如说是首先得到业内认可。新产品设计总是不惜工本地朝着极致化方向发展，以摆脱行业竞争者。

（二）品牌名称和标识

奢侈品品牌的成功建立在强有力的名字的需要之上。成功的奢侈品品牌开始于容易识别的品牌标识，这通常始于某人的名字，而后进行品牌延伸，并且总能持续带来附加价值和存在的理由。大多数奢侈品品牌开始于一个人名，这个人可能是工匠，可能是一位实力不俗的设计师，也可能被冠以家族的名字。萨尔瓦托勒·菲拉格慕为女明星制作鞋子，乔治·阿玛尼和瓦伦蒂诺·加拉瓦尼登开创了他们的时装系列，他们将奢侈品与艺术、时尚相结合，引起了消费者的注意，同时也成为一种持续提供独家高品质的保证。

具有辨识性的标识对奢侈品品牌来说非常重要。品牌标识是一种不变的视觉语言，是品牌的书写方式，标识中的人物造型、符号大小、颜色都需要严格界定和专利保护。在符号学中，品牌标识具有象征功能，在拥有品牌符号的人群中构建共同文化，可以用于描述消费者属于一个特殊的、享有声望的团体。[①] 为了某些奢侈品的精髓得以保留，也为了便于消费者通过产品外观认知品牌，奢侈品的设计往往通过保留那些有助于品牌认知的设计元素，并以符号化的形式传承下来。在传承设计的典范中，路易威登（Louis Vuitton）的十字花（见图2-1）、香奈儿（CHANEL）的山茶花、宝马（BMW）的换气孔等都不是品牌标志，但却都成为人们认知这些品牌的符号。

图 2-1　印有路易威登字母花纹的拉链钱夹

资料来源：路易威登（Louis Vuitton）官网[②]。

（三）品牌门店

品牌门店是传播品牌形象的重要途径，受过特殊培训的工作人员，能够更加详细、有针对性地向客户就产品本身、品牌历史遗迹、制造材质和工艺进行解说，是沟通品牌和消费者的重要桥梁。奢侈品的购买不同于随手可得的大众产品，不能依靠建立无处不在的销售网点实现销量的最大化，它必须建立独特的、精挑细选的购买地点，使奢侈品的购买成为一件"特别的事"，这样才能激发消费者的购买欲望。一些国际知名的奢侈品系列仅在指定国家甚至指定店铺内销售，例如，路易威登的一些限量版手袋只在日本市场发售，在世界任何其他地方都买不到，而普拉达的部分高端产品仅在指定店铺有售。奢侈品品牌专卖店，或者严格限定的具备顶级服务和专业水平的多品牌店铺成为品牌提供个性化服务的地点，建

① Harsborne C., Weiss P. (eds). The Collected Papers of Charles Sanders Peirce [M]. Cambridge：Harvard University Press，1994.

② 参见 https：//www. louisvuitton. cn/zhs-cn/products/zippy-organizer-monogram-nvprod880046v。

筑、设计和特殊服务带来的购物体验，能够很好地保护消费者的隐私。

（四）品牌形象人

经营奢侈品品牌、传播品牌形象要扩大知名度就不可避免地要聘请品牌代言人，可以借助名人、皇室成员或是知名专家的影响力。奢侈品代表的专业水平有一定局限性，即在社会参照群体中，只有人们对产品、材质或者特性有一定的共识时，奢侈品的专业性才能得以体现。

品牌冰山理论认为，品牌的标识和符号等只是品牌浮在水面上的部分，仅占品牌要素的15%，而藏在冰山之下85%的部分是品牌的价值观、智慧和文化。冰山到底有多大，决定因素在于冰山的底部，也就是品牌的历史传承和价值观。只有冰山底部——品牌的隐性要素足够"殷实"，才能确保整个冰山的稳固与壮大。

（五）品牌历史

奢侈品拥有精妙绝伦品质的一个重要方面是其历史传承。奢侈品品牌的延续需要品牌故事，甚至是传奇故事，这就是奢侈品品牌强调与客户体验息息相关的独特历史传承的原因。产品可以模仿，历史却无法翻版，奢侈品品牌的历史价值一直成为人们津津乐道的话题。原创人、原产地、原材料、原工艺，构成了奢侈品品牌的四个原生态要素，这些原生态要素经过百年锤炼，产生了不同程度的变化和换位，或精致细腻，或委婉优雅，编织着无数令人神往和跌宕起伏的美丽故事。奢侈品品牌的家族故事，记载了品牌的传承与变迁，不可复制的家族自豪感让奢侈品品牌远远地把高档品牌甩开。

如果奢侈品的历史传承深厚，品牌形象深入人心，这比任何有形的品质都重要，也会对品牌资产产生深远影响。伦敦著名的哈洛德百货公司，一直以来也强调历史渊源和文化传承的重要性："哈洛德不仅仅是一个休闲购物场所，也不仅仅是一座辉煌壮丽的建筑，它的故事与每一位进店的顾客、在这里工作过的员工、写过有关事迹的作者以及建造这座宏伟建筑的人息息相关。诺尔·考华特、西格蒙德·弗洛伊德、奥斯卡·王尔德、玛丽·安托瓦内特皇后、A. A. 米尔恩和皮尔斯·布鲁斯南等很多名人都在哈洛德丰富的历史中留下了自己的印记。随着时间的推移，哈洛德还在不断地成长、自我调整、重新审视自身并进行自我改造，以创造新的历史。"

（六）品牌价值观

品牌价值观是品牌在追求经营成功过程中所推崇的基本信念和奉行的目标，是品牌经营者一致赞同的关于品牌意义的终极判断。品牌价值观是品牌文化的核心，被誉为品牌的"DNA"，它决定了品牌存在的意义和发展方向、品牌组织的形态和作用，以及企业内部各种行为和企业利益之间的相互关系。奢侈品品牌的人文价值是它高于同类商品数倍甚至数十倍卖出的重要原因，奢侈品的价值不仅在于由材料和工艺构成的产品本身，更重要的是它传递出的品牌价值内涵。

品牌价值观是奢侈品品牌的核心竞争力和旺盛生命力，是受到企业内部全体员工衷心认同的共有价值观念，它规定了品牌经营者基本思维和行为模式，它无时无刻不传达给消费者和从业人员这样的信息：奢侈品品牌是富贵和荣耀的象征，从奢侈品的本身出发，到周边所有可联系的事物，它们都必须体现出追求卓越的精神。在奢侈品品牌价值观的感官体验上，奢侈品是尊贵奢华的，它优越的市场定位使得普通大众与之产生强烈的距离感；在价值观的凸显价值上，奢侈品品牌是某个领域或者行业的"先锋军"，历史与文化的传承使它的血液在品牌中更显内涵，而数量有限的产品使它们更具有有价难求的优越感。[①]奢侈品品牌必须有明确的价值观，否则这个品牌就没有鲜明的个性和主张。但是，扭曲的价值观有可能冒着失去消费者和市场的风险。

三、国际市场品牌要素的调整

国际市场上经营奢侈品的大型奢侈品跨国公司多具有全球扩张战略，这样的战略目标和部署通常是奢侈品跨国公司销售规模增长的主要驱动力之一。经营范围的扩大带来了多元的市场，为了更好地将奢侈品品牌推向国际市场，就必须要对品牌要素，特别是显性要素做出本土化调整，以适应不同市场的不同需要。这里本书以国际奢侈品品牌进入中国市场为例，帮助读者理解奢侈品品牌要素的调整。

综观国际顶级奢侈品品牌，它们的名称各具特色，当奢侈品品牌在实施海外营销战略时，其名称在世界范围被翻译成不同的语言，品牌及产品的翻译要适应目标国的文化背景，尊重消费者不同的价值观、思维方式和生活习俗，以吸引消费者兴趣并激发消费欲望。由法国迪奥（Dior）公司推出的十大香水品牌之一"Poison"一上市就在国际市场上取得了很大成功，究其原因是它的命名迎合了西方女性追求个性的自我特征。而按照中国女性的价值观，其内敛的特性就很难接受以"毒药"命名的香水，因此该香水进入中国市场后，被译为"百爱"，意味着使用此香水的女性可集百爱于一身，顺应了中国女性的思维习惯。在奢侈品品牌国际扩张的过程中，这样富有创意的成功案例有很多。"奔驰"这个品牌的中文名称是"梅赛德斯–奔驰"，其中奔驰一词在中文中更适合车的名字。"宝马"一词在宋词中有"宝马雕车香满路"这样的名句，用"宝马"作为德国 BMW 汽车品牌的中文名字，堪称绝配。"陆虎"是美国著名越野车品牌"Land Rover"，现改名为"路虎"。丰田公司的豪华轿车品牌"Lexus"在中国市场由"凌志"更名为"雷克萨斯"，有助于中国消费者联想到 Lexus 品牌。

奢侈品品牌的标识是指品牌中可以被识别，但不能用语言表达的部分，也可以说它是品牌图形记号。要在全球范围内更有市场，就要使得品牌标识更具竞争力。在新兴市场，特别是中国，人们热衷于带有明显标识的奢侈品，这样图案较大的 LOGO 就会为中国消费者所喜爱。拉格菲尔德（Karl Lagerfeld）与芬迪（Fendi）合作的以双 F 字母为标识的混合系列是继法国香奈儿（CHANEL）的双 C 字母、意大利古驰（Gucci）的双 G 字母后，又一个时装界知名的双字母标志。

奢侈品品牌进入中国在展示本身工艺、传播品牌悠久文化的同时，也需要同中国传统文化融合，实现产品创新。自 2003 年世界第三大珠宝品牌宝格丽（Bvlgari）登陆中国市场，世界三大珠宝品牌全部进入了中国市场。奢侈品品牌商的圈地运动热烈地进行着，卡地亚（Cartier）用古典艺术去迎合略微稳重的上海市民；而路威酩轩（LVMH）则在巴黎向中国艺术院校学生征求作品的口号就是"Tribute to China"，旗下品牌迪奥（Dior）的马鞍提包则运用了中国国画风格的荷花元素，凯卓（Kenzo）则是春节时一片喜气洋洋的中

① 刘晓刚，幸雪，傅白璐. 奢侈品学（第二版）[M]. 上海：东华大学出版社，2016.

国春装；意大利的菲拉格慕（Ferragamo）借势悄悄在国内搜寻着前卫艺术家的作品；浪凡（Lavin）把中国艺术家的雕塑搬进了巴黎旗舰店。

第二节　奢侈品品牌的等级归属

奢侈品市场上，不同的品牌呈现出不同的品牌形象，消费者也会对其产生不同的品牌感知。爱马仕（Hermès）和蔻驰（Coach）的手提包绝不仅在工艺上有所区别，品牌差异的识别和等级划分也具有复杂性，本书使用品牌识别工具作为框架对奢侈品品牌进行解析。本书将重点介绍其中一种——消费者价值观矩阵，以便于读者理解奢侈品品牌的等级划分。

一、奢侈品品牌等级划分框架

品牌管理是一个复杂的问题，大多数情况下，我们对品牌的认知停留在直觉、情感的范畴，这样的分析通常带有强烈的人文色彩，但专业准确的分析手段确实存在，它源于符号学领域，在这个层面上，品牌分析变得部分合理化，并且为品牌管理提供了有力佐证。

吉恩—玛丽·弗洛赫于1983年发表的关于符号矩阵的解释，如图2-2所示。符号矩阵能够将品牌连贯地概括出来，即使品牌管理者并没有刻意地对其进行组织。这一矩阵致力于展现动态关系，而不是静态物体的状态或事物细节。把符号矩阵应用于品牌分析时，我们必须意识到品牌可以代表普遍且微小的意义。一旦由两个对立面组成的语义轴被用于解释消费机制时，符号矩阵可以在适当位置解构品牌所有的细微差别。每一对矛盾的术语都可以看作是彼此联系的，通过一个未能体现的特征进行区分。实用的与偏离的对应，即转换注意力的、有趣的、审美的；理想化的和关键的对应，即批评的、功利的。矩阵的左边，相互垂直的两条线显示了两个命题："批判的"或"理想/乌托邦式的"这两个术语，其实暗含了什么是实际的、什么是功利主义的。这一矩阵的意义在于其将抽象的领域以一种持续的方式组织起来。

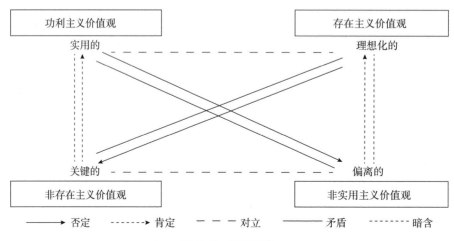

图2-2　符号矩阵

借助符号矩阵，弗洛赫把奢侈品品牌分为创造自身意义的品牌（"物质"品牌）和生成符号的品牌（"符号"品牌）两类。前者坚持产品内在价值，追求风格和个性；后者强调产品标签和消费者对产品的感知，这两者之间的基本差别通过符号矩阵被分解开来，并提供了详细分析所有奢侈品品牌各自定位的方法。奢侈品品牌比大众品牌更能为消费者提供幻想空间和强烈的情感体验，矩阵右边欲求的逻辑和愉悦的逻辑将成为奢侈价值观的主要动力。愉悦的逻辑激发了具有审美价值的享乐主义，而位于右上角的精英主义则与乌托邦的、理想化价值观有关。奢侈品品牌行动计划的制定，主要侧重于矩阵的右半部分——品牌的非实用层面，就像菲拉格慕（Ferragamo）香水上市时，品牌在传播虚幻和美学含义上大下功夫。值得注意的是，品牌定位并不是一成不变的，而是随着时间的推移不断发展，可以不同程度地分布在这个矩阵的四个角上①。

总之，符号矩阵帮助我们区分了四类逻辑：需求的逻辑（实用性）；兴趣的逻辑（批判性经济）；欲求的逻辑（乌托邦/神话）和愉悦的逻辑（审美）。举一个形象的例子，食品的购买动机有四类：我们没有更多的面包了；我在家已经有足够的咖啡，但是我想要这个推销的赠品；尝试异国菜肴是一种旅行方式；对巧克力十分痴迷。购买行为可能来源于其中一个，或是几个逻辑。奢侈品品牌的等级划分首先要在消费价值观矩阵中准确识别其逻辑定位。

二、奢侈品行业内品牌等级划分

市场上奢侈品品牌有很多，但品牌和品牌之间在品质和形象定位上都有很大差别，例如，爱马仕（Hermès）和托里·伯奇（Tory Burch）的手提包使用了不同的原材料和手工工艺。除了皮具箱包，服装、化妆品、手表等奢侈品品牌行业内也都有不同的等级划分。

（一）服装类奢侈品品牌等级划分

服装产业是以服装设计领衔，以面料、辅料、服装加工为产业支持，以配饰、形象设计为产业配套，以走秀展览，服装报纸、杂志传播为产业媒介的综合产业链。奢侈品品牌分为成衣、时装、高级时装和高级成衣四个层次。

成衣（Garment）指的是近代出现的，按一定规格、标准号型批量生产的成品服装，符合批量生产的成品衣服，符合批量生产的经济原则，生产机械化、产品规模系列、质量标准化、包装统一化，并附有品牌、面料成分、号型、洗涤保养说明等标识。成衣的概念是相对于定制与手工缝制而言的，在百货商店以及服装专卖店中出售的均为成衣。

时装（Fashion）是指流行的、具有鲜明时代感的服装，它是相对于历史服装和在一定时期内相对比较稳定的常规服装或成衣来说的。时装分为两类：一种是前卫时装，专指欧洲高级时装店的设计师产品，艺术感强、个性鲜明，集中体现设计师对流行和时尚的个人见解和主张；另一种是流行时装，是大批量生产和销售、具有流行特征的成衣，具有一定普及性。

高级时装（Haute Couture）也称"高级定制装"，源于欧洲古代及近代宫廷贵妇的礼

① Floch，J-M. The Contribution of Structural Semiotics to the Design of a Hypermarket［J］. International Journal of Research in Marketing，1988，4（3）：233-252.

服，是以顾客为中心设计、制作的高级手工女装，采用高级面料、顶级设计与做工，价格高昂，专供顾客在高档场所穿着的生活装和晚礼服，是服装的最高境界，讲究量身定制与服装的专属感。法国高级时装协会对高级定制服装店的规模、技术条件、发布会细节等做了严格规定。

高级成衣（Ready-To-Wear, RTW），是从高级时装派生出来的，是高级时装设计师以中档消费对象为主，从其设计的高级时装中筛选出部分适合成衣生产的作品，小批量地生产一批价格高于大批量生产的成衣。除了批量的区别，高级成衣和一般成衣的区别还在于质量和设计师的品位和个性。目前国际上的高级成衣都是一些设计师品牌，并且随着人们生活方式的转变，高级成衣业蓬勃发展，大有取代高级定制之势。全世界共有300多个高级成衣品牌，其中主要的高级女装成衣品牌有：香奈儿（CHANEL）、范思哲（Versace）、阿玛尼（Armani）、迪奥（Dior）、博柏利（Burberry）等，主要的高级男装成衣品牌有：杰尼亚（Zegna）、布莱奥尼（Brioni）、登喜路（Dunhill）、雨果·博斯（Hugo Boss）、拉尔夫·劳伦（Ralph Lauren）等，这些品牌几乎垄断了整个高级成衣市场。

（二）化妆品类奢侈品品牌等级划分

"化妆品"，广义上是指化妆用的物品，狭义上是指以涂抹、喷洒或其他方式散布于皮肤等人体表面，以清洁、护肤、美容等保持良好状态为目的的日用化学工业产品或精细化工产品。按其用途及使用部位，化妆品可分为护肤品（眼霜、润肤露、洁面乳等）、美容化妆品（彩妆）和芳香类化妆品（香水、古龙水等）。从品牌等级来说，香水及化妆品类奢侈品是指属于高档品牌的香水及化妆品（见表2-1），或者说是香水及化妆品行业的奢侈品部分，与快速消费并重复购买的产品类别非常不同，对于消费者而言，真正吸引他们的是那些著名香水及化妆品的审美内涵和独到之处。

表 2-1　化妆品类品牌等级划分

品牌等级	标准	主要品牌
奢侈品品牌	品牌中80%的产品单价大于200元人民币	娇兰（Guerlain）、迪奥（Dior）香水、纪梵希（Givenchy）、高田贤三香水（Kenzo）、马克·雅克布（Marc Jacobs）、雅诗兰黛（Estée Lauder）、海蓝之谜（La Mer）等
天然/活性品牌	品牌主打天然、植物原料，低化学添加	科颜氏（Kiehl's）、理肤泉（La Roche-Posay）、雅漾（Avene）、薇姿（Vichy）、悦木之源（Origins）
大众品牌	品牌中80%产品单价小于200元	巴黎欧莱雅（L'oréal）、玉兰油（Olay）、兰芝（Laneige）、美宝莲纽约（Maybelline）、自然堂（CHANDO）、露得清（Neutrogena）、妮维雅（Nivea）

资料来源：朱桦，黄宇．当代国际奢侈品产业探析［M］．上海：上海人民出版社，2012．

（三）皮具类奢侈品品牌等级划分

皮革是由动物皮经由十分复杂的物理加工和化学处理过程制成的。天然皮革是由非常细微的蛋白质纤维构成的，手感温和柔软，有一定强度，且具有良好的吸湿透气性和染色牢度。不同的原料皮经过不同的加工方法，可以获得不同风格和性能的皮革。皮具类奢侈品主要包括手袋、行李箱、小皮件和鞍具等。皮具类奢侈品划分等级的主要标准在于皮革的稀有性，例如，蟒蛇皮、鸵鸟皮、蜥蜴皮、鳄鱼皮都明显区别于一般皮具，世界顶级皮具做工考究，从整体到细节都尽善尽美。全球十大顶级皮具品牌及经典之作如表2-2所示。

表2-2　经典皮具类奢侈品品牌

品牌	品牌特点	经典之作
古驰（Gucci）	高雅、奢华的象征	竹节包
爱马仕（Hermès）	彰显身份和荣耀	凯莉包
路易威登（Louis Vuitton）	焕发永恒经典的皇家御用品牌	LV印花
普拉达（Prada）	极简主义的时尚	杀手包
芬迪（Fendi）	富有时尚元素，精致百变	Baguette手袋
巴黎世家（Balenciaga）	永远的机车包，时尚与实用的典范	机车包
赛琳（Céline）	自信、审慎生活态度的演绎，现代风范的楷模	波士顿系列（笑脸包）
葆蝶家（Bottega Veneta）	含蓄细腻、自信优雅，抹去浮华的奢侈保证	编织手袋
缪缪（Miu Miu）	趣味和青春的结合，最朝气的奢侈品品牌	口金手提包
罗意威（Loewe）	沉淀百年的低调奢华	亚马逊系列手袋

资料来源：朱桦，黄宇. 当代国际奢侈品产业探析［M］. 上海：上海人民出版社，2012.

（四）手表类奢侈品品牌等级划分

钟表行业隶属于制造行业，包括各种钟、表、钟表机芯、时间记录装置、计时器的制造，还包括装有钟表机芯或同步马达，用以测量、记录或指示时间间隔的装置、定时开关，以及钟表配件的制造。手表是奢侈品行业的一部分，主要分为超奢华手表、豪华手表和高端手表，如表2-3所示。

表2-3　手表类奢侈品品牌划分

等级分类	释义	主要品牌
超奢华级	以制作复杂功能表见长，打磨考究，充分显示表厂技术实力，品牌含金量极高，产量有限	百达翡丽（Patek Philippe）、朗格（A. Lang & Sohne）、爱彼（Audemars Piguet）、豪爵（Roger Dubuis）、帕玛强尼（Parmigiani）、宝玑复杂款（Breguet）、雅典复杂款（Ulysse Nardin）、法兰克·穆勒复杂款（Franck Muller）、格拉苏蒂（Glashutte Original）、芝柏复杂（Girard-Perregaux）款、万国复杂款（IWC）
一类一等（豪华级）	适合高薪人士的经典表	劳力士（Rolex）、积家（Jaeger-LeCoultre）、卡地亚（Cartier）、萧邦（Chopard）、伯爵（Piaget）、尊皇（Juvenia）
一类二等（高端级）	适合高薪的手表爱好者	凯勒克（Kelek）、昆仑（Corum）、丹尼尔·罗斯（Daniel Roth）、瑞宝（Chronoswiss）、欧米茄（OMEGA）、玉宝（Ebel）
二类一等	机芯高级，打磨工艺突出，占据中档偏高级领域	百年灵（Breitling）、帝舵（Tudor）、豪雅（TAG Heuer）、名仕（Baume & Mercier）、艾美（Maurice Lacroix）、宝格丽（Bulgari）
二类二等	中低级机芯，打磨工艺一般，工具性强，价位在5000~15000元左右	浪琴（Longines）、摩凡陀（Movado）、依铁纳（Eterna）、尚美（Xemex）、雷达（Rado）、富利斯（Fortis）

续表

等级分类	释义	主要品牌
三类	基础性机芯，质量有保证，正宗厂家品牌，价位在万元以下	豪利时（Oris）、天梭（Tissot）、汉密尔顿（Hamilton）、美度（Mido）

资料来源：朱桦，黄宇. 当代国际奢侈品产业探析［M］. 上海：上海人民出版社，2012.

瑞士几乎统治了世界手表奢侈品行业，瑞士的斯沃琪集团（Swatch）、劳力士集团（Rolex）和历峰集团（Richemont）通过局部兼并收购行动，分别控制了各大顶级钟表品牌，这三家钟表商占据了全球钟表市场一半的份额。虽然有些奢侈品品牌如香奈儿（CHANEL）、爱马仕（Hermès），珠宝品牌如卡地亚（Cartier）、宝格丽（Bvlgari）等也有手表业务，但通常手表被作为配饰销售，而非它们的核心业务。[①]

第三节　奢侈品品牌金字塔

一、金字塔框架

汇丰银行（HSBC）Erwan Rambourg（2014）[②] 展示了一个六级"奢侈品品牌金字塔"，刻画出了不同奢侈品品牌在国际奢侈品市场上的等级归属。奢侈品品牌金字塔从塔基到塔顶分别是以下品牌：

（1）日常奢侈品（Everyday Luxury）。这类奢侈品价格低于100美元，包括设计师香水（Designer Fragrances）、Swatch手表、星巴克、餐馆和娱乐、进口啤酒、红酒和香槟。

（2）可支付奢侈品（Affordable Luxury）。价格在100~300美元的奢侈品，包括设计师眼镜（Designer Eyewear）、美国品牌蔻驰（Coach）、意大利健乐士（Gexo）、美国蒂芙尼银饰珠宝（Tiffany Silver Jewelry）。

（3）核心奢侈品（Accessible Core）。这类奢侈品价格在300~1500美元，包括路易威登（Louis Vuitton）、古驰（Gucci）、普拉达（Prada）、托德斯（Tod's）、设计师配饰和服装（Designer Accessories & Apparel）、大卫雅曼（David Yurman）、天梭（Tissot）手表、万宝龙（Montblanc）。

（4）核心高级奢侈品（Premium Core）。这类奢侈品价格介于1500~5000美元，包括肖邦（Chopard）、劳力士（Rolex）手表、伯鲁提（Berluti）、卡地亚（Cartier）、蒂芙尼非银（Tiffany excl. Silver）珠宝、爱马仕（Hermès）、宝格丽（Bvlgari）、欧米茄（Omega）手表、豪雅表（Tag Heuer）。

（5）超级奢侈品（Superpremium）。这类奢侈品价格介于5000~50000美元，海瑞温斯顿（Harry Winston）、百达翡丽（Patek Philippe）、万国表（IWC）、葆蝶家（Bottega Vene-

---

① 朱桦，黄宇. 当代国际奢侈品产业探析［M］. 上海：上海人民出版社，2012.

② Erwan Rambourg. Why the Reign of Chinese Luxury Shoppers Has Only Just Begun［Z］. 2014.

ta）、宝玑（Breguet）钟表、沛纳海（Panerai）、梵克雅宝（Van Cleef & Arpels）珠宝。

（6）极品奢侈品（Ultra High End）。这类奢侈品价格在5万美元以上，包括伦敦的顶级珠宝品牌列维夫（Leviev）、格拉夫（Graff），以及各类区别于半定制和成品的高级全定制西服 Bespoke。

随着新兴市场的崛起和线上销售渠道的发展，奢侈品行业在不同的商品种类上呈现出很多不同的变化方向。2017年，安永咨询公司（Ernst & Young）发布了报告 *The Luxury and Cosmetics Financial Factbook* 2017[①]，报告中以新金字塔模型将奢侈品市场分为了三个级别（见图2-3）：高级品牌（Premium）；轻奢品牌/入门级奢侈品品牌（Entry-To-Luxury）和顶级奢侈品品牌（High-End Luxury）。这种分类建立在汇丰金字塔的基础之上，又融合了奢侈品品牌新的发展动态，等级划分更为清晰，在此我们结合一些经典的品牌对新金字塔模型进行分析。

图2-3　奢侈品品牌新金字塔模型

资料来源：Ernst & Young. The Luxury and Cosmetics Financial Factbook 2017［R］. 2017.

二、高级品牌（Premium）

以汽车品牌为例，我们可以清晰地辨别高级品牌、轻奢/入门级奢侈品品牌和顶级奢侈品品牌。好比捷豹（Jaguar）、阿斯顿马丁（Aston Martin）和劳斯莱斯（Rolls-Royce）的区别。捷豹汽车比标准汽车在品质和可靠度上更胜一筹，具有较高的性价比、人性化，但是捷豹汽车的品牌魔力不及保时捷（Porsche）和劳斯莱斯（Rolls-Royce）这样的奢侈品品牌。或许我们购买捷豹汽车是为了其驰名的榆木仪表盘或康诺力皮革，但这并非购买一辆阿斯顿马丁（Aston Martin）的期望所在。高级产品是努力工作的回馈，与社会层级无关。高级品牌愿以其优越性被理性的消费者购买，能够显示出对超越品质的追求，就像高档汽车比标准汽车更安全、操作更优、更具有舒适性。

美国品牌卡尔文·克雷恩（Calvin Klein）作为美国高级品牌的代表，因为年轻、快节奏和机械性一直为全球年轻人所喜爱。几十年来，品牌服装款式变化了无数种，但风格始

---

① Ernst & Young. The Luxury and Cosmetics Financial Factbook 2017［R］. 2017.

终如一，它始终恪守着一个信条：Less is more。拒绝繁杂累赘的服装，认为服装应该能够随身体的活动而产生流畅的线条，又可以使穿着者感受到舒适愉悦，没有任何拘束和不便。更重要的是，一件漂亮却简单的衣服，能够表现出穿着者内在的气质和情感。卡尔文·克雷恩被称为是最了解现代女性的设计师，认为女性现实、自信、忙碌、富有冒险和创造精神，女性不愿被看成是一种装饰品，她们有着自己的生活。从一开始，卡尔文·克雷恩便把时装与生活挂钩，把自己的顾客定位成那些工作的女性，而不是无所事事为打扮和宴会生活的贵妇。他为她们提供真实的时装，既不是廉价到可以随便获得，又不会昂贵得让人望而却步。他抛弃了时装中过分的夸耀、娇柔的色彩和造作的款式，开创了具有美国程式的着装新外观：宽松的丝质衬衫、外套和长裤，赤脚穿着的平底鞋。在这种简单化的形式上寻求新的变化和时尚，穿上它的女士适应不同的场合。卡尔文·克雷恩也因此被誉为"都市极简主义的先驱"，让这种现代简约风格模式成为纽约流行的时装哲学。

1994 年，卡尔文·克雷恩（Calvin Klein）紧紧扣住了当代年轻人想要做自己的信念，以及渴望表现两性相同而并非要隐藏两者之间区别的心理，适时地推出了 CK One 香水而大获成功。1998 年，他又推出了广受欢迎的手表系列。如今，这个王国已拥有 Calvin Klein Collection（旗下第一品牌）、CK Calvin Klein（年龄较为年轻的副牌）、Calvin Klein Jeans（牛仔系列）、Calvin Klein Underwear（内衣系列）等各类服装、配饰和家用纺织品等。现在，每天全世界有超过数百万的人穿着这个牌子的牛仔裤、内衣，使用这个牌子的香水。

三、轻奢/入门级奢侈品品牌（Entry-To-Luxury）

轻奢或入门级奢侈品品牌定位于普通小资人群，它能够引领、追逐时尚潮流，推崇创新和产品质感。品牌拥有知名度较高的天才设计师，喜欢大胆的创意，会推出限量款产品。入门级奢侈品品牌能够在其所在的领域内保持较为领先的地位，产品所蕴含的品牌价值观高度一致，并不断赋予品牌新的生命力。它们能够在世界范围内获得广泛的感染力，激起消费者的认同感，多受年轻人的追捧。

美国品牌蔻驰坚持创造"买得起的奢华精品"，其产品均为精选上等材料，由享誉世界的著名设计师设计，随后经过熟练工匠多道工序精工细作而成。蔻驰一直强调皮具的实用性，不管是零钱包还是手提包，都坚持手工制造和使用优质原料，并在销售产品时，极为体贴地在皮包中附上清洁保养用的刷子，或蔻驰皮包专用皮革清理剂，以保证皮具的色泽和柔软耐用的特性。每一件蔻驰产品都是值得收藏的精美艺术品，凭借着经久的质量、精湛的技艺，在消费者中树立起良好的形象。蔻驰的顾客通常会用"结实""实用"来形容蔻驰的产品，它不是放在博物馆中供人瞻仰的作品，而是可以融入生活的设计。如今，不论是在伦敦、纽约，还是东京、上海，蔻驰正在为人们带来一种别致、时尚、美国化的生活体验。

入门级奢侈品品牌善于将奢侈与时尚相结合，许多品牌采用时尚品牌的行为方式，共享时尚品牌的某些特质，包括并不是那么重要的产量和某些炫耀的元素，这使得奢侈品品牌具有了大众化和城市化的特征。入门级品牌的蓬勃发展得益于城市中产群体的壮大，它使更多的人有了接触奢侈的机会。值得注意的是，奢侈和时尚的概念不尽相同。奢侈和时尚都在我们的社会生活中发挥了重要作用，它们有共同的需求，也需要与众不同。在两个基本的层面上时尚和奢侈有很大程度的区别：①与时间的关系，时尚是短暂的，奢侈代表耐用和长久；②与自我的关系，奢侈是为自我，时尚不是。如今，香奈儿（CHANEL）以外的高级时装品牌中的许多品牌的盈利状况堪忧，主要是因为品牌远离了当下的消费需求。于是一系列街头快时尚诞生了，如 H&M 和 Zara（这不是奢侈品品牌）服饰富有活力，且财务良好。过去奢侈和时尚无论是经济的重要性，还是其与众不同的特性，都代表了两个世界，它们只在高级时装这一类别里有所重叠，在这种情况下，轻奢品牌诞生了，它们既涵盖了奢侈品的一面，又能充分发挥设计师的时尚潜能。

提及时尚性和持久性的结合，就不得不说意大利品牌 Max Mara，该品牌既能展现女性的优雅特质，又有意大利成衣业将时装普及化的特征，它可以挂满女性的衣橱，伴随女性一生，穿得出质感，也可以始终散发出时尚味道。Max Mara 的发展史就是一部企业家创造的时尚史。20 世纪 60 年代，街头风貌开始影响世界时尚，品牌得风气之先，推出 Sportmax 系列，专为 18~30 岁追求独特风格的年轻女性而设计。尽管 Max Mara 走在年轻风尚的最前沿，但它并没有在奢侈和时尚之间迷失方向。"要是有人把 Max Mara 定位成时髦品牌，那对我们可不是件好事"。品牌管理者认为，"女性要是追风般地今天穿这种风格，明天换另一种，那就不是 Chic"。时代潮流瞬息万变，但好品位永远是吸引人们的魅力核心。Max Mara 将高品质、剪裁和时尚造型完美结合。著名影星伊莎贝拉·罗西里尼曾说，她始终舍不得丢掉 20 岁时母亲送她的 Max Mara 羊绒大衣，它线条一气呵成，而细节却无比完美，时至今日，当她带着孩子在中央公园散步时，还会穿着这件大衣。①

近年来，轻奢品牌表现活跃，从门店开业情况来看，相较于传统奢侈品品牌，轻奢品牌的扩张态度更加积极。虽然顶级奢侈品品牌仍然占据市场主导地位，但就新开业门店而言，轻奢品牌占比已接近市场的 50%。轻奢品牌新开业门店的首选城市与奢侈品品牌的"大盘"基本一致，奢侈品品牌布局相对完善的城市也受到轻奢品牌的关注，跻身前十名的热门城市有巴黎、伦敦、米兰、新加坡、吉隆坡、中国香港、纽约、洛杉矶、上海和东京。轻奢品牌的快速发展给了顶级奢侈品以启发，后者可以汲取时尚元素，加入短期流行大军，不断推出品牌衍生品，就像路易威登和潮流品牌 Supreme 的联名合作。

2016 年高级品牌（Premium）和轻奢/入门级奢侈品品牌（Entry-To-Luxury）的总销售额为 1010 亿欧元，预计到 2020 年的复合年增长率将在 6%，高于 2009~2012 年的 5.2% 和 2012~2016 年的 4.4%。其中，奢侈品市场未来的销售增长，将主要由新兴市场的崛起和线上销售渠道的发展所推动。奢侈品行业正在发生快速的改变，新兴的数字消费者是该市场增长的主要推动力。他们对时尚的看法非常不同，希望能够从品牌那里获得更加个性化的服务。安永在报告中单独列出了奢侈香水和化妆品市场的表现，其 2016 年的销售额为 490 亿欧元，未来 4 年内预计复合年增速为 3.9%。其中亚洲是全球最大的奢侈香水和化妆品市场，销售占比达到 37%。"千禧一代"和"Z 一代"的消费者（14~24 岁）中，最愿意在奢侈香水和化妆品上进行消费的是中国消费者，之后是美国和法国消费者。

正在逐渐成为市场主流的"千禧一代"消费者有如下特点：对于高级品牌和入门级奢侈品品牌来说，全球范围内，"千禧一代"的购买动力和购买行为跨越了地理界限，呈现出相似的特点。在消费愿景上，"千禧一代"拥有不同于前辈的价值观，拒绝传统思想；穿衣风格也不同，相对于正式穿着而言，他们更喜欢休闲类服饰，并视其为潮流。在价值

---

① 米苏．21 世纪国际名牌名品奢华档案［M］．上海：上海科学技术出版社，2010．

感知上，他们对价格更为敏感，认为高端奢侈品的价值和价格之间并不对等，50%的"千禧一代"认为高端奢侈品的价格过高。他们对数字渠道的接受程度更高，有68%的"千禧一代"的购物决定会受到数字渠道的影响。

此外，高级品牌（Premium）和轻奢/入门级奢侈品品牌（Entry-To-Luxury）的蓬勃发展还与以下五个因素相关：

（1）城市中产群体的兴起。城市中产群体在未来的15年内将增长到10亿，到2030年将会增长至50亿，其中，像中国和印度这样的发展中国家，其城市中产群体的人口增长中具有重要贡献。

（2）顶级奢侈品的价格增长，使其目标市场定位在非常富有的人群，并带动了高级品牌和入门级奢侈品品牌价格的增长。

（3）不同价格范围内的品牌组合。奢侈服饰的高昂价格，使得消费者在奢侈品品牌和大众品牌中，选择服装和配饰的组合。在全球市场上，有59%的消费者更倾向于搭配奢侈和非奢侈产品作为购买组合。

（4）传统的奢侈品消费者不断地在奢侈品品牌和快时尚品牌之间选择多种投资组合。41%的奢侈和顶级奢侈品的消费者也会购买高级品牌，特别是配饰和快时尚产品。

（5）休闲化风格的流行。时尚趋势的变化，以及潮流文化的蓬勃发展给了奢侈行业更多的机会。各大奢侈品品牌都加大了在社交媒体上的宣传力度，同时加深了和流行明星以及意见领袖的合作，推出了更多融入休闲和街头风格的产品，包括T恤、运动鞋和牛仔裤等，以增强在年轻消费者中的吸引力。运动休闲的浪潮很大程度影响了奢侈品品牌，特别是在运动鞋领域，受这股浪潮的影响，运动鞋市场占据了整个鞋类市场的19%。[①]

四、顶级奢侈（High-end Luxury）品牌

奢侈品也有等级之分。法拉利（Ferrari）或保时捷（Porsche）是纯血宝马的化身，纯血宝马由殊死搏斗的骑马比武闻名，为国家的英雄所驾，在竞技场上冲撞，优雅而富有技术性，而劳斯莱斯（Rolls-Royce）则代表着神圣，它热爱并接受时间的打磨，拒绝系列车型的标准化生产，拒绝受限于"超高性价比"。对于钟情奢侈品品牌的消费者而言，奢侈品品牌也有所差别，大体上一分为二，有豪华奢侈和入门级奢侈之分。新的奢侈品品牌或许明天就能诞生于世，无须悠久的历史，而顶级奢侈品品牌的历史不足为鉴，必须有能够创造神话、催生梦想的传奇故事。

品牌神话以其拥有者的财富为尺度，但又超越财富尺度，囊括所有者的名誉、象征性权力。范思哲（Versace）的品牌标识由蛇发女妖美杜莎和城墙垛一般的传统图案组成。希腊神话中的蛇发女妖美杜莎代表着致命的吸引力，她的美貌如此蛊惑人心以至于见到她的人会立刻化为石头。品牌创始人范思哲一生都在追求这种美的震慑力，他的作品不论是艳丽性感，还是典雅端庄，总是渴求着极度的完美，也正是这种别样的美征服了时尚界。范思哲将这一神话融合在品牌特性之中，体现了其在顶级奢侈品品牌中的独领风骚和前卫成熟，把神话故事中的美杜莎女神奇迹般地复活了。

顶级奢华品牌的汽车以其产品价格、稀缺品质及品牌声誉闻名，这种品牌特性来源于

---

① 安永咨询. 全球奢侈品行业报告［R］. 2017.

品牌的历史传承。劳斯莱斯成为英国王室专用车已有百年历史，爱德华八世、女王伊丽莎白二世、玛格丽特公主、肯特公爵等众多英国王室成员的座驾都是劳斯莱斯。劳斯莱斯显然已经成为一种身份的象征，它不仅是贵族的选择，众多富豪和明星都对它情有独钟。豪华品牌从神圣的角度获取额外价值，从根本上而言，品牌与其自身的时间、历史都密切相关，并不断续写品牌神话，将其现代化。

顶级奢侈品品牌注重产品的美感、品质和独特性，有着深厚的文化内涵，崇尚产品本身。"服装的优雅，在于行动的自由"。在 20 世纪，香奈儿（CHANEL）为上流社会仕女创造出简洁而奢华的小黑裙，成功塑造了亦刚亦柔的独特女性气质。可可·香奈儿秉承想要为女士设计舒适的衣服的理念，摒弃了当时花花绿绿、繁复累赘的流行女装，想要使女性即使在驾车时，依然能保持独特韵味，在面料、设计细节与制作技巧上求新求变，使得香奈儿小黑裙这款独特的时尚杰作一直是"现代经典"的同义词。直到今天，香奈儿的小黑裙依然是全球女性梦寐以求的选择，小黑裙就像是一次优雅的革命。

顶级奢侈品品牌追求永恒和国际声誉，它们代表着可靠的选择，购买这些品牌的客户追求的是一种上流社会的归属感，他们会选择知名品牌以降低风险。顶级奢侈品是非常稀有的，具有一定的排他性，高级品牌标志才能代表拥有者属于富裕群体，他们享受着品牌带来的声望、形象、吸引力甚至诱惑力。

1947 年，迪奥（Dior）的首次发布会成为刚刚走出"二战"阴霾的妇女们期盼的焦点，配合法国 *Vogue* 和美国《生活》杂志的大量报道，迪奥一夜之间在欧美各地成名，它的首个系列被媒体称为革命性的"新风貌"（New Look）。它全部采用最名贵的面料，单是一条经典圆拱伞裙就使用了 20 码的布料，迪奥的"新风貌"女装售价高昂（一条晚礼裙约 4 万法郎），并不是平民百姓可负担得起，鉴于此，迪奥时装的矜持高贵形象更受欢迎。在那时的贵族女性中，穿着迪奥设计的时装就等同于拥有了荣华富贵的身份象征，迪奥"新风貌"也被誉为巴黎的再生。创始人迪奥在世的时代，巴黎店顾客最多只限 500 名，这些顾客中，与迪奥同时代的温莎公爵夫人、玛格丽特公主、好莱坞演员玛格特·丰特尼，以及格蕾丝·凯利都喜欢穿他设计的衣服。

顶级奢侈品品牌可以提供超出产品以外的服务和特权。劳斯莱斯在全球范围内仅定位8 万多位目标客户：超高资产净值人士。劳斯莱斯会为购买者提供针对性服务，80% 的购买者亲自前往古德翰工厂定制其座驾，在装船前进行试驾，这使得顾客对品牌可靠性、品牌奥秘和品牌历史有了深入了解。

第四节　奢侈品品牌组合战略

从企业的角度来说，在认识并了解了品牌的内涵和意义后，需要关注如何发挥品牌所具有的功能与利益，简言之，也就是品牌策略的选择与应用。越来越多的企业为满足不同顾客的需求及对市场多样性的追求，开发出不同的品牌。由于企业要追求利润最大化，必然要在多品牌之间实现资源最佳配置，品牌组合战略应运而生。

一、品牌组合战略的定义

品牌的一种价值主张或品牌定位，是对品牌所蕴含的内在价值以及对消费者所做出的承诺的一种陈述，都是一种战略性的决策。品牌战略体现了一个公司所销售的不同产品所具有的普遍和独特品牌要素特征。也就是说，对于一个企业而言，应该选择哪些品牌要素来应用到其所销售的商品上。因此，可以通过定义品牌及产品之间的各种关系（"品牌—产品矩阵"和"品牌层次"），来协助企业形成品牌战略。

"品牌—产品矩阵"（Brand-Product Matrix）是以图标的形式表现出企业所有的品牌和产品（见表2-4）。该矩阵中，行代表"品牌—产品关系"，通过公司该品牌下出售产品的数量和性质可以反映出公司的"品牌延伸战略"，表现出品牌战略的"广度"；而每一行可称为一个"品牌线"（Brand Line），代表在某一品牌下出售的全部产品。矩阵中的列代表"产品—品牌关系"，通过每一产品大类下所销售的品牌数量和性质反映出公司的"品牌组合战略"，代表了品牌战略的"深度"；而每一列就是一个"品牌组合"（Brand Portfolio），代表企业在某一特定产品种类中所提供给顾客的品牌及品牌线。[①]

表 2-4　品牌—产品矩阵

	产品 A	产品 B	产品 C	……
品牌 A				
品牌 B				
品牌 C				
……				

"品牌层次"则是通过列示出企业的各个产品的普通和特殊品牌成分的数目与特征，明确解释了品牌的排序，也就是说，一个产品可以用各种不同的方式来命名，而企业必须决定的便是要使用多少新的品牌要素和已经存在的品牌要素，以及如何针对某一产品来结合各种品牌要素。通常一个品牌层次可以包括四个等级：①企业或公司品牌；②产品系列品牌；③产品个别品牌；④型号品牌。例如，Lenovo ThinkPad 760 笔记本电脑，包含三个不同的品牌名称要素："Lenovo""ThinkPad"和"760"。其中，"Lenovo"作为企业品牌可以被应用于公司的其他许多产品上；"ThinkPad"是指一种特定类型的计算机（如便携式，非台式）；"760"则是"ThinkPad"这一产品系列中的一个特定型号，代表了某一特定的规格或配置。

品牌组合战略说明了品牌组合的架构、范围、职能和组合品牌的内部关系，其目标是实现协同效用、杠杆作用和组合内部清晰化，建立相关的、差异化的、有活力的品牌集合。简而言之，品牌组合战略就是建立品牌选择标准和管理协调企业内部所有品牌。

---

① Neil A. M., Lopo L. G. Brand Portfolio Strategy and Firm Performance [J]. Journal of Marketing, 2009, 73 (1): 59-74.

二、品牌组合战略对企业的影响

品牌组合战略体现在三个方面：第一，品牌组合的范围（Scope），即公司拥有和出售的所有品牌以及这些品牌所竞争的细分市场；第二，品牌组合关系（Portfolio Structure），即品牌组合内各个品牌的相互逻辑联系，如宝洁公司的洗发水品牌飘柔和潘婷，由于目标市场相似，而在企业品牌组合内部产生某种程度上的彼此竞争；第三，品牌组合定位（Position），即消费者对该公司各个品牌质量和价格水平的总体感知。

品牌组合内部关系是最重要的，与品牌组合的范围和品牌组合定位密切相关。因为不论是品牌组合的定位还是品牌间的竞争，或是如何分配公司的资源都可以在品牌内部关系上得到反映。品牌关系图谱是清晰表达品牌组合中品牌相互间逻辑关系的简明工具，理清品牌组合的内部关系是建立有效的品牌组合战略的前提。品牌组合战略的三个层面对企业的影响如下。

（一）品牌组合范围对企业的影响

拥有包含较多品牌的品牌组合可以更好地满足不同消费者的需求，阻止竞争者进入市场，几个不同的细分市场的共同品牌可能为公司支出带来规模经济效应。拥有较多的品牌使公司吸引和留住更好的品牌经理，享受发展中的协同效应以及分享专业的品牌管理能力，如品牌资产跟踪、市场调研和媒体购买。同时建议品牌集中在较少的细分市场，品牌数量过多会带来品牌组合的低效，分裂营销资源，容易使公司在品牌管理中迷失。

（二）品牌组合关系对企业的影响

品牌组合的内部竞争对企业业绩的影响不能一概而论。从外部顾客的角度来看，内部竞争的公司能够从渠道成员和顾客处获得更低的溢价。另外，内部竞争也有很多好处，包括共享渠道资源、广告资源，在渠道上阻隔竞争对手的进入等，这些可以导致更高的效率和更好的资源分配。实践中，企业似乎更看重内部竞争的好处。例如，全球第二大家庭护理类企业联合利华公司销售3个洗发水品牌：夏士莲面向注重性能的消费者；力士定位为注重保养的消费者；清扬面向头皮有特殊问题的消费者。与此同时，宝洁公司也经营多个洗发水品牌，如伊卡璐、沙宣、飘柔、潘婷、海飞丝，各个品牌之间的相互竞争扩大了企业整体的市场份额和吸引力。

（三）品牌组合定位对企业的影响

品牌组合定位对企业业绩的影响有两个方面：一为感知质量（Perceived Quality），指在消费者头脑中公司品牌组合的品牌所代表的产品质量等级。二为感知价格（Perceived Price），指消费者观念里公司品牌组合的品牌价格。高品质低价格的品牌组合战略往往能带来潜在优势，而且公司品牌达到这样的定位是有实例的，如美国西南航空公司。公司品牌组合的所有品牌都同时实现低价高品质十分困难且少见，因为消费者经常使用价格作为质量线索，很难扭转对高品质低价格的看法。实现高质量往往是昂贵的，因为它可能涉及使用高质量的原材料或更好地训练有素的服务人员、一流的制造或操作技术、更大的营销传播支出。这些增加的费用会使公司的品牌很难在消费者视为低成本的价格上出售。

企业的品牌策略开始通过各种形式向公司品牌的方向发展，品牌的回归已成为一个明显的趋势。对于一家多产品或多品牌的企业而言，通常顶层的品牌只有少数，而底层的品牌可能有多个，也就是说，品牌要素数目从顶层到底层呈现递增，品牌层级结构就像奢侈品品牌金字塔一样。层级越高的品牌要素可以被沿用在多样产品上，延伸范围广，共享性高，可以带给企业内部与外部综合的经济效益，而层级越低的品牌要素越倾向于被用在特定产品上，延伸范围窄，专属性高，为企业提供较大的弹性，帮助其诉求每项产品独特的利益点。混合品牌策略正是利用了位于品牌层级结构顶层的公司品牌来提携位于低层的产品品牌，而低层的产品品牌则大大拓宽了顶层品牌在市场上的应用范围。[①]

良好的品牌组合战略能够帮助企业妥善管理品牌，优化品牌资源配置，避免营销的复杂性，降低产品重叠开发的成本，抵消传统媒体和分销渠道效率、效益的递减，使品牌在市场上发挥合力。

三、奢侈品品牌组合战略的应用

品牌混合策略越来越多地被奢侈品行业所应用，奢侈品公司将人力、物力、财力等资源分散在不同的产品或品牌上，从而形成多品类产品或多品牌组合的经营模式。品牌混合策略往往是由一个资金雄厚的大型奢侈品企业或奢侈品集团所接纳。

(一) 拓展副品牌

在经营时以某一主线品牌的特色产品作为主要的销售重点或主打品牌，同时配合相关的副线品牌产品一起销售，通过一正一副或一正多副的多种品牌组合，进行销售而获得更高的市场利润。在这种情况下，混合品牌策略经营模式的关键是通过品牌延伸，利用主打产品和相关配套产品的组合销售，吸引需求层次不同的顾客，激发各个社会层级顾客的购买兴趣和购买能力，以此获得利润。

例如，在创业之初以高档女装起家的阿玛尼品牌（Armani），后来逐渐发展成为一家知名的奢侈品公司，发展出更多的男女装品类，旗下拥有 Giorgio Armani、Le Collezioni、Emporio Armani、Armani Junior 等多个领域，足迹遍布全球 100 多个国家，产品由服装扩展到香水、皮包和珠宝等多个领域，甚至还跻身主流酒吧和酒店业等，呈现出多元化经营的趋势，在市场上增加了产品的丰富度，以此吸引了不同场合需求的消费者。不仅如此，阿玛尼公司的销售人员还发现，其实市场中还有许多喜欢该品牌的潜在客户，但是因为消费能力有限不能整套购买他们的产品，而将这种对品牌的喜爱放到了购买价格相对较低的服装配饰产品上。这样的消费行为也大大增加了公司利润，使阿玛尼将服装之外的配饰生产也作为近几年大力发展的产品，阿玛尼公司在巨大的销售利润中获利匪浅。

(二) 大型跨国公司集团

大型奢侈品跨国集团旗下经营着各个品牌组成的不同类型产品，每个品牌有丰富程度各不相同的产品线，构成了庞大的奢侈品集团，例如，当今首屈一指的"奢侈品帝国"路

---

① Yu Chunling, Yang Fan, Influence of Brand Portfolio Strategy on Performance [C]. International Conference on Engineering and Basiness Management, 2010.

威酩轩集团（LVMH）。这种综合型奢侈品集团公司的经营本质是主要通过分别经营不同品类的奢侈品品牌，以及经营这些品牌的不同档次，来平衡集团内的产品种类架构，用盈利的奢侈品公司或品牌的现金流以及品牌声誉，帮助或带动在某个时期处于低潮的其他奢侈品品牌的周转，起到增加集团整体现金流的作用，从而形成品牌的集群效应。

由于此类公司旗下的奢侈品品牌类型多样，且都是独立经营，所以它们联合运作主要的经营目的是通过不同种类的产品增加公司的抗风险能力，在某一品牌出现亏损的时候可以通过盈利的品牌资金帮助亏损品牌周转，在内部自行协调平衡奢侈品的市场资源，如法国奢侈品品牌集团路威酩轩。

路威酩轩集团拥有多个奢侈品产业中的明星产品，如路易威登（Louis Vuitton）、迪奥（Dior）、酩悦香槟（Moet & Chandon）等。该集团既追求自然发展，又追求收购增长。路威酩轩集团收购侧重奢侈品行业的品牌，在收购选择方面，其寻求收购和振兴法国传统品牌，并将它们转型成为明星品牌，这些明星品牌不仅能够重唤法国传统和材质，还保持了创新与品质。[①] 伯纳德·阿诺特（Bernard Arnault）担任路威酩轩集团董事长后，他通过收购来实现增长，将世界一流的奢侈品品牌都收入旗下。在收购了赛琳（Céline）、纪梵希（Givenchy）服饰和高田贤三（Kenzo）后，路威酩轩集团的销售开始大幅增长。例如，唐娜·卡兰（Donna Karan）和高田贤三（Kenzo）等时装和皮制品品牌也加入进来，此外，还有20世纪90年代加入的手表和珠宝品牌，如豪雅（TAG Heuer）、真力时（Zenith）、尚美（Chaumet）和弗雷德（Fred）。1997年，伯纳德·阿诺特开始了精品零售，持61%的免税店所有权。此外，进一步扩展到法国顶尖化妆品商店丝芙兰、玻玛榭百货和莎玛丽丹百货。1999~2000年，伯纳德·阿诺特花了约11亿美元收购许多奢侈品品牌，从手表到前卫时尚的美国化妆品牌，如馥蕾诗（Fresh）和贝玲妃（Benefit）。

总而言之，混合品牌策略可以面向层次更为丰富的顾客群体，混合品牌相对于单一品牌能更多地吸引不同种类和消费档次的顾客，同时由于能够通过增加购买产品相关性而获利更多。不仅如此，混合奢侈品品牌集团规模相对庞大，资金相对丰厚，对于个体公司而言能够增加企业自身的抗风险性，同时能全方位地提升品牌形象，提升其在消费者认知中的品牌价值。

---

① 布朗卡特. 奢侈品之路：顶级奢侈品品牌战略与管理 [M]. 谢绮红译. 北京：机械工业出版社，2016.

CHAPTER 3

第 三 章
奢侈品品牌产品 ···

第一节　奢侈品的品牌化经营

产品是品牌的核心，是企业从事业务经营的根本所在。就营销而言，消费者对品牌产品形成的认知是其品牌认识的基本内容。理解消费者的品牌产品认识是发展品牌理论、开展品牌营销尤其是塑造品牌的重要基础。[①]

现在有一种起源于公共关系和广告公司的做法，即把产品看作次要的部分，而利用客户本身的高层次去成就一个奢侈品。因此吸引明星客户并激发他们对品牌参与的热情就非常重要。查达哈和哈斯本德都强调公共关系、名流、品牌代言人、赞助者和针对"对的人"举办的活动等能赋予品牌魅力并且使产品获益于品牌创造的光环等。他们几乎没有谈什么关于产品本身的内容。[②]

一、品牌化经营的原因

奢侈品和品牌之间并不存在必然联系，奢侈品不一定具有品牌，大部分的品牌也不一定是奢侈品品牌。大多数奢侈品企业拥有品牌，采取品牌化经营主要有三个原因：品牌的符号价值是奢侈品高额利润的解释；品牌差异化能够制造市场的稀缺；品牌为奢侈品提供思想与文化的载体。[③]

（一）品牌的符号价值是奢侈品高额利润的解释

品牌的符号价值是奢侈品高额利润的解释，这其中有两重含义：

其一，品牌作为符号具有"标志"的能力，可以炫耀奢侈品的价值，正好可以弥补奢侈品的炫耀感作为标志带给商品的副作用。[④] 香奈儿（CHANEL）的双 C、路易威登（Louis Vuitton）的 LV、博柏利（Burberry）的大方格，象征了高贵身份和奢华，通过奢侈

---

　① 蒋廉雄，冯睿，朱辉煌，周懿瑾. 利用产品塑造品牌：品牌的产品意义及其理论发展 [J]. 管理世界，2012（5）：88-108.

　② ［法］Vincent B.，Jean-Noel K. 奢侈品战略——揭秘世界顶级奢侈品的品牌战略 [M]. 谢绮红译. 北京：机械工业出版社，2014.

　③ 朱明侠，曾明月. 奢侈品管理概论 [M]. 北京：对外经济贸易大学出版社，2014.

　④ ［法］萨宾·伊史科娃法. 奢侈品品牌管理概述 [J]. 韩燕（整理）. 艺术设计研究，2011（3）：11-16.

品品牌的使用向他人暗示拥有者的社会地位，避免了炫耀个人背景的粗俗行为。

其二，即使是最忠诚的消费者也不会相信奢侈品的人工费用会昂贵到这样的程度，品牌可以帮助奢侈品品牌商向消费者解释高价的理由，并使大众确信高额的利润成为大家共有的品牌资产，没有被公司据为己有。

（二）品牌差异化能够造成细分市场的稀缺

很多人都有一个普遍心理，即拥有别人无法承担的东西。奢侈品的存在正是建立在这样一个排他性的细分市场的基础之上，社会只要存在等级，这种消费心理永远都有生存空间。品牌的差异化能够造成细分市场的稀缺，与奢侈品要求的市场细分相一致，这正是奢侈品存在所需要的。① 例如，在定制路易威登的行李箱时，商家会在箱子上为客户做烫金的姓名缩写，因此路易威登也是最先被中国消费者接受、认可的奢侈品品牌。

（三）品牌为奢侈品提供思想与文化的载体

奢侈品的消费，本身就代表着消费者对某种生活态度的选择或认可，是消费偏好或消费习惯。消费者都有自己的价值观、信仰和消费习惯，而塑造品牌的个性其实就是针对目标消费者的个性，符合他们的价值观、消费行为，也符合他们的消费习惯。消费者对某个品牌的接受与否更多来自品牌是否能够带来情投意合的感觉，在塑造品牌的过程中，文化起着催化剂的作用，使品牌更具有意蕴。一个具有良好底蕴的品牌，能带给人一种心灵的慰藉与精神的享受。② 应用品牌的载体使奢侈品在营销中具有了文化特征，一般认为奢侈品品牌文化是伦理与美学的结合，奢侈品品牌提供消费者一个感性的世界，而且也在间断地传达给消费者一种梦想与情感，使消费者忘却经济上的实际考量。③ 而伦理与美学是形成奢侈品品牌文化的两个重要维度。总而言之，品牌为奢侈品提供了思想与文化的载体，使奢侈品不再是指具有使用价值的商品，这也成为在信息化高度发达的现代市场经济中奢侈品必须运用品牌进行经营的重要原因。④

二、品牌——产品奢侈化的标志

有哪家奢侈品企业没有自己的品牌？如果没有的话，这又是出于什么原因？在很长一段时间里，奢侈品是没有品牌的。在寺庙或教堂里使用的金箔本身就是人们给神明的献礼，这种奢侈体现在金箔的昂贵、稀有和手工制作的精细程度上。

很多时候，"奢华"这个词给人的感觉与品牌无关：奢华是一种充分享受特权的生活方式，如拥有私人飞机、游艇等。原则上，当某一类产品成为统治者们生活方式的一部分时，它就拥有了特别的光环，并不需要品牌的经营。例如，在 20 世纪初，法国的汽车数还不到 2000 辆，因为只有富人才买得起。在当时，拥有汽车就是奢华生活的最典型象征。

后来，汽车逐渐走入大众，中产群体也悄然崛起，汽车需要分类，标明是否属于奢侈

① 徐钦.奢侈品品牌的社交媒体评价对客户价值影响——以产品价值、关系价值和品牌价值为视角 [J].商业经济研究，2018（5）：71-74.
② 孙铁骑.奢侈品消费的文化审视 [J].兰州学刊，2015（6）：182-186.
③ 邵斐.奢侈品与品牌文化 [J].中国投资，2013（S1）：290.
④ 沈蕾，李义敏.奢侈品品牌态度研究 [J].预测，2011（3）：22-26.

品。由此，品牌诞生了。如今，给产品带来的奢华光环已经变成了品牌。对于永远都不会购买这类汽车的大众而言，这些品牌让此类汽车脱颖而出。人们已经可以把奢侈类车型与其他车型区分开来，从而给这类车型的所有者带来了额外的价值。想要发展成奢侈品的产品必须具有一种珍贵性，即内在的奢华，还要提供高品质的愉悦享受。同时，品牌要具有一种标志性。前两个特性可以被模仿，但品牌自身代表的独一无二的特性却是无法复制的。

另一个因素表明了品牌在现代奢侈品产业中的重要性。奢侈品的全球化使得奢侈品公司要将自己的理念渗透到那些还不太常见奢侈品的国家。即使在日本，也无法在日语中找到一个词准确地表达"奢侈品"这个西方概念。那么，当地居民是如何区分奢侈品和大众产品的呢？一般而言，他们是通过具体的例子来理解抽象概念的，鲜活的实例胜过枯燥的定义。他们说不清奢侈品到底是什么，但他们知道有些品牌把商店开到了最繁华的商业街上，或是商品售价奇高的高级商场里，而顾客一开始寥寥无几。这些新的顾客群体并不是从上一代人那里学会了"奢侈品"的概念，他们是自己从品牌的表现中了解了这一含义。可以说，最有名的奢华品牌就代表了奢侈品的全部含义。[①] 因此，对像中国这样的国家而言，拥有一个易读的好品牌是十分重要的。对中国的富裕人群来说，拉菲（Château Lafite-Rothschild）是著名的葡萄酒品牌，拉菲中文翻译的发音对于中国人来说很容易掌握。而且，拉菲是昂贵的葡萄酒。中国并不像地中海国家那样拥有悠久浓郁的葡萄酒文化。中国消费者用来佐餐的酒品主要是啤酒、白酒，还有黄酒。传统的国产葡萄酒和旧世界的葡萄酒有很大区别，价格差异也很大。不少消费者不明白为什么一瓶葡萄酒可以卖到100美元或更高价格，但是，在高级餐厅里，他们还是会点拉菲葡萄酒。这个品牌代表着与众不同，这正是商家想让客人和邻桌的食客感受到的。[②]

各种数据都表明了品牌的重要性。有趣的是，尽管国别不同，但无论来自发展中国家还是发达国家，人们总是同意这一论断："对我而言，奢侈品首先就意味着品牌。"根据调研机构统计，中国消费者对该观点的认同度达到了92%，在所有国家或地区中排名第一，紧随其后的是韩国（85%）、中国香港（82%）、俄罗斯（75%）、法国（71%）、西班牙（70%）、意大利（57%）、德国（57%）、英国（55%）、美国（53%）以及日本（43%）。

第二节　奢侈品品牌产品的特征

奢侈品品牌产品具有以下10个基本特征：高品质、不可比拟性、高价格、文化性、情感性、非必需性、国际性、专一性、稀有性和独特性。

（一）高品质

卓越品质和独特设计理念是奢侈品企业生存和发展的基石。无论何时，奢侈品企业在

---

① 冯林燕，王新新，何云春. 国内外奢侈品品牌研究的最新进展及启示 [J]. 外国经济与管理，2015（1）：21-31.
② ［法］Vincent B.，Jean-Noel K. 奢侈品战略——揭秘世界顶级奢侈品的品牌战略 [M]. 谢绮红译. 北京：机械工业出版社，2014.

生产中都非常讲究制作工艺和原材料，并强调设计理念与时尚统一。精益求精的感觉让奢侈品品牌产品的价值得到最直观的体现，从而使其昂贵价格合理化。

奢侈品品牌产品的优秀品质体现在从产品原材料的选取到产品的设计、生产、包装、运输、陈列、售后等各个方面。比如，库克的香槟（Le Clos Du Mesnil）只在一片面积不大的土地上生产，并且经过长时间的酿造，遵循着库克酒庄的产品标准，此标准本身就经过时间的考验。葡萄的收获和加工是经验的产物，酒窖管理者一直在创造奇迹。

另外，奢侈品品牌产品在制造过程中的一大特色是手工制造，缜密与细致的工艺给予了奢侈品品牌产品无可比拟的高品质。手工制作的东西品质精良，任何一个细节都充分保证了产品的质量。那些世代相传的手工艺，一件首饰需要几百小时甚至上千小时的手工制作，一块专门定制的手表需要几年甚至几十年的时间设计制造。例如，劳斯莱斯（Rolls-Royce）汽车正面的格栅由有经验的技工凭眼力测定，不需要任何的测量工具，完全由手工制作，手工艺仿佛成了不可或缺的文化因素。而对于购买者来说，他们几乎从来不用怀疑产品的质量问题。

（二）不可比拟性

在消费品营销中，每一个品牌都要明确自己的定位，使其区别于其他品牌，但奢侈品品牌产品无须这种营销方式，它以自我为中心，消费者从来不会将其与别的产品进行比较，它有一套为自己设立的、每个产品都努力达到的精益求精的标准，也因此派生出遗产、对传统的尊重和对价值及工艺的忠实等概念。它表达的是品位、创造性的身份以及创造者内在的激情；宣称"我就是我，不需要与其他产品进行比较"——这正是其定位所暗含的意思。为了能够欣赏产品真正的价值，人们必须了解它，否则它就只是一件商品而已。例如，我们没法把保时捷（Porsche）和法拉利（Ferrari）进行比较，因为两者没有可比性，它们属于两个不同的世界。奢侈品品牌产品是"最优的"，而不是"可比较的"。比起总是在与竞争者的比较中寻找自己的位置，它更喜欢忠实于自己的身份。

（三）高价格

奢侈品品牌产品的一个最大特点就是价格高昂，正是高价格给消费者造成了遥不可及的距离感，同时也拉开了与大众消费者之间的距离。奢侈品品牌产品的价格都是高昂的，但是高价格的产品不一定都是奢侈品。"贵"是奢侈品品牌产品的重要特征之一，但并不是其唯一特征。只有基于卓越品质、融入文化背景、具有独特定位、享有国际声誉、拥有强势品牌的产品才能称为奢侈品。

（四）文化性

奢侈品品牌产品背后往往蕴含着丰富的文化内涵。无论是热情的法拉利（Ferrari）、经典的路易威登（Louis Vuitton），还是迷人的卡地亚（Cartier），每个品牌悠久的历史中都包含着一个传奇的人物，一段传奇的故事。正是这些看似简单的创始人、原产地、数百年来的传奇故事等共同发酵酿造出各具特色的文化内涵。[①]

---

① ［法］Vincent B., Jean-Noel K. 奢侈品战略——揭秘世界顶级奢侈品的品牌战略［M］. 谢绮红译. 北京：机械工业出版社，2014.

奢侈品品牌产品的历史，代表的时间、工艺、生产程序以及品牌的传奇、声望等因素使它成为文化的焦点。历史赋予品牌非商业内涵，书写了某种神话，创造了一座独特、无可比拟的宫殿。讲述和宣传产品与品牌背后的历史及其文化，成为奢侈品品牌营销中的一种重要手段。① 许多奢侈品是根据其创立者的名字来命名的，例如路易威登（Louis Vuitton）、阿玛尼（Armani）等。以创立者的名字命名奢侈品品牌，不仅可以让消费者记住产品在创立之初的传奇故事，也可以让消费者体会到品牌从创立之初到传承至今的品牌基因。②

此外，原产地对于奢侈品来说是一个非常重要的文化因素。几乎所有的奢侈品品牌都会强调其原产地，更将其融入自己的商标中。伏特加、红酒强调原产地，腕表强调瑞士血统。应该说，正是原产地的差异造成了产品的差异性。奢侈品的价值源于文化的传承，许多奢侈品品牌都起源于欧洲，原产地如果离开了欧洲，对于消费者来说，奢侈品就失去了其原有的核心价值。原产地就像奢侈品的血统，如法国的香水、意大利的皮具和瑞士的手表，这是品牌的核心竞争力，其必须强调原产地和文化认可，如加拿大制造。③

（五）情感性

奢侈品品牌产品的内涵不仅体现在产品中，还体现在品牌基因、设计风格以及原产地文化上。延续上百年的品牌基因，赋予了产品无法复制的尊贵情感。另外，产品的生产过程也充分体现了设计师的独特情感，他们将自己的情感通过产品与消费者沟通交流，成为了品牌和消费者情感联系的桥梁。④

悠久的历史、传奇的故事和传统的工艺，使消费者对于奢侈品产生了渴望。消费者在购买前对其梦幻情感般的追求，在购买过程中对其尊贵优雅的情感体验，都体现了奢侈品的无形价值。从另一个角度来看，奢侈品营销的不仅是产品本身，更是产品带给消费者的情感体验。法拉利（Ferrari）代表的是速度与激情，香奈儿（CHANEL）代表的是简洁与高贵，百达翡丽（Patek Philippe）代表的是传承与延续。总而言之，奢侈品企业通过有效的宣传策略，将产品所包含的丰富情感传达给消费者。奢侈品所蕴含的无形价值远远超过了其有形价值。

（六）非必需性

奢侈品对于消费者来说是非必需的，它拥有许多的替代品，同时也是物质生活极大丰富后，人们追求精神生活的一种体现。如果消费者仅仅是要满足日常的生活需要，他们完全没有必要购买奢侈品。奢侈品的使用价值在其高昂的价格构成中比例非常小，它所要传达的是身份和地位，是高品质的生活方式。消费者通过购买得到更多的是精神层面上的自我满足。

在快节奏的生活中，时间像奢侈品一样宝贵。奢侈品的非必需性在时间与空间上也得

---

① 彭传新. 奢侈品品牌文化研究 [J]. 中国软科学，2010（2）：69-77.

② Clay C. Building a Brand—one Patient at a Time [J]. Marketing Health Services，2011，31（2）：5-7.

③ Alphachain. 为什么你穿的加拿大鹅跑赢了 Moncler? [EB/OL]. https：//mp. weixin. qq. com/s/IvuAMmBzWF3lVu 9cJSvoXw.

④ Morton R. L. Bringing Your Personal Brand to Life：An Effective Brand Communicates Your Distinct Value [J]. Health-care Executive，2012，27（1）：70，72.

到了很好的体现。私人飞机、豪华游艇和顶级私人旅游，这些都是很好的体现。更加快捷、舒适的私人飞机，更加宽敞、私密的豪华游艇，不仅满足人们在时间、空间方面的基本需求，还提供给人们更加高级的服务。

(七) 国际性

奢侈品品牌产品的一个重要条件是国际性。仅在一个国家内销售的产品很难称得上是奢侈品品牌产品。如果一个加拿大人购买了一件意大利或法国的奢侈品品牌产品，他会期望这件产品同时被法国、日本和中国的奢侈品消费者赋予价值，希望他们也像他自己那样喜欢这件产品。而当一个法国人漫步在纽约的麦迪逊大道或者东 57 街的时候，他会在心里注意那些店铺的地理位置及那些优良的法国品牌，并为此感到骄傲。但是如果其无法看到高田贤三（Kenzo）或纪梵希（Givenchy）的店铺，他立即会感到，这些品牌已经不够强大，不够资格获得自己的注意了。那么下次他或她在巴黎的时候，就不再对那些品牌感兴趣。[①]

奢侈品品牌产品必须是国际化的，必须出现在每一个重要的地方。一个强大的香水品牌可能在全世界所有的国家、全球所有机场免税店都有销售。这意味着产品拥有一个强健的根基。当一名韩国女性走进首尔一家古驰（Gucci）店，她会希望包括颜色、音乐和环境在内的整体气氛都是意大利式的。然后她走进了一家圣罗兰（Yves Saint Laurent）的精品店，她一定会感受到巴黎的环境。这一定是微妙而精致的，不需要将埃菲尔铁塔画在精品店的每一面墙上，但是精髓在那里。

(八) 专一性

奢侈品品牌产品的专一性是指其服务对象的专一性。在特定行业内已存在的品牌结构是相对稳定的，奢侈品品牌是品牌金字塔中最顶尖的品牌，奢侈品品牌产品也属于顶尖产品，其服务对象也是相对稳定的，在服务对象没有发生根本变化时，奢侈品品牌产品在产品结构中的位置也不应当发生变化，必须保持高度的专一性，为特定人群服务，甚至是一对一服务。可以说，奢侈品品牌产品不能进行延伸使用，而一般商品或企业的品牌大多是要进行延伸发展的。[②]

奢侈品品牌绝不可以随意延伸使用，稍有不慎就会失去其所服务对象的专一感，演变为一般的时尚产品甚至一般产品。比较典型的案例是"钢笔之王"派克钢笔（Parker Pen）的不当延伸。早年美国的派克钢笔（Parker Pen）可谓质优价贵，是身份和体面的标志，许多社会上层人物都使用派克钢笔，使用派克钢笔渐渐成为一种上流社会的标志。但 1982 年新任总经理彼特森上任后，为追求短期利益，盲目进行延伸，经营每支售价在 3 美元以下的钢笔，抢占低档钢笔市场，导致了派克钢笔原本服务的消费者失去了专一感，派克钢笔作为"钢笔之王"的形象和声誉受到严重损毁，没过多久就失去了高端市场。

(九) 稀有性

稀有性不止一种，其中一种是最广为人知的、关于材料和制造过程的物质层面的稀有

---

① 米歇尔·舍瓦利耶，热拉尔德·马扎罗夫.奢侈品品牌管理［M］.卢晓译.上海：格致出版社，2015.
② 周云.奢侈品品牌管理［M］.北京：对外经济贸易大学出版社，2010.

性；另一种是虚拟的稀有性或概念上的稀有性，这是由宣传活动本身传达、创造或维持的。稀缺性和距离感是密不可分的。奢侈品品牌产品善于用多数人望而生畏的价格产生距离感。对于许多消费者来说，拥有一件"奢侈品"是一个梦想。奢侈品品牌正是抓住了人们对于奢侈品的渴望与向往，用高昂的价格拒消费者于千里之外。在目标客户上，奢侈品品牌产品将少数财富精英定位为销售的主要目标人群。物以稀为贵，"多数人奢望，少数人拥有"的距离感使得奢侈品品牌产品的拥有者享受独特的优越感。利用高价格，让少数消费者体验其独特的价值，让多数消费者渴望加入奢侈品的消费群体，制造"梦寐以求的情感效应"正是奢侈品品牌的经营方式之一。

（十）独特性

奢侈品的独特性体现在两个方面："我是唯一拥有它的人"和"别人都得不到"。奢侈品品牌商是让奢侈品的购买者成为一个特别的人。事实上，精英们更看中独特性，普通消费者却并非如此。

人们对于独特性和社会荣耀的需要导致今天的奢侈品品牌产品越来越依靠服务行业。例如航空公司，在同一架飞机的不同舱位之间有非常悬殊的价格差异。然而，在另一端，服务越来越复杂精细。这类服务可能是从经济舱位分出的消费升级模块，像维真航空为肯付全价的乘客推出的优等经济舱，也可能是商务舱的最高端，还有全然为舒适度服务的新头等舱。奢侈属于头等舱，舒适属于商务舱，而精明属于经济舱。头等舱的装潢，就像任何奢侈品服装一样，是委托著名设计师完成的。显然，头等舱和商务舱之间的差别在服务中没有体现得很明显：一些商务舱甚至现在还为乘客提供舒适的床位。

第三节　产品组合

一、产品组合的定义

美国市场营销协会将产品组合（Product Mix）定义为："一个组织或企业面向特定行业和市场销售的全系列产品，它包含了企业的所有产品线和产品项目。"它一般由一条或多条产品线组成，而每一条产品线又由一个或多个产品项目组成，或者由一个或几个亚产品线组成，每一个亚产品线又包括一个或多个产品项目。[①]

产品组合包含四个基本参数：宽度、长度、深度和关联度。[②]

产品组合的宽度是指一个企业所拥有的产品线数目的多少，产品线越多，产品组合就越宽，反之就越窄。比如，香奈儿（CHANEL）的产品系列有高级定制服、高级女装、高级成衣、香水、彩妆、护肤品、鞋履、手袋、眼镜、腕表、珠宝配饰、皮包共12种，则

① 张晓东. 产品组合策略［J］. 商情，2010（1）：95.
② 王传庆. 后PC时代苹果公司产品组合策略优化研究［D］. 广西大学硕士学位论文，2013.

其产品宽度就是 12。[①]

产品组合的长度是指同一产品线上产品品种或品牌数目的多少，即亚产品线数目的多少。品种或品牌数目越多，产品线、产品组合就越长，反之就越短。比如说香奈儿女士香水中有香奈儿 19 号香水、香奈儿 5 号香水、香奈儿邂逅香水、香奈儿机会香水、香奈儿可可香水、香奈儿魅力香水共 6 种，则女士香水产品线的长度为 6。

产品组合的深度是指同一品种或品牌（亚产品线）之下的不同规格、型号、尺码、花色、配方、口味等具体产品数目的多少。其数目越多，产品线、产品组合就越深，反之就越浅。以香奈儿邂逅香水为例，这款香水分为黄、粉、绿 3 种，则深度为 3。

产品组合的关联度是指产品组合中各条产品线之间相互关联的程度。产品组合中各条产品线在生产条件、最终用途、技术要领、分销渠道等方面越接近，互相联系越紧密，则该产品组合的关联度就越大，反之就越小。

二、产品组合策略

产品组合作为一个企业生产经营的产品结构，必然会随着外部环境和企业自身条件的变化而变化。首先，产品组合要受市场需求的限制。市场需求作为企业的营销机会所在，其是否存在和其需求量的变化，必然引起企业产品线或产品项目的增减。其次，产品组合要受竞争条件的限制。当某一行业或领域竞争者少，出现市场空隙时，企业就可以增加产品线或产品项目；相反，当某一行业或领域竞争异常激烈时，企业就要考虑是否削减产品线或产品项目。最后，产品组合要受到企业的目标和所拥有的资源条件限制。企业是追求长期总利润最大还是追求短期高额利润，是追求专业化还是热衷于多元化，将直接影响其产品组合的宽度和长度。同时，一个企业所拥有的资源总是有限的，而且企业总有自己的薄弱环节，企业增加或削减产品线或产品项目时必须以实际情况为基础。因此，企业在进行产品组合决策时必须认真分析现有产品组合中各种产品的销售增长率、市场占有率和利润率，把握资源条件、市场需求状况和竞争状况的变化，及时调整现有产品结构，适时增加应开发的新产品和应淘汰退出的产品，以始终保持产品组合的动态平衡。产品组合的具体策略有以下三种。[②]

（一）扩大产品组合

扩大产品组合就是扩展产品组合的宽度，加强产品组合的长度和深度。即一个企业在原有产品线的基础上，再增加一条或几条产品线，扩大经营范围，实现多元化经营。或者是在原有产品大类内增加新的产品项目，生产经营更多的产品以满足市场需要。

扩大产品组合的常见方式是产品线延伸和产品线填补。产品线延伸是指全部或部分改变原有产品的市场定位，使原有产品线得以延长，具体包括向下延伸、向上延伸和双向延伸三种实现方式。向下延伸是指在经营成熟的中档、高档产品线上增加低档产品项目，以吸引更多顾客，增加销售收入，扩大市场占有率。向上延伸则是在原有的低档产品线中增加中档、高档产品项目，以提升企业形象，获得高额利润。双向延伸是指原来一直生产中

---

①　杜建耀. 企业产品组合的优化 [J]. 经济管理，2003（4）：70-74.
②　布朗卡特. 奢侈品之路：顶级奢侈品品牌战略与管理 [M]. 谢绮红译. 北京：机械工业出版社，2016.

档产品的企业，在掌握了市场优势以后，同时生产高档和低档产品，以完善企业的产品线，取得更快的发展。

产品线填补表现为无明显的向上、向下特征，只是在现有的产品线内增加一个或几个新的产品项目，以堵塞市场漏洞，取得超额利润。

奢侈品品牌产品属于高端产品，主要针对高端客户，虽然也有增加销售收入的需求，但奢侈品品牌多采取产品线填补的策略，很少会采取向下延伸策略，因为这会极大地损害企业形象。

（二）缩减产品组合

缩减产品组合就是降低产品组合的宽度，缩减产品组合的长度和深度。即在原有的产品组合中取消若干产品线或产品项目，集中力量生产经营一个系列的产品或少数产品项目，提高专业化水平，力图从生产较少的产品中获得较多的利润。

（三）产品线的现代化决策

产品线的现代化决策就是将现代科学技术应用于生产经营过程，不断改造和更新设备、技术、工艺等生产方式，促使企业的产品组合更加符合市场需求的发展潮流。为了缩短产品交货时间，意大利奢侈品品牌古驰（Gucci）耗时 2 年在意大利佛罗伦萨附近的 Scandicci 建造 ArtLab 工厂，该工厂主要为生产鞋履、手袋等皮革制品而建，从研发到生产都在该厂完成，包括原材料耐久性测试等工序。古驰（Gucci）的鞋履手袋部门主管 Massimo Rigucci 将工厂称作品牌的"艺术实验室"。①

第四节　奢侈品品牌服务

在市场营销学领域，产品既包含实物范畴，也包含无形的服务范畴。本书中，我们也从广泛意义上来看待"产品"一词。产品可能指一种具体的产品，如一块手表；也可能是一种文化产品，如一场音乐会；更可能指一种服务，如 SPA 按摩；再或者是指一种产品和服务相结合的产物，如乘坐飞机的头等舱，除了获得飞机的运输功能外，更重要的是体验航空公司提供的贴心、私人的服务。在奢侈品行业，一切以产品为开端，但是产品本身之外的服务才是奢侈品品牌的核心。

美国市场营销学会（AMA）对服务的定义是：用于出售或者随同产品一起进行出售的活动、利益或者满足感，是可被区分、界定，不可感知却可使欲望获得满足的活动，而这种活动并不需要与其他的产品或者服务的出售联系在一起，生产服务时可能会或者可能不会用到实物，即使需要借助某种实物协助生产服务，这种实物的所有权将不涉及转移的问题。②

---

① 产品供不应求！Gucci 自建最大工厂正式投入使用［EB/OL］. https：//mp. weixin. qq. com/s/Ym18mTI60a3 FUFkUC6ryzg.

② 朱锦鸿. 服务、服务营销、感知服务质量的研究综述［J］. 现代管理科学，2010（7）：112–114.

一、产品包含服务

产品被定义为人们购买并使用的市场上的任何东西，以此满足其消费需求和欲望，包括有形产品和无形产品（服务、创意、制度）或两者结合。经典理论对产品层次的划分中，将产品分为五个层次，分别为核心产品、基本产品、期望产品、延伸产品、潜在产品。产品中所包含的最核心的利益诉求或其优势特征就是核心产品层，表现产品核心利益的外在形式就构成了基本产品，这两个层次是产品营销最显性的部分。然而营销工作的目标是更深入地了解消费者的期望并满足其期望，甚至开发出目前主流消费者并未预期的延伸产品或者潜在产品。

在奢侈品品牌产品中，产品往往包含一种或多种物品和服务。一项奢侈的服务应成为物质性对象，如会议发放的纪念品；或是成为事务性对象，如移动电话提供的远程通信，这体现了实际的服务。奢侈品品牌产品常常伴随着服务，甚至是通过服务表现出来的。进一步来说，这意味着一件奢侈品品牌产品成为一种完整的、全面的"体验"需要随时间的推移通过客户以多感官的方式而存在。

举个例子，路易威登（Louis Vuitton）的创始人最初并不是一个行李箱制造商，他最初是到客户家中帮他们打包财物，使财物在运输途中免受太多损坏。后来，他发明了平顶防水手提箱，使手提箱更便于搬运和堆放，这对当时的新运输方式——铁路和客货轮船来说是一项重要的功能。后来，他成了行李箱制造商，开设了一个生产车间，取得了巨大成功，但他始终为重要客户提供打包行李的服务。直到苏菲玛素大道商店关闭，客户才不得不自己将行李装进李箱或手提箱中。同样，豪华酒店在客户的要求下也会保留一定的个人财物和物品，使客户到达酒店后有一种把酒店当成家的感觉。物品和服务这两者的相对重要性会伴随市场的变化而变化，其共同点在于这种"物品—服务"的组合配对是在客户在清晰且完全有意识下支付奢侈品品牌产品的情况下形成的。[①]

当然也有一些重合的部分：餐厅的服务是有偿的，因此也成为产品的一部分；商店的服务是无偿的，因此并不能成为产品的一部分。另一个关键在于产品必须体现强烈的人性化，也就是说，该物品必须是经过"手工"制作出来的，服务必须是由人来体现，客户必须有一个真正的对话者。

相比于普通品牌，奢侈品品牌需更重视服务。麦肯锡曾对来自 17 个城市的 1500 名奢侈品品牌产品消费个体进行调查，发现其中 1% 的消费者属于"消费楷模"，占比虽少，但却贡献了奢侈品品牌产品消费 25% 的份额。这类消费者购买奢侈品不为炫耀，对价格也没那么敏感，良好的服务更容易打动他们，从而使其成为品牌的忠实消费者。"时尚狂热者""中产群体进取者"等奢侈品品牌产品消费者也在一定程度上表现出重视奢侈品品牌服务，希望自己在消费过程中能得到更加贴心、细致的服务。需要注意的是，由于奢侈品品牌产品消费者对于奢侈品品牌提供的服务有较高的期许，奢侈品品牌提供的服务等于顾客期望的服务是不够的，必须要超过消费者的期许才能得到顾客的忠诚。[②]

① 李飞，贺曦鸣，胡赛全，于春玲. 奢侈品品牌的形成和成长机理——基于欧洲 150 年以上历史顶级奢侈品品牌的多案例研究［J］. 南开管理评论，2015（6）：60-70.
② 戴宏颖，李静. 奢侈品护理的服务增值［J］. 销售与市场（管理版），2013（7）：71-73.

关于奢侈品品牌服务本身的定义很少。实际上，许多定义更多地集中在奢侈品品牌产品上，因此，奢侈品品牌服务似乎很难定义，这是由奢侈品品牌服务的双重意义所决定的：它既是奢侈品产品的补充，又属于服务的范畴。纯奢侈品品牌服务是一个正在高速增长的行业。在疯狂地积累财产后，奢侈品品牌产品的买家幻想着拥有奢侈品的美好时刻。能够在哈罗德商场买得起一切东西的俄罗斯金融寡头，现在愿意花费大量的金钱在晚上去凡尔赛宫转一转。当被问到"什么是你最私密的奢侈品梦想"时，消费者回答更多的是"把时间花在不一样的事情上"，比如，舒服地住在苏格兰高地上遥远的城堡里。2005年，48%的美国富人称，购买奢华的跑车、珍贵的珠宝或手表是浪费金钱的表现。他们不会梦想买一块昂贵的百达翡丽（Patek Philippe）手表，而是选择智利阿卡塔马沙漠中丽嘉高级酒店的豪华套房，在那里可以完全欣赏持久的最天然的景观。奢侈品品牌服务给我们提供的是短暂地享受我们梦想中的生活方式的机会。比如，在法国豪华的克里伦（Crillon）酒店享受美妙的一晚，或者开着豪车法拉利（Ferrari）去兜风。所有这些梦想都需要更完善的服务组织、策划以及传递，即所谓的"服务生产"（Eiglier、Langeard，1996）。密歇根大学质量研究中心划分了服务的不同层次（好、很好、极好），每一个层次都有各自的决定因素，一般好的服务要求人性化和高效率；较好的服务要求具有热情和自豪感，并赋予员工一定的权力。只有这两个水平都达到完美时，这种卓越的服务水平才能获得认可和赞扬。例如，如果客房服务迟到20分钟，那么在早餐时应该给客人赠上最好的法国果酱。最高标准的服务应该是把服务范围扩大到公司的日常事务之外，扩大到每一个体，以给顾客带来惊喜和喜悦。最完美的服务水平需要完美的办公室后台管理，以及整个"服务生产链"，包括拥有选择和留住优秀员工的能力，因为他们能够调整消费者对奢侈品品牌的态度，掌握最现代的信息，具有很强的创造力。我们强调科技的重要性是因为客户对高科技了如指掌，这样可以提高他们的期望水准。

二、奢侈品服务的挑战：制造差距

任何一个奢侈品品牌服务都面临着同样的挑战：如何制造差距。例如，在酒店方面，如何在由奢侈品旅游公司提供的酒店和旅游保险公司提供的五星级酒店中制造差距？这种区别主要体现在十个方面：位置、环境、装饰、伴随服务的有形要素、员工良好的品行和他们自己的风格、因被员工认出而满意的顾客、顾客被极端人性化的方式对待、礼仪、顾客有同理心、很强的想加入奢侈品品牌服务的渴望。所有这些方面仅是一个奢侈品品牌在零售操作管理中的一部分。这就解释了奢侈品品牌零售环境重要的原因，因为它是奢侈品品牌服务体现的主要场所。一般情况下，奢侈品品牌服务很昂贵，因为它保证了顾客的独占性。这个品牌成为一个社会标志。建立一个奢侈品服务品牌的困难之处在于它的可持续性。当它拥有的奢侈服务，能够使顾客感到远大于自己期望的能力时，这个奢侈品服务品牌的名声也将不断扩大。

CHAPTER 4

第四章
奢侈品品牌行业与企业 ··

第一节　奢侈品品牌行业特点

一、奢侈品品牌行业

奢侈品品牌体系由一系列的行业构成，如纺织品行业、服装行业、配饰行业、汽车行业、皮革制品行业等。其中，大多数奢侈品品牌以某一种行业起家，但是经过后续扩张发展后，大多数奢侈品品牌企业涉及基础行业，覆盖范围较广。

奢侈品品牌行业在不同国家分类不同，有些国家还未将奢侈品纳入本国国民经济行业分类中。在奢侈品品牌产业较为发达的法国，奢侈品是隶属于时尚产业的主要门类（另一类成为流行品），指仅限在一定市场针对一定顾客群的高品质流行品[①]。因而我们可以将奢侈品品牌行业理解为"一个将各行各业中顶级品牌集中汇总的行业"。

奢侈品品牌行业的存在具有一定的意义，从经济上来看，奢侈品品牌产品的消费是一种高档消费行为，对卖方来说，奢侈品品牌产品可以带来巨大的边际收益；对买方来说，奢侈品品牌产品消费可以带来强烈的个人愉悦。从社会上来看，奢侈品品牌产品是个人追求社会认同感，提高个人品位和生活品质的行为。该行业随着经济发展和国民富裕，日渐拥有庞大的消费人群，这些人拥有独特的个人品位和高端的生活品质，并且有足够的支付力实现自我满足。因而，奢侈品品牌产品在自尊和个人价值等方面提供一种自我认可与自我反思的联系，具有一定的稀缺性、一致性、传递性、情感性和卓越性。

二、奢侈品品牌行业特点

奢侈品品牌行业有其独特的行业特征，可以从两个角度来分析，即行业角度与企业角度。从行业角度来看，奢侈品品牌行业与其他行业不同之处可以从以下几个方面进行比较。

[①] 李杰. 奢侈品品牌管理——方法与实践［M］. 北京：北京大学出版社，2010.

（一）发展迅速

在 20 世纪 90 年代以前，全球奢侈品品牌行业的发展速度保持在 10%~20%的超常规的速度发展，创造了 150 亿美元的全球市场，被称为世界上利润最丰厚的行业。安永咨询公司（Ernst & Young）最新发布的《2017 全球奢侈品行业报告》显示，2016 年全球奢侈品品牌行业总销售额达到 4190 亿欧元。在该报告中，安永将奢侈品品牌行业分为三个级别进行统计：高档商品（Premium）；轻奢或入门级奢侈品（Entry-To-Luxury）和高端奢侈品（High-End Luxury）。其中，高端奢侈品 2016 年的销售额为 2690 亿欧元，高档商品和轻奢或入门级奢侈品 2016 年的总销售额为 1010 亿欧元；预计到 2020 年的复合年增长率分别为 3.4%和 6%，相对 2012~2016 年 2.8%和 4.4%的平均复合增长速度而言，三个级别的奢侈品品牌产品的销售速度都有所增长[①]。一般来说，奢侈品品牌行业的发展和一个国家 GDP 的发展成正比，其发展速度大约是 GDP 的 2 倍。

（二）集中度高

纵览奢侈品品牌行业，其格局呈现出逐渐集中的趋势，销售额前十大公司占据了大部分的奢侈品品牌产品市场。如路威酩轩集团（LVMH）、历峰集团（Richemont）、开云集团（Kering）三大集团就占据了近千个奢侈品品牌。而出现逐渐集中的主要原因在于对资金实力要求的不断扩张。对于面向高端市场的奢侈品品牌而言，在维护品牌和品牌创新方面都需要庞大的资金支持。一方面，小规模的公司希望维护和发展自身经典的品牌，但缺乏资金支持；另一方面，资金实力雄厚的大集团看准了小规模公司的这一特点，进一步认为收购是最简单易行的扩张方法。这些特点都促进了奢侈品品牌产品市场的不断集中。因此，自 20 世纪 90 年代以来，奢侈品品牌行业发生了大规模的并购行为，例如，路威酩轩集团（LVMH）旗下包括罗意威（Loewe）、路易威登（Louis Vuitton）、迪奥（Dior）、娇兰（Guerlain）、卡地亚（Cartier）等品牌。由于大集团在运作、管理、营销等方面更具有专业性，经过兼并收购的大型奢侈品品牌集团能够发挥自己的规模效应，使生产管理成本大大降低，进一步提升了各大奢侈品品牌集团的利润。

（三）产品营销独特

奢侈品品牌产品在营销过程中强调的不仅是产品功能，主要宣传方面不仅局限于产品本身的品质，更重要的是培养消费者对品牌的认可与忠诚度。除此之外，与快消品不同，奢侈品品牌产品的时间结构独特，例如，在推出一种新的香水时，要推出一条完整的产品线，从提取物开始，到产品包装，再到产品销售的整个过程更加强调私人定制，有时候消费者从下单到真正拿到产品甚至要等数年之久。在宣传方式上，奢侈品品牌产品并不针对所有消费者，而是针对少量目标客户。例如，宾利的宣传语"卖的是艺术品，而不是汽车"。奢侈品品牌产品的宣传大多采用软性广告，以宣传品牌故事为主。

（四）新趋势出现

受消费市场的影响，奢侈品品牌行业近年来出现了一些新的趋势。例如，出现了新奢

---

① 安永咨询公司.2017 全球奢侈品行业报告［R］.2018.

侈品品牌产品，比传统意义上的奢侈品品牌产品相对低调，更具个性化。这类产品的消费者对其倾注的情感需求远远高于其他产品，因此，许多原来服务于世界顶级品牌的设计师纷纷迈入新行业，设计师本身会带来一部分消费者，加之推出更加风格独特、个性化、价格实惠的产品，使得新奢侈品行业迅速崛起。由于其走的路线介于流行文化与顶级奢侈文化之间，所以这类品牌可以在保持原有品牌形象的基础上，吸引更多的消费者。例如，原担任香奈儿（CHANEL）和蔻依（Chloé）的首席设计师推出了在便捷机场和商场就可以购买的产品，新产品的价格更具有竞争力。

三、奢侈品品牌行业协会

（一）法国

奢侈品品牌行业的发展与法国的历史是分不开的，提起奢侈品品牌，我们首先想到的就是法国。早在路易十四统治时期的宫廷生活为法国奢侈品品牌行业的发展提供了基础。在19世纪末，第二次工业革命带来了先进的纺织技术，香水制造和红酒酿酒技术也日渐成熟，一系列的奢侈品品牌在法国开始萌芽。从19世纪末开始，法国的众多奢侈品品牌赢得了世界各国的认可，到20世纪末，奢侈品品牌产品的生产与销售得到了巨大发展。奢侈品品牌行业的发展对于法国经济产生了重要作用，在法国经济处于萧条期时，奢侈品品牌行业仍每年为法国创造着120亿欧元的产值。[①]

法国奢侈品品牌行业如今能够在世界范围内取得如此的成绩，除去其本身所具备的经济和技术基础、文化艺术的背景以外，奢侈品品牌行业协会也在其中发挥了重要的作用。纵观历史，奢侈品品牌行业一向是以一些小型的手工作坊形式存在的。这种规模较小、分布较为分散、家族经营管理的模式虽然在运营中不存在管理困难等问题，但是受规模影响，拥有较高品牌吸引力的产品难以走出国门，进行海外扩张。为了顺应全球化的潮流，奢侈品品牌行业也开始寻求能够进行扩张的不同方式。主要有以下两种方式：一种是由大企业进行并购，如路威酩轩（LVMH）这样的奢侈品大牌集团；另一种是不通过资本合作，以一种松散的管理方式、非盈利的经营模式进行连接的合作方式，即行业协会。行业协会通常以国家为单位进行划分，聚集了该国奢侈品品牌行业中最顶尖的品牌，通过举办各种宣传协会的活动，以及跨国界的交流活动来促进该国奢侈品品牌产业的全球化发展。

法国著名的奢侈品品牌行业协会有两个，即法国高级时装协会和科尔贝华贵协会。

法国高级时装协会（Chambre Syndicale de la Haute Counture）[②]成立于1868年，是法国历史最悠久的奢侈品品牌行业协会。该协会成立主要确立了时尚类产品代表——高级时装（Haute Couture）的标准，明确了只有满足一定产品数量和员工数量才能够将其品牌服装定义为高级服装品牌，并有资格成为法国时装协会的会员。截至2012年，该协会正式会员有12家，境外会员有6家，特邀会员有7家，珠宝会员有5家，配饰会员有3家。只有成为协会会员的人才能够在广告宣传中使用Haute Couture来描述自己的产品。这样严格的标准确立了法国在高级服装业中的霸主地位，也成为了世界其他地区协会效仿的标准，

---

① 夏瑾.法国人平常心对待奢侈品［N］.环球时报—人民网，2005-09-05（22）.
② 法国高级时装协会，详见http：//en.wikipedia.org/wiki/Haute_couture。

强化了法国在奢侈品品牌行业中的主导地位。法国高级时装协会为高级成衣所制定的如此严格的筛选机制对于法国时尚类奢侈品品牌产品，甚至整个法国的奢侈品品牌行业做出了重要贡献。

科尔贝华贵协会①，又被称为法国精品行业协会，自成立之日起，其主要任务是展示法国奢侈品品牌特色，并促进法国奢侈品企业国际化发展。该协会于1954年成立，由Jean-Jacques Guerlain 与14家法国奢侈品品牌企业成立共同发起并创立。该协会目前有70位成员，均为法国顶级奢侈品品牌，如爱马仕（Hermès）、纪梵希（Givenchy）、娇兰（Guerlain）、兰蔻（Lancôme）、卡地亚（Cartier）、路易威登（Louis Vuitton）和香奈儿（CHANEL）等。该协会的理念是将传统精神与现代风格相结合，将工艺技术与创造能力相融合，将历史与创新理念相契合。科尔贝华贵协会将奢侈品品牌产品分为十大类：Publishing and Decoration、Hospitality and Gastronomy、Faience and Porcelain、Sliver and Bronze、Haute Couture and Fashion Design、Jewelry、Fragrance、Champagne、Fine wine and Cognac、Crystal、Leather Goods。欲加入该协会，必须首先向该协会提起申请，协会对申请加入的品牌进行投票决定，从而保证协会内部品牌的品质。

（二）意大利

意大利奢侈品制造商协会②成立于1992年，主要囊括了意大利重要的奢侈品品牌，例如宝格丽（Bvlgari）、芬迪（Fendi）、法拉利（Ferrari）、阿尔伯特·菲尔蒂（Alberta Ferretti）、古驰（Gucci）、华伦天奴（Valentino）、范思哲（Versace）等。协会的主要目的是帮助成员企业维持在世界奢侈品品牌中的地位，促进成员间的内部交流，并且在世界范围内普及意大利生活方式以及文化，为成员进行国际化提供帮助。该协会自从1999年开始与贝恩公司（Bain & Co）合作，会定期发布"Altagamma 全球市场监控"，是奢侈品品牌行业内查看各公司参考指标的重要来源。

（三）瑞士

众所周知，瑞士的钟表行业十分发达，瑞士钟表工业联合会③作为一个职业非营利组织，集聚了500多个成员以及90%以上的瑞士钟表及其零配件制造商。联合会的理念是促进瑞士钟表行业的全球化发展，促进瑞士钟表制造商之间的沟通和交流，保护其成员在国外的法律权益。因此，联合会每年都会发布瑞士钟表行业的数据，不仅包括瑞士钟表行业的进出口额，还包括其他相关数据。瑞士钟表行业在世界范围内的认可度，使得瑞士也占领着奢侈品品牌行业中钟表领域的霸主地位。

（四）英国

Walpole④成立于1990年，是英国在世界范围内具有影响力的非营利奢侈品品牌行业协会组织。该组织的成员包括英国国内顶级的奢侈品品牌，例如博柏利（Burberry）、达克斯（Daks）、苏富比（Sotheby's）、托马斯·品克（Thomas Pink）和沃尔图（Vertu）等。

---

① 法国精品行业协会官方网站，参见 http：//www.comitecolbert.com。
② 意大利奢侈品制造商协会官方网站，详见 http：//www.altagamma.it。
③ 瑞士钟表工业联合会官方网站，详见 http：//www.fhs.ch。
④ Walpole 官方网站，详见 http：//www.thewalpole.co.uk/。

Walpole 的组织理念是促进成员之间的信息资源交流，为成员提供合作机会，促进英国奢侈品品牌行业的发展，进一步促进英国奢侈品品牌行业的全球化水平。该协会每年都会举办一次评选，包括 The Walpole Awards for Excellence 以及 Brand of Tomorrow。英国的奢侈品品牌可以通过获得该奖项来提升自身的知名度，进而拓展海外市场。除此之外，获得奖项的品牌还能在未来一年获得 Walpole 资深的奢侈品专业团队的咨询与引导。

第二节　奢侈品品牌企业的特点与战略

一、奢侈品品牌企业的特点

（一）公司类型

在奢侈品品牌行业中，大多数企业都是家族企业。其主要原因包括：首先，目前大多数的奢侈品品牌产品均根植于欧美文化土壤，尤其是受欧洲文化的影响更为深刻。受欧洲文艺复兴的影响，当时城市经济繁荣，人类思维活跃，文化艺术得到了高度的繁荣，成为奢侈品品牌行业发展的经济基础。其次，奢侈品品牌行业需要更长的时间来沉淀品牌文化，需要大量的资金来研发和维护产品，这使得进入奢侈品品牌行业的门槛变高，而依靠家族的支持不仅能够解决资金问题，也可以因为家族人脉的关系而提高自身品牌的认可度。最后，奢侈品品牌服务对象主要集中于社会最富有的人群，需迎合他们的需要。

（二）企业规模

通常来说，对于一般企业，公司规模代表着可以有效地降低成本，在市场上具有一定的竞争力，拥有较为成熟的管理系统。与之不同的是，奢侈品品牌行业中的企业规模似乎并不那么重要，虽然公司体量小，但拥有让人印象深刻的好口碑。迪奥（Dior）的年销售额大约能达到 8 亿欧元，而标志（Peugeot）集团的年销售额可以达到 560 亿欧元[①]。可以看出，实际上标志集团的规模是迪奥的 70 倍。但当随机向人们问起法国品牌时，大多数人首先会想到迪奥，可以明显看出，在世界范围内，迪奥比标志更为人所熟知。小规模企业的主要表现包括：销售数据难以进行对比以及员工数量有限。奢侈品品牌公司的销售数据组成独特，统计口径各不相同。比较不同品牌时，销售额在零售、批发、出口和权利金收入之间的分配是不固定的，因此通过财务科目比较不同品牌的价值是相当困难的。由于公司规模小，因而它们的员工数量也非常有限，生产环节的外包致使企业无须太多的生产员工，而企业 80% 的员工都在店铺中，因为店铺是最靠近消费者的地方，能够第一时间发现消费者的需求。综合来看，奢侈品品牌企业规模小，因销售数据统计口径不同而难以比较，生产环节外包进而导致企业员工总体数量不多。

---

① 米歇尔·舍瓦利耶，热拉尔德·马扎罗夫. 奢侈品品牌管理［M］. 卢晓译. 上海：格致出版社，2015.

（三）财务特征

众所周知，奢侈品品牌公司需要大量资金维护，但不为大多数人所熟知的是，奢侈品品牌公司大多数处于长期亏损中，甚至有些亏损了将近 5~10 年的品牌还依然存活着。这样的现象有两种解释：一种是该品牌的品牌价值极高，具有非常高的品牌知名度；另一种是同一集团下其他品牌的成功创造了巨大的利润，能够覆盖亏损品牌的多年亏损。造成这种现象的原因主要有两个：一是奢侈品品牌行业的收支平衡点通常非常高；二是现金需求小。一个奢侈品品牌形象的树立包含其从生产到销售的所有环节，服务必须是完美的。例如一个珠宝的购物袋，在珠宝装进袋子之前，都要经过包装，所有的玻璃器皿、硬皮纸箱、丝带和袋子都要耗费大量的成本。除此之外，还有其他重大的开支。例如，在不同国家开设店铺，每年召开昂贵的产品发布会等。当所有的固定成本被覆盖之后，利润才会产生。从另一方面来看，奢侈品品牌产品销售面临的一个重要问题是如何使存货能够及时地到达各国的消费者手中。而且，奢侈品品牌产品的退货对许多小品牌而言是很难克服的一个困难。综上所述，对于成功的奢侈品品牌公司而言，盈利很可观，而一旦销售开始不乐观时，企业很容易从盈利走向亏损。

二、企业经营战略

"战略"来源于希腊语 "Strategos"，起初应用于军事领域，被直译为"军队中的指挥官"。第一个将"战略"与商业活动联系起来的是数学家冯·诺依曼（John Von Neumann）和摩根斯特恩（Oskar Morgenstern），他们在《博弈理论和经济行为》一书中提及："战略是一个全面计划，界定在所有可能出现的不同情况下（选手）如何做出选择。"20世纪50年代起，战略开始被具体化进行研究。1962年，钱德勒（Alfred D. Chandler）撰写《战略与结构》一书时将"战略"定义为"一个企业在长远的发展方向和目标抉择时所采取的一系列措施，以及为了实现这些目标对资源进行的分配"。美国著名战略学家安索夫（Ansoff）在《企业战略》一书中开始使用"战略"一词，将"战略"从军事领域拓展到经济管理活动。

（一）纵向一体化战略

纵向一体化战略是为了加强核心企业对原材料供应、产品制造、分销和销售全过程的控制，使企业能在市场竞争中掌握主动权，或是在企业面对不确定性强、资产专用性程度强的情况下，通过内部组织替代市场交易的联合战略。它包括前向一体化战略和后向一体化战略，前向一体化战略是指当一个企业发现它的价值链上的前面环节对其生存和发展至关重要时，企业自行对本公司产品做进一步深加工，或对资源进行综合利用，或公司建立自己的销售组织来销售本公司的产品或服务。后向一体化战略是指企业产品在市场上拥有明显的优势，可以继续扩大生产并进行销售，但是由于协作供应企业的材料，而外购供应无法满足需求或成本过高，影响企业的进一步发展。在这种情况下，企业可以依靠自己的力量，扩大经营规模，由自己供应生产现有产品或服务所需要的全部或部分原材料或半成品。

纵向一体化战略具体到奢侈品品牌企业来看，收益体现在四个方面：①增强垄断势力或创造市场力量。通过纵向一体化，奢侈品品牌企业可以增加垄断势力或创造市场力量，并且进入新的上、下游的业务领域进行品牌延伸等。②降低成本。各业务环节的关系实现了内化，它们的目的和利益高度一致，使其在交货、收集市场信息以及运输过程中的成本大大降低。③确保供应。在不确定的市场交易中获取较为确定的投入要素供给。④行政和管理优势。使当事人处于更强的治理结构中，当环境改变时，最高管理层可以通过内部治理机制，直接解决那些由于原契约和新情况差异所造成的问题。

(二) 外包战略

外包是指企业将一些非核心的、次要的或辅助性的功能或业务交给企业外部的专业服务机构，利用它们的专长和优势来提高企业的整体效率和竞争力，而自身仅专注于那些核心功能或业务，从而达到降低成本、提高效率、充分发挥自身核心竞争力和增强企业对环境的迅速应变能力的目的。资源外包战略恰恰是纵向一体化战略的对立面，然而资源外包与纵向一体化并不矛盾，因为完全的纵向一体化在现实企业中不可能存在。外包战略不仅涉及企业业务流程和管理范围的重新调整，而且意味着企业价值链中关键环节的重新组合。它是社会生产进一步细化、竞争加剧的产物，强调企业要专注于自身具有核心竞争力的业务，将自己不擅长的、非核心业务交给别人去做。

外包包括：研发外包（利用外部资源弥补自己开发能力的不足）、生产外包（将生产环节安排到劳动力成本较低的国家）、物流外包（将货物或产品的存储和配送外包给专业性的货物配送公司）、营销外包（将营销业务外包给承包公司）、脑力资源外包和应用服务外包。

(三) 并购战略

在奢侈品品牌行业中，有悠久历史的品牌更容易被其他集团收购，世界三大奢侈品品牌集团都是通过兼并与收购的方式进行扩张的，可见兼并与收购是非常重要的手段[①]。兼并 (Merger) 与收购 (Acquisition) 合称并购 (Merger & Acquisition，M&A)。并购是企业取得外部经营资源、谋求对外发展的战略，其本质特征是经营资源支配权的转移。

奢侈品品牌企业采用并购的方式进入缺乏核心竞争力或全新的领域，能够以较低的价格拥有那些具备核心竞争力的企业，因为并购时企业面对的是已经确定的盈利能力，所包含的不确定性因素经常被认为比内部扩张要小。基于奢侈品品牌行业的特点要求很长的发展时间以及雄厚的资金支持，因此大多数奢侈品品牌集团都倾向于并购已经相对成熟的品牌。即便如此，并购带来的商业结果仍具有很大的不确定性。根据毕马威公司对 1996~1998 年的 700 宗大型并购案例的研究，其中有 31% 的并购损害了企业价值，这说明许多并购并不会带来好的商业结果，相反可能是赔本的买卖。实际情况也的确如此，被收购企业的市场份额和盈利能力往往在并购后出现下滑，甚至会经历更加严重的经营困难，例如，皮诺当年并购了圣罗兰后因经营不善最后又将其出售给欧莱雅。

---

① Jean-Louis C. , Gilles L. , Pierre V. F. In Search of New Planets in the Luxury Galaxy [J]. Journal of Business Research，2017 (7).

三、进入与脱离战略

（一）进入战略

首先，公司规模的大小并没那么重要，但也不意味着部门必须从一个极小规模的企业开始做起，换句话说，大规模有时候不仅不会成为企业发展的优势，还会成为阻碍，尤其在客户关系管理方面。奢侈品品牌企业营销的重要环节是为客户提供完美的服务体验，以及与消费者保持良好的客户关系。良好的客户关系包括两个条件：一是要与客户之间建立客户联系；二是要使这种联系覆盖到所有的客户并且与其建立直接的联系。要在一定程度上认识到运营成本的重要性，以及确定使用奢侈品品牌进入战略而放弃许可协议战略。例如，拉尔夫·劳伦（Ralph Lauren）在 2002 年时决定放弃许可战略，转而采用奢侈品战略，逐渐收回了对经销网络的控制权，这战略的转变使拉尔夫·劳伦在 2007 年时净利润达到了 4.01 亿美元[①]，是 2002 年净利润的 3 倍。

奢侈品战略虽然可能获得极大的成功，但其风险也极高。在皮诺收购了圣罗兰之后采用了奢侈品进入战略，但是其将品牌的创始人伊夫·圣·罗兰排除在外，更换了负责人，即使当时削减了许可授权，增设了旗舰店，也使该品牌在 2008 年被迫出售给欧莱雅。从某种意义上来说，当公司到达盈利点时，采用奢侈品战略的企业就会开始快速地盈利。超过该界限之后，企业应该在吸引客户方面加强投资，若还继续向产品进行过多投资，也许会使其逐渐陷入僵局。

其次，企业在创立之初，要从具体的方面开始做起，以此来保证与客户之间的良好联系。之后再进行拓展，从地方到区域再到全球。例如，红酒大多来自于法国，鱼子酱来自于俄罗斯，丝绸来自于中国，劳斯莱斯（Rolls-Royce）产自英国。在拓展至全球市场的过程中，要充分地利用客户关系，从客户角度着手，奢侈品不应当一味地适应当地的需求，更要充分发挥自身的技术优势。当品牌在选择目标国和鉴别目标客户时要十分谨慎，因为不同国家的客户拥有不同的社会地位，充分了解目标国家的文化与习俗是提升奢侈品品牌知名度必须要考虑的问题。对于奢侈品品牌来说，在目标国设立旗舰店时，选择豪华路段的一家小店面远比选择一处豪华而偏远的店面要好得多，第一家店面的选址是非常重要的，主要是证明其在奢侈品市场中的地位。

最后，当企业自身没有时间建立一个独有的品牌时，可以选择直接收购现有品牌，也可以选择使用一个已经存在于公司但未被开发或已经被放弃的品牌。大多数企业会选择直接收购现有品牌，因为收购一个未知名的品牌还需要对品牌花费大量的时间和资金来建立品牌知名度，而且，品牌管理还是一件复杂的事情。在任何情况下选择新品牌战略，都要保证其在第一阶段与市场之间进行良好的融合，奢侈品品牌不是开发而来的，一个有效的团队即使过去成功使用过传统市场战略，但却无法成功地使用奢侈品战略以适应奢侈品市场。

（二）脱离战略

显然，进入奢侈品市场是比较困难的，但是有许多可以参考的商业模式以及发展路径

---

① 数据来自 Fortune，日期截至 2007 年 9 月 17 日。

可以使奢侈品成功过渡。近几年来，奢侈品市场在不断地成熟与发展，有的人认为，奢侈品品牌一旦步入正轨就能不断增值，就像一件有价值的古董或艺术品一样。

然而，事实并非如此，即使奢侈品本身不会消失，但是奢侈品品牌却非常脆弱，包括从高级皮革制造到香水行业，当奢侈品品牌开始为迎合消费者扩大产量，变得不再稀有或者开始降低成本而无法保证奢侈品的品质时，其品牌可能会接近终结。除此之外，当一个品牌不愿意随着市场的变化而进行改变的时候，也可能面临迅速萎缩的境地。有人认为，当奢侈品变成高端品牌时就是品牌的严重缩水，其实不然，事实上，高端品牌是奢侈品退出市场时采用的最常见方式，并且可以同时进行。例如，具有声望或地位的继承人为了不改变品牌的社会地位，但又面临财务困难时就会采用这种方式，以便螺旋式地下降。产生这种情况的原因可能有以下几种：过分地扩张市场而不进行控制；过分地延伸非奢侈品品牌而将品牌机制稀释；失去核心系列的主要创造者；股东强烈要求瓜分利润；企业无法维持长期的巨大资金开销等。

当品牌不愿意遵循所选商业模式的限制时，就可以考虑脱离奢侈品领域，企业脱离奢侈品领域的内部与外部原因如下文所述。

外部原因主要包括品牌市场正在逐步消失以及创始人的调整。例如，随着社会的进步，19世纪高级中产群体的正式晚宴的消失，使大多数银器企业面临严重的财务问题；雪茄产品在禁烟国家无法维持品牌发展；受结构性影响，如法国的都彭（Dupont）和英国的登喜路（Dunhill），虽然两者在管理方法等方面都不相同，但却都在产品延伸上遭遇到挫折；珠宝首饰奢侈品行业因为人们公开佩戴首饰的减少导致市场体量大幅度缩水。从创始者的角度来看，当创始者突然改变战略时，如前面提到的圣罗兰（Yves Saint laurent）在采用奢侈品进入战略时，更换了主要负责人，品牌被迫出售给欧莱雅（L'oréal）；当然还有一种不可避免的情况是，当创始人离世时，品牌创始时所包含的品牌内涵是无法被取代的，这往往会使品牌在后续发展过程中偏离最初的意义进而导致品牌脱离奢侈品行业。例如，蒂埃利·穆勒（Thierry Mugler）最终停止了创造新产品，留下了著名的"天使"和"天外"香水的遗作，其他品牌还包括：阿莎露（Azzaro）、莲娜丽姿（Nina Ricci）、姬龙雪（Guy Laroche）等。

从内部原因来看，主要是内部缺乏创造力或者股东过于贪婪。当企业受到内部或外部这些因素影响时，最好能够尽早地脱离奢侈品行业，尤其是在品牌变得没有什么价值之前就脱离这个行业。大多数企业要么在经典领域保持持久的收益如P&G、欧莱雅，要么在奢侈品领域保持长久的获益，如娇韵诗（Clarins）、古驰（Gucci）、皮尔·卡丹（Pierre Cardin），很少有企业能够在两者之间生存下来并取得收益。

通过高层管理者高明的决策，采用脱离战略成功的最典型案例就是迪奥（Dior），事实上，迪奥的创始人克里斯汀·迪奥于1957年逝世，但其首席设计师的地位保持了将近半个世纪，战略发生变化的时间是1997年，当约翰·加利安诺上任后，奢侈品品牌从克里斯汀·迪奥过渡到了高端品牌迪奥。当然，在梅森·迪奥领导这一战略改变时，并没有公开承认。这种战略在经济上获得了重大的成功，但是其自身也付出了代价。大多数人在回忆法国著名奢侈品品牌时总能想起迪奥的名字，迪奥的产品却很难在奢侈品产品领域占据一席之地。这种战略无法确定会维持多久，迪奥可能会重新采用奢侈品进入战略回归奢侈品行业，也有可能采用脱离战略彻底脱离奢侈品领域。

奢侈品领域与流行产品一样，都可以获得较高的收益，两者虽然有重叠的部分，但仅

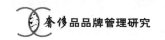

是边缘部分有所重叠。创始人在世时，即使不是奢侈品企业，在创始人给予产品一定合理性的情况下，也可以销售奢侈品产品。一旦创始人离世，奢侈品品牌在既要保持品牌又要保证流行性的条件下，其盈利很难延续。

受股东影响而脱离奢侈品行业的一个典型案例是梅赛德斯-奔驰（Mercedes-Benz），20世纪90年代，戴姆勒（Daimler）集团决定将梅赛德斯-奔驰品牌脱离奢侈品行业，其理由是奢侈品的市场规模不够大，股东认为在汽车领域，大规模的市场才具有前景。于是为了扩大市场规模，梅赛德斯-奔驰进入了大众的视野。但梅赛德斯-奔驰后期想要利用迈巴赫（Maybach）重新回归奢侈品行业时却遭遇到了巨大的挑战，最终于2011年时，戴姆勒集团宣布停止2012年的迈巴赫计划。与戴姆勒集团不同的宝马（BMW）集团，却选择留在了奢侈品行业中。

总而言之，当品牌无法再实行奢侈品战略时，就要及时脱离奢侈品行业，并尽可能地发挥其品牌形象在低成本战略中的作用。例如，梦宝星（Mauboussin）在21世纪初时无法以高质量、创新、先进的文化和社会分层同其他品牌竞争，导致其失去了主要的客户，造成了巨大的经济损失。随后梦宝星被企业家收购后，广泛地开展营销，将品牌价格进行了大范围的调整，通过低价改革使梦宝星在濒临消失的情况下重回大众视野。

有时为了成功，及时脱离奢侈品行业也是合理的，但使用这一战略时要充分保持警惕，更重要的是创建一个优秀的团队。当品牌准备脱离奢侈品行业时，管理者要在不破坏原有品牌在大众心目中的形象的前提下，还要重新定位企业，培训和分配人力、物力等资源，这样才能最大程度地保护企业。

第三节　典型奢侈品品牌集团

在奢侈品行业中，我们一般将法国的路威酩轩集团（LVMH）、瑞士的历峰集团（Richemont）和法国的开云集团（Kering）称为奢侈品行业的三个代表性集团，它们的发展也是奢侈品行业中比较典型的模式。

一、路威酩轩集团（LVMH）

路威酩轩集团是世界第一大奢侈品集团，全名Louis Vuitton Moet Hennessy，是由世界顶级的时装与皮革制造商Louis Vuitton和世界著名的酒生产商Moet Hennessy于1987年收购合并而成的大型奢侈品集团。酩悦香槟（Moet Hennessy）成立于1743年，现在是全球最受欢迎的香槟品牌之一。轩尼诗（Hennessy）成立于1765年，是世界上销量数一数二的干邑酒厂。而其中成立最晚的则属路易威登（Louis Vuitton），诞生于1854年。目前，路威酩轩通过收购并购，已经发展成为了一个拥有50多个奢侈品品牌的庞大集团，在销售额、影响力、市值等方面，都处于世界第一的位置。路威酩轩的销售额大概是历峰集团的3倍，是开云集团的6倍。

（一）路威酩轩的发展历程

路威酩轩是奢侈品生产和销售领域的全球领导者。它拥有 60 个知名品牌的产品组合。路威酩轩集团主席 Bernard Arnault 和他的家人在世界上最富有的人中名列第十位[①]。1743 年酩悦香槟的诞生为香槟行业创立了奢侈品品牌，随后 1765 年创立的轩尼诗成为了干邑界高品质的代表，随后两酒厂合并，成立了酩悦香槟酒业集团。路易威登从 1854 年开始建立销售皮箱的旗舰店，1885 年开始设立海外销售机构，并开始使用路易威登的商标，并于 1970 开始在世界各地开设分店。1987 年开始收购香水和香槟品牌，与酩悦香槟（Moet Hennessy）合并，形成了世界上最大的奢侈品集团路威酩轩集团。

路威酩轩成立后不断地进行收购与并购其他奢侈品品牌来进行扩张，逐渐在奢侈品领域占据了半壁江山，成为奢侈品集团的领头羊。目前路威酩轩拥有超过 50 个品牌，店铺数量达到 1700 余个，其中 68%分布在法国以外，雇员超过 8 万人[②]。除了在商业领域不断扩大，路威酩轩还不断地创造社会福利，设立了奖学金来培养和扶持年轻的艺术人才。1987 年该集团将迪奥香水收入麾下，开启了自己在奢侈品领域的肆意收购，包括法国的纪梵希（Givenchy）、丝芙兰（Sephora），西班牙的罗意威（Loewe），意大利的芬迪（Fendi）等全被兼并收购。除了收购奢侈品品牌之外，路威酩轩还收购了爱马仕（Hermès）14.2%的股份，并于 2011 年收购了宝格丽（Bvlgari）51%的股权，成为宝格丽最大的控股股东。

（二）路威酩轩旗下的品牌

路威酩轩经营领域主要集中于五个方面：时装和皮革制品、葡萄酒和烈酒、香水和化妆品、钟表和珠宝、精品销售（见表 4-1）。这五个方面中，时装和皮革制品占据营业额的 1/4。

表 4-1　路威酩轩（LVMH）旗下品牌

领域	旗下企业
时装和皮革制品	路易威登（Louis Vuitton）、芬迪（Fendi）、纪梵希（Givenchy）、高田贤三（Kenzo）、马克·雅克布（Marc Jacobs）、罗威（Loewe）、史蒂芬·诺比（Stefano Bi）、汤马斯·品客（Thomas Pink）、唐娜·凯伦（Donna Karan）
葡萄酒和烈酒	酩悦香槟（Moet&Chandon）、凯歌香槟（Veuve Clicquot）、库克香槟（Krug）、梅西耶香槟（Mercier）、修纳尔香槟（Ruinart）、伊更堡（Chateau d'Yquem）、轩尼诗（Hennessy）、格兰摩兰吉（Glenmorangie）、香桐酒庄（Domaine Chandon）（加利福尼亚）、Bodegas Chandon（阿根廷）、香桐酒庄（Domaine Chandon）（澳大利亚）Green Point、云湾（Cloudy Bay）、曼达岬（Cape Mentelle）、纽顿（Newton）、安第斯之阶（Terrazas de los Andes）
香水和化妆品	克里斯汀·迪奥（Parfums Christian Dior）、娇兰（Guerlain）、纪梵希（Parfums Givenchy）、高田贤三（Kenzo）、贝玲妃（Benefit Cosmetics）、馥蕾诗（Fresh）、玫珂菲（MAKE UP FOR EVER）、帕尔马之水（Acqua di Parma）

---

① Klups-Orłowska K. Peple's Republic of China as a New Direction for Luxury Goods Brands Producers based on the Example of Activity of Louis Vuitton Moet Hennessy［C］. Research Papers of the Wroclaw University of Economics/Prace Naukowe Uniwersytetu Ekonomicznego we Wroclawiu, 2013.

② 朱桦，黄宇. 经典与时尚——当代国际奢侈品产业探析［M］. 上海：上海人民出版社，2012.

领域	旗下企业
钟表和珠宝	宇舶（Hublot）、真力时（Zenith）、豪雅（TAG Heuer）、迪奥（Dior）、佛列德（Fred）、绰美（Chaumet）、欧玛斯（Omas）
精品销售	DFS（Galleria、Miami Cruiseline Services）、丝芙兰（Sephora）、玻马榭百货（Le Bon Marche）、萨马莉丹百货（Samaritaine）

时装和皮革制品中，主要包括路易威登等众多顶级品牌，这些集中于法国和意大利的时装和皮革品牌一直引领着世界的潮流，是路威酩轩最具有竞争力的企业。这些品牌大多都在国际性都市的市中心销售。路易威登的经营利润是其他众多品牌不能比拟的，150年来，路易威登一直强调精致与舒适，是旅行行业中的标杆。纪梵希（Givenchy）以其优雅与不可超越的品质闻名世界，奥黛丽·赫本（Audrey Hehburn）以及杰奎琳·肯尼迪（Jackie Kennedy）的代言使纪梵希（Givenchy）高贵的形象坚不可摧。芬迪（Fendi）将卓越的技艺、奢华的原料与现代的美学融合在一起，创造出了与众不同的服饰与配饰，除此之外，芬迪（Fendi）旗下的皮具也十分受欢迎。高田贤三（Kenzo）作为将日本传统文化和流行元素结合得最完美的品牌，代表着年轻活力以及温和细腻。

在葡萄酒与烈酒领域，路威酩轩（LVMH）旗下主要包括了酩悦香槟（Moet & Chandon）、凯歌香槟（Veuve Clicquot）等。除了在法国的葡萄酒与烈酒之外，还包括美国、意大利等地，值得一提的是，路威酩轩为了进军中国白酒市场，于2007年收购了剑南春旗下的（文君酒）品牌。路威酩轩还在主要的机场销售其烈酒，这一渠道不仅获得了良好的经济效益，并进一步扩大了其品牌知名度。其中最具代表性的是酩悦香槟，该香槟拥有百年历史，曾是拿破仑最喜爱的酒，凭借其良好的地理条件以及精致的酿造过程，酩悦香槟成为香槟行业最知名的品牌。

香水及化妆品领域，主要包括迪奥（Dior）、娇兰（Guerlain）等品牌。其旗下的香水和化妆品主要通过百货店的专柜以及零售终端丝芙兰（Sephora）、DFS免税店销售。其中最主要的代表品牌是迪奥，除了在20世纪中期推出鲜亮的红色唇膏之后，又按季节推出了不同的套装。在开发香水领域时有时花香宜人，有时冷若冰霜，传达出一种生活方式。

在钟表与珠宝领域，主要包括宇舶（Hublot）等。其中最具代表性的品牌是豪雅（TAG Heuer），专注于运动腕表和计时码表设计，是全球最大、发展最快的奢侈腕表品牌之一，开发出了全球最精确的测量仪器与运动腕表，该品牌最大的特点是其腕表拥有超高的性能、最前沿的科技以及最杰出的腕表设计。

在精品销售中，主要包括DFS（Galleria、Miami Cruiseline Services）、丝芙兰（Sephora）等。其中最具代表性的是DFS以及丝芙兰，DFS成为了全世界60多个奢侈品品牌和时尚品牌的经营者，是全球最大的机场免税经营者，丝芙兰在全球拥有超过1000家的门店。

（三）路威酩轩的营销特点

路威酩轩的发展与扩大与其CEO伯纳德·阿诺特（Bernard Arnault）的有效管理是分不开的，伯纳德·阿诺特带领路威酩轩在各个领域内大胆扩张和并购，将品牌价值最大化。每一次的并购都体现着伯纳德·阿诺特对路威酩轩发展规划的远见。但在路威酩轩兼并的过程中，始终保持着"兼收却不并"的原则，使得众多奢侈品品牌在进入路威酩轩集团后却又不进行整改，维持原有品牌的独立性以及品牌之间的独立性。例如，各品牌在营销传播策略上都相互独立，但在全球扩张和渠道发展中将资源共享。路威酩轩整合了自身所有可以利用的资源，并且从各个不同的角度来增强自己获利的可能性。

路威酩轩很重视自己的品牌建设，始终坚持选择能够代表高品质的品牌，注重品牌的最高工艺、品质上乘、制作精益求精、质料奢华、造型经典而不失创新，将奢侈品产地的历史和文化内涵融入品牌的设计理念中。除此之外，路威酩轩集团也十分注重内部的协调和管理。旗下的珠宝、酒、皮具等产业受益于其自身强大的零售网络，营业利润的增加具有非常显著的作用。并且路威酩轩在品牌建设上也独具一格，通过提升明星品牌的价值到提升整个集团的价值，最后再辐射到该集团下的其他品牌，这一机制使路威酩轩其他品牌价值大幅度提高。除此之外，其内部人力资源会进行岗位的流动，要求所有管理人员都具有跨品牌的经营能力。

路威酩轩热衷于通过各种慈善活动来扩大自身品牌的影响力，包括社会公益活动、慈善捐助以及创立奖学金等行为来提高自己的知名度，同时能够直接接触到其服务的拥有一定社会地位或有足够购买力的消费人群，更加直观地了解他们的需求，此外，路威酩轩还通过与权威媒体、权威活动以及权威人士进行密切的联系来保障自身品牌具有较高的权威性。

二、历峰集团（Richemont）

历峰集团是排名仅次路威酩轩集团之后的全球第二大奢侈品集团，经过两次重组，逐渐确立了其在珠宝和手表的奢侈品领域中的巨头地位，独特的"奢侈品+现金流业务"的业务模式，以现金流业务支撑奢侈品业务收购所需要的巨大资金，促进了历峰集团的迅速发展。历峰集团创立于1988年，以烟草业起家的伦勃朗集团（Rembrandt Group）目前在烟草行业排名全球第四，而其旗下的历峰集团则凭借珠宝和钟表两个核心业务在各自领域中表现十分突出，目前历峰集团拥有世界上多个奢侈品品牌，在珠宝、钟表等领域内具有很强的竞争力。

（一）历峰集团的发展历程

1945年，历峰集团的创始人安顿·鲁伯特（Anton Rupert）的父亲靠白酒和葡萄酒起家后，又涉足于烟草行业，此时，将公司更名为"Rembrandt"。为了扩大烟草业的营业范围，该公司又控制了南非烟草业的90%，除此之外，其在英国和美国的烟草公司也都持有股份。但安顿·鲁伯特坚持做着自己喜欢的事，经营着南非最著名的两个葡萄园 Rupert & Rothschild 和 L'Ormarins。1988年，安顿·鲁伯特家族成立了历峰集团，与此同时，安顿·鲁伯特参与了资产分离和重组，以及让历峰集团在瑞士证券交易所挂牌上市，20世纪90年代是历峰集团发展的黄金时期，营业额仅次于路威酩轩集团。因为安顿·鲁伯特的加入，做出了一系列在奢侈品领域中的经营决策，依次买下了卡地亚（Cartier）、家乐福（Carrefour）、万宝龙（Montblanc）、梵客雅宝（Van Cleef & Arpels）、积家（Jaeger-Le-Coultre）、朗格（A. Lange & Söhne）以及万国表（IWC）的控股权。至此，历峰集团成为拥有十几个珠宝以及手表领域的奢侈品品牌的企业。

（二）历峰集团旗下的品牌

历峰集团的业务部门可分为珠宝部门、钟表部门、书写工具部门、皮革和饰品部门以及其他业务部门，如表4-2所示。

表4-2　历峰集团（Richemont）旗下品牌

珠宝部门	卡地亚（Cartier）、梵克雅宝（Van Cleef & Arpels）
钟表部门	伯爵（Piaget）、沛纳海（Officine Panerai）、名士（Baume et Mercier）、积家（Jaeger-LeCoultre）、朗格（A. Lange & Söhne）、万国（IWC）、江诗丹顿（Vacheron Constantin）、豪爵（Roger Dubuis）
书写工具部门	万宝龙（Montblanc）、万德派（Montegrappa）
皮革和饰品部门	兰姿（Lancel）、登喜路（Alfred Dunhill）
其他业务部门	蔻依（Chloé）、上海滩（Shanghai Tang）、阿拉亚（Azzedine Alaya）、普迪（Purdey）

历峰集团与拉尔夫·劳伦（Ralph Lauren）建立了主营珠宝钟表业务的合资公司。旗下包含的品牌中珠宝类有卡地亚（Cartier）和梵克雅宝（Van Cleef & Arpels），梵克雅宝自诞生之日起便一直是世界各国贵族和名流雅士所特别钟爱的顶级珠宝品。曾经为温莎公爵的婚礼设计过胸针，为埃及王后纳丝莉、公主法西亚及其他王室成员设计过王冠、耳环等。此外，伊丽莎白·泰勒、朱莉亚·罗伯茨及逝去的戴安娜王妃等，都是该品牌的忠实顾客。

钟表类包含伯爵（Piaget）、沛纳海（Officine Panerai）等，万国表（IWC）是瑞士少数机芯生产厂家之一，位居瑞士名表品牌的上游。经典的款式加上巧妙的设计，典雅而精致，操作极其简单，被称为"高档钟表工程师"。经过四代的不懈传承，现在万国表已经成为全世界手表制造业的经典示范模板，其经典作品已是皇家贵族和政要领袖们的至爱。

书写工具类包含万宝龙（Montblanc）和万德派（Montegrappa），万宝龙在世界高级笔行列是无可比拟的。纯手工制作、经过25道工序打造的笔头，使得万宝龙书写工具如勃朗峰般坚实和高贵。它所追求的奢华与尊荣是永久的品质保证。

皮革及饰品类包括兰姿（Lancel）以及登喜路（Alfred Dunhill）。

其他业务部门包含蔻依（Chloé）、上海滩（Shanghai Tang）等，其中的蔻依是高级成衣界色彩的先驱者。时髦、现代是其品牌风格的核心，它在不同时期所聘用的各国著名设计师总能以不同风格、不同特色的设计取得成功。

（三）历峰集团的营销特点

历峰集团的掌舵人安顿·鲁伯特与路威酩轩集团掌舵人伯纳德·阿诺特都是通过品牌并购的方式来成就今日的奢侈品品牌帝国，只是路威酩轩集团在这条路上走得更远些。历峰集团对外扩张比较保守、谨慎。选择发展势头良好、技术优势突出的品牌进行并购，并购后依然专注于发展其核心业务，而不是对新并购品牌进行二次品牌形象塑造。同时，通过旗下产品与其他品牌的合作来促进发展。架构了"核心业务+现金流业务"的双重模式。由于奢侈品品牌公司最核心的资产是品牌价值等无形资产，难以量化成贷款的担保物，因此奢侈品品牌集团在收购中很难依赖银行贷款。而奢侈品品牌行业是资金密集型行业，动辄几十亿美元的并购金额对奢侈品品牌集团形成了极大的现金流考验，"奢侈品＋现金流业务"的双重业务模式架构，解决了收购所需的庞大现金流。为解决收购所需的庞大资金需求，采取两大业务部门的架构，利用非奢侈品业务部门或成熟稳定的奢侈品部门产生的稳定现金流为集团提供巨额的收购资金，实现收购扩张的内部供血。

在品牌发展方面主要以发展明星品牌为主，其次发展战略性支持品牌和具有新利润增长点的品牌。与路威酩轩集团品牌管控模式不同的是，历峰集团战略性支持品牌的作用是不但要寻求自身的稳健发展，还要为明星品牌提供市场保护，以及承担为明星品牌提供配件或服务的重任。它们之间并不完全独立。一般而言，历峰集团并不主动进行并购，而是在企业经营出现危机或需要为某一品牌提供支持时，才会寻找那些优质奢侈品品牌企业进行并购，而且更倾向于并购那些发展势头好、预期升值潜力大的品牌，这些品牌都具备雄厚的技术实力支撑。

历峰集团与集团外的汽车品牌法拉利（Ferrari）进行跨界合作，两大品牌通过卓越的技术与精密机械装置的完美结合，推出了一款腕表 Ferrari Engineered by Officine Panerai，专门为喜爱独特表款且追求高超性能的玩家所设计。每一款 Ferrari Engineered by Officine Panerai 腕表都借由法拉利的色彩、形状、材料以及悠久的传统和沛纳海的先进技术定义了"意大利制造"的世界级水平。沛纳海（Panerai）也特别为总部位于马拉内罗的法拉利跑车制造厂设计限量表款。

三、开云集团（PPR）

开云集团（Pinault Printemps-Redoute，PPR），其旧称为巴黎春天集团，目前是世界上著名的奢侈品集团之一，起初是凭借木材和建筑材料销售进入奢侈品行业，通过品牌的并购和企业资产重组，不断拓展业务，现拥有欧洲众多专业连锁商店，经营范围涉及大众服装、美容、娱乐以及家居等各个方面。

（一）开云集团的发展历程

开云集团于 1963 年由弗郎克斯·皮诺特（Francois Pinault）先生在法国创建，以木材起家。1988 年 10 月以从事批发、销售和加工木材的 Pinault SA 形式进入巴黎交易所二级市场。1990 年收购了专门经营电器材料的 CFAO 公司（1993 年更名为 Rexel 公司）。1991年控股家具销售商 Conforama 公司。1992 年控股百货销售商 Printemps SA，以及商品邮购公司 La Redoute 54%的股份，成立了 Pinault-Printemps 集团，将自己定位为专业销售集团。1994 年吞并了 La Redoute 公司，重新命名为 Pinault-Printemps-Redoute 集团，同年控股音像公司 Fnac。1995 年，以 Pinault-Printemps-Redoute 的形式，进入巴黎交易所 CAC40指标股。

开云集团正式进入奢侈品领域是 1999 年通过与路威酩轩相互竞争，最后并购古驰（Gucci），获得了古驰集团 42%的股份，并通过古驰收购了古驰集团名下的塞乔罗西（Sergio Rossi）和圣罗兰（Yves Saint Laurent）公司，同年还收购了 Brylane 公司剩余的股份。2000 年，通过 Conforama 意大利公司获得了意大利 Emmezeta 集团 60%的股份；收购了欧洲最大的微信息产品销售经销商 Surcouf；收购了古驰集团的宝诗龙（Boucheron）公司；创建了新的体育商店 Citadium。2001 年，根据古驰集团建立一个多品牌奢侈品集团战略，从路威酩轩手中通过支付 8.12 亿美元，以每股 94 美元的价格并购了葆蝶家（Bottega Veneta）与巴黎世家（Balenciaga）公司，占有 860 万元的古驰股份，此时对古驰集团的控股达到 53.2%①。2002 年，迈出将集团业务集中于大众销售和奢侈品销售战略的第一步，将 Guilbert 的邮购销售业务转让给 Staples Inc，后期加强了对古驰集团的控股，股份达到 54.4%。

（二）开云集团旗下的品牌

开云集团的经营范围包括皮具制品、服装、鞋、珠宝、手表、化妆品和香水等；具体的品牌包括古驰（Gucci）、葆蝶家（Bottega Veneta）等。但在开云集团的奢侈品经营中，最核心的品牌仍是古驰，古驰一向以高档、豪华、性感闻名于世，产品的风格与时尚完美结合。该品牌在其整个奢侈品销售量中比重占 60% 左右。开云集团接手古驰集团后，通过重新定位及广告投入，为品牌注入了新的活力。在保留传统板块的同时，从商品设计到宣传广告，增加了年轻、时尚、个性化元素，开拓了新市场，使其逐渐成为超级时尚王国。

（三）开云集团营销特点

开云集团在上市公司之间的资本战争中并购大量奢侈品品牌，并使传统老牌重新焕发生机，通过积极参与新兴市场的细分，适时调整战略以协调和维持企业资产与品牌之间的关系，成就了从百货大亨到世界第三大奢侈品集团的一步又一步飞跃，通过对老牌奢侈品的扶持，保证产品的纯正。开云集团时刻关注一线产品的情况和产品质量。在企业产品线相当宽泛的情况下，依然保持对产品的关注，甚至直接参与到产品的设计中去，把握住了品牌建设的根基和关键。并且其善于利用事件，把握机遇树立良好的形象，古驰产品的生产严格限制在意大利的托斯卡纳完成，所有的皮革产品都在托斯卡纳生产，所有成品服饰都要在意大利加工，而没有搬到中国香港或其他地方，是因为不希望品牌失去与意大利之间的特有渊源，失去它作为奢侈用品的潜在身价。而托斯卡纳历来是高档皮革制品的加工生产地，那里的人对此也非常在行。

通过收购其他奢侈品品牌，推动集团快速发展。开云集团最终于 2004 年购得古驰集团的 42% 股份，成为第一大股东。并且逐渐开始专注利润丰厚的高端奢侈品行业。此外，2004 年，古驰集团收购了圣罗兰及 Sanofi Beaute 等几大奢侈品品牌。

通过调整发展战略以应对不同形势。开云集团旗下春天百货（Printemps）尽管声名显赫，并拥有众多消费者，但在繁华之下却有隐忧。春天百货近年来业绩增长平平，甚至已逐渐变成开云集团最不赚钱的一块业务。但奢侈品这边风景独好，销售量不断增加，利润不断提高。面对这种格局，2005 年开云集团果断地调整战略，将春天百货公司剥离出去，专注于利润更高的高端奢侈品行业。开云集团主席兼 CEO 弗郎克斯·皮诺特（Francois Pinault）在签署了与 Borletti 及 RREEF 的声明后说，他们将把精力主要投入两大核心领域，即奢侈品和零售，这样更确保了开云集团的独特定位和发展方向。战略不断调整，让集团保持高于平均水平的增长率，并在市场上获得更丰厚的利润回报。

---

① Michael H. M., Kannan, R. Fashion Faux Pas：Gucci & LVMH [J]. Thunderbird International Business Review, 2003, 45 (2).

第四节　奢侈品品牌企业的危机与防范

一、危机的类别

(一) 产品信誉危机

产品出现意外状况从而影响品牌公众形象的情形，即是产品信誉危机。现代产业分工越来越细，一件产品从原料到成品，往往需要经过多道不同的工序，有时需要数家企业通力合作，才能完成全部制造程序。这种制造程序形成一条或长或短的生产链，生产环节越多，生产链就越长，出现质量隐患的可能性也就越大。由于企业与消费者对产品质量的评判标准不同，面对相同的问题会有不同的看法，尤其是缺乏行业标准的新产品，在消费者与生产商的分歧中，也留下了信誉危机的隐患。消费者对奢侈品的要求更为苛刻，期望值也大大高于其他产品，产品一旦被发现有瑕疵，就会令消费者失望，信誉度大跌。

人民网的报道中指出，时尚热点事件不断出现。例如，某奢侈品品牌衬衫虽是正品，但一洗就掉色；某奢侈品品牌手表问题重重，停走、把手脱落、珠宝质检不合格等问题层出不穷；这些受到追捧的奢侈品虽然面对用户的质疑持否定态度，但是口碑相传的力量不容忽视，品牌的信誉度也或多或少地会受到影响，更何况是高端的奢侈品，理所应当地要做到十全十美。

(二) 媒体传播危机

通常而言，奢侈品品牌产品与媒体的关系比较紧密。首先，由于奢侈品品牌产品具有明星效应，本身就具有高关注度，层出不穷的新老故事为媒体提供源源不断的创作素材。其次，奢侈品品牌产品需要媒体的帮助来开展商业活动。但是，媒体的报道大多都是情绪化的报道，它们为了提高关注度，往往会对事实进行失实报道或者恶性报道，这种不恰当的报道也会造成奢侈品品牌产品的危机。为此，有些奢侈品品牌企业应设有新闻检察官一职，避免负面报道的产生。

(三) 明星代言危机

品牌做宣传和推广，选取一个适合的明星做代言人已经成为理所当然的必要环节，然而不恰当的明星代言人也会引起品牌危机。聘请明星代言的举动实质上是带有捆绑效应的品牌风险投资行为，由于明星也是普通人，他们的状态随着事业、爱情或生活的改变而变化，因此，社会形象也随之发生改变，在人们心中的地位也会一同改变。由于明星的部分行为已经不完全属于其个人行为，而是被刻上了社会印记，所以当代言明星的日常言行过于偏离了公众的标准，失望之极的人们必将自发地产生抵制行为，甚至迁怒于其代言的品牌。

（四）生产地危机

奢侈品品牌产品原产地的转移也会带来暗藏的危机。传统意义上的奢侈品非常讲究"血统纯正"，表现为要求品牌诞生地、原材料产地和产品生产地的一致，尤其是生产地，生产地是生产技术保证的象征。对于消费者来说，产品的生产和品牌诞生地相一致的产品拥有更纯正的血统，产品质量也更为可靠。生产地的迁移会给予消费者"被欺骗"的感受，让消费者心生芥蒂。近年来，由于欧美劳动力成本的提升，一些奢侈品品牌考虑把历史悠久的工厂搬迁到劳动力成本低廉的国家，奢侈品品牌产品的生产和普通产品在一个地方进行，大大降低了奢侈品品牌产品的自身格调，品牌的信誉和形象也会因此受损，生产产地的改变在一定程度上隐藏着某种风险，品牌危机也可能因此而产生。

某些欧美奢侈品品牌为了进一步扩大品牌影响力，实现利益最大化，将产品生产移入劳动力密集的地区。纽约老牌奢侈品品牌拉尔夫·劳伦（Ralph Lauren）给我国一家集团的 POLO 系列代工订单一年可达数亿元。时代皮具 1968 年创立于中国香港，为多个欧美奢侈品品牌箱包代工，拥有 44 年历史，但行事低调，并不为外界所熟知。它与最大的客户蔻驰（Coach）合作关系已达 13 年，而蔻驰在中国的工厂已经达到 500 家①。

（五）品牌识别危机

品牌理念不是一成不变的，随着社会的变动、市场的转向、内部的歧义等形势的改变，品牌理念也会做出相应的调整，既要恪守品牌文化基因，又要顺应时代发展需求，而当二者的关系处理欠佳的时候，品牌的形象就会模糊。品牌一旦难以辨别，最致命的危机也就产生了。视觉系统的更新包括形象代言人的更新、产品设计师的更换、专卖店形象更新、产品风格的更换等。视觉系统的更新既不能过于保守，也不能跨度太大。过于保守的替换便失去了更新的价值，而太过夸张的替换不仅让人难以接受，也容易从根本上改变品牌的基因。被誉为法国经典品牌代表的纪梵希（Givenchy）在其创始人引退之际，聘请了被称为"设计鬼才"的英国新锐设计师约翰·加利亚诺（John Galliano），约翰·加利亚诺的设计虽然趣味独到，天马行空的创意足以成为服装历史舞台上的奇葩，但也正是他的大胆设计让该品牌的崇拜者们无法忍受，为了企稳该品牌的市场表现，公司随后又连续更换了三名设计师，但都没有完全平息消费者的抵触情绪，使该品牌多年来的市场表现平平。

二、危机的防范

简单地说，危机的防范意识就是指在危机来临之前做好相关的准备工作。和其他事物的发展规律一样，危机的发展会从萌芽开始，逐步进入一个爆发期。危机如果没有得到及时的抑制，那么经过一定的发展进入爆发期后，损失就更为惨重，尤其是在互联网时代，负面消息的传播速度更是惊人。因此危机的防范工作是必不可少的，要努力将危机扼杀在萌芽中。

例如，路威酩轩（LVMH）作为一个集团在管理方面要充分抵御危机的发生，但其因

---

① 新浪广东. 欧美奢侈品中国代工厂主要集中在东莞等地 ［N］. 新浪广东时尚，2014-03-13.

为产品组合十分广泛，其中一个品牌或部门的销售放缓可以通过其他品牌或部门的积极作用得到补偿；除此之外，爱马仕（Hermès）对于其分销控制也比较严格[①]。

（一）危机监测

监测危机是防范危机的第一步，通俗地说，就是利用监测机制挖掘潜在危机。所谓"居安思危"，越是在品牌蓬勃发展之时，危机的监测越是需要。危机的监测千万不要等到感受到了危机隐患才实施，而是企业在顺利发展的时期就应建立，并时刻保持警醒状态。企业的危机预案是经过科学分析的一个客观结果，除了需要对社会经济发展规律、社会文化背景、重大事件加以分析外，也需要对企业的内部状况加以分析，最终得出针对企业突发事件的处理办法。企业有了危机防范意识，才能检查运作中的每个环节是否正常，将危机的细胞消灭在萌芽阶段。

（二）危机预警

危机预警是监测到危机后加以分析并警示的行为。大多数危机在爆发前都会出现征兆，防范危机不是在危机爆发后再处理，而是在危机出现前就给危机画一条警戒线。危机萌芽的扼杀尽量做到干干净净，铲除后患，切忌只解决诱发危机的一些因子，而忽略了这些因子牵连的其他方面。由于危机的因果联系十分明确，所以大部分危机是可以预警的。但是由于个人的眼光不同、经验不同、知识领域不同，观察事物的出发点也不一样，加上责任心不同等其他因素，对危机前兆的反应也是不一样的。

（三）危机决策

危机决策通俗来说就是发现危机后处理的方式与方法。处理危机时必须根据它的来龙去脉，从品牌现在的处境和未来处境各个方面综合考虑，其根本目的是控制危机进一步恶化。因此，危机的决策就要快刀斩乱麻，做到快、准、狠。奢侈品品牌是历经几十年甚至几百年苦心经营的结果，它的崩溃不仅仅是一个企业的崩溃，而是人类文明财富的重大损失，因此，危机的处理对于奢侈品品牌来说，不仅是拯救一家公司或者一个行业，而是一种文化、一种历史。

---

① Olorenshaw R. Luxury and the Recent Economic Crisis ［J］. VSE-Vie & Sciences Economiques / La revue de l'Economie et de l'Entreprise，2011，188（18）.

第五章
奢侈品品牌商业模式 ::

第一节　核心盈利贸易商业模式

企业的最终目的是盈利，奢侈品企业也不例外。而盈利的来源有很多，有的企业通过其产品的多样性来盈利，有的通过其服务的独特性来盈利，还有的通过其成本的有效控制来盈利，这些的确都可以给企业带来利润。这些主要的盈利方式中，通过品牌拥有的足够广泛的且能够产生高额利润的核心系列产品达到盈利目标的方式，我们称为"核心盈利贸易商业模式"。

一个品牌可以拥有多个产品，由于其所针对的目标客户不同、设计理念相异等原因，这些产品可能分属于不同的系列，比如宾利（Bentley）的主要产品有慕尚（Mulsanne）、飞驰（Flying Spu）、欧陆及 Speed 8 等系列的汽车，甚至会分属于不同的类别，比如迪奥（Dior）的经营范围涵盖了时装、皮具、香水和化妆品等行业。不管品牌旗下涵盖多少个产品，企业研发这些产品的最终目的都是通过这些产品来盈利，这就涉及了产品带给该品牌的价值。核心盈利贸易商业模式中的产品即为核心产品，这些核心产品贸易带给企业的利润就足以保证企业的长期生存与发展，其中典型的代表是个人配饰（如珠宝、手表、箱包等）和汽车。这些产品符合"理想奢侈品"的要求——既能经常使用，还能很直观地被辨识，而且其奢侈品的外在特征明显。

一、核心盈利贸易商业模式的典型案例

（一）卡地亚（Cartier）

卡地亚是一家法国钟表及珠宝制造商，是在中国运作最为成功的国际顶级珠宝品牌，也曾连续 5 年蝉联胡润"中国富豪品牌倾向调查"珠宝类冠军。卡地亚的产品虽然囊括皮带、钢笔、打火机、香水、眼镜等多个领域，但这些都不是其核心产品，只是该品牌为扩大发展面所推出的延伸性的次要产品。例如，皮带和钢笔是卡地亚所推崇的"必需战略"的产物，由于非核心产品只在卡地亚精品店以外出售，所以在核心盈利贸易商业模式中，焦点集中在其核心产品即珠宝和钟表上。

卡地亚的珠宝因其华美的外表、独特的设计而闻名于世，其所推出的每一个系列都让人称赞不已。而作为"入门级产品"的 Love 系列诞生于 20 世纪 70 年代的纽约，以"爱之誓约"为设计理念，深受全球年轻人的喜爱。这个系列产品的价格在卡地亚珠宝产品中可以称得上是"平价"产品，大多数普通人都有能力消费。而另一个超越时间的经典系列 Panthère 猎豹系列，对于卡地亚而言，不只是品牌象征，更是其品牌的核心盈利产品系列。

相似地，卡地亚的钟表 Tank 系列中，Tank Solo 即为入门级产品，适合普通人士消费，而 Tank Louis Cartier 系列则属于中高端核心产品。如果卡地亚继续维持这种入门级产品系列与最核心产品系列之间的平衡，高端人士继续消费类似于 Panthère 猎豹及 Tank Louis Cartier 系列的产品，卡地亚在珠宝奢侈品品牌中便能更好地维持其高端地位。

（二）路易威登（Louis Vuitton）

自 1854 年至今，路易威登已成为时尚旅行艺术的象征，其产品包括手提包、旅行用品、小型皮具、配饰、鞋履、成衣、腕表、高级珠宝及个性化定制服务等。虽然其产品系列涉及多个领域，但众所周知，路易威登主要专注于皮具箱包行业。

在路易威登的核心产品即皮具箱包中，其顶级产品应属旅行箱和高级私人定制（Special Order）系列，该产品系列的目标客群是高级人士、顶级精英及超级 VIP 等。中等档次核心产品系列的典型代表则有硬质箱包（如 City Trunk）和城市箱包（如 Capucines 系列），这是路易威登在箱包中更为专注的核心产品，也是其利润的主要来源。而针对普通人士所生产的入门级产品则有 Speedy 和 Keepall 等系列，这些产品虽然价格稍低，但其材料及设计也与核心产品之间存在紧密的联系，因此也具备了品牌特性和品牌形象。

上述分别描述了卡地亚（Cartier）和路易威登（Louis Vuitton）的核心产品，虽然这两个品牌的产品都涉及多个领域，产品系列也多种多样，但它们仍主要侧重于其核心产品的营销。如图 5-1 所示，这类奢侈品品牌的产品系列呈现出"钻石"结构的特性。

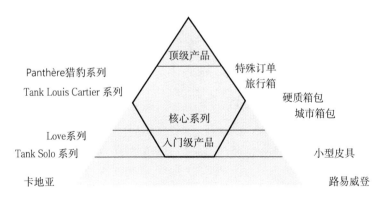

图 5-1 卡地亚（Cartier）与路易威登（Louis Vuitton）的钻石模式

资料来源：［法］Vincent B.，Jean-Noel K. 奢侈品战略——揭秘世界顶级奢侈品的品牌战略［M］. 谢绮红译. 北京：机械工业出版社，2018.

二、核心盈利贸易商业模式的特点

（一）核心产品系列传达奢侈品品牌的主要形象，其设计异常精美，产品辨识度极高

例如，路易威登（Louis Vuitton）的 Capucines 系列皮包代表了路易威登皮具工艺的最高成就。该系列产品的命名就来自于巴黎著名的 Capucines 大街，也是其所开设的第一家专卖店的所在地。品牌的精髓在该系列的每一个细节中闪现，从它的名字、多功能的翻盖扣合设计，一直到路易威登的标志性字样和 Monogram 花朵图案。

（二）入门级产品不以营利为目的，其利润微薄但限量销售以吸引新客户

除了核心产品，品牌一般都有其入门级产品，如卡地亚（Cartier）珠宝的 Love 系列产品。这些产品并不会给品牌带来多大的利润，也不以给企业带来利润或者提高销售额为目的。入门级产品存在的目的主要是吸引新的顾客，带领其进入这个品牌的世界，为其带来该品牌产品的初步体验，从而培养客户的忠诚度。虽然入门级产品的价格通常相对较低，但品牌绝对不能因此提供很多入门产品以提高销售额。因为此类产品占总销售额的比重较小，且入门级产品应该限量销售以维护奢侈品品牌的形象。

奢侈品库存量单位（Stock Keeping Unit，SKU）管理如图 5-2 所示，可以让我们更加清楚地区分入门级产品与核心产品的数量及其盈利情况。

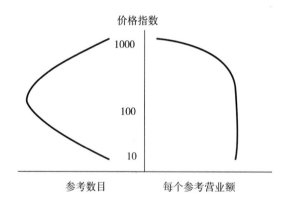

价格指数

1000

100

10

参考数目　　　　　每个参考营业额

图 5-2　奢侈品库存量单位管理

资料来源：［法］Vincent B.，Jean-Noel K. 奢侈品战略——揭秘世界顶级奢侈品的品牌战略［M］. 谢绮红译. 北京：机械工业出版社，2018.

另外，核心盈利贸易商业模式的成功不仅离不开产品，也与生产和分销密切相关。

(三) 精湛的手工生产模式

区别于普通的机械化生产和流水线作业等现代化加工模式，核心产品为珠宝、钟表和皮具箱包等的奢侈品牌都十分重视"手工"，这并不是说不借助任何机械设备，而是强调工匠的参与度，以及机械生产所不能给产品带来的至精至美。

2015 年，新华网发布《"流水线"上的爱马仕，你会买吗？》一文，其中的数据显示，

38%的被调查者表示完全因为爱马仕（Hermès）"手工制作，独一无二"才购买其产品；63%的被调查者表示"完全不能接受奢侈品包是流水线生产"；42%的被调查者表示"不会购买爱马仕流水线生产的产品"；有43%的被调查者认为流水线生产的爱马仕已经不再是奢侈品；另有32%的被调查者认为"爱马仕的流水线生产"存在欺骗消费者的嫌疑。由此可见，倡导传统手工制作和严格的质量控制是爱马仕定价遥遥居上的关键。

（四）品牌拥有自己的生产工厂及工匠，基本不会将业务外包

注重生产前端与顾客终端之间的联系。也就是说，顾客购买奢侈品的行为一定程度上是由于对其生产的了解和信任，而奢侈品企业也深知这一点，所以会更加注意保持其生产的独有性。一旦将生产外包，虽然能够降低成本，但是品牌难以在生产过程中对产品进行控制，最终导致产品质量不稳定，消费者满意度和忠诚度也就随之下降。

《欧洲时报》报道称，法国媒体 Challenges 揭露了当地个别奢侈品品牌代工工厂的生产及销售内幕，其中，代工工厂生产的产品占到40%~60%。这一消息在消费者中引起了轩然大波，大多数人都表示无法接受其购买的产品并非由该品牌自有工厂生产，而是出自代工厂。

（五）品牌对分销实行绝对的控制

分销对于奢侈品品牌的业务管理也十分重要。如果产品在非品牌范围内地区进行销售或者由品牌以外的机构进行售卖，这很容易造成产品与品牌之间联系的断裂，也会对奢侈品品牌的形象产生负面影响。在开设一个新的销售点之前，需要品牌高管或者内部专业人员先进行深入的实地考察，以确保品牌统一性。相反，若随意选择销售点则很难让品牌水平达到消费者的期望水平，甚至会阻碍品牌的发展。例如，2007年春，拉尔夫·劳伦（Ralph Lauren）被迫以1.55亿美元的价格买回日本的成衣经销许可权。

（六）企业内部高度统一的管理

这些奢侈品品牌企业的内部管理十分严苛。首先，它们都十分强调且重视其核心产品；其次，在核心产品的生产、传播、分销、创新等方面都具有极其严密的管理系统，日常运作十分流畅；最后，其内部工作人员的思想及行为均高度统一，致力于以核心产品的独到之处吸引并迎合客户期待，最终帮助公司获得全方位的竞争力。

核心盈利贸易的基本特点在于品牌拥有其独具特色的核心产品系列，并依靠这些系列中的中等档次的产品赚取利润。而且，品牌会拥有限量的入门级产品以发掘"未来忠实"的新客户。另外，企业坚持以自己工厂工匠的手工打造并对分销实行严格控制以确保产品质量。

第二节　欧洲商业模式

提到欧洲奢侈品行业，人们首先想到的会是法国和意大利的奢侈品品牌。的确，在欧洲商业模式中，法国和意大利的奢侈品企业经营管理方式有着举足轻重的地位。而论行

业，该模式的典型代表则是高级时装行业。本书将通过分别探究法国和意大利的商业模式，来总结欧洲奢侈品品牌商业模式。

一、法国 VS 意大利

（一）法国：从高级定制服装到奢侈品品牌集团

高级定制服装（Haute Couture）或是高端时尚（High Fashion）均起源于法国。20 世纪 50 年代之前，巴黎曾是全球时尚的中心。几乎当时所有的时装屋（Fashion Houses）都把总部设在巴黎。所谓高级定制服装，通俗来讲就是为每位客户量身定做服装；虽然它价格极高，但它同时也有着优质的服务、精致的做工、独具匠心的设计和出色品质的华丽面料。高级服装定制在法国拥有着十分"高贵"的地位，乃至高级定制服装和"时装作品"（Couture Creation）这两个术语都是受法国法律保护的描述。另外，巴黎时装公会（Chambre Syndicale de la Couture Parisienne）作为法国高级定制服装行业的管理机构，也设定了成为高级定制服装企业必须满足的条件。

19 世纪 60 年代，出生于英国的巴黎服装缝制师查尔斯·弗雷德里克·沃斯（Charles Frederick Worth）在巴黎创设了第一家高级定制服装店。它是第一位在自制服装上署名的裁缝，他在自己设计、制作的衣服上署名，就如同它们是艺术作品一般。他每年推出一组新的服装，将变化、创新等要素引入时尚行业中。然而，直到 1900 年，高级定制服装才真正发展起来。1900 年，世界博览会在巴黎举行，当时所有的时装屋都借此平台向国外客户展示产品系列，而购买者则从世界各地奔赴巴黎看展。

但是如今，全球实际上只有约 3000 名的女性负担得起高级定制服装，其中，经常性购买的女性少于 1000 名；而在 20 世纪 50 年代高级定制服装鼎盛的最后 10 年中，这个数字曾为 20000 名。企业从高级定制服装中可获取的利润基本可以忽略不计，有时甚至表现为亏损。然而，时装秀吸引了大量媒体的关注，也为时装企业起到了巨大的宣传作用。高级定制服装，与其说它是一项业务，不如说它是一种传播手段——它为香水、配饰等更广泛且更盈利的业务铺设平台。

像香奈儿（CHANEL）、迪奥（Dior）、爱马仕（Hermès）这样的著名品牌已经受住时间的考验，在今日的时尚界中仍立于不败之地，但许多曾经著名的法国时装屋，如今纷纷倒闭或是已被尘土所掩盖，仅存于过去时代的记忆中，如格蕾丝（Gres）、巴尔曼（Balmain）、帕图（Patou）等。如今，奢侈品品牌集团模式已是大势所趋。搜罗新品牌已成为这些集团的核心业务，它们依靠多元认同（Multiple Identities）来保持增长。事实上，奢侈品企业集团通过收购那些经营困难的品牌，获得了巨大的经济增长。目前，法国模式下的奢侈品企业集团较偏重葡萄酒、香水和化妆品领域。

（二）意大利：从设计师到垂直整合

第二次世界大战后，高端市场的服装仍依靠"量身定做"模式，女性高级成衣服装还处于起步阶段，而终端消费者却在寻找具有功能性、耐用的高品质服装。当时的时尚主要从法国高级定制服装设计师的设计中获得灵感，是上流社会的需要。意大利制造企业的商业模式始于 20 世纪 50 年代，其主要特点是大工厂、规模经济、专业化水平较高（男装、女装）。

1951 年，乔瓦尼·巴蒂斯塔·乔治尼（Gian Battista Giorgini）公爵在佛罗伦萨皮蒂宫中为意大利时装企业组织了一场时装秀。与巴黎时装相比，这些时装企业所展示的服装设计在风格上有很大的创新，于是，"意大利风格"（Italian Look）就在这个充满魔力的白色大厅中诞生了。过去，高级定制服装的发布一般是在 1 月和 7 月，它一般只面向精选的极少数人群在小型的私人沙龙中举行。从那次时装秀起，意大利设计师们开始在 3 月和 10 月发布高级成衣服装系列，虽然它们也面向精选型顾客，但它们的受众范围相对较大，包括媒体、购买者和名人。这使得意大利设计师们迅速取得了成功，美国购买者也对兴起的意大利风格大加赞赏。

20 世纪 90 年代，社会环境发生了巨大的变化：时尚不再被视为一种身份的象征，人们也不再为了品牌徽标而购买产品（配饰除外）。20 世纪 80 年代是"全套装束"的时代，而 20 世纪 90 年代则出现了"混搭"（Mix and Match），即做自己就是时尚。

21 世纪，奢侈品不再与品牌徽标密不可分，它与独特性、创造力和精湛工艺的关联更加紧密。意大利设计师则进入了一个建立在核心业务（包含上游和下游）垂直一体化基础上的新成长周期，同时，他们还以在巨额盈利的领域（如香水和眼镜领域）授权许可的方式，加强了其战略合作关系。

二、欧洲商业模式的特点和风险

法国和意大利各自的商业模式尽管有所不同，但作为欧洲商业模式的典型代表，两者共同构成了欧洲商业模式的基本内涵——以高级定制为品牌的奢华象征，同时也注重设计师与品牌的沟通协作。

对于品牌产品来说，在欧洲商业模式中，奢侈品品牌拥有的各不同领域的产品之间保持了严格的品牌统一性，自上而下，等级划分清晰。如图 5-3 所示，企业采用这样的商业模式，由最初的产品逐步向下开发紧密相关的具有品牌特性的不同类型产品，最终形成了一个金字塔结构。

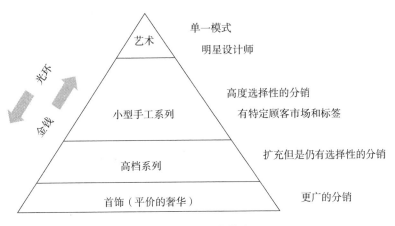

图 5-3　金字塔模式

资料来源：［法］Vincent B.，Jean-Noel K. 奢侈品战略——揭秘世界顶级奢侈品的品牌战略［M］. 谢绮红译. 北京：机械工业出版社，2013.

最顶端的是品牌的顶级产品，这部分产品数目十分稀少，甚至是唯一的，但它们代表了奢侈品品牌最初的理念，是品牌的核心象征所在。接下来是小型手工系列，处于这一层的产品生产地通常由最初的私人小作坊发展而来，产品均为手工制作且具有深厚的品牌底蕴。这些产品会有其特定的顾客市场，品牌也会进行具有高度选择性的分销。再往下则是中高档系列产品，这些产品的分销会进一步扩大，但仍具有选择性。金字塔的底部则是平价产品，处于此层的产品在价格上相对来说属于平价产品，但仍然具有品牌特性，可谓"平价的奢华"。金字塔中的每一层产品都紧密相连，产品所带来的品牌荣耀感和奢华感自上而下递减，相应的价格也会随之降低。

阿玛尼（Armani）是全球顶级时尚服装品牌之一，该品牌旗下有 Armani Collezioni、Emporio Armani、Armani Exchange 等多个系列服装，每一个系列在欧洲商业模式"金字塔"中都有相对应的一层。2005 年以前，阿玛尼商业模式中的金字塔顶端都是空缺的，直至 Armani Prive 系列的发布，才为阿玛尼商业模式塑造了金字塔尖端，成为阿玛尼的顶级产品系列。此外，阿玛尼的产品也越来越多元化，首先由服装延伸至其配套产品（如珠宝首饰、服装配饰、皮饰品等），再进一步延伸至与之相关的其他产品（如香水、皮包、眼镜及化妆品等），直至进入汽车、酒店等行业。阿玛尼的产品系列看似繁杂多样，其实每一个产品系列都具有品牌特性，且各产品领域之间也存在紧密的联系，如所有阿玛尼系列产品都保留阿玛尼的名称以及让顾客充分体验阿玛尼的设计理念。

（一）欧洲商业模式特点

1. 品牌产品等级划分清晰，体系高度分层

奢侈品品牌拥有多个产品系列，这些产品系列分别处于"金字塔"结构中的不同层级，各个产品系列都有自己的目标客群、价格层级和产品的独特性。

2. 各产品系列之间存在品牌的内部一致性

各个产品系列通过保持奢侈品品牌的某个统一特性来维护其内部一致性，如相似的风格和元素、以创立者的名字命名等方式。另外，奢侈品品牌产品系列所传达的象征意义、所代表的个人品位、所彰显的社会地位等方面也是其内部一致性的体现。

（二）欧洲商业模式风险

1. 经济稳定性风险

欧洲商业模式其实对于很多奢侈品品牌来说都有一种诱惑力——品牌可以通过发展多个副线产品而获得高额利润，因为副线产品一般都采用成本较低的工业化生产，但是与核心产品和顶级产品一样，这些产品也被奢侈品品牌的光环笼罩着，因此售价较高。低成本、高售价带给企业的是十分可观的销售额和利润。但是这种诱惑力如果没有得到恰当的处理，很有可能会对企业产生不利影响：由于底层产品很容易给企业带来较高的利润，企业如果大量销售此类产品，形成一种小型产品拥有高销售额和高利润的商业模式。长此以往，会影响到企业的财务状况，对企业的经济稳定性产生消极影响，最终使品牌变得不堪一击。

2. 设计偏离风险

在欧洲商业模式还存在着另一风险，处于金字塔底端的产品系列由于距离顶端核心产品较远，可能会出现产品设计、宣传等方面偏离奢侈品品牌核心理念的情况。虽然这些产

品同样在奢侈品品牌旗下进行出售，但并没有很好地传达品牌价值，反而会破坏品牌价值。另外，金字塔底端的产品系列也可能出现创造性以及优越性的缺失。也就是说，由于品牌设计及管理人员未对底端产品予以足够重视，导致这些产品缺乏创意和作为奢侈品应有的优越性，使得品牌对消费者失去影响力，并且消磨了奢侈品消费者和普通消费者之间应有的距离感。

第三节　美国商业模式

一、美国商业模式的历史

美国奢侈品品牌商业模式与欧洲模式大不相同，由于深受其历史发展的影响，美国商业模式也有其自身的特色，通过美国奢侈品与时尚行业的历史回顾可以深入了解该模式。

（一）美国商业模式的起源

美国服装行业形成于 1800 年，它最初的功能是生产男装。19 世纪下半叶之前，美国还没有高级成衣服装和女性时尚。那时，大多数女性都自己做衣服，少数买得起高级成衣的女性都购买由法国进口的服装。直到 19 世纪末，美国女装行业才开始成长起来。20 世纪 20 年代，三大女性时尚杂志开始出现：《服饰与美容》（Vogue）、《女王》（The Queen）和《时尚芭莎》（Harper's Bazaar）。1892 年，Vogue 杂志首次在美国印刷，直到 20 世纪 20 年代，其最新的时尚信息才开始显著影响着女性对于时尚服饰的渴望。这些时尚杂志大幅地宣传了流行风格与时尚内涵。在这 10 年间，可水洗、免烫的面料被引入美国。

20 世纪 30 年代，合成纤维被研发出来。此前，人们研发的人造纤维都以模拟天然纤维为主。1935 年，杜邦公司（DuPont）成功合成了尼龙。1939 年，这种纤维被运用到丝袜制造中，但第二次世界大战中断了其在时尚界的运用。直到"二战"结束，尼龙才得到广泛的使用。20 世纪 30 年代，大众生产中的技术得到了广泛的提高，这意味着当时更多的女性能够接触到制作精良的服装。

（二）美国商业模式的形成

零售商在美国服装行业的发展中起着特别重要的作用。他们听取巴黎的"建议"来改进产品。如今，大型百货公司和垂直连锁企业仍是美国模式的支柱。他们也反过来教那些久负盛名的欧洲"供应商"如何服务、交付和营销。20 世纪初，出现了能为客户提供高级时尚产品的新零售模式——专卖店（Specialty Store）。同时，纽约的波道夫·古德曼百货（Bergdorf Goodman）、萨克斯第五大道精品百货（Saks Fifth Avenue）和达拉斯的内曼·马库斯百货（Neiman Markus）致力于为顾客提供最时尚的商品和最优质的服务。于是，大型零售企业在大城市中增长、销售较低价格商品的连锁店在其他地方扎根，这成为全国性的现象。

到了 20 世纪 20 年代，每个大城市都有了百货公司和专卖店，高级成衣服装也都出现在产品目录上。服装行业和大型百货公司依然只是靠巴黎寻求灵感购买者，或者服装企业家每年参加两次高级定制服装秀，再把这些获取的灵感融入大众化服装产品之中。"巴黎灵感"（Paris Inspired）成为推广这些令人心驰神往的服饰的关键。

直到"二战"后，美国的设计师们才开始登上时尚奢侈品舞台。罗德泰勒百货公司（Lord & Taylor）总裁桃乐茜·谢弗（Dorothy Shaver）开了先河，在她的百货公司中推广美国设计师——伊丽莎白·豪斯（Elizabeth Hawes）、克莱尔·波特（Clare Potter）、维拉·麦克斯韦（Vera Maxwell），以及被许多人看作第一位真正意义上的运动装设计师——克莱尔·麦卡德尔（Clair McCardle）。20世纪60年代，卓越的美国设计师队伍逐渐发展壮大，如今，他们在全球时尚市场上与欧洲设计师相抗衡。

终于，休闲服的发明和高级营销管理的出现使美国模式拥有了欧洲竞争对手难以复制的竞争优势（尤其是在大众市场中），从而得以进入国际市场。

（三）美国商业模式的发展

"二战"后的"婴儿潮"带来了7000多万名生于20世纪60年代的青少年。那时的年轻人不仅叛逆，他们还创造并热切推广"反文化"（Counter-Culture），令其无所不在。那些在年轻市场中提供符合年轻人兴趣（时尚、舞厅、地下杂志，以及首当其冲的音乐）货品的年轻人迅速富裕起来。当时的美国成为引领时尚的"新中心"；年轻人探索印度嬉皮士发起了"花儿运动"（Flower Power Movement）；喇叭裤和做旧天鹅绒上衣成为当时"必备"（Must-Have）的时尚单品。

20世纪60年代被人们看作充满青春反叛的时期，20世纪70年代则被视作强烈动荡的时期，那时多种文化与亚文化开始对外传播。一切都变得皆有可能，时尚不再受任何规则的限制。20世纪70年代是牛仔风格，如卡尔文·克莱恩（Calvin Klein）、中性化潮流（Unisex Trend）、华丽摇滚风（Glam-rock）的时代。正是在这个时期，人们开始怀疑"什么是'美'？"20世纪80年代，嘻哈、说唱和霹雳舞等崭露头角。从时尚的视角来看，这些元素对当时的时尚具有相当的影响力（泽林，1999）。

二、美国商业模式的主导者

在美国服装市场中主要存在着两类"大玩家"：零售商和市场营销商。

（一）零售商

零售商曾是服装制造商的主要客户，他们现在正成为服装制造商的竞争对手。由于竞争渐渐以价格为导向，零售商们逐渐转向进口。现在，零售商自有品牌产品销售、零售商特别版产品销售和零售商店铺的独家销售占美国零售业务中的很大一部分。

1969年，盖普公司（Gap）于旧金山成立，它是唐纳德·费希尔（Donald Fisher）努力的成果。最初它只是个出售多种尺寸牛仔裤的专卖店，从最初的一家店发展成连锁企业，先是在加州，而后遍布整个美国。1974年起，盖普公司引入了除牛仔裤以外的其他类型产品。1976年，盖普公司在证券交易所上市。1983年，当盖普公司在美国拥有了550家专卖店时，它收购了专营旅行服装的连锁品牌——香蕉共和国（Banana Republic）。1985年，盖普公司决定进军儿童市场，于是企业开发了新的生产线，并在隔年开设了第一家盖普品牌童装店（Gap Kid's Store）。1987年，盖普公司在伦敦开设了第一家店铺，这是其国际化发展的开端。1992年，盖普集团创立了一个家庭服装产品线——老海军品牌（Old Navy Clothing），它的价位要比其他产品线低。盖普公司现有员工5万人，公司属于垂直一体化结构。企业直接参与了从产品研发到销售点视觉营销的整条供应链的各个阶段，品牌的零售网络也由企业全资所有。盖普集团有效地细分了休闲服务供应，其产品线主要有五个：盖普（Gap）、盖普童装（Gap Kids）、香蕉共和国（Banana Republic）、老海军（Old Navy）和盖普国际（Gap International）。香蕉共和国品牌能够满足那些追求带有卓越品质和精致形象产品的客户，而老海军品牌则提供款式流行的低价产品。盖普品牌在美国被看作"社会护照"（Social Passport），因为从儿童到成人，每个人都至少拥有一件盖普品牌产品。盖普品牌产品风格被定义为"现代美国经典"，该品牌崇尚"休闲"的价值、风格和乐趣。

（二）市场营销商

市场营销商在服装市场中也很活跃，如丽兹·克莱本（Liz Claiborne）、唐纳·凯伦（Donna Karan）、拉尔夫·劳伦（Ralph Lauren）、汤米·希尔费格（Tommy Hilfiger）和耐克（Nike）。当他们这些市场营销商在强化其在服装产业链中高附加值的营销和零售部门的活动时，它们将自己大部分的采购移至海外。创意曾经是最重要的部分，而现在营销才能保证品牌的成功。美国设计师最先明白了这个道理，于是他们成了营销巨人，赚取了巨额利润。

在设计师卡尔文·克莱恩（Calvin Klein）获得了一定名望后，他便将自己的重心转化为低成本高利润的产品，如牛仔裤、内衣和香水。其成功很大程度上来源于该品牌的广告活动，它们一直对产品销售起着最重要的作用。1979年，波姬·小丝（Brooke Shields）在其担任主角的卡尔文·克莱恩品牌广告中宣称："我与我的卡尔文品牌产品密不可分"，这是该品牌首次将显著而丰富的感官感受融入时尚推广当中，这种宣传有效地提升了卡尔文·克莱恩品牌牛仔裤的销售。自此，卡尔文·克莱恩品牌的广告一直保持着性感、前沿、饱受争议的风格。1985年，该品牌推出的"迷恋"（Obsession）系列香水广告改变了整个行业的香水营销策略，它提出了"无性别"（Unisex）的概念，并在广告中使用"气味"（Smell）这个词来代替之前使用的"芳香"（Aroma）、"香气"（Scent）。这一系列香水推动了各新细分市场的诞生，即男女皆宜的"无性别"市场。

卡尔文·克莱恩品牌是时尚界中率先实现全球化的品牌，该品牌已遍布美洲、亚洲和欧洲。随后，设计师卡尔文·克莱恩还开发出时装、香水、化妆品、配饰和家居产品。然而，由于长期面向大众市场而造成了品牌的过度淡化，同时也导致品牌价值被大打折扣，以致该品牌难以在高端欧洲市场中销售。2002年，卡尔文·克莱恩品牌被PVH（Phillip-Van Heusen）企业（该企业也是卡尔文·克莱恩品牌男士衬衫的被授权方）以最初价格的50%收购。从此，该品牌就开始将重心转移到已获成功的牛仔裤、内衣和香水等国际业务上。

三、美国商业模式的特点

美国人购物更看重产品风格，而非产品生产模式。产品原产地的概念如今已被品牌所属地所取代。不同于欧洲商业模式中"金字塔"式的自上而下相互关联的品牌延伸路径，美国商业模式存在一个中心，这个中心就是该奢侈品品牌的品牌精神，所有的产品系列都围绕着这个中心点进行，尽管这些产品可能分属于完全不同的领域，但都与该中心点存在着某种一致性。各个产品系列和这个中心点的关系就像星系一样，所有的星球都围绕着一个中心而存在。所以，就像每个星球的地位都是平等的一样，美国商业模式中，每个产品系列也是平等的，不像欧洲商业模式中产品存在等级差异。它的特点如下：

（一）民主化

美国服装行业注重以大众可接受的价格（或者说物有所值）来满足多种穿着场合需求，由于美国是现代民主的发源地，人们很重视民主或者人民的满意度，而服装行业也不能避免这一点。所以，奢侈产品的设计和生产更注重生活中各个情景下的实用性，而价格也不会像欧洲奢侈品品牌那样高昂。

（二）大众化

大众化是指奢侈品品牌与"大众化"（Mass）概念的紧密联系，如大众生产、大众消费、大众营销、大众传媒等。这是因为美国在地理上的分隔和历史上贵族传统的缺失，再加上美国的"大熔炉"情况，美国的奢侈品品牌在生产、传播、营销等方面都更加注重大众以及规模化的方式。

（三）美国化

美国化是指美国商业模式深受"美国梦"的影响，就像美国人热衷于通过好莱坞电影和迪士尼动画等媒介将其产品、文化传播到世界各地以实现文化传播一样。总的来说，"美国制造"服装的特点是：产品属于美国大众，也属于世界大众，其功能性十分重要。

第四节 奢侈品品牌服务商业模式

一、服务的管理机制

现在，人们购买奢侈品品牌产品不仅是因为产品本身带来的满足感，在一定程度上也是因为奢侈品品牌所提供的服务。比如雷克萨斯（Lexus）在美国将其部分经销点改成一个高级沙龙，为顾客提供了前所未有的服务体验：当顾客需要车检时，会有专业人员上门取车；汽车如有故障，公司会为顾客提供备用车辆；汽修人员与顾客一对一联系，以提供个性化服务。这些都是奢侈品品牌生产的产品本身所提供的附加服务。而我们这里要讲的奢侈品品牌服务商业模式是指奢侈品品牌自身作为服务行业所采用的商业模式，比如酒店、餐厅、航空运输、游艇等服务业。

针对奢侈品品牌服务，根据服务类型的不同，分为以下两种管理机制：

(一) 提供共同服务的管理机制

提供共同服务是指奢侈品品牌同时对不同层次的顾客提供服务，虽然所提供的服务可能也不尽相同。因此，交通方式（如航空飞机）适合采用此种管理机制。比如顾客乘坐同一架飞机，虽然都能同时到达同一个目的地，但是顾客在头等舱与经济舱所享受到的服务千差万别。航空公司也会采用一些方法实现顾客对区分度的要求，并满足顾客的一定的炫耀心理，如头等舱顾客登机时会被带领经过其他乘客。这种管理机制的一个典型例子就是阿提哈德航空。

阿提哈德航空公司是阿拉伯联合酋长国（以下简称"阿联酋"）的国家航空公司，于 2003 年 11 月开始商业运营，虽然是一家很年轻的航空公司，但它已经是阿联酋第二大航空公司，中东第四大航空公司。该航空公司荣获最高 SKYTRAX 五星评级，连续 8 年荣膺"全球最佳航空公司"奖；在"酷乐志之选 2016 年度盘点"中，也因其 360°的豪气空间，而被评为"海外年度航空品牌"。在这些光环之下，是阿提哈德航空高端舱位优越的软硬件设施结合，帮助乘客将飞行时间变成享受。自成立之日起，阿提哈德航空公司便坚定其核心价值观——做最高端的航空品牌，这也是该公司的取胜之道。该公司的三个明星级高端舱位（商务舱、公寓头等舱、空中官邸）具有以下三个特点：

1. 研发、创新软硬件设置

阿提哈德航空不仅使用空客 A380 和波音 787 梦幻客机这些具备大空间的"豪气"机型，为进一步提升高端旅行体验的奢华程度，还全新制定客舱设计思路，因此其客机中具有如五星级酒店般的三室套间、私人浴室、空中酒廊等。为了更好地研发和创新，阿提哈德航空于 2014 年在阿布扎比成立了世界级创新中心；另外，公司还与英国三家领先设计机构合作，为空客 A380 开创了一系列的全新设计方案。

2. 私人定制般的礼遇

首先，阿提哈德航空高端舱位的机组服务人员，他们均毕业于顶级服务培训学院，能给顾客带来全方位的舒适服务；其次，空中官邸舱拥有"空中管家"，均在伦敦萨伏伊酒店接受过培训，并经过英国管家专业培训认证；最后，拥有丰富的世界酒店及餐厅工作经验的食宿专家。他们将为商务舱乘客介绍菜单，并从精品酒单中推荐完美的佐餐酒。

3. 贴心的细节之处

阿提哈德航空在阿布扎比的头等舱水疗休息室即使在遍地土豪的中东地区，也获得过"中东最佳机场休息室"等奖项。另外，与设计公司联合推出的洗漱包以及儿童活动包也充分体现了阿提哈德航空的贴心服务。而对于同一架飞机上的经济舱乘客，阿提哈德航空的服务也屡受嘉奖：拥有经济舱中最宽敞的座位；为儿童提供"空中保姆"服务；机上的所有 WiFi 用户共享宽带及娱乐设施等。

阿提哈德航空发布的财报称，2016 年该公司创收 83.6 亿美元，航空核心业务的客运收入保持稳定，达 49 亿美元，同时以 79%的上座率创下了 1850 万人次的客运量历史新高。

(二) 提供单独服务的管理机制

与公共服务相对的则是单独服务，单独服务是指奢侈酒店、特殊专列以及私人飞机等。

与阿提哈德航空等航空公司提供的公共服务不同，提供私人包机服务的公司更侧重的是提供单独的服务。艾尔环球公司（Air Charter Service，ACS）为私人提供高端的包机服务，其中包括了高端商务及休闲度假私人飞机、可实现点对点飞行的直升机以及适宜短途飞行的"空中的士"等，消费者可从中选择自己最中意的方式享受旅程。公司拥有超过50000架飞机，共130种不同机种可供选择，飞机航线覆盖全球。私人航站楼服务可以有效避免排队和不必要的延误；旅客甚至可以在起飞前几分钟登机。而且一对一服务的包机专家能为旅客提供24小时服务，不论是安排餐饮还是处理出发前的临时变更，都能协助完成。另外，对于需要国际联程或者往返多地的旅客，公司可提供多个商务航班，为其量身定制日程安排，做到无缝对接。艾尔环球公司提供的各项私人服务为旅客提供了豪华而又舒适的包机体验。艾尔环球公司于2018年1月31日（财政年度终止日期）透露本公司年收入为6.77亿美元（4.77亿英镑），同比增长39%。可见，其包机服务也为该公司带来了可观的收益。

二、奢侈品品牌服务商业模式的特点

相比前文所提及的三种商业模式，奢侈品服务业的成本高且高度集中，因此需要更大的销量及利润来平衡成本以实现长期发展。所以奢侈品品牌服务商业模式所采取的价格策略也比较特别，采用了产量管理型价格策略，即根据产量及销量（供求量）来调整价格。

另外，其价格也会根据客户的分类进行调整。比如一个高级俱乐部，人们都会支付一定的费用来加入俱乐部，成为俱乐部的成员，不仅可以行使其作为俱乐部会员的各项权利，享受俱乐部提供的服务，更能彰显其高贵的身份，获得社会荣耀感。然而对于部分客人，如明星、知名学者、名校毕业生等，俱乐部则会提供特殊的优惠价格，因为他们的身份足以让俱乐部的其他会员接受其支付较低的会费加入其中。

奢侈品意味着有限、稀少，所以并不会以低价进行促销。所以奢侈品品牌产品存在低价的另一可能性即是将产品作为特别礼物或者私人礼物专门送给某些特定的人物。与上文提到的以较低会费加入俱乐部相似，这类人物可能是奢侈品品牌的尊贵顾客，也可能是某行业中的佼佼者。

三、奢侈品品牌服务创新

服务创新是服务业最重要的战略工具之一，而酒店业是客户服务领域的冠军，引领服务业的创新（卢晓，Phan，2012）。巴黎雅典娜广场酒店（Hotel Plaza Athénée Paris）就是一个极具启发性的案例（Phan，2007），该酒店自1911年开业以来，便以其服务的持续不断且卓见成效的创新受到了全球服务行业和消费者的充分关注和高度肯定。巴黎雅典娜广场酒店的服务创新，不仅数量在持续增长、强度在持续加强，而且其创新涉及酒店的多个部门，包括客房部、礼宾部、行政部及公关部等。例如，酒店为宾客提供两种不同风格的擦鞋服务（常规和Berluti风格）；6种不同材质的枕头供宾客选择；客房自带的小酒吧就可提供80种产品等。可见，巴黎雅典娜广场酒店将其创新融入了日常运营当中，具体来说，其成功之处有以下几点：

(一) 将创新作为企业核心价值观根植于企业文化

家庭、创新、慷慨、热情和服务是巴黎雅典娜广场酒店的五个核心价值观。通过将创新加入其核心价值观，大力加强酒店各部门各级别工作人员中对创新的重视程度，激发创新、鼓励创新、落实创新，最终形成其创新战略，为企业服务。

早在 1930 年，雅典娜广场酒店就在其酒店中开设了艺术装饰（Art Déco）风格餐厅，该风格餐厅在当时开创了一个全新的餐厅潮流风格，风靡全球，餐厅也被酒店保留至今。2002 年，酒店的英式酒吧被烧毁，酒店并未采用常规思维来重建英式酒吧，而是重新打造了一个最具时代特色的当代风格酒吧。这一战略性创新不仅使得酒店面目焕然一新，也改变了雅典娜广场酒店的形象。

酒店与外部商业伙伴的合作也体现了其独特的创新战略：酒店会为与其建立了战略合作伙伴关系的企业颁发证书，尊其为"享有崇高声誉的合作伙伴"，这能让合作伙伴的声誉大增并获得更多的客户；而酒店也对其合作伙伴所提供的服务有着严格的要求，这就保证了入住酒店的宾客能享受到无瑕疵的舒适体验。比如酒店与玛莎拉蒂（Maserati）建立合作伙伴关系之后，所有预订总统套房和艾菲尔套房的客人都可以在入住期间随意使用一辆玛莎拉蒂跑车。

(二) 酒店高级管理人员具备超强的执行力和对员工的有效管理

高管人员的超强执行能力能够使其有效利用有限的资源、贯彻创新战略的实施、达到预期目标，是把企业战略转化为效益的关键因素。创新的想法产生之后，如果没有及时形成较为完整的提案，并由高管去落实、执行该创新方案，那么相当于没有创新。因此，高管人员的执行能力对于创新来说也相当重要。

雅典娜广场酒店的高级管理团队包括总经理、酒店经理、副经理和各部门主管，他们虽然都具有各自的领导风格，但相互之间的配合都十分默契。酒店高管人员也都保持着平易近人、尊重员工、热爱工作的个人魅力，高管也会重视倾听员工的声音，并落实员工的合理意见及建议，这样就比较容易获得员工的尊敬和信任。因此，雅典娜广场酒店的员工流失率为 30%，大大低于法国这一行业平均员工流失率（50%）。酒店业的员工稳定性较低是由于很多员工很容易对其繁杂且重复的工作产生疲倦感，而雅典娜广场酒店却可以较好地留住员工，很大程度上就是因为其高管人员对于员工的适当管理及其个人魅力。

(三) 鼓励创新的企业组织结构

Martins 和 Terblanche 指出，内部适应的结构是服务创新成功的决定因素。为了创新流程的推广、执行和融入，雅典娜广场酒店在其日常组织结构中建立了独特的创新部门，包括"创意工作室"和"创新发展小组"两个部门。

创意工作室是酒店为跨部门创新设立的，鼓励各部门员工自由地发表自己的看法，提出新的想法和建议，然后经过共同讨论，形成成熟的创新项目，最后提交给管理层进行进一步的审批。创新发展小组则是由酒店各个部门的经理负责人组成，其职责是帮助创新想法的提供者把初步想法转化成实际的提案，以便获得管理层的支持，同时帮助发展企业外部伙伴关系，如兰蔻公司、Creapole 公司、品位营销学院等。只要创新提案获得了高管的认同和支持，该创新提案的提出者则将成为该项目的"负责人"，不论该员工处于哪一个部门或者员工等级的高低。这两个部门的建立构建了一个系统的服务创新保障机制，这不仅让其内部组织架构更加完善，也使得酒店内部的创新流程更加规范化。

（四）直接且开放的沟通渠道

Martins 和 Terblanche 认为，公开沟通是服务创新成功的决定因素之一，公开沟通可以使服务创新想法从企业各个方向涌现出来，特别是声音从底层向上层的传递是通畅的。据学者对酒店员工的访谈调查，酒店员工之间不分等级高低，大家相互认识，且管理人员或者经理们对于本部门或其他部门的员工都十分亲近，经常与其交谈，这不仅拉近了员工之间的距离，也为员工的创意想法提供了直接的沟通和汇报渠道。另外，雅典娜广场酒店还采用了"进度卡"系统，即当员工在工作中遇到任何问题、对工作或者酒店服务部门有任何意见或建议都可以通过填写"进度卡"反映至上层，这也为员工的创意提供了有效的实现渠道。

第五节 "奢侈品品牌+高科技" 商业模式

一、奢侈品品牌产品智能化

高科技行业和奢侈品行业从本质上来说其实是相互矛盾、难以共存的。高科技行业以"新"为核心，持续的全新的技术进步是高科技行业所追求的，其市场处于不断变化和更新的进程中；而奢侈品行业则是针对稳定并长久的市场。所谓"时尚就是一场轮回"，多年前的设计元素现如今又流行了起来，而这种情况在高科技市场中绝对不会出现。如今科技的发展速度日新月异，几年前的手机、电脑等科技产品放至今日毫无使用价值。此外，高科技产品的创新并不完全依靠人的创造能力，更大程度上取决于当时的客观技术；而奢侈品行业的许多创新都是由设计师最新提出的设计理念或者为产品引入新的材料、采用新的元素等方式实现的。因此，高科技市场中奢侈品品牌的商业模式与普通的奢侈品品牌商业模式存在着较大的差异，技术越新，两者间存在的差异越大。但是如今，随着科技的发展，科技与奢侈的概念越来越靠近，"奢侈品品牌+高科技"商业模式已经屡见不鲜。

2015 年，主攻饰品的施华洛世奇（Swarovski）曾推出了首个可穿戴设备系列，该系列包括手表表带、手镯及项链吊坠产品，与此同时，施华洛世奇的相关 App 也同步上线。与大多数可穿戴设备一样，施华洛世奇的可穿戴设备产品将可以追踪穿戴者的路线轨迹、运动消耗以及睡眠数据，感应芯片将植入施华洛世奇水晶中进行追踪。

美国最大奢侈品公司之一的拉尔夫·劳伦（Ralph Lauren）集团也走在科技的前沿。该公司曾推出过一款智能 Polo 衬衫，大胆地将智能体感检测与传统衬衫相结合，自动同步获取使用者的心率、呼吸频率和卡路里消耗情况，并通过衬衫上蓝牙模块的 PIN 码将数据自动同步到使用者的手机或平板电脑里。数据的同步实现了运动消耗的监督。2016 年，该公司再度加速科技与服饰零售的融合，在其位于曼哈顿纽约第五大道旗舰店推出智能互动试衣间。

该试衣间由科技初创公司 OakLabs 建立。据称智能试衣镜的镜子带有识别技术，可以识别消费者带进试衣间的服装标签上的 RFID 芯片。消费者则可以自由选择试镜光线和场景，如在"白日第五大道""夜晚 Polo 吧"等不同光线下查看试穿服装的效果。如果消费者对产品满意可以直接购买，若不满意想要试穿其他不同尺寸和颜色的款式，也可以通过试衣镜的触摸屏选择，而销售人员会被提醒将需要的服装送进试衣间。若消费者仍犹豫不决，可通过短信的方式将产品链接发送到自己的手机，以待日后决定。另外，该智能互动试衣间会多种语言自动翻译，包括西班牙语、葡萄牙语、中国普通话、日语、意大利语。

OakLabs 表示，智能试衣镜会采集数据，并对试衣时间、购买转化率等进行记录，同时跟踪 SKU 数据，并将上述数据反馈给销售团队以做出具体反应。科技的应用让线上的便捷和线下的体验相结合，在给消费者提供便利和购物乐趣的同时，也提高了奢侈品品牌的效益。

这些"高科技+奢侈品品牌"产品的出现给奢侈品品牌和科技公司的"联姻"创造了巨大的商机。对于奢侈品品牌来说，推出带有高科技功能的奢侈品是为了迎合客户的需求。而科技公司也不希望自己的产品只被定义为了使用科技功能而不得不携带的"负担"，其更应该是与服装、手包、配饰等完美地结合在一起，成为市场潮流的一个核心部分，这样可以更好地拓展产品的使用场景，进而扩大市场空间。

两者不谋而合，奢侈品希望通过工具化巩固使用率，科技产品希望通过时尚化加强用户黏性，当二者碰撞在一起，所产生的化学反应很可能是新的一轮跨界融合。到时候，奢侈品占据品牌优势，科技品占据技术优势，与其双方混战，不如合作共赢。

二、"奢侈品品牌+高科技"商业模式特点

"奢侈品品牌+高科技"的本质实际上就是创新，是对于新时代新趋势的一种积极应对，以求更好的发展。这种商业模式具有以下特点：

（一）全渠道交融时代到来，线上、线下相互连通

过去的奢侈品品牌运营中，有零售店、精品店、线上的销售、社交媒体的销售，但不同媒介与不同渠道相互隔离。如今，各个不同的渠道逐渐呈现出相互交叉、相互连通的趋势，客户在考虑购买奢侈品时，线上、线下的所有资源与渠道都可同时利用。

（二）进入体验消费时代，体验产品也是体验品牌魅力

客户不只是体验产品，而是体验整个品牌的魅力。一些品牌将全息投影、虚拟现实等高科技手段融入客户的体验过程，如迪奥（Dior）便推出了一款名叫 Dior Eye 的 VR 头盔，使用户在体验中深入了解品牌。佩戴这款头盔可使用户"亲临"时装秀后台，近距离围观造型师与模特的工作。对于品牌来说，这种体验式的服务成本十分高昂，品牌需要考虑如何将这种设施产生现金价值，从而使得这样一个体验中心成为利润中心。

（三）平衡传统与创新

奢侈品品牌大都有百年历史，正因如此，它们才有如今的地位。但在日新月异的今天，单纯依靠传统方式无法吸引到年轻人。因此，奢侈品品牌一方面要考虑传承过去的价

值观，另一方面也要跟上时代的步伐，这也是他们所面临的一个现实问题，这就需要奢侈品品牌做出正确应对。

2017 年春天，路易威登（Louis Vuitton）与美国滑板品牌 Supreme 合作。这一年轻有活力的滑板品牌虽在表面上与路易威登格格不入，但在过去十年，路易威登也不断将现代艺术家的街头艺术的元素融入产品设计当中。由此，要实现品牌在新时代的赋能并继续立足于潮流尖端，新鲜的血液与元素是必要的。

然而，尽管产品在设计上富有朝气，但其运作方式依旧遵循路易威登的传统。比如行李箱的定价为 7000 欧元，产品生产的流程、品质甚至摆放的位置，依旧使用路易威登的方式。这就是路易威登将传统方式与现代产品相结合的原则和方法。

第六章
奢侈品品牌消费者行为 ···

第一节 消费群体及其特征

一、奢侈品品牌消费群体的界定

奢侈品品牌消费者事实上可以是富人，但也可以是每一个人。凯捷咨询（Capgemini）2017 年 9 月的年度报告中显示，2016 年全球百万富翁的资产总额增幅达到创纪录的 8%，总额达到 63.5 万亿美元。全球最富有人口在全球财富中正在占有越来越多的份额。美国是百万富翁人数最多的地区，超过 700 万人的资产超过 100 万美元[①]。中国是百万富翁人数第二多的国家，第三名是日本。但是，并不是只有成为百万富翁甚至亿万富翁才能买一件奢侈品品牌产品，任何一个有购买力和购买欲望的女性都可以买得起一瓶香奈儿（CHANEL）的香水或者一只手提袋。

因此，在奢侈品消费领域，我们对于非常富有社会层级的界定与研究仅限于高级珠宝或者顶级跑车类奢侈品，而无法反映奢侈品品牌消费者的整体特征。实际上，每一个人都是奢侈品品牌产品的消费者或潜在消费者。

二、奢侈品品牌消费群体的特征

虽然每一个人都是奢侈品品牌消费者或潜在消费者，然而在奢侈品品牌消费群体之间，也是存在各种差异的。这种差异正是奢侈品品牌消费群体特征的体现。本小节介绍了在个人财富、个人地位及价值追求方面，不同的奢侈品消费者所表现出的不同特征。

（一）在个人财富和地位方面

Young Jee Han、Joseph C. Nunes 和 Xavier Drèze（2010）利用个人财富和个人地位对奢侈品消费者进行了划分。通过对这两个特征的区分，把奢侈品消费者分为四类，即贵族（Patrician）、新贵（Parvenu）、虚荣者（Poseur）和无产者（Proletarian）。他们的财富、

---

① 凯捷咨询 . 2017 年全球财富报告［R］. 2017.

社会地位不同，产生的消费动机也不同，对于是否希望利用奢侈品区分自身和其他消费者的态度也不相同。

（1）贵族。掌握大量财富，能够使不知名品牌的产品得到其他贵族的认可，实现品牌溢价的人群。他们会使用一些精巧的身份标识，而且是只有贵族才能读懂的标识。

（2）新贵。也被称为"暴发户"，是指在短时间内拥有大量财富的人，但他们不懂那些贵族精巧的身份标识。他们希望凸显富裕，渴望身份和地位的认同，希望把自己与穷人区分开来的同时与其他富人联系起来。比如，新贵们更喜欢路易威登（Louis Vuitton）清晰的品牌标志，而难以领会爱马仕（Hermès）或者江诗丹顿（Vacheron Constantin）这些精巧的标识背后所代表的内涵。

（3）虚荣者。同新贵一样，也非常乐于为了彰显身份而消费。购买奢侈品对虚荣者来说不是一件轻松的事，但他们想让别人认为他们拥有足够多的财产，因此可以轻松地负担起奢侈品。虚荣者通常会用低价的仿制的奢侈品来代替真品。

（4）无产者。他们不是富有的消费者，没有强烈的身份意识，不会为了让人把自己与富有群体联系起来而去购买奢侈品，也不寻求将自己与穷人区别开来。他们对于奢侈品的态度是既不热衷也不摒弃。

通过以上划分，可以清楚地看到，在个人财富和地位方面奢侈品消费群体之间存在差异，这也体现了四类人群的奢侈品消费特征。

（二）在价值追求方面

与非奢侈品消费者相比，奢侈品消费群体的明显特征是其拥有特殊的价值追求，这也是他们在购物动机和消费心理上的特质。对消费者进行奢侈品价值感知方面的细分，有助于我们更好地了解消费者心理以及他们对奢侈品的理解，方便企业制定相应的营销战略。

2004年，Vigneron和Johnson提出了奢侈品品牌的五个维度，即感知炫耀、感知独特、感知自我延伸、感知享乐主义及感知质量[①]，并对西方奢侈品消费动机理论研究进行了总结。此时，奢侈品消费行为研究的系统框架已经成型，这一框架也被学术界称为奢侈品消费动机的二维模型。

在此基础上，K. P. Wiedmann、N. Hennigs和A. Siebels（2009）又提出以财务价值（Financial Value）、功能价值（Function Value）、个人价值（Individual Value）和社会价值（Social Value）作为衡量标准来对消费者进行细分。通过这四个维度，研究者把消费者分成了四类：物质主义者（Materialists）、理性的功能主义者（Rational Functionalists）、过分的威望追求者（Extravagant Prestige - Seekers），以及内向的享乐主义者（Introvert Hedonists）。因此，我们也可以总结出奢侈品消费群体的四个特质。

（1）物质主义者。看重奢侈品的实用性和自身的物质主义价值，忽视奢侈品的质量和对于自我的认知。他们希望可以获得更多的奢侈品，并坚信如果可以获得他们没有的产品，那么他们的生活会更美好。因此，他们坚定地支持奢侈品消费。

（2）理性的功能主义者。最看重产品的质量，对自我的认知很明确而且看重产品的独特性。购买奢侈品并不能给他们带来情感上的愉悦，反而超高的质量和区别其他产品的特

---

① Frank V., Lester W. J. Measuring Perceptions of Brand Luxury [J]. Journal of Brand Management, 2004, 11 (6): 484-506.

性是他们购买奢侈品的理由。

（3）过分的威望追求者。十分看重奢侈品的社会价值，追求社会威望，别人的印象是他们评价产品的重要参考。因此，在购买之前，了解品牌是他们必须要完成的功课。他们认为，进行奢侈品消费会提高生活质量并带来购物的愉悦感，获取别人的羡慕与认同是他们的最大动力。这一群体是所有研究样本中占比例最高的群体。

（4）内向的享乐主义者。把购买奢侈品看成是对自我的奖励和对生活的充实。他们认为奢侈品应该具有排他性，只应该有少数的人群拥有。当一个奢侈品品牌开始被大众消费者争相购买时，他们就会放弃这个品牌，转移到更为高端、其他消费者很难触及的品牌。这一群体是样本中占比率最少的群体。

第二节　消费者购买决策过程

消费者决策是消费者行为的核心部分。通常情况下，消费者对许多类型的购买行为都要做出决策。比如，在购买之前，就要确定买什么商品、买哪种牌子的、买多少、到哪里去买等问题。在购买过程中，要选择品牌、衡量价格水平、确定购买型号等。在购买之后还会体会到某种程度的满意或不满意，从而影响到以后的购买行为，比如是否回购、是否要推荐给身边的家人和朋友，消费者在购买产品或服务过程中所经历的以上步骤就是消费者的购买决策过程。

从营销实践角度而言，了解消费者购买决策过程，有助于企业进行有效的市场细分、市场定位以及制定明确的营销战略组合。本节将阐述消费者购买决策的定义、特点以及消费者购买决策过程。

一、消费者购买决策的概念

决策是指从思维到做出决定的过程。一般可以解释为，人们为达到预定目标，通过充分思考或推理来对可能采取的方案做出合理选择的过程。消费者决策（Consumer Decision）是指消费者谨慎地评价某一产品、品牌或服务的属性，并进行理性选择，即用最少的成本购买能满足某一特定需要的产品的过程，具有理性化、功能化的双重内涵[①]。

通常，消费者都以此方式做出决策，但也有许多消费者在做购买决策时并未做出多少有意识的努力。有的消费者在决策时甚至并不注重产品属性，而是更多地关注购买或使用时的感受、情绪和环境。此时，选择某个品牌并非由于其独特的属性（价格、样式、功能、特点），而仅仅是因为"它使我感觉良好"或"我的朋友们会喜欢它"。

消费者购买决策过程模型可以阐释受情感、环境或产品属性驱使而做出的购买决策和消费行为。奢侈品企业想要更好地满足消费者的需求和提高企业市场营销工作效果，要先研究与之相关的消费者购买决策模式。

---

① 德尔·I. 霍金斯，戴维·L. 马瑟斯博. 消费者行为学（第11版）[M]. 符国群，吴振阳等译. 北京：机械工业出版社，2011.

国内外许多学者、专家对消费者购买决策模式进行了大量的研究，目前学术界认可的五种模式包括：消费者购买决策的一般模式、科特勒行为选择模型、尼科西亚模式、恩格尔模式、霍华德—谢思模式等。本书以一般模式为重点分析，并介绍了其他几种当今世界较为流行的消费者购买决策模式。

二、消费者购买决策过程

消费者购买决策过程是指消费者在购买产品或服务过程中所经历的步骤。一般包括五个步骤：问题认知、信息搜寻、方案评价、购买决策、购后评价。这五个步骤代表了消费者从认识需求到评估该购买的总体过程。需要说明的是，并不是说消费者的所有决策都会依次序经历这个过程的所有步骤，有些情况下，消费者可能会颠倒甚至跳过某些步骤。

(一) 问题认知

当消费者认识到现有状态与期望状态之间有某种差异，问题认知就发生了。问题认知是消费者感到某些不足而产生需求及对需求的确认。消费者可能会产生各种各样的需求，人的需求也是无止境的，消费者永远处在"需求—满足—需求"的非平衡状态中。这种需求可能是由内在的生理或心理活动引起的，可能是受到外界的某种刺激引起的，也可能是由内外两方面因素共同引起的。当人们很难获取某种产品时，对这种产品的欲望就会被激发。鉴于奢侈品具有传达社会地位信号的功能，因此奢侈品显然不是轻易就可以拥有的产品，再加上奢侈品营销策略对人们欲望的刺激，就形成了对奢侈品购买的驱动力。

美国著名心理学家亚伯拉罕·马斯洛（Abraham Harold Maslow）于 1943 年出版《人类动机的理论》一书，在该书中需求层次论首次被提出。亚伯拉罕·马斯洛认为，任何人都潜藏着五种不同层次的需求，包括生理需求、安全需求、归属需求、尊重需求以及自我实现需求。这五种需求层次是由低到高的，在不同时期不同人表现出来的各种需求的迫切程度是不同的。只有人最迫切的需求才是激励人行动的主要原因和动力。低层次的需求基本得到满足后，它的激励作用就会降低，高层次需求会取代它成为推动行为的原因，如图 6-1 所示。

可以看出，处在人类最底层也是最基本的需求是生理需求，只有拥有足够的维系生命的水和食物之后，人们才会对安全有所期许，此时人们转而希望通过安定的住所、良好的秩序环境获得更多的身体安全保障。在中国近代史中，我们可以看到，直到 20 世纪 80 年代，大部分消费者才从生理与安全这两层基本需求中跳出，开始在更高层次的需求的驱使下实现消费行动。也是从那时起，以归属、尊重及自我实现需求为驱动力的中国奢侈品消费开始崭露头角。

对于奢侈品消费的需求从生理和安全需求得到满足的那一刻便产生了。为了满足归属需求，人们购买高档服装突出时尚品位，穿戴奢华珠宝展示个人魅力，出入豪华俱乐部结识志同道合的朋友。

一旦归属需求得到部分或全部满足，人们会开始寻求能够带来被尊重感觉的产品，比如许多新富们通过购买豪车名表彰显个人财富来获得社会群体的认可尊重。

自我实现作为亚伯拉罕·马斯洛需求层次论的顶级需求，则是人们进行奢侈品消费的终极目的。为了实现自我价值，名流商贾通过教育及艺术收藏提升个人素质和品位，通过慈善捐助提升个人形象等。

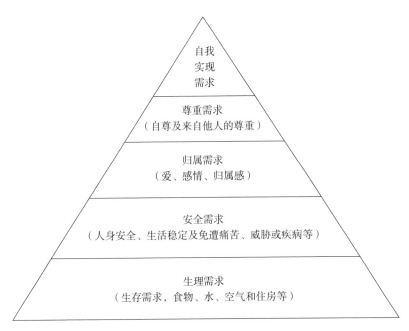

图 6-1 亚伯拉罕·马斯洛需求层次金字塔模型

资料来源：亚伯拉罕·马斯洛. 马斯洛·人本哲学［M］. 北京：九州出版社，2003.

（二）信息搜寻

问题一旦被认知到，消费者就会转入信息搜寻阶段。信息搜寻是消费者在内外部环境中获取适当信息以帮助合理决策。信息来源主要有五种：记忆来源、经验来源、个人来源、大众来源和商业来源。

（1）记忆来源。消费者在过去的时间里，通过信息搜寻、个人经验或低介入度学习形成的记忆，是最主要、最优先的信息来源。很多情况下，消费者依靠记忆信息就能解决购买问题，比如购买快消品如牙膏、饮料等产品。当然，储存在大脑记忆中的信息也是消费者在过去时间点从外部获得的，只是转化为内部记忆而已。

（2）经验来源。消费者到不同商店比较各种产品的价格、亲自观测或试用产品形成的经验，也是信息来源之一（如买车前会参与试驾活动）。这些经验来源获得的信息最为直接，也较容易取得消费者的信任。但受到时间、资源等方面的约束，许多产品的决策无法让消费者依赖于经验来源获得信息。

（3）个人来源。个人来源包括家人、朋友、同事等熟人。比如，新车购买者在购买汽车时会容易受到周围接触人的意见影响；消费者在寻求医疗和法律服务时，朋友是最主要的信息来源。

（4）大众来源。包括大众媒体、政府机构、消费者组织等。媒体刊载的有关信息、报道等对产品购买很有帮助。而相关政府机构，如质量监督局、检验检疫局对某些商品进行检测和公布，也为消费者选择产品提供有用信息。此外，许多社会化媒体上其他消费者提供的产品品牌使用信息，也逐渐成为消费者信息的重要来源。

（5）商业来源。包括广告、店内信息、产品说明书、销售人员沟通等。商业来源的作用随着产品和消费群体不同而有差异，但总体影响是很大的。

以上这几种信息来源的相对丰富度和影响作用也因产品类别和购买者特征不同而异。一般说来，产品信息主要来自商业来源，对消费者起到告知作用。最有效的信息主要来自个人来源，起到评价或认定的作用。由于消费者对信息加工的有限性，因此有效的营销策略要考虑目标消费者在购买前所进行的信息搜索性质。营销者要采取措施使自己产品的有关信息能够在消费者进行选择时，使消费者联想到自己的产品。对于消费者的有限理性，营销者也必须清楚，对于考虑范围之内的细分市场，消费者最可能应用的决策规则或规则组合是什么，消费者会用什么样的标准去评价自己的产品，在消费者眼中，产品的哪个属性是最为重要的，那么企业就应该努力在消费者认为最为重要的一方面超过竞争对手，并且营销者应该向消费者传递自己的产品在这些属性方面拥有很强的优势。

在传统的销售模式下，消费者通常要通过商业来源、个人来源和大众来源等途径搜集有关产品购买和使用的信息，这不仅需要消耗大量的时间和精力，而且还可能徒劳无功。在网络环境下，消费者可以采用更加便捷的方式来获取信息，即从网络上搜寻信息。此时消费者不再被动地接受商家或厂家某些产品或服务，消费者的主动性加强了，可以直接向企业表达自己独特的要求，甚至可以参与新产品的研究和开发，从而使消费者的个性化需求得到满足，也使企业由于市场不确定性因素的减少，更易于把握市场的需求，更好地服务于消费者。贝恩公司 2017 年的报告发现，各大奢侈品品牌 2016 年的数字化营销支出在总支出的占比已由两年前的 35% 左右提升到 40%~50%，其中用于微信的开支占到数字化营销支出的 30%~60%。全球前 40 大奢侈品品牌都建立了微信公众号，前 10 大品牌的公众号都拥有了 30 万~50 万粉丝[①]。由此可见，奢侈品品牌在制定营销策略时，应充分重视网络媒体的影响力，利用网络建立一个与消费者进行互动的环境，使消费者产生独一无二的体验，从而促使消费者产生购买意向。

（三）方案评价

由于得到的各种有关信息可能是重复的，甚至是互相矛盾的，因此消费者还要进行分析、评估和选择，包括对备选购买方案的评估和做出购买的行动。消费者对购买方案的评价分为五个步骤：分析产品属性、建立属性等级、确定品牌信念、形成理想产品和做出最后决定。

在消费者的评估过程中，有以下几点值得营销者注意：①产品性能是购买者所考虑的首要问题；②不同消费者对产品的各种性能给予的重视程度不同，或评估标准不同；③多数消费者的评选过程是将实际产品同自己理想中的产品相比较。

（四）购买决策

消费者对商品信息进行比较和评估后，已形成购买意愿，然而从购买意图到决定购买之间，还要受到两个因素的影响：①他人的态度，反对态度愈强烈，或持反对态度者与购买者关系愈密切，改变购买意图的可能性就愈大；②意外的情况，如果发生了意外的情况如失业、意外急需、涨价、促销等，则很可能改变购买意图。消费者会在决策以及自己的购买标准的基础上发生购买行为。购买过程有一定的个体倾向性，并且消费者的购买行为并不总是理性的，受外界因素的影响较大，最常见的就是消费者购买情境。

消费者购买情境包括两种，店铺购买和非店铺购买。店铺购买是指通过实体店铺的形

---

① 贝恩咨询，2017 年中国奢侈品市场研究［R］. 2018.

式向购买者销售商品或服务的方式。非店铺购买是指除了商场、超市以外的非传统型购买场合的购买形式，包括电视购物、目录直邮、网上购物、家庭直销等方式。如今非店铺销售正迅速增长，其原因是多方面的：首先，非店铺购物更方便，可以减少消费者花在购物上的时间，节省体力支出；其次，消费者生活方式的变化，比如女性越来越多地参加社会工作，很多女性不愿意花太多时间和精力进行店铺购买；再次，非店铺购物可以避免商店购物的许多问题，如停车位、高峰期拥挤、排队支付等候等；最后，互联网技术的普及，使消费者具备适应新的购物方式的能力，如非现金支付、虚拟货币等。

尽管非店铺购买拥有许多优势，但非店铺销售本身难以提供一个实体平台，难免增大人们的风险感知，尤其是对于奢侈品销售来说。因此，营销者要注重信息的沟通，尽量降低消费者的感知风险，如提供详细的产品信息、塑造良好声誉、提供免费使用和良好的退换货政策等。

(五) 购后评价

包括购后的满意程度和购后的活动。消费者购后的满意程度，取决于消费者对产品的预期性能与产品使用时的实际性能之间的对比。购买后的满意程度决定了消费者的购后活动，决定了消费者是否重复购买该产品，决定了消费者对该品牌的态度，并且还会影响到其他消费者，形成连锁效应。

消费者满意（Customer Satisfaction）[1] 的本质是在消费者购买和消费产品后，通过将其感受到的产品或服务的实际效用与消费者所采用的可以明确认知产品或服务的标准进行比较所形成的不同强度的情感反应。根据购买后消费者满意度的不同会产生五种结果：不再使用、品牌转化、增加使用、重复购买、成为忠诚消费者。

消费者根据他们是否满意，在购买产品或服务之后会采取进一步的行动。如果该消费者感到满足，则其将显示出较大的再购买的可能性，这样就有利于培养消费者的商品忠诚度，感到满意的消费者也会向其他人宣传该产品和该公司的好处。

对消费产品或服务不满意的消费者可能会设法降低失调感，他们会在采取外部行动或不采取行动之间进行选择。如果不采取行动，就意味着其决定容忍这种不满意状况，但是即使不采取外部行动，消费者也很可能对该商店或者品牌产生敌对态度。如果不满意的消费者采取行动，则可能采取向商店或制造商投诉、不再购买该品牌或不再光顾该商店、进行负面口碑传播、向私人或政府机构投诉或采取法律行动。

营销者应该采取一些措施来尽量减少消费者购买后的不满程度，实践证明与消费者进行购后沟通可减少产品退货或取消订单的数量的事情发生。

三、消费者购买行为模型

消费者购买行为模型，是消费者购买决策行为过程中涉及的关键因素或影响变量的综合性理论描述。其中的"黑箱"理论为企业认识消费者购买行为打开了一扇窗户。本节介绍了市场营销学学者们提出的几种消费者购买决策模式，这对于我们研究奢侈品消费者购买决策模式具有借鉴意义。

---

[1]　孟捷. 顾客购买后的心理和行为分析及对策 [J]. 商业经济，2004（2）：107-109.

（一）科特勒行为选择模型①

菲利普·科特勒提出一个强调社会两方面的消费行为的简单模式。该模式说明消费者购买行为不仅要受到营销的影响，还要受到外部因素影响。而不同特征的消费者会产生不同的心理活动的过程，通过消费者的决策过程，导致其做出购买决定，最终形成了消费者对产品、品牌、经销商、购买时机、购买数量的选择，如图6-2所示。

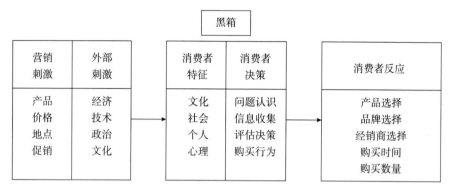

图6-2 科特勒行为选择模型

资料来源：Philip Kotler, Gary Armstrong. Marketing [M].Upper Saddle River：Prentice-Hall, Inc., 1990.

（二）尼科西亚模式②

尼科西亚于1966年在《消费者决策程序》一书中提出了这一决策模式。该模式由四大部分组成：第一部分，从信息源到消费者态度，包括企业和消费者两方面的态度；第二部分，消费者对商品进行调查和评价，并且形成购买动机的输出；第三部分，消费者采取有效的决策行为；第四部分，消费者购买行动的结果被大脑记忆、储存起来，供消费者以后的购买参考或反馈给企业，如图6-3所示。

（三）恩格尔模式③

恩格尔模式又称EBK模式，由恩格尔于1968年提出。其重点是从购买决策过程去分析。整个模式分为四部分：①中枢控制系统，即消费者的心理活动过程；②信息加工；③决策过程；④环境。

恩格尔模式认为，外界信息在有形和无形因素的作用下，输入个体中枢控制系统，即对大脑引起、发现、注意、理解、记忆与大脑存储的个人经验、评价标准、态度、个性等进行过滤加工，构成了信息处理程序，并在内心进行研究评估选择，对外部探索，即选择评估，产生了决策方案。在整个决策研究评估选择过程中，同样要受到环境因素，如收入、文化、家庭、社会层级等影响。最后产生购买行为，并对购买的商品进行消费体验，

---

① Philip Kotler, Gary Armstrong. Marketing [M].Upper Saddle River：Prentice-Hall, Inc., 1990.

② Francesco M. Nicosia, Berkeley. Consumer Decision Processes; Marketing and Advertising Implications [M].Englewood Uppr Saddle River：JPrentice-Hall, 1966.

③ Engel James F. Risk Taking and Information Handling in Consumer Behavior [J].Journal of Marketing, 1968, 32（3）：111-112.

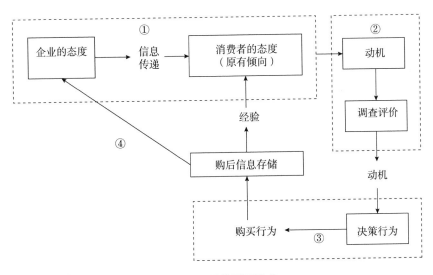

图6-3 尼科西亚模式

资料来源：Francesco M. Nicosia，Berkeley. Consumer Decision Processes；Marketing and Advertising Implications［M］. Englewood Uppr Saddle River：JPrentice-Hall，1966.

得出满意与否的结论。此结论通过反馈又进入了个体的中枢控制系统，形成信息与经验，影响未来的购买行为，如图6-4所示。

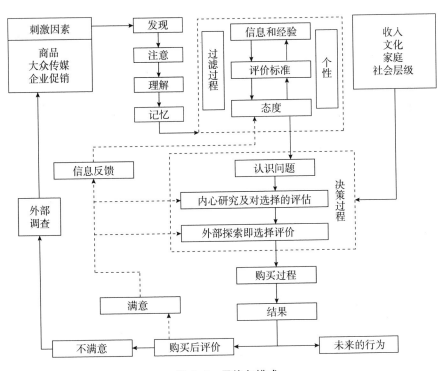

图6-4 恩格尔模式

资料来源：Engel James F. Risk Taking and Information Handling in Consumer Behavior［J］. Journal of Marketing，1968，32（3）：111-112.

（四）霍华德—谢思模式①

霍华德—谢思模式由霍华德与谢思于20世纪60年代末在《购买行为理论》一书中提出。其重点是从四大因素考虑消费者购买行为：①刺激或投入因素（输入变量）；②外在因素；③内在因素（心理过程）；④反映或者产出因素。

霍华德—谢思模式认为投入因素和外界因素是购买的刺激物，它通过唤起和形成动机，提供各种选择方案信息，影响购买者的心理活动（内在因素）。消费者受刺激物和以往购买经验的影响，开始接收信息并产生各种动机，对可选择产品产生一系列反应，形成一系列购买决策的中介因素，如选择评价标准、意向。在动机、购买方案和中介因素的相互作用下，便产生某种倾向和态度。这种倾向或者态度又与其他因素，如购买行为的限制因素结合后，便产生购买结果。购买结果形成的感受信息也会反馈给消费者，影响消费者的心理和下一次的购买行为，如图6-5所示。

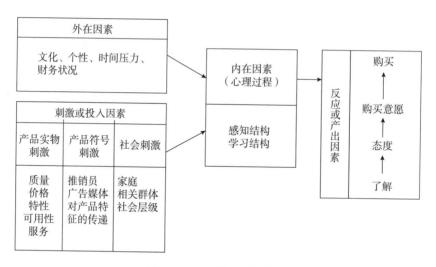

图6-5 霍华德—谢思模式

资料来源：Howard J. A. , Sheth J. N. The Theory of Buyer Behavior [M]. New York：John Wiley & Sons, Inc. , 1969.

以上介绍的几种消费者购买行为模式是消费者行为学中的经典理论。在了解这些理论后，我们不难发现，消费者从产生消费动机到最终做出购买行为，这一过程是非常复杂的，并且充满了不确定性因素。对于奢侈品消费者而言，只有当他们认为奢侈品的总体感知价值是物有所值或物超所值时，才会为其与普通产品巨大的价格差买单。

在奢侈品企业制定营销战略时，另一个需要关注的重点是消费者品牌忠诚。品牌忠诚是品牌资产中最重要的组成部分，如果没有忠诚于品牌的消费者，品牌只不过是一个仅用于识别的符号。

---

① Howard J. A. , Sheth J. N. The Theory of Buyer Behavior [M]. New York：John Wiley & Sons, Inc. , 1969.

第三节　消费者品牌忠诚

　　传统上，人们从产品特征和企业的视角识别与评价奢侈品和奢侈品品牌，这无法与"奢侈"一词带有的主观性相融合，也无法适应奢侈品和奢侈品品牌随时间和情境而变化的内涵。从消费者感知的角度来界定奢侈品和奢侈品品牌就显得尤为重要。目前国际上最流行的认知是应根据消费者对奢侈品品牌感知意义的差异性来定义不同的奢侈品品牌，这一观点也得到了实证研究的支持。因此，品牌忠诚作为消费者感知奢侈品品牌的表现形式，也越来越受到学者和营销者的重视。

一、消费者品牌忠诚的概念

　　奢侈品生意首先是品牌的生意，当消费者对某一品牌产生偏好时，他们愿意支付更多的钱，因此该商品的价格就可以稍微昂贵一些。有些品牌偶尔会遇到创新能力不足或新产品不够完善的时候，但它还能够保持其忠实消费者。一个出色的品牌总是和强烈的情感价值相联系，这是由历史的、情感的和社会的原因造成的。

　　品牌忠诚是品牌与消费者联系程度的尺度。长期以来，品牌忠诚的概念一直受到关注。对于品牌忠诚的定义，根据测量方法和研究对象的不同，主要分成两种流派，即行为论（The Behavioral Approach）和态度论（The Attitudinal Approach）。

　　行为论观点将品牌忠诚看作一种行为，即消费者系统性地购买相同品牌的产品。这种系统性体现在消费者对购买对象的选择不因时间和情境不同而改变，表现出较为稳定的结果。这种观点认为，品牌忠诚行为的内在本质无法明确表达，因为存在太多可用于解释这种行为的变量，而每次行为出现背后的变量组合又不一致。这就暗示企业无法获知品牌忠诚形成的原因，因而也无法采取适当的营销策略来培育和维持消费者的品牌忠诚。但是在市场实践中，许多企业采取适当的营销策略而获得了消费者的忠诚，从而拥有了大批品牌忠诚者。因此，行为论观点虽然能够在一定程度上描述品牌忠诚行为，但缺乏对市场实践的指导意义。

　　态度论观点则将品牌忠诚看作是消费者对特定品牌的偏好和心理承诺，是一种态度。这种观点认为品牌忠诚可以用有限的因素来描述、解释和干预。研究者和市场实践者可以将这些因素独立出来进行操控。然而，这种观点重视品牌忠诚的心理意义，却忽略了最后的行为结果。

　　实际上，品牌忠诚是一个复杂的多维度概念，它包含了态度和行为两方面。Oliver认为，品牌忠诚（Brand Loyalty）[①]是指不受环境变化和促成品牌转换行为的营销手段的影响，使消费者承诺将来重复购买或关顾某一产品或服务，从而导致对某一品牌或其系列的重复购买行为。品牌忠诚可以降低企业商业运作的营销成本、吸引新的消费者、减缓其他企业的竞争威胁。品牌忠诚是一种再次购买所偏好的产品或服务的强烈承诺感，这种承诺

---

① Oliver R. L. Whence Consumer Loyalty [J]. Journal of Marketing, 1999, 34（63）: 33-44.

感导致了对特定品牌的重复购买，即使当时的购买情境和营销手段发生改变，也不会导致购买行为的改变。这类定义认为，只有消费者既有对特定品牌的态度偏好，又有相应的行为表现，才能称作品牌忠诚。这是迄今为止较为成型的品牌忠诚定义，也是被普遍接受的定义。

理解品牌忠诚这一购买现象，必须注意以下几点：①品牌忠诚是消费者的一种购买行为反应。也就是说，只有已经存在的购买行为或已经做出的购买尝试，而不是单纯口头上的偏好表示，才能作为确定品牌忠诚的依据。②品牌忠诚具有一定的周期性，这种消费者行为带有连续性。它不是某一时点上的消费者行为，单单强调某一时点上的消费者购买行为也不是品牌忠诚行为。品牌忠诚的形成是一个动态往复的过程，消费者已有的购买行为对再次购买的行为具有一定的影响性。③品牌忠诚具有时效性。即某一个消费者在生活的某一阶段可能具有强烈的品牌忠诚，而在生活的另一阶段，这种忠诚可以随着环境的改变、社会生活条件的变化而减弱甚至完全消失。④品牌忠诚可以产生于一个品牌，也可以产生于多个品牌。具有品牌忠诚的消费者并不只是集中于某一特定品牌，他们可以在两个或两个以上的品牌间做出选择，供选择的品牌越多，该消费者的品牌忠诚度就越低。

与品牌忠诚相关的概念是忠诚型客户（Committed Customer）。忠诚型客户是指对于某一品牌或厂商具有情感上的偏爱，会以一种类似于友情的方式喜欢该品牌。与重复购买者（Repeat Purchasers）不同，后者对某一品牌不一定具有情感上或者情绪上的偏爱，而只是单纯地重复购买该品牌。但二者都与消费者满意度相关，因此许多营销人员通过投入资源来提高消费者满意度。

需要注意的是，许多忠诚型客户在购买产品时不大可能考虑搜集额外信息，他们对竞争者的营销努力（如优惠券）采取漠视和抵制态度。忠诚型客户即使因促销活动的吸引而购买了其他品牌，他们通常在下次购买时又会选择原来喜爱的品牌。忠诚型客户更乐于接受同一厂家提供的产品线延伸和其他新产品，他们也更能原谅偶尔的产品或服务失误，并且忠诚型客户极可能成为正面口碑传播的来源，这对一个品牌来说是非常有价值的。正面的口碑传播增加了受众成为客户的可能性，增加了受众与第三方分享正面评论的可能性。基于以上原因，许多营销人员积极培养忠诚的客户和满意的客户，忠诚型客户比单纯的重复性购买者能为企业带来更多利润，而重复购买者也比偶尔购买者更具吸引力。

二、品牌忠诚的形成过程

一般来说，消费者品牌忠诚的形成过程包括四个阶段。

第一，认知阶段。消费者对品牌的认知是发展品牌忠诚的最基础的一步。从实践上看，人们更倾向于选择已经认知的品牌，不大可能选择从未听说过的品牌，特别是在同类品牌较多的情况下。消费者对品牌的认知途径一般有广告、商业新闻、口碑相传等。在这一阶段，消费者与企业的关联很薄弱，一个品牌只要在产品、服务或营销活动方面比较突出就有可能争取到消费者。

第二，认同阶段。消费者对品牌有了一定程度的了解，下一步就是决定是否购买。有了第一次的购买，就表明消费者对该品牌的产品已经有了认同。虽然消费者表面上钟爱一种品牌的产品或服务，但其内心的这种钟爱往往会很快动摇。消费者会质疑他们是否做出了正确选择或支付了合理价格。消费者在第一次购买后就会对产品和接受的服务中的感知价值进行评估。如果对初次购买的产品及其服务中的感知价值有了满意的综合评估，那么就会转入第三个阶段。

第三，产生偏好，决定重复购买。对产品或服务产生偏好并决定重复购买，是其忠诚度最具决定性的态度。在这一阶段，消费者开始甘心于所选择的品牌，与该品牌的产品或服务之间有了强烈的联结，已经认识到特定品牌产品或服务提供的消费者价值。但是，消费者还会对其决策寻求证实，针对其所选物品搜寻尽可能多的信息。

第四，重复购买，建立忠诚。消费者对产品或服务有了满意的评价，并且产生了偏好，而后是对该企业的产品重复购买，这才表明消费者建立了品牌忠诚，与该企业有了情感上的认同并建立了伙伴关系。这一阶段的消费者将会拒绝竞争的诱惑，在缺少时会向同一企业重复购买，给企业带来利润。

三、品牌忠诚的影响因素

品牌忠诚可以看作经典"认知→态度→行为"模式的典型代表。消费者最初选择购买特定品牌，是一种基于信息检索和决策基础上的尝试。当消费者评价该品牌提供了良好的产品特性、形象、品质和价格，也即购买结果所带来的效用达到或高于消费者的期望值时就产生了满意感。这种结果成为一种正强化，影响消费者对品牌的态度和下一次的购买决策。当消费者被多次强化后，这种购买特定品牌的行为就形成和持续下来，在较长时段内反复出现，成为品牌忠诚。

因此，研究者也多从认知、态度和行为范畴中选取变量来考察品牌忠诚及影响因素。在企业与消费者越来越重视品牌忠诚度的今天，营销者无论采取何种措施、手段和方法来提升消费者品牌忠诚度，都是基于以下影响品牌忠诚度的因素。

(一) 认知与品牌忠诚

对风险的认知是决策研究中很重要的认知变量。品牌忠诚被看作是消费者降低购买成本和风险的一种手段。品牌忠诚会导致重复购买，这就增加了消费者对特定品牌的经验，从而也增加了品牌和产品知识。一方面，产品知识的增加，使消费者有更强的能力对品牌、产品知识进行加工，减少信息检索所需的时间、认知资源等的投入，降低决策成本，提高决策的效率，降低决策错误的可能性，减少随之而来的风险。另一方面，特定品牌知识的增加提高了品牌转换的成本，促进了对原有品牌的忠诚，并降低了价格敏感性。Erdem (1998) 的研究表明，当消费者感觉到购买新产品的风险很高时，会更多地选择所熟悉的产品，即风险降低了多样化选择的倾向，巩固了品牌忠诚。

(二) 态度与品牌忠诚

信任可以促进消费者对特定品牌的忠诚，而以态度测量的观点看，品牌忠诚也包含着信任的成分。并且，对品牌的正向情感反应与品牌忠诚呈较高的正相关，能够降低消费者对价格的敏感性。这提示市场实践者可以通过建立与消费者间的良好信任关系，来增进品牌忠诚。另外，消费者满意度和品牌忠诚的关系也很密切，满意的消费者更容易对特定品牌产生忠诚。而当消费者产生抱怨时，如果得到企业恰当的对待，会比那些没有不满意，因而也没有任何抱怨的消费者获得更高的满意度，品牌忠诚也会增加。

（三）行为与品牌忠诚

品牌忠诚的行为表现，不仅体现在重复购买上，有研究者把消费者向他人推荐产品看作是品牌忠诚的一种表现，这与把向他人推荐意向作为满意度行为指标之一颇为一致。品牌忠诚也会导致消费者对于价格差异的敏感性降低，增强其忍受性。市场份额高的品牌，往往拥有更高的品牌忠诚，它表现在：拥有更多的品牌忠诚者、品牌忠诚者的购买频次和购买量等指标得分更高。Chaudhuri 和 Holbrook（2001）认为高度的品牌忠诚，会导致品牌市场份额的增加。广告和促销等市场营销手段，对于品牌忠诚的形成和维持有很大的作用。

需要注意的是，消费者对品牌忠诚的建立是一个动态的过程。在企业提供的产品或服务有所变化时，消费者的忠诚度也会改变。每个消费者的认知水平与偏好不同，忠诚的建立也会有所不同。现有研究认为，品牌形象、品牌信任和品牌体验对奢侈品品牌忠诚的形成也非常重要。而奢侈品品牌的消费者感知价值无疑会对奢侈品品牌形象、品牌信任和品牌体验产生影响，并最终影响品牌忠诚。根据现有相关理论，消费者对奢侈品品牌价值的感知不仅受消费者自身的影响，还受其他消费者和品牌竞争对手的影响，因此，从这些方面研究奢侈品品牌忠诚也成为一个新的方向。

另外，许多学者认为仿冒品、参照群体和文化会影响消费者对奢侈品品牌形象的感知，从而影响奢侈品品牌忠诚度。还有国外学者研究发现，奢侈品品牌忠诚具有文化差异：在美国，权力距离和地位消费这两个文化因子与时尚奢侈品品牌忠诚呈正相关，而中国消费者的品牌忠诚则不受文化因素影响，但中国消费者比美国消费者拥有更高水平的品牌忠诚。上述研究对于理解奢侈品品牌忠诚的形成无疑是有益的，但并没有揭示仿冒品、参照群体和文化对奢侈品品牌忠诚产生影响的深层心理机制，即相关因素与消费者自我提升、准确认识自我或自我内在一致性动机之间的一致性是否会通过影响消费者的自尊而最终引起品牌忠诚。

第四节　中国人的奢侈品品牌消费行为

自 2001 年底中国加入世界贸易组织以来，中国的奢侈品消费市场发展迅速，国际奢侈品品牌陆续进入中国消费市场，受到全球关注。中国奢侈品消费者的行为与西方消费者并不完全相同，因此对于中国奢侈品消费者行为以及深层文化影响的研究需倍加重视。

国外学者对于奢侈品消费行为影响因素的研究始于 19 世纪末，经历了百余年的发展历史，已经形成了一个较为完整的研究框架。Vigneron 和 Johnson（2004）将社会导向动机（炫耀、独特、从众等）与个人导向动机（个人享乐和完美主义）关联起来，形成了西方奢侈品消费动机理论研究的总结[①]。此时，奢侈品消费行为研究的系统框架已经成型，这一框架也被学术界称为奢侈品消费动机的二维模型（见图6-6），该模型主要是从个人和社会导向动机两个层面进行研究。

---

① Frank V., Lester W. J. Measuring Perceptions of Brand Luxury [J]. Journal of Brand Management, 2004, 11 (6): 484-506.

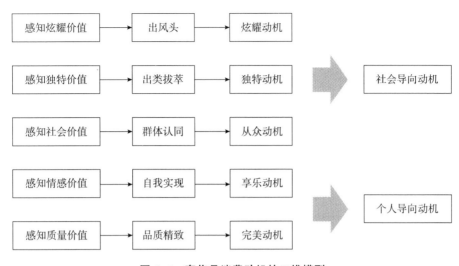

图 6-6　奢侈品消费动机的二维模型

资料来源：Frank V., Lester W. J. Measuring Perceptions of Brand Luxury［J］. Journal of Brand Management, 2004, 11 (6)：484-506.

　　国内学术界对奢侈品消费行为的研究起步较晚，并且由于国内外的奢侈品消费观念和方式存在很大差异，因而国内学者通常会在西方研究的基础上，参照西方奢侈品消费动机的研究框架，研究在我国文化背景影响下，人们的价值观、消费观会产生怎样的作用和怎样的结果。

一、中国奢侈品市场现状

　　2016 年全球奢侈品消费跌出 2009 年以来新低，但仍有中国消费主力军在全球奢侈品上一掷千金，因此备受业界瞩目。现如今中国经济放缓，国内外奢侈品消费增长缓慢，行业观察者越发担心中国消费者对奢侈品不再感兴趣。根据麦肯锡 2017 年的一份中国奢侈品报告，研究者们认为，在可预见的未来，中国消费者仍将是全球奢侈品市场增长的最大引擎之一，而家庭年收入超过 30 万元人民币的中国最富裕人群，则是当仁不让的主力军。要抓住这一市场增长引擎，奢侈品品牌商需巧取中国消费者的欢心，并把自己的门店打造成为中国观光客出境游的"必达站"，因为 2/3 的中国奢侈品消费发生在海外①。

　　此外，自 2008 年以来，中国奢侈品消费发生了两大转变：一是自 2015 年以来，奢侈品消费增长的主要推手已从首次消费转变为增量消费，这要归因于中国消费者收入的不断增长，以及越发丰富的奢侈品购买渠道。二是中国的奢侈品消费从 2008 年 68% 的高收入群体（年收入在 10 万~30 万元人民币）扩展至 2016 年 88% 的富裕群体（家庭年收入超过 30 万元人民币）。麦肯锡在 2017 年中国奢侈品报告中称，至 2025 年，全球奢侈品市值将增加 1 万亿元人民币，达到 2.7 万亿元人民币。中国消费者将继续担当主力军，估计至 2025 年中国家庭对全球奢侈品消费的贡献将达到 1 万亿元人民币，相当于美国、英国、法国、意大利和日本市场 2016 年的销量总和。

---

　　①　麦肯锡 . 2017 中国奢侈品报告［R］. 2017。

二、中国奢侈品市场的特点

（一）奢侈品的境外消费比重大

由于全球经济贸易日益呈现一体化趋势，且各国交通越来越便利，全球的商品融通越来越频繁，各国面对中国这样一个经济发展迅速增长、投资环境越来越好且又是人口消费大国的国家，各国的品牌商均在争夺中国消费者。

其中，全球各奢侈品品牌显得尤为突出，中国消费者除了消费本国产品之外，对于其他国家的奢侈品消费表现出热情。中国消费者的奢侈品消费约有76%是海外消费。根据贝恩公司与意大利奢侈品贸易协会Altagamma公布的2016年的报告，中国消费者2014年在海外购买奢侈品的趋势有所增强，主要的购买地为韩国和日本，购买的品类主要为化妆品，其次是皮具、手表和珠宝，购买比例占到中国本土消费的近50%。2016年，中国人全球奢侈品消费额达1204亿美元，其中有928亿美元发生在境外，这意味着2016年中国消费者买走了全球近50%的奢侈品①。在麦肯锡发布的2017中国奢侈品报告中，我们发现，在海外购物方面，中国香港仍是首选地，其次为韩国和日本。并且，在境内外奢侈品价格相似的情况下，仅有70%的中国消费者会选择在境内选购。这体现了中国富裕客群对境内奢侈品购物有诸多不满，比如产品线、店内体验和客户服务质量。中国消费者对奢侈品的需求持续增长，但内地奢侈品市场却呈现萎靡态势。境外奢侈品消费热情高涨，内地市场却持续低迷，2008~2016年，中国内地奢侈品门店数量增长了3.3倍，但销售额却只增长了2.3倍。中国奢侈品行业出现了需求抢进与市场萎缩并存的错位现象。导致这种错位现象的原因大致有：消费者群体趋向年轻、消费盲目；国内"山寨"和伪造奢侈品现象严重；境外旅游消费占奢侈品消费比例上升；奢侈品关税及人民币持续升值的影响；缺少自主的奢侈品品牌参与竞争等。

需要注意的是，虽然一度出现了低迷现象，但在危机之后很快又出现转机。并且，消费人群正在从单纯的炫耀型购买者发展为更多元化、知识丰富和成熟的购买者。

（二）奢侈品消费呈年轻化趋势且集中于个人用品

奢侈品的消费必须建立在雄厚的经济实力之上，更多的时候可能会受到个人财富积累的限制，奢侈品的消费应该倾向于年龄较大、事业有成的消费者。而在中国的奢侈品消费者则呈现年轻化趋势。中国奢侈品市场虽然产品种类繁多，但中国的奢侈品消费大部分还集中在服饰、香水、手表等个人用品上，对于西方国家所热衷的旅游、高档艺术品等消费来说，中国在这些方面的消费比例相对低一些。

贝恩公司发布的2017年的研究报告指出，中国消费者呈现低龄化且购买频次较高。年轻的奢侈品消费者，尤其是"千禧一代"（年龄在20~34岁），是推动2017年奢侈品市场增长的主要动力。对1170名中国奢侈品消费者的调查结果显示，中国消费者呈现低龄化且购买频次较高。他们对数字化技术驾轻就熟，对奢侈品品类有更加深入的了解。他们更钟情于"时尚""街头休闲""新潮""当季"产品。他们希望通过与众不同的外表来

---

① 贝恩，Altagamma. 2016年全球奢侈行业研究报告［R］. 2016.

展示自己独特的个性，也包括化妆品。

(三) 奢侈品在礼品市场中的比例越来越大

送礼是中国消费者购买奢侈品的主要用途之一。奢侈品往往被中国消费者作为礼物，因为赠送昂贵的奢侈品既可以使收礼物的人感受到了尊敬，也能够体现送礼人的地位和能力。研究发现，在中国的奢侈品购买人群中存在着一些购买奢侈品却并不"消费"的送礼者，这类人自身衣着未必昂贵，但却不惜耗资万元购买名牌衣物饰品以作为足够体面的礼物。中国素来被称为礼仪之邦，十分注重礼尚往来。名烟名酒、高档保健品、限量版的香水、名表、珠宝、黄金、古玩等奢侈商品均成为人们拿来赠送给爱人、家人和亲戚朋友的首选礼品。

(四) "山寨" 对正品奢侈品的挑战

伪造不同于卖假货。不论是对于伪造者还是被伪造者而言，假货是不好的，但伪造可以有正当的理由，这一区别不容小觑。随着奢侈品的仿造质量越来越高，仿造品的市场吸引力也越来越大，富人也有可能被仿造品吸引，来自假冒奢侈品的冲击是全球奢侈品市场中面临的一个挑战。奢侈品企业可以通过培养消费者品牌忠诚度、向消费者宣传抵制侵犯知识产权的仿冒品等措施来维护品牌权益。

三、中国消费者奢侈品购买决策的影响因素

中国消费者理解的奢侈品包括 7 个要素：质优价高、限量稀缺、文化传承、经典与创新并存、保值增值、象征符号、意见领袖认知[①]。在理解奢侈品是什么的基础上，对影响中国奢侈品消费者购买决策的主要因素进行了总结与划分，囊括了心理、经济、社会、文化及企业五个方面，介绍如下：

(一) 心理因素

从马斯洛的五层需求分析中我们了解到，奢侈品满足的需要为较高层次的自尊需求和自我实现需求。中国奢侈品消费者的心理因素可以归结为以下几点：

(1) 宣泄情绪。2016 年，麦肯锡发布报告称，情绪化的中国消费者正在影响世界。随着中国经济的发展和国民收入水平的提高，"情感需求"取代"实用性需求"，成为消费的主要动因。很多消费者都是凭"第一感觉"为自己的冲动买单。在中国奢侈品消费的人群中，女性消费者的情绪比男性更容易受到外界因素的干扰，这也将体现在她们的消费需求上。在一些极端情绪中，无论是正面还是负面，以购物来宣泄情绪的女性占大部分，这一比例高达 46.1%。当她们因为一些事情产生极端负面情绪的时候，购物消费会成为一种宣泄、平衡和缓解情绪的方式。在心情愉悦的时候，购物消费也是她们表达快乐的一种方式。这就是所谓的"情绪化消费"，而在这众多的情绪化消费中，极端情绪的消费行为往往无怨无悔。因为很多女性会把购买的奢侈品当作对自己的一种补偿或者奖赏，甚至是某一特别时刻的纪念和庆祝。更吸引女士的名牌手包、精品服饰、珠宝及香水之类的奢侈

---

① 张梦霞、陈静. 当代中国奢侈品消费行为特征与解析 [J]. 品牌研究，2016 (4)：20-26.

品受此因素影响较大。

（2）自我价值。在中国，消费者的传统观念追求物有所值，而奢侈品必然具备高品质的特征。理论上来讲，奢侈品的高品质对应高价格是理所当然的。另外，高消费能力的收入层次对应高品质的生活是理所当然的，对于那些具有高收入的人来说，奢侈品消费更是一种生活方式。因此，他们会习惯性地选择符合他们个性偏好的品牌和产品，优雅而时尚，完美地满足了他们对生活品位的追求，而不是随波逐流，这也是一种体现自我价值、追求自我实现的方式。另有报告显示，中国年轻的富裕群体之所以消费奢侈品，是因为看重了奢侈品对其提升个人形象方面的作用。尤其是女性消费者，更认可奢侈品可以增强个人形象，可供个人享受。其中，设计是购买奢侈品的主要推动力，其次是产品质量以及品牌形象。女性消费者对产品设计形象表现出强烈的偏好，而功能和服务则对男性消费者更加重要。

（3）自我赠礼。心情低落时买件礼物给自己以安慰，节日来临时买件礼物给自己以庆祝，这种自我赠礼的行为逐渐普遍。自我赠礼是个体通过自我放纵进行象征性的自我沟通，并且这种行为通常是事先计划好的，同时与背景情境高度相关。另外，许多消费者如工薪群体会通过给自己购买奢侈品的方式来进行自我犒赏和激励。

（4）美好生活。由于奢侈品的高昂的价格、卓越的品质及其蕴含的符号价值总是让消费者将奢侈品与高质量的生活品质联系起来。不少消费者进行奢侈品的购买行为目的是提高生活质量，享受更美好的生活。

（5）偏爱经典。偏爱经典是奢侈品消费者的共性，这也是奢侈品品牌得以延续其辉煌的基础。

（二）经济因素

（1）职业差异。消费者的职业背景影响其奢侈品购买决策行为。在中国，企业白领的奢侈品购买决策特征受奢侈品购买决策动因中的购物情境、美好生活、融入圈子、社交关系、宣泄情绪、意见领袖、自我价值和自我赠礼等因素影响最普遍，尤其是外企白领。白领群体的奢侈品消费动机是复杂的、多元化的。由于他们的工作压力大，所在发达城市的生活成本高，同时他们的学历层次高且思想开放，导致他们需要通过购买奢侈品来满足自己享受生活和表现自我的价值诉求。此外，企业白领和专业人员等一般隶属中产群体，他们重视奢侈品的符号价值，表现为渴望利用奢侈品来融入圈子、维系社交关系、享受美好生活。作为社会精英的企业主，他们在购买奢侈品时对"购物情境"的关注较低，也较少会通过奢侈品购买来宣泄情绪。这种现象或与企业主们丰富且高端的业余生活经历有关，或与他们有更多的机会去宣泄情绪有关。而自由职业者对"融入圈子"的认可度高，但对"意见领袖"的关注度较低。这可能是因为他们自由且随意的工作性质所致，他们需要融入更高层次的社会圈子来扩展人脉，但是他们的长期自由化环境，使其不易也不愿受到周围人和事物的影响。学生群体和企业主家属的购买决策特征也不是十分突出，这可能与他们的社会自主性相对薄弱和务实性较强有关。

（2）收入水平。奢侈品购买因消费者个人年收入的变化而不同，奢侈品购买者实际上是那些富有的人。中国奢侈品消费群体包括富裕群体、高收入群体和高级白领群体。其中，富裕群体和高收入群体的奢侈品消费动机主要是炫耀和身份象征。他们渴望成功，成功意味着金钱或权力，他们成功后急切需要一些东西证明、炫耀他们的成功，标榜自己的上层人士身份，于是奢侈品就是最好的证明和象征符号。随着时代的发展和富裕群体知识、经验的积累，有一些人开始注重产品质感，注重产品细节，注重一些体验式的消费，追求高层次精神享受。高级白领群体作为新兴的时尚群体，消费奢侈品时讲究时尚、气派、高雅，他们希望通过奢侈品来显示自己的高雅品位。由于高级白领的收入相对其他消费群体较低，在消费奢侈品时受经济因素影响较大，他们不可能经常购买奢侈品，所以高级白领群体通常会用其他消费方面的节约来支持他们奢侈品的消费，作为对自己的奖励。

(三) 社会因素

(1) 社交关系。根据国内外文献分析发现，国外奢侈品消费更为重视收入和个人因素，如个人导向动机等，而国内奢侈品消费则往往更倾向于社交、地位和面子等因素。社会导向动机中，社交关系是影响奢侈品消费的重要维度之一。事实上，在中国社会，男性非常看重自己的社会角色，表现为在"社交关系"中个体被认可的程度，奢侈品自然承担着角色符号的作用。另外，奢侈品被中国消费者看作适合拿来作为礼物来维持和发展自己的社交关系。因此，在中国的奢侈品购买人群中不乏购买奢侈品却并不"消费"的送礼者，这类人自身消费未必奢侈。

(2) 意见领袖。中国人素有倾听同伴或者专家意见的习惯，因此"意见领袖"成为人际传播网络的重要载体。由于中国奢侈品消费者的消费习惯和品位已经发生了巨大的变化，"意见领袖"效应带动了许多新兴奢侈品品牌的发展，也凸显出奢侈品作为一个群体标志的符号象征性。为了融入这个群体就必须拥有这样的标志，所以，在奢侈品消费中"意见领袖"的引导作用不可忽视。但随着年龄和阅历的增长，听取"意见领袖"对奢侈品消费的影响力会逐渐减弱。一些特殊人群如自由职业者，"意见领袖"则对于他们的奢侈品购买行为影响较小，因为他们处于长期自由化的环境，这使其不易也不愿受到周围人和事物的影响。

(3) 融入圈子。根据霍夫斯泰德文化维度理论，一些国家注重"集体主义"。在消费领域中，我们可以观察到许多的群体消费行为都依托于圈子，这种消费群体与传统消费社群不同，并不以某种消费品牌或消费文化为核心，却存在更加长期稳定的社会关系。往往奢侈品消费是人们为了融入圈子、获得圈子认可，例如，高收入人群需要用奢侈品作为"身份认证"尽快得到上流社会的认同，扩大自己的社交网络。英国有部名为《百万英镑》的电影，其实就是这种圈子文化的写照和缩影。

(四) 文化因素

文化是指一群人所共有的、为生存而设计构造的一种价值观和规范。这种价值观和规范在诸多要素 (如政治、经济、价值、规范、宗教、语言、社会结构、态度、习惯等) 的影响下逐渐形成，当然这种影响是相互的。

儒家传统文化作为影响中国最深的一种文化价值观，对中国奢侈品消费也产生着深刻的影响。儒家集体主义的文化传统主要表现为：在自我概念上注重人与人之间的相互依赖关系；追求个人和团体利益需求的平衡；对社会等级制度的高度认可；遵守组织的制约和规范；崇尚谦虚节俭的价值观。

(1) 依赖性的自我概念和对社会联系的识别决定了中国消费者在购买奢侈品时，更多关注的是外部社会性的需求，而非内在自我的需要。人们看重那些和他们处于同一社会群体的人对他们行为的反映和评价，因此会着眼于通过拥有和消费某种奢侈品来使自己从属于某个特定等级的社会群体，并与属于其他群体的人相互区分开来，追求个人向经济社会等级靠拢。对人际关系的依赖和对社会地位的追求，也解释了为什么很多奢侈品消费者虽然不是很富裕，但是会把积攒几个月的工资甚至不惜透支来购买一件奢侈品，因为购买高价的奢侈品可以满足他们进入上流社会、受到其他群体成员羡慕的虚荣心。并且，诸多研究发现，儒家传统文化影响下的个人总是处于为了他人的期望而生活以争得"面子"的压力之下。通过奢侈品消费，人们维护自己的"面子"，强化他人对自己的看法，并维护自身的社会地位。人们偏好购买带有明显可识标志，并已经被广泛认可的高知名度的奢侈品品牌，对奢侈品品牌会有高低不等的排序，并喜欢到处于城市黄金地段的装饰豪华的奢侈品专卖广场进行购买。

（2）追求个人和团体利益需求的平衡。在儒家文化影响的社会里，人们更强调个人对组织的趋同一致，个人行为以满足团体利益为中心，当个人欲望和团体目标发生冲突时，更倾向于牺牲个人利益来实现组织利益。集体主义意识决定了个人成功最重要的是为家族争光。所以，在有些情况下，人们购买奢侈品（如豪车）不是个人行为，而是为了家庭、职业等团体关系的需要。

奢侈品礼品市场之所以兴盛也是由于个人和团体利益平衡的需要。奢侈品被用作礼物来满足所在团体需要，才会出现奢侈品购买与消费分离的现象。例如，购买奢侈品送给家庭成员以突出自己的家庭财富和地位。

（3）对社会等级制度的高度认可。在儒家文化社会中，社会等级制度和观念是合理存在的，社会等级意味着成就，并且是一个人及其家庭、亲属乃至宗族地位的标志。对等级制度的高度认可也解释了为什么人们的奢侈品消费行为带有很强的物质主义和地位消费倾向。

中国消费者十分关注奢侈品生产商、品牌、原产地。那些全球知名的、被认为是象征高级的奢侈品品牌，比如法国和意大利原装进口的奢侈品，更加适应中国消费者的等级观念和品位需求。虽然随着中国年青一代的成长，一些小众奢侈品品牌以及中国本土奢侈品也逐渐受到欢迎，但大多数的奢侈品消费者还是偏爱"大牌"奢侈品。

（4）遵守组织的制约和规范。在儒家文化中，强调团体内部成员行为的一致性，倾向于用团体的标准和规范来判断和要求个人，这被称作"为人本分"。对那些实现了"财富自由"或"成功人士"来说，购买和拥有某种奢侈品是自己所处的群体界定成员资格身份的一个重要标准和要求，这驱使他们去进行奢侈品购买和消费。

（5）崇尚谦虚节俭的价值观。一般来说，集体主义文化会向处于其中的个人强调谦虚和节俭的观念，反对铺张浪费。这种保守的崇尚谦虚节俭的价值观对于现代奢侈品消费是不利的，会使人们对购买高价奢侈品产生一种抵触心理。比如一些观念保守的消费者，即使收入丰厚也不大会卷入高档奢侈品消费大潮中。

但随着中国经济的发展，西方文化中追求财富和成就的价值观越来越受到重视，中国的奢侈品消费越来越年轻化。年轻人更愿意尝试高档奢侈品给自己带来的物质和心理需求，慢慢成长为奢侈品消费的主力军。因为关税和消费的影响，中国奢侈品价格比欧美市场要高。出国购买或找国内外"代购"是中国奢侈品消费者更喜欢的购买方式。但是，这种情况正在改变。

（五）企业因素

（1）卓越品质。与非奢侈品品牌相比，奢侈品品牌的产品质量和性能一般要优于其他品牌。奢侈品一般都具有高超的产品设计、优质的原材料和精湛的制作工艺，以此确保稳定的高品质。在中国，奢侈品消费者选择奢侈品是由于其品质优良、工艺传承和设计美感这些因素。例如，豪华车的速度和加速度，或者豪华手表的精度等。在不长期专注质量的前提下，保持奢侈品品牌形象似乎相当困难。此外，"高价格甚至可能使某些产品或服务更受欢迎"，因为消费者认为更高的价格是更高质量的象征。

（2）限量稀缺。从奢侈品厂商的角度分析，他们为了突出其产品在财富、地位和权力等方面的象征意义，也往往会严格控制奢侈品的出厂数量和上市时间，营造产品的限量、稀缺氛围。奢侈品厂商往往创造出一款经典或限量版产品，从而紧紧抓住消费者对稀缺产品的渴求欲望。显然，如果奢侈品具备卓越品质、优质原材料保证和精湛的制作工艺等特点，就自然决定了奢侈品无法被大量生产。奢侈品的这种限量和稀缺性价值得到了50%以上中国消费者的认同。

（3）价格政策。高价位本身并不能与高销售收入、利润等指标画等号，但高价却可以反映奢侈品企业的高端定位和形象。奢侈品营销颠覆了传统的"4C"理论，并非过度关注产品制造中的成本，而是将可以传递给消费者的动词最大化，最大程度上让消费者满意，从而保证高价策略得以持续支撑其高利润。消费者购买奢侈品更多的是因为"你觉得值就值"。

奢侈品是以涨价来刺激需求的，它强调的是与消费者建立一种"距离感"，得不到的才是奢侈品。价格标低了，反而会受冷。如果路易威登包标价为500元，大家的反应肯定一致——假货。奢侈品不是普通商品，价格随着供应关系变化很大，奢侈品成本涨的时候会涨价，难卖的时候也很少降价。品牌商宁可销毁，也不愿意降价销售。

（4）购买情境。消费者购买行为会因某一特定场合而有所不同，而且在某一时点上的感觉会影响人们的购买。在各大商场或购物中心我们不难发现，奢侈品店面总是装潢得十分体面，营造出符合其品牌格调的一种氛围，店员的着装、谈吐及服务也十分周到。这些都是为奢侈品消费者提供一个良好的购买情境，使消费者更愿意购买其商品。

（5）品牌知名度和来源国。在中国，奢侈品消费更多表现为社会导向型消费，购买奢侈品大多是为了炫耀或者融入圈子，因此，品牌知名度在中国消费者眼中十分重要。许多中国消费者喜欢有明显品牌"LOGO"的奢侈品。而"品牌来源国"是奢侈品品牌身份的特征，并且中国的男性消费者较之女性更在意这种品牌血统，这与一些国际奢侈品品牌商出于降低成本的原因，盲目在非品牌来源国不断扩大生产规模的做法形成对立，这或许是男性消费者减少奢侈品购买的另一个内隐的原因。

CHAPTER 7

第七章

奢侈品品牌的感知价值 ::

第一节　奢侈品品牌感知价值特点及属性

一、感知价值的界定

由于市场信息的不对称性作用，消费者的价值判断是主观心理感知的结果，是感知价值。学术界对感知价值的界定主要分为两种观点论述：观点一强调感知利得和利失的综合结果（Zeithaml，1988[①]；杨龙和王永贵，2002[②]），即感知价值定义为"顾客的感知利得与感知利失比对后形成的对产品或服务效用的总体评价"。前者是产品的物理属性、服务属性和可获得的技术支持等所带来的效益感知，后者是顾客购物时潜在的成本总和，如购买价格、获得成本、运输成本、时间成本、维护修理以及采购失败或风险成本等的付出感知。观点二强调产品成本与市场效用的关系（Gale、Wood，1994[③]；Woodruff，1997[④]），即顾客对产品性价比的评估结果，是顾客所感知的关于产品属性、品牌偏好、使用结果和价格比较后的总体评价。综合上述两个观点，界定感知价值为顾客在购买或消费某品牌产品及享受服务过程中，基于感知利得和感知利失的综合权衡而形成的对该品牌产品或服务效用水平的总体评价。

Sweeney 和 Soutar（2001）将顾客感知价值分为：功能价值（Functional Value）、社会价值（Social Value）、情绪价值（Emotional Value）、情境价值（Conditional Value）、认知价值（Epistemic Value），其中功能价值又分为品质价值（Performance/Quality Value）和价格价值（Value /Price Value）[⑤]，如图 7-1 所示。

---

① Zeithaml V. A. Consumer Perceptions of Price, Quality and Value: A Means-end Model and Synthesis of Evidence [J]. Journal of Marketing, 1988, 52 (3): 2-22.

② 杨龙，王永贵. 顾客价值及其驱动因素剖析 [J]. 管理世界，2002（6）：146-147.

③ Gale B., Wood R. C. Managing Customer Value: Creating Quality And Service That Customers Can See [M]. Nueva York: The Free Press, 1994.

④ Woodruff R. B. Consumer Value: The Next Source For Competitive Advantagent [J]. Journal of The Academy of Marketing Science, 1997, 25 (2): 2-8.

⑤ Sweeney J. C., Soutar G. N. Consumer Perceived Value: The Development of a Multiple Item Scale [J]. Journal of Retailing, 2001, 77 (2): 203-220.

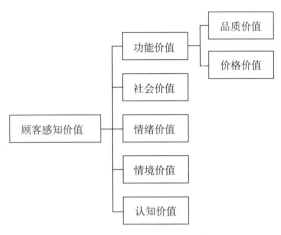

图 7-1　顾客感知价值分类

二、奢侈品品牌感知价值的结构特征

奢侈品消费行为主要表现为社会导向型（Social Oriented）、个人导向型（Personal Oriented）或社会—个人结合导向型。社会导向是指个体行为出于炫耀财富、彰显身份、追求社会地位和获得独特价值的目的。个人导向是指个体行为出于诠释和表达自我、获得个人身心体验与愉悦感觉的目的。社会—个人结合导向型是指个体行为出于社会或个人双重目的，或有所侧重[①]。

事实上，奢侈品品牌消费行为的复杂性，就在于这种行为大多是社会—个人结合导向型行为。Vigneron 和 Johnson（2004）[②] 研究指出，奢侈品品牌感知价值涉及人际和非人际两个方面。人际（个体与社会）相关的奢侈品品牌感知价值包括炫耀价值、独特价值、质量价值；非人际（个体或自我）相关的奢侈品品牌感知价值包括享乐价值和自我延伸价值。中国消费者奢侈品消费行为中的炫耀性、享乐主义、自我礼物与品质保证；地位象征、独特、赠礼、内在一致、个人导向性均是聚焦奢侈品消费者行为中的社会—个人结合导向型行为展开研究的。中国消费者奢侈品消费行为的研究也是将奢侈品感知价值划分为社会导向型行为（炫耀价值、从众价值、社交价值）和自我导向型行为（享乐价值和自我赠礼）。

三、奢侈品品牌感知价值的属性

对奢侈品品牌感知价值的研究一般聚焦奢侈品品牌产品属性，产品属性包括包装、色彩、价格、质量、品牌甚至销售者的服务和声誉[③]，奢侈品品牌产品的价值就是在消费者

①　Wiedmann K. P., Hennigs N., Siebels A. Value－Based Segmentation of Luxury Consumption Behavior［J］. Psychology & Marketing, 2009, 26（7）：625-651.

②　Vigneron F., Johnson L. W. Measuring Perceptions of Brand Luxury［J］. Journal of Brand Management, 2004, 11（6）：484-506.

③　Stanton J., William E. J., Michael, et al. Fundamental of Marketing［M］. London：Mcgraw Hill, 1978.

全面考量奢侈品品牌属性后的主观综合评价,该领域的研究甚少。张梦霞和王斯洋(2010)[1] 将奢侈品品牌属性提炼为 SCE 三维度,即社会属性(Social)、文化属性(Cultural)、经济属性(Economic)。奢侈品品牌的社会属性是个体通过奢侈品的消费行为而发生的各种社会关系的牵连。它具有炫耀、独特、精英、重塑和从众五个特征。奢侈品品牌的文化属性是奢侈品与某种国家的、民族的、区域的文化价值观的牵连。奢侈品品牌的经济属性也称为市场价值属性,是奢侈品与消费者之间的自我价值判断的牵连。其中自我价值判断是消费者出于本能个体利益的考虑而对奢侈品自我价值导向指标的感知状态,其中包括追求物质和精神层面的品质,功能和自我表达与自我延伸等。

综上所述,由于个体感知价值具有主观性、层次性、动态性、复杂性等特点,目前学术界对消费者奢侈品品牌感知价值的研究尚待完善,加之与情绪价值(Emotional Value)相关研究匮乏[2],需要做进一步探索并获得实证研究的支撑。通过聚焦奢侈品品牌感知价值展开研究,研究基础是 SCE 属性理论和品牌情感理论[3],具体涵盖四个奢侈品品牌感知价值属性特征:文化属性(Cultural)、情感属性(Affective)、社会属性(Social)、经济属性(Economic),如图 7-2 所示。

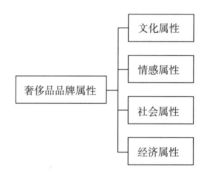

图 7-2　奢侈品品牌感知价值四维属性

(一) 文化价值

文化是指个体在社会生活中受到传统知识、礼仪习惯和制度规范的影响而形成的价值观念。其中消费文化受到文化价值观的影响而对消费行为产生引导与约束。张梦霞等(2012)[4] 认为针对文化价值观的研究在国际学术界已产生较大影响的研究成果主要集中于两大主流理论,即 Hofstede 的五维度文化价值观理论[5]和 Schwartz 的十维度文化价值观

---

① 张梦霞,王斯洋. 中国城市"80 后"人群奢侈品消费动机维度族的实证研究 [J]. 首都经济贸易大学学报,2010 (3):62-67.

② Sweeney J. C., Soutar G. N. Consumer Perceived Value: The Development of a Multiple Item Scale [J]. Journal of Retailing, 2001, 77 (2):203-220.

③ Chaudhuri A., Holbrook M. B. The Chainof Effects from Brand Trust and Brand Affect to Brand Performance: The Role of Brand Loyalty [J]. Journal of Marketing, 2001, 65 (2):81-93.

④ Zhang M. X., Chebat J., Zourrig H. Assessing the Psychometric Properties of Hofstede's versus Schwartz's Cultural Values of Chinese Customers [J]. Journal of International Consumer Marketing, 2012, 24 (5):304 -319.

⑤ Hofstede G. Values Survey Module Manual [M]. Maastricht, The Netherlands, University of Limburg, 1994.

度量理论①。

Kluckhohn 和 Strodbeck（1961）②认为文化价值观影响人类心理架构和个体的行为活动，根植于儒家文化的中国文化价值观深刻影响着中国人的社会关联和价值观念。Oliver（1988）③把中国人的文化价值观维度分为人与自然的关系、人与自身的关系导向、人与社会成员的关系、时间导向和社会活动导向五个方面。

奢侈品是社会和文化环境内容的一部分，如同文化的一面镜子，属于最可以代表社会文化景致、反映文化发展趋势的范畴，是文化价值观之固有特性。Wong 和 Ahuvia（1998）④指出，通过探索儒家社会和西方社会不同的奢侈品消费行为，揭示出儒家集体主义文化价值观对个体奢侈品消费行为导向的结果，这种价值观的本质表现为：①自我概念的外在依附性；②个人利益与团体利益的平衡；③社会等级制度；④隶属关系的合理性；⑤谦逊。奢侈品消费行为往往会反映人际间的互相依赖，凸显诸如象征价值、地位消费、公共价值和群体效应等行为特征。

Eastman 等（1997）⑤关于东方社会的奢侈品消费行为的研究，主要受制于西方研究者固有的个人主义价值观的局限，认为东方人的奢侈品消费也是个体内在需要的结果。但是不同的文化背景所导致的奢侈品消费目的自然有差异。在西方，奢侈品消费的特点是"我想要"，是个体"自我"需要的表达，而在东方社会特别是在中国，奢侈品消费的特点是"我应要"，是个体"他我"需要的表达，关注奢侈品的外在显性特征，彰显身份和地位等，反映出儒家文化背景下的奢侈品消费特征。

Zhang 和 Jolibert（2003）⑥揭示出，儒家文化价值观是象征型消费行为的重要价值观动因。中国消费者的高档商品（如高档化妆品、高档手机）购买行为与儒家的"行为与地位符合"价值观显著正相关。因此，对于奢侈品品牌的文化属性的界定沿用前期成果中的相关概念界定，即"奢侈品与某种文化价值观之固有特质（国家的、民族的、区域的等）的牵连"。由于中国人群奢侈品品牌消费行为主要表现为社会导向型价值观驱动特征，这就决定了儒家文化在此类消费行为中特别重要的影响作用。

（二）情感价值

Shu 和 Peck（2011）⑦认为情感（Affect）是个体对具有价值意义的目标的直觉反应。品牌情感（Brand Affect）意指消费者使用品牌后产生积极情感反应的潜能。当消费者满意

① Schwartz S. H. Universals in the Content and Structure of Values: Theoretical Advances and Empirical Tests in 20 Countries [J]. Advances in Experimental Social Psychology, 1992, 25 (2): 1-65.

② Kluckhohn F. R., Strodtbeck F. L. Variations in Value Orientations [M]. Evanston, IL: Peterson, 1961.

③ Oliver H. M. Yau. Chinese Culture Vales: Their Dimensions and Marketing Implicatications [J]. European Journal of Marketing, 1988, 22 (5): 45- 57.

④ Wong N. Y., Ahuvia A. C. Personal Taste and Family Face: Luxury Consumption in Confucian and Western Societies [J]. Psychology & Marketing, 1998, 15 (5): 423-441.

⑤ Eastman J. K., Fredenberger B., Campbell D., et al. The Relationship Between Status Consumption and Materialism: A Cross-Cultural Comparison of Chinese, Mexican, and American Students [J]. Journal of Marketing Theory and Practice, 1997, 5 (1): 52 -66.

⑥ Zhang M. X., Jolibert A. Les Valeurs Traditionelles des Acheteurs Chinois: Raffinement Conceptuel Mesure et Application [J]. Recherch et Applications en Marketing, 2003, 18 (1): 25-42.

⑦ Shu S. B., Peck J. Psychological Ownership and Affective Reaction: Emotional Attachment Process Variables and the Endowment Effect [J]. Journal of Consumer Psychology, 2011, 21 (4): 439-452.

一个品牌时，会产生品牌情感，并对该品牌态度忠诚的形成起到积极的作用。Dubois 等（2005）[1] 在关于奢侈品态度的消费者细分研究中发现，情感价值是一个非常重要的价值因子。事实上，消费者在拥有奢侈品之外，对奢侈品品牌的情感感受非常重要。Interbrand 历年评估品牌价值的方法论就涉及来自消费者品牌情感效应贡献的奢侈品品牌溢价价值或品牌资产的考量。所以，奢侈品品牌的情感属性是构成奢侈品高价格和高价值的一个支撑要素。

研究中国消费者品牌情感的基础是对中国消费者情感内涵的理解。事实上，中国消费者的情感特点除了包括文献中聚焦的即时的且下意识的经验自发性感情，比如对其成长的故乡的美好经历的眷恋，还有应尽义务层面的情感，比如对其出生的故乡的叶落归根的情怀。杨中芳（2001）将中国人的情感概括为人情和感情两种。人情是基于社会规范和道德约束而表现出来的义务的情感，感情是发自内心的真正情感[2]。基于杨中芳（2001）的情感理论，显然，人情属于社会关联情感，感情属于个体自发情感。Chaudhuri 和 Holbrook（2004）的品牌情感理论聚焦对个人经验自发性情感（个体自发情感）的研究，Dubois 等（2005）的奢侈品情感理论除了对个体自发情感的研究外，也包括社会关联情感。

（三）社会价值

Trigg（2001）[3] 指出消费行为是对个体社会身份的认同与建构，是塑造个体社会身份的过程，奢侈品消费行为尤其如此。个体消费者可以将奢侈品品牌作为自身优越地位或财富的社会外显性符号，这种符号的特征应该是可炫耀的、独特的、象征性的和具有社交意义的。

Leibenstein（1950）[4] 揭示出奢侈品消费行为中的从众、势利与炫耀性三种社会效应。从众性即消费者对社会潮流的追求，类似"羊群效应"。个体希冀通过作为群体中的一员，获得社群的价值认同。社会地位及其角色在奢侈品购买行为中的重要性也具同样的效应。势利即消费者追求标新立异和独占性，侧重独一无二的价值。炫耀性是消费者通过购买奢侈品来达到炫耀个人财富与社会身份的目的，此外，个人的炫耀性消费还受到社群关系的重要影响。Vickers 和 Renand（2003）[5] 研究发现，奢侈品的象征意义较之非奢侈品对消费者的意义更大，在奢侈品购买行为中更加显著。张梦霞（2005）[6] 认为高收入的消费者不仅重视产品带给自己成功的愉悦感，更关注产品搭建起社会关系的象征意义。中国人较之西方人更看重社会评价，象征性购买行为尤其突出。

对于奢侈品品牌的社会属性的界定沿用前期成果中的相关概念界定，即"个体通过奢侈品的消费与人与人之间发生的各种社会关系的牵连"，它具有炫耀、独特、精英、重塑

① Dubois B., Czellar S., Laurent G. Consumer Segments based on Attitudes toward Luxury: Empirical Evidence from Twenty Countries [J]. Marketing Letters, 2005, 16 (2): 115-128.

② 杨中芳. 中国人的人际关系、情感与信任 [M]. 台北: 远流出版公司, 2001.

③ Trigg A. B. Veblen, Bourdieu and Conspicuous Consumption [J]. Journal of Economic Issues, 2001, 35 (1): 99-115.

④ Leibenstein H. Bandwagon, Snob and Veblen Effects in the Theory of Consumers' Demand [J]. The Quarterly Journal of Economics, 1950, 64 (2): 183-207.

⑤ Vickers J. S., Renand F. The Marketing of Luxury Goods: An Exploratory Study - Three Conceptual Dimensions [J]. Marketing Review, 2003, 3 (4): 459-478.

⑥ 张梦霞. 象征型购买行为的儒家文化价值观诠释——概念界定、度量、建模和营销策略建议 [J]. 中国工业经济, 2005 (3): 106-112.

和从众五个特征，其中的精英和重塑特征表达的是象征性，从众表达的是社交性。关于奢侈品品牌社会属性的理论支撑主要来自上述研究。综上所述，奢侈品品牌社会属性包括炫耀性、独特性、社交性和象征性等基本内容。

(四) 经济价值

在社会经济运行中，不断生产出的高档物品，不仅满足消费者的需求，提高生产者的收入，而且也标志着人类物质文明水平的提高和社会的进步。现代的消费不仅需要满足消费者基本的物质生活要求，更重要的是，伴随着购买力的提升，在高端消费中特别是奢侈品品牌消费，消费者更加在意消费时的精神需求，喜欢体验消费场所的意义，追求消费品的附加价值，从而获得身心的愉悦。Nueno 和 Quelch（1998）[①] 从经济学的角度定义，奢侈品品牌是无形情境效用对价格的比率远高于功能性效用对价格的高价品牌，凸显奢侈品品牌无形价值的重要性。Dubois 和 Laurent（1994）[②] 从个人角度提出"品质保证"与"享乐价值"，品质保证是保证高品质以获得质量价值。享乐价值是自我实现以获得情感上的愉悦价值。Tsai（2005）[③] 通过调查全球 945 个受访者，提出奢侈品个人主义导向价值框架下的四维度模型：自我享乐、自我赠礼、内在自我一致和品质保证，这四个维度关联反映了奢侈品品牌的经济属性。

Lichtenstein 等（1993）[④] 等认为，高价格标志声望，展示社会地位。以高价格为导向的消费者，希望购买高价格的产品来影响他人，并获得他人的尊重。但近几年，受出境游的热潮涌动和国外比国内价格低的优势影响，很多消费者在出境游时都会选择购买奢侈品。此外，伴随奢侈品消费渠道的多样化以及线上线下渠道相结合的模式，消费者更是利用各种机会选择性价比高的奢侈品。显然奢侈品品牌感知价值的经济属性不仅包括传统个人主义导向的基本维度，还应该加入价格价值。但是，高价格消费不能违反公平交易的原则，中国的奢侈品消费者多选择在国外或通过海淘购买奢侈品的行为就反映了这个原则的市场效用。

张梦霞和王斯洋（2010）界定奢侈品品牌的经济属性，称其为市场价值属性，即"奢侈品与该特殊商品的市场供需关系中的消费者自我价值判断的牵连"。其中的自我价值判断，是消费者作为自然人出于本能个体利益的考虑对奢侈品自我价值导向型指标的价值感知状态，这些指标包括：品质、功能、享乐（含物质层面和精神层面）追求、自我表达、自我延伸等。这是一种从个人导向角度说明奢侈品消费更多地服从于个人的情感体验和感觉机制，是一种自我精神存在的表达。关于奢侈品品牌经济属性的理论支撑主要来自上述研究。综上所述，奢侈品品牌经济属性包括品质保证、自我享乐、自我赠礼、内在自我一致和价格价值等基本内容。

①　Nueno J. L. , Quelch J. A. The Mass Marketing of luxury [J]. Business Horizons, 1998, 41 (6): 61-68.

②　Dubois B. , Laurent G. Attitudes toward the Concept of luxury: An Exploratory Analysis [J]. Asia-Pacific Advances in Consumer Research, 1994, 1 (2): 273-278.

③　Tsai S. P. Impact of Personal Orientation on Luxury-Brand Purchase Value [J]. International Journal of Market Research, 2005, 47 (4): 177-206.

④　Lichtenstein D. R. , Ridgway N. C. , Netemeyer R. G. Price Perceptions and Consumer Shopping Behavior: A Field Study [J]. Journal of Marketing Research, 1993, 30 (2): 234-245.

第二节　奢侈品市场的感知价值细分

一、质优价高

质优价高是奢侈品的首要特征。奢侈品必须有高超的产品设计、优质的原材料和精湛的制作工艺等，以确保奢侈品稳定的高品质。消费者选择品质优良作为影响其奢侈品偏好的首要因素，其次是工艺传承和设计美感因素。

二、限量稀缺

奢侈品是否为限量版和稀缺性是消费者偏爱和决定购买的重要原因。事实上，从奢侈品厂商的角度分析，他们为了突出其产品在财富、地位和权力等方面的象征意义，也往往会严格控制奢侈品的出厂数量和上市时间，营造产品的限量稀缺氛围。显然，如果奢侈品具备卓越品质、优质原材料保证和精湛的制作工艺等特点，就决定了奢侈品无法被大量生产。奢侈品的这种限量的稀缺性价值得到了半数以上中国消费者的认同。从这个意义上看，奢侈品的限量稀缺性才使其为少数人所拥有。

三、文化传承

奢侈品品牌多为家族企业，服务于贵族，甚至曾为皇室御用，历经几代传承，有着悠久的历史。奢侈品可以用来向世人炫耀的关键筹码是其拥有独一无二的显赫身世。奢侈品的价值不仅包含材料和工艺构成的产品本身，更重要的是它代表的品牌理念、精神诉求和人文内涵。奢侈品的消费更是对品牌文化的消费，是对这个品牌的历史、背景和文化的认同。品牌历史、创始人、品牌来源国、传承工艺成为奢侈品的四大支撑要素。中国消费者重视品牌来源国文化以及品牌来源国对品牌赋予的特殊文化底蕴和内涵。

四、经典与创新并存

奢侈品是时代的产物，或者说是在一定的社会经济条件下的产物。随着时间的推移，生活必需品和奢侈品之间并没有一成不变的界限，而随着原材料的不可再生或生产数量的稀少及时间积累等各种因素，过去的必需品也可转变为奢侈品，客观地认知奢侈品是成熟消费的表现。消费者对设计理解加深，消费观由炫耀性奢侈消费转向个性化的设计消费，凸显对奢侈品创新性的认同。消费者偏爱奢侈品的经典款式，是因为奢侈品的经典款式设计独特、功能卓越，也更加体现出消费者对奢侈品的选择是个性化和经典款相融合的结果。

五、保值增值

奢侈品不仅具有使用价值，还具有收藏价值，特别是限量或者定制的奢侈品，一些特殊商品如珠宝、手表等，时间的积累、原材料的短缺、工艺的失传等各种原因赋予奢侈品较之一般消费品特别的保值增值价值。中国消费者在购买奢侈品时会考虑奢侈品的保值增值性。无论是购买奢侈品实物进行收藏以待升值还是利用金融投资手段进行奢侈品理财，这些都是投资者利用奢侈品进行投资的新渠道。

六、象征符号

奢侈品象征符号指奢侈品满足消费者炫耀财富、身份地位和生活方式的象征性意义。在并不成熟的消费阶段，人们热衷于奢侈品消费的一个重要原因是通过奢侈消费显示自己的经济实力和社会地位，或通过奢侈品消费去创造、维系或拓展个人生存与事业发展的空间。中国消费者比较看重奢侈品的象征价值，是因为他们希望通过奢侈品消费寻求诸如自尊、高端、自信、成功、财富、地位、融入圈子等需要的表达。此外，消费同一符号体系的奢侈品可以获得群体内部的认同感与归属感，因此奢侈品象征性的符号价值是明显的。

七、"意见领袖"认知

中国人素有倾听同伴或者专家意见的习惯，因此"意见领袖"成为人际传播网络的重要载体。由于中国的奢侈品消费者的消费习惯和品位已经发生了巨大的变化，"意见领袖"效应带动了许多新兴奢侈品品牌的发展，也凸显出奢侈品作为一个群体标志的符号象征性。为了融入这个群体就必须拥有这样的标志，所以在奢侈品消费中"意见领袖"的引导作用起着不可忽视的重要影响。

第三节　文化价值观角度的细分

从中国传统文化价值观对现代中国奢侈品消费者影响的角度切入，探究在中国奢侈品消费的背后，传统价值观对中国奢侈品消费者行为潜移默化的影响，借由价值观来做消费族群的划分，从而找出中国奢侈品消费者的消费行为特征。通过《中国奢侈品消费者行为报告2015》，在3477名被调查者中，共有3238人（总占比达96.74%）明显地表现出受到中国传统文化观念的影响。进一步地，以儒释道三种传统价值观作为基础变量，采用聚类分析法将人群聚类，最后获得4类不同的传统文化导向型人群，即儒道导向型、儒释导向型、释道导向型和非传统导向型，如图7-3所示。

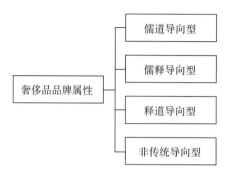

图 7-3 从文化价值观角度分类中国奢侈品消费者

一、儒道导向型

此类人群的规模为 2166 人，总占比为 64.71%，是第一大族群。在第一类人群中，儒家文化价值观导向和道家文化价值观导向的得分均大于 4，故将其命名为"儒道导向型人群"。由于儒家文化和道家文化起源于中国，在中国社会中长期保持其独尊地位，具有包容性、内化性和开放性等特点，对中国消费者行为的影响根深蒂固，本调研结果进一步印证了儒道文化影响的普遍性。消费者通过奢侈品品牌消费彰显个人的社会地位，或通过炫耀式消费创造和维系有利于个人发展的社会关系网络，其背后的价值观动因是儒家的等级观念（如"行为与地位一致"）和道家的享乐观念（如"追求生活品质"和"崇尚自然"）。关于儒家文化导向，"消费的社会意义"是借助个体消费行为表达和传递某种特定信息，如消费者的地位、身份、个性、品位、情趣和认同，在问卷中的测量题项有：象征成功、面子文化、行为与角色匹配等。关于道家文化导向，"消费的心理满足"是借助个体的消费行为获得"心情、美感、氛围、气派和情调"的心理感受，在问卷中的测量题项有：重视购物环境、价高质优和舒缓心情等。所以，儒道文化对中国人群奢侈品消费观的导向作用具有潜移默化的影响。

二、儒释导向型

此类人群的规模为 632 人，总占比为 18.88%，是第二大族群。在第二类人群中，儒家文化价值观导向和佛家文化价值观导向的得分均大于 4，且后者的得分偏高，故将其命名为"儒释导向型"人群。佛家文化价值观强调命运和缘分，在问卷中的测量题项有：相信缘分。显然，第二类人群表现出了中国消费者个体价值观的多面性特征，即在社会生活中以儒家文化为行为准则，而在个体精神层面则以佛家文化价值观为行为准则。个体消费行为兼具追求奢侈品消费的社会性和功能性产品的实用性。

三、释道导向型

此类人群的规模为 440 人，总占比为 13.15%，是第三大族群。在第三类人群中，佛家文化价值观导向和道家文化价值观导向的得分均大于 4，且后者的得分偏高，故命名为

"释道导向型"人群，同第二类人群相似，第三类人群同样表现出了中国消费者个体价值观的多面性特征，即在个体生活中以道家文化为行为准则，而在个体精神层面则以佛家文化价值观为行为准则。个体消费行为兼具追求奢侈品消费的自我享乐性和功能性产品的实用性。

四、非传统导向型

此类人群的规模为 109 人，总占比为 3.26%，是第四大族群。这类人群为数较少，但也具有相当的代表性，受到西方文化价值观的影响，传统文化价值观在这类人群中有淡化的趋势，但有必要针对这类人群展开更深入的研究。

通过上面的分析可以看出，中国奢侈品消费者行为有文化价值观导向下的潜在市场积聚特征。消费者行为学理论指出，消费者购买行为的最深层且根源性影响因素是来自文化价值观的驱动，我们的研究初步进行了中国奢侈品消费者的文化价值观市场细分，显然，对各个细分市场消费行为的进一步研究将是非常重要的。

第四节　提升品牌忠诚度——基于感知价值

提升消费者对品牌的忠诚度，必须以消费者感知价值为导向。在奢侈品营销领域，提升奢侈品品牌忠诚度是奢侈品品牌的长期管理的目标之一。对于企业来说，市场份额的争夺，实质是对消费者的争夺，即企业千方百计让消费者购买自己的产品，不购买竞争者的。从消费行为学的角度来说，就是企业通过各种营销手段，培育和维持消费者的购买偏好，使之成为自己的品牌忠诚者。

消费者感知价值为奢侈品企业提高品牌忠诚度提供了新的认识途径和管理基础，基于消费者感知价值的品牌忠诚管理对于企业获取、保持竞争优势十分必要。为了有效地实施品牌忠诚管理，奢侈品营销者应该做好以下六方面的工作。

一、通过系统而持续的消费者研究，选择目标消费者建立忠诚关系

鉴于营销资源和经营能力的有限性，企业不可能向所有的消费者提供产品或服务，所以只能选择一部分消费者作为目标消费者。同样，企业实施品牌忠诚管理的对象并不是所有可能的消费者，而是最有价值的消费者。宝马品牌的实践经验表明，企业利润的绝大多数来自于其 20% 的消费者，而其余 80% 的消费者所创造的利润几乎为零，甚至为负数。奢侈品消费群体依据不同的标准有不同的划分方法，并且每个品牌甚至同一品牌不同系列的奢侈品都有其特定的目标人群，因此奢侈品企业在与消费者建立忠诚关系之前，应关注现有消费者和潜在消费者需求的变化，及时与消费者沟通，并迅速采取措施，同时要进行消费者潜在的成本与利益的衡量对比分析，并在潜在关系对象中确定真正的有利可图者。以起源于欧洲的世界知名奢侈品品牌路易威登为例，早期其目标消费群大多为王室成员、富有群体和中产群体，后来将其消费群延伸至城市中产群体和一些成功人士。但是，攒半年

工资买一个路易威登包且不知道创始人故事的消费者，不是它的理想目标消费者，尽管这部分人占比不是小数目。

需要注意的是，建立、维持和发展品牌忠诚关系，势必牵涉大量投资，若企业从这种忠诚关系中获益不能弥补投资并获取合理利润，则建立忠诚关系是不明智的。因此，企业不应与所有对象都建立长期的忠诚关系，即使在建立忠诚关系的对象中，也应有不同的层次差别。对消费者进行选择和区别的标准是消费者终身价值（消费者在其生命周期内为企业提供的价值总额的折现值），按照这个标准，企业就可以有效地确定关系对象和关系层次。只有与最有价值的消费者建立关系，企业稀缺的营销资源才会得到最有效的配置和利用，当营销资源只配置在一部分消费者身上时，就能够明显地提高收益和利润。假如企业不考虑其营销资源与经营能力的制约，强行服务于非目标消费群，不仅会使非目标消费者不满意，而且还会由于非目标消费者的负面口碑，使得企业不能够吸引和保持目标消费者以及不能最终与他们建立忠诚关系。

二、明确奢侈品品牌的定位与价值主张，并管理消费者期望

品牌定位是指一个品牌希望消费者感受、思考和感觉该品牌不同于竞争者的品牌的方式，用策略性的语言为消费者选择该品牌而不是竞争者品牌建立具有竞争优势的理由。品牌定位是连接品牌识别和品牌形象之间的桥梁，也是调整品牌识别与品牌形象之间关系的工具。当一个品牌的定位存在时，该品牌的识别和价值主张才能够完全地得到发展并且具有系统脉络和深度。例如，万宝龙（Montblanc）作为一个有着100多年历史的品牌，毫无疑问有着足以让人倾倒的魅力。在工艺方面的严谨性、追求卓越的品牌个性与在创意上不断求新的品牌概念，都让这个品牌在100年的岁月之后，非但没有停滞不前，还越发引人注目。

奢侈品企业在制作一个制胜的品牌定位时，核心要点是了解、发展和展开甚至是创造消费者需求。这就要求在品牌定位的过程中一定要明确其价值主张，而这种价值主张必须要满足目标消费者的需求和价值取向。同时，由于消费者价值具有很强的主观性和个性化特点，因此消费者期望对于消费者在对产品使用和消费过程中的感知价值的产生具有很重要的影响，进而影响到消费者对该品牌的满意度以及对其的忠诚度。因而，对品牌忠诚的管理必然要对消费者期望进行管理。消费者期望是指消费者在购买和消费产品之前根据自身需求而对一个品牌产品或服务在功能、特性、品质等多方面的期望和要求。企业对消费者期望进行管理时，应当注意以下几点：

（1）产品品质、服务品质以及可接受的价格都是由消费者认定，因此企业有必要收集消费者对于产品与服务的期望品质以及合理价格的看法。

（2）消费者在形成自己的期望时，会参考竞争品牌的各种替代产品，可见，消费者期望是一个相对的指标，所以企业不仅要关注本企业的品牌，还要关注竞争品牌，知己知彼，才能百战不殆。

（3）消费者的期望经常会变动，而且通常随着市场竞争越来越激烈而变得越来越高，因此，消费者期望的决定是一个持续的过程。

三、建立和管理消费者数据库

通过建立和管理比较完全的消费者数据库，奢侈品企业可以更深刻地理解消费者的期望、态度和行为，从而可以更好地为消费者提供服务，增加消费者的价值。消费者数据库包含的信息有：消费者的年龄、职业、婚姻状况、收入；消费者的期望、偏好和行为方式；消费者的投诉、服务咨询；消费者所处的地理位置；消费者所在的细分市场；消费者购买产品的频率、种类和数量；消费者最后一次购买的时间和地点；消费者如何购买产品；等等。获取消费者资料的途径有：营销部门；消费者服务部门；电话、互联网、邮件、传真、营销人员等营销媒介和渠道；零售商及其他商业伙伴等。需要注意的是，建立和管理消费者数据库只是一种手段，而不是目的，企业的目的是将消费者资料转变为有效的营销决策支持信息（如有助于识别高价值消费者群的信息）和消费者知识，进而转化为竞争优势。数据库信息要不断地更新，这样企业才会随时掌握随时间变化而变化的消费者期望、态度和行为，同时还可以开展消费者流失原因的调查。

四、量化并向消费者传递消费者价值的重要性

在消费者与企业建立关系之前，他们可能一直未曾意识到消费者价值的存在，或对其认识非常模糊，并不清楚价值的大小。因此，企业应对消费者价值进行战略性宣传，并帮助消费者量化这些价值以及相应地转换成本（如货币成本、时间成本和心理成本等）。如果消费者能够更好地理解保持关系所能节约的货币、时间、精力等价值，他们流失的可能性会更小。同时，企业也要建立准确评估消费者价值的财会体系，精确地计算忠诚消费者的终身价值，并以此为标准制定营销和管理预算，评估活动绩效。另外，企业应致力于消费者价值流程的再造，建立能便利、快捷传递消费者价值的战略。企业的组织与流程必须着眼于消费者价值创造活动的效果最大化，如果能支持企业提供、传递优异的消费者价值，一些流程可以外包。

五、重视奢侈品消费者的使用体验

消费者的品牌购买和使用体验是品牌选择的主要依据，对品牌忠诚产生有着直接的影响。如果说第一次购买某奢侈品品牌主要是各种传播沟通因素的影响，那么，下一次的购买乃至以后所有的购买行为都会受到品牌体验的影响。所谓品牌体验就是消费者自己购买和使用品牌的经历以及所有由经历带来的认知结果，它包含购买和使用两个方面，也就是说，消费者的购买和使用过程主要是由自己做出判断的，并且依据这些判断进行下一次的品牌商品购买和使用行为。认识消费者的体验可以通过行为和态度两个角度，通过对他们购买和使用后的态度分析能够对行为背后的原因进行解释以及对以后行为进行预测，在掌握他们满意和不满意的原因后，进而对其进行分类，并采取具有针对性的对策。而消费者的体验行为是最能说明品牌的市场表现，反映了消费者对品牌的情感关系和依赖程度。因此，对于企业来说，消费者的品牌使用体验可以透露出许多珍贵的信息，而这些信息是建立品牌忠诚关系的良好催化剂。通过这些信息可以了解消费者满意与不满意以及品牌迁移

的原因，可以了解到消费者生活方式以及价值观念的变化，从而掌握他们真正的品牌观念和价值需求。

六、与最有价值的消费者建立互动性的学习关系

品牌忠诚管理是以消费者为中心的品牌管理方法，其实质是由过去的交易方式向关系方式的转变，可见，奢侈品企业要实行品牌忠诚管理，就必须认真对待最有价值的消费者，并与他们最有价值的消费者建立学习关系，唯有这样，才能保持并增强品牌力量，才能获得、保持和发展最有价值的消费者为企业带来的收益和利润。认真对待最有价值消费者的方式有很多，例如，保留一些非盈利的产品和服务，即为了满足最有价值消费者的需要，一些非盈利的产品和服务还得保留，这会使消费者产生无缝隙的品牌体验，从而有利于保持最有价值消费者。企业还可以通过给予最有价值消费者特别的对待，例如价格折扣，在货源紧张时优先供应等方式使消费者产生亲密、被重视以及与众不同的感觉，进而提高其品牌忠诚度。建立互动性的学习关系，即消费者说出他们的需要，企业根据消费者需要提供信息、定制产品或服务。消费者信息数据库和企业与消费者间的相互作用是建立学习关系的关键。

CHAPTER 8

第 八 章

奢侈品定价 ∷∷

第一节　价格弹性与反市场营销①

价格弹性是所有古典经济学的基础，对于正常商品来说，价格上涨将会导致需求下降。这种价格和数量的关系是传统市场经济的一个重要影响因素。定义弹性系数的前提是在价格和数量的关系中，价格的微小变化能引起销量的微小变化，而且这种变化不能是向两种极端的飞跃，也就是说，不能有销量的急剧下滑或者激增。②

一、奢侈品价格的"门限效应"

尽管传统的价格需求弹性对正常商品或大众消费品适用，但却并不适用于具有价格"门限效应"（或门槛效应，Threshold Effect）的奢侈品。"门限效应"是在通信领域出现的一种概念，或者说是一种现象，是指在调制解调（连续信号变成不连续信号或相反）时，调频信号在解调后要获得信噪比增益，输入信噪比必须要大于某一门限值，否则其解调器的性能会急剧恶化③，而发生急剧变化的点（或者范围）称作该"门限效应"的"门限值"。后逐渐应用于经济学领域，研究各经济领域内某特定因素所导致的突变问题。

在"门限效应"的影响下，奢侈品价格如果跌破了某一数值，目标客户群体将不再认为它是奢侈品。也就是说，当价格低于这个"门限值"，产品就销售不出去；抬高价格，产品便又开始热卖，只要它们物超所值。消费者总是忽略价格区间的存在，在这一区间之内，便被认为是奢侈品，而低于这一价格区间，就被认为是大众产品。大众产品符合古典经济学和传统市场经济规律，但它们常常利用这种界定的模糊性来误导人们。举例来说，如果一瓶香槟酒零售价格低于 100 法郎，那么消费者就认为它不是"真正的"香槟。价格从 100 法郎降到 99 法郎便遏制了香槟的销量，因此不得不进一步降低价格，以新的产品定位来寻找新的客户群，而这些客户群可能本来只是普通起泡酒（产品层次低于香槟）的

---

① ［法］Michel C., Gerald M., Pierre L. X. 奢侈品品牌管理［M］.上海：格致出版社，2017.
② ［法］Vincent B., Jean-Noel K. 奢侈品战略——揭秘世界顶级奢侈品的品牌战略［M］.谢绮红译.北京：机械工业出版社，2018.
③ 详见 https：//baike.baidu.com/item/门限效应/10257797？fr=aladdin。

119

消费者。

二、奢侈品需求价格弹性

需求价格弹性是指市场商品需求量对于价格变动做出反应的敏感程度。对于正常商品大众消费品来说，价格上升必将导致需求量减少，反之导致需求量增多。但是对于奢侈品来说，大多情况下压低价格只是对定价做全新的解释，并不会吸引更多的客户，降价后只可能出现销量较之前下滑的现象。

（一）需求价格弹性系数可能失去意义

在奢侈品行业有一种现象是很常见的：当一种产品找到了它的市场和稳定客户人群时，就会存在一个相对灵活的价格区间，在这个区间内，价格的变动不会导致消费人数（需求量）的变化。正如上文中对"门限效应"的相关介绍，奢侈品的价格在"门限值"内波动将不会导致需求量的变化，即弹性系数失去意义。

（二）需求价格弹性可能为正

需求量随着价格上升而上升的产品被称为"凡勃伦商品"。在某种程度上它是有违常理的，因为它与正常商品或大众消费品的价格需求规律公然对立。"凡勃伦商品"在奢侈品行业很常见，特立独行的消费者会因为奢侈品价格上涨而增加购买行为，因为价格升高可以过滤掉一些盲目追风的人，以彰显消费者的独特性（Amaldoss、Jain，2005）[①]。

三、反市场营销——促销与广告[②]

（一）不断提高产品范围内平均价格

在传统商品市场中，产品在新上市的时候定价会相对较高，后随着其他产品的进入而逐渐降低价格，而奢侈品恰恰相反。一个奢侈品品牌必须时刻保持与其他产品的距离和等级的划分。当一个品牌只能通过推出平民化的产品来达到销售和利润的增长时，它就不再属于奢侈品范围了。这意味着，尽管为了一两位新顾客而推出一些适销产品是必要的，然而经营一个奢侈品品牌意味着发展眼光的彻底改变。一个奢侈品品牌的平均价格要不停地上升以确保自己的奢侈地位，当然同时也要提升产品和服务自身的价值。

（二）奢侈品无促销

促销的本质是为了售出那些积压的商品和不那么畅销的商品而降低产品价格，但这并不适合奢侈品。奢侈品的价格是围绕着它的价值，随着时间的推移慢慢增加的。突然

---

① Amaldoss W., Jain S. Pricing of Conspicuous Goods：A Competitive Analysis of Social Effects [J]. Journal of Marketing Research，2005，42（1）：30-42.

② ［法］Vincent B.，Jean-Noel K. 奢侈品战略——揭秘世界顶级奢侈品的品牌战略 [M]. 谢绮红译. 北京：机械工业出版社，2018.

的降价只会让顾客质疑自己所买的是不是真正的奢侈品。此外，奢侈品本身包含着消费者的追求与梦想等精神含义，购买奢侈品应该是一种经过深思熟虑的行为，而不是一时兴起的冲动。所以，促销只能加速这种"脑热"行为，并不是真正的"追求梦想价值"的行为。购买奢侈品的价值不在于它的价格，它只是其中的一个因素，这与促销南辕北辙。

任何有促销行为的产品都不能称为奢侈品，这就是除了奢侈品以外的时尚业常出现的情况。在时尚业促销是十分重要的，因为时尚关注了所有人的需求变化。每年这些时尚品牌店都会不定时地举行促销活动来吸引顾客的光临，同时也为新产品腾出一定的空间。因此，那些过季还未售出的商品就是商家促销的目标。

因此，折扣促销会对奢侈品的定位有负面影响。在经济不景气的环境下，财富越是缩水，人们越是愿意去买那些真正"值钱"的东西。如果商家利用降价促销来刺激消费，那么消费者会质疑该奢侈品的价值和承受力，反而会减少该奢侈品的购买。就算可以在短时间内通过吸引更多非奢侈品目标人群的眼球来提高销售量，但是一旦危机过去，奢侈品的神秘感和尊贵感将不复存在。因此，面对危机时，商家可以通过"增值"的方式进行营销活动。比如增添配套服务和礼品，让顾客觉得物有所值，而不是促销活动。

在某些情况下给特殊的顾客以适当的优惠也是可行的。但要注意的是，为了不影响品牌的价值，必须要为这种降价做出合理的解释，而且这种手段只能用于个别客户。

(三) 广告与价格

在传统广告营销中，首先要制定一个销售主张，每次做完广告之后，人们都会从销售数字看广告有没有起作用。而在奢侈品领域，人们的梦想总是排在第一位的，因此，奢侈品广告总是非理性的，它真正的卖点不在质量而在于它所代表的梦想。

宝马公司总裁在一次采访中被问到"随着消费升级，年轻驾驶者购车动力十足，接下来的目标是什么"时，他回答："我的工作是保证美国18岁的孩子们都下定决心，日后他们一有钱就要买一辆宝马，我要保证他们晚上入睡后在梦想着得到它。"

鉴于奢侈品的卖点是非理性的，所以它的广告上更侧重展示商品，而不是产品介绍或价格。顾客对产品有心理上的预测价格，对于传统广告营销来说，预测价格低于实际价格。例如，雷诺在推出它的 Logan 车型时，最初的定价是5000欧元，但是全套的设施加起来却要达到7500欧元，每个商家都会试着用较低的价格来吸引顾客。奢侈品恰恰相反，其预测价格总是高于实际价格。例如，一个人带着卡地亚（Cartier）Pasha 的腕表，就算看到这块表的人大概知道价位也一般还是会高估价格，因为它散发着奢侈品气息。这种性质让拥有它的人更有面子，作为礼物也能更被接受。因此奢侈品广告中的标价往往是最高的。

第二节　奢侈品定价原则①

一、商品三大传统定价方法

 小故事 8-1

定价方式——星巴克（Starbucks）VS"安静的小狗"

以一杯售价 25 元的星巴克（Starbucks）中杯美式咖啡为例，其所耗费的物料成本为价值 2 元的 20 克咖啡豆、0.6 元的一次性纸杯、2 元的牛奶，即一杯中杯美式咖啡的物料成本为 4.6 元；再加上运营成本，约 5.5% 的人工费、约 20% 的水电广告费用、约 14.3% 的房租、约 4% 的设备折旧、约 5% 的其他成本和约 4.4% 的行政开支，即 13.3 元运营成本。所以一杯售价 25 元的中杯美式咖啡的总成本为 17.9（4.6+13.3）元，低于其售价。

与星巴克（Starbucks）不同，美国沃尔弗林公司生产的"安静的小狗"牌猪皮便鞋，名气很大。最初，为了打开销路，公司把 100 双便鞋无偿地送给 100 个顾客，经 8 周试穿以后，通知顾客说，公司要收回鞋子，顾客想留下也行，但必须付款 5 美元。结果，绝大多数顾客愿把鞋子留下。当然，公司最后并没有真要他们付钱。公司的收获是，它已确切地知道了，顾客是欢迎猪皮便鞋的，而且愿意支付 5 美元的价钱，以此为基准，公司给"安静的小狗"定价每双 7.5 美元，一年就销售了数万双，大受欢迎。

（资料来源：甄文.产品定价方法与策略［J］.智富时代，2016（6）：46；陆文铭."安静的小狗"闹市场［J］.销售与市场，1994（12）：26-27.）

价格作为价值最重要的媒介，总是围绕价值上下波动，一方面以产品的价值为基础，另一方面又受到市场供求和市场环境因素的影响，往往变化较大。围绕这个中心，传统的定价方法主要有三种，分别是以成本为导向的定价方法、以需求为导向的定价方法和以市场竞争为导向的定价方法。

（一）以成本为导向

以产品成本为导向是指产品应根据成本确定一个初始价格，再在初始价格的基础上根据资金的时间价值、税率、所得税、客户的需求、市场的竞争情况或者渠道的建立与维护等一系列影响因素，确定一个成本加成，根据成本加成对产品的初始价格进行调整，制定出使消费者和企业都可以接受的价格。具体做法有两种：一是通过协调渠道关系和渠道功能转移等因素整合成本优势，认为在协调渠道关系时应注重分销的专业化②；二是成本加成的价格制定方法，即在制定价格时，首先以价格加成作为定价的基础，然后根据市场的竞争情况以及顾客的需求情况对价格进行小幅的修正，从而形成一种基于财务分析并且以

---

① 邵芊涵.奢侈品品牌在中国市场的定价策略研究［D］.对外经济贸易大学硕士学位论文，2016.

② 严淑宁，庄唯为.渠道成本优势的提升途径［J］.企业改革与管理，2005（8）：78-79.

市场为基础的定价方法。[①]

(二) 以需求为导向

以需求为导向的定价方法是指根据需求的收入弹性、价格弹性和交叉弹性来分析客户的价格敏感性，以达到把握客户的心理、确定客户对产品和服务的接受程度和接受范围的目的（晋自力，2006[②]；尹启华、邓然，2010[③]）。当然，也可以通过产品的制造商、分销商和零售商之间的相互协调以确定使渠道利润最大化的价格，实现各方面的多赢[④]。具体有认知导向定价法、逆向定价法和习惯定价法。

认知导向定价法是指根据消费者对企业提供的产品价值的主观评判来制定价格。逆向定价法是指依据消费者能够接受的最终销售价格，考虑中间商的成本及正常利润后，逆向推算出中间商的批发价和生产企业的出产价格。习惯定价法是按照市场长期以来形成的习惯价格定价。

(三) 以市场竞争为导向

以市场竞争为导向的定价方法是指企业在制定价格时，要考虑竞争对手的现实情况，根据竞争对手的价格作为自己定价的依据，并与竞争对手的产品价格保持一定的比例，在此基础上综合考虑自身的成本以及市场需求等（郭细平、冯旭，2004[⑤]；祝融，2007[⑥]）。在市场经济的环境下，竞争性定价具有其他定价方法无法达到的优越性（高勇强、晏龙进，2005[⑦]）。

以市场竞争为导向的定价方法充分考虑了产品价格在市场上的竞争力，但是过分关注在价格上的竞争，容易忽略其他营销组合可能造成产品差异化的竞争优势，进而引起竞争者报复，导致恶性降价竞争，使公司毫无利润可言。

二、奢侈品特有的定价原则[⑧]

产品定价需从成本、需求或市场竞争三个角度入手，但奢侈品间的竞争与大众消费品不同，奢侈品比起制作材料更看重抽象价值，而且竞争更广泛，是梦想与礼物之间的竞争。从这个角度来看，爱马仕（Hermès）的一个手包不仅是与香奈儿（CHANEL）和路易威登（Louis Vuitton）的手包在竞争，还在为周末在一家豪华酒店庆生时的生日礼物选择问题而竞争。这样一来，奢侈品行业打乱了替代商品间的固有竞争市场。所以，奢侈品的定价不再根据成本定价法（所有的成本相加）或者竞争导向来进行，而是需要更多地考虑产品的功能、梦想价值、象征价值等，即更多地侧重以需求为导向来定价，属于认知导向定价法。

认知导向定价法是根据消费者对企业提供的产品价值的主观评判来制定价格。价格是

① 潘秋佳，许继哲，马慧. 企业内部产品定价权限研究［J］. 江苏商论，2008（26）：68-69.
② 晋自力. 商品定价应考虑需求弹性［J］. 北方经贸，2006（6）：30-31.
③ 尹启华，邓然. 精准营销研究现状［J］. 经济研究导刊，2010（9）：158-159.
④ 周永务，冉翠玲. 需求信息不对称下供需双方的博弈［J］. 系统工程与电子技术，2006（1）：68-71.
⑤ 郭细平，冯旭. 零售店的竞争导向定价分析［J］. 价值工程，2004（11）：61-63.
⑥ 祝融. 竞争环境下的定价分析［J］. 现代管理科学，2007（1）：115-116.
⑦ 高勇强，晏龙进. 竞争导向下企业定价流程再造［J］. 价格月刊，2005（2）：36.
⑧ 道客巴巴. 奢侈品的定价策略［EB/OL］. https：//www.doc88.com/p-1136314932316.html.

产品交换价值的体现，但奢侈品的交换价值在于它的价格价值、使用价值、质量价值、独特性价值、自我认同价值、享乐价值、物质价值、卓越价值以及威信价值（李杰，2010①）。其中，独特性价值、自我认同价值和威信价值使奢侈品的定价区别于其他的大众消费品。顶级香槟酒库克的创始人雷米·库克认为，真正的奢侈品就是能够自由定价的品牌。如果一个品牌可以把价格抬高到任何一个数值，而不会被认为不可思议，那么这个品牌就是与生俱来的奢侈品，但奢侈品在定价过程中仍需考虑三个基本原则。

（一）价格溢价原则

在奢侈品行业中，产品的价格与成本并没有严格的一一对应关系，产品的高价格对应的不是高成本，而是高价值。这种高价值在于奢侈品可以提供额外的精神享受，提升社会地位，这是奢侈品的附加值所在。这种附加值往往可以满足消费者高层次需求，如审美的需求、自我实现的需求等。例如，一场著名的画展，只要它有足够的独特性、超脱的艺术特质，满足消费者的核心价值取向，那么观众在乎的是画带来的美和艺术的享受，愿意为这奢侈品支付溢价。

（二）定位与定价相结合

站在企业的立场，其定价的目标是找到消费者愿意为奢侈品附加值支付的最高价。正如前文所述，当奢侈品符合消费者的核心价值观，消费者便会为溢价买单。因此，奢侈品企业了解目标客户的消费习惯、生活品位和他们对于这种附加值的定位。在了解这种体验在消费者心目中的定位的基础上，要把奢侈品的价格与其在消费者心目中的定位相结合。奢侈品本身的象征意义和符号价值需要让它的目标客户感觉它值得为之支付相应的代价。

🌀 小故事 8-2

定位分明的奥地利力多水晶（Claus Riedel）自 1756 年从事玻璃制造业以来，其在 1973 年成为第一个生产红酒专用酒杯的公司。力多水晶的差异化定位非常明显，为同一种用途的酒杯按照定位不同确定不同的价格，它的手工吹制的纯铅晶制玻璃的"调酒师"（Sommelier）系列全部在奥地利制造，不论是握在手中触摸或是聆听，都充满美感，而且这些酒杯表现出了酒的最大限度的协调和平衡感，这些酒杯专为那些对酒类非常有研究、追求完美意境的顾客设计，其价格一般为每个 60~90 美元。对于那些觉得"调酒师"系列价格过于奢侈的消费者，公司还设计了另一种产品，即"酒剂"系列，它的价格比"调酒师"要低，但是相对于普通的酒杯来说还是高价的。它同样以铅晶玻璃制成，不过是机器生产的，而不是手工制造的。公司给"酒剂"系列的定位也非常明确，即可以日常使用的、根据葡萄酒品种设计的酒杯。

（资料来源：道客巴巴. 奢侈品的定价策略［EB/OL］.［2017-01-19］. https：//www. doc88. com/p-1136314932316. html.）

（三）稳定原则

在奢侈品领域定高价一直是最基本的原则，打折促销从来都不是顶级奢侈品制胜商场的法宝。如果一个奢侈品需要靠打折降价来吸引它的目标客户，那也就意味着它离摘取

---

① 李杰. 奢侈品品牌管理——方法与实践［M］. 北京：北京大学出版社，2010.

"奢侈品"的光环不远了。当一个奢侈品品牌旗下的某个产品销售量下降，企业的第一反应是减少产量甚至是彻底停产，而不是靠降低价格来促销。稳定的价格象征着稳定的品质，当然稳定并不意味着一成不变，随经济发展稳步提升也在情理之中。

例如百达翡丽（Patek Philippe），先买的顾客永远也不用担心以后会有更便宜的产品问世，它的价格只会越来越高。历史悠久又限量生产的百达翡丽手表还常常成为拍卖会的焦点。这一策略的好处是让先买的人没有后顾之忧，同时也让想买的人认为这是一种升值产品，越早买越划算。

第三节　奢侈品定价策略

一、产品组合定价

产品组合定价策略是一种比较灵活的定价策略，将相互替代的两种商品捆绑在一起，适当地提高畅销商品的售价并降低非畅销品售价的定价方法，从而扩大非畅销品的销量，增加企业总体的盈利水平。产品组合定价主要包括的定价策略有产品线定价、成套优惠定价等。本节将以路易威登（Louis Vuitton）集团旗下的两个产品品牌——娇兰（Guerlain）和贝玲妃（Benefit）进行对比，分析其定价策略。

（一）产品线定价

奢侈品品牌大多有不同的产品线，对于每一产品线的产品企业都要制定出足以吸引消费者的合理价格。对于低端的产品，企业要制定足够优惠的价格，对于功效相对较好、高端的化妆品，企业制定的价格要与低端产品拉开足够的距离，为企业获得利润赢得足够的空间。表8-1为贝玲妃和娇兰彩妆价格的比较。

表8-1　贝玲妃与娇兰彩妆价格对比

品种	贝玲妃（Benefit）	娇兰（Guerlain）
经典粉底液	350 元/30ml	1650 元/30ml
腮红	290 元/7g	550 元/6.5g
粉饼	340 元/8.9g	1790 元/9g
睫毛膏	230 元/8.5ml	340 元/8.5ml
唇膏	190 元/3g	435 元/3.5g
眉笔	220 元/1.2g	250 元/2g

资料来源：根据贝玲妃官网和娇兰官网整理而成。

从表8-1可以看出，娇兰和贝玲妃的产品线都比较齐全，包括基础护肤、彩妆、香水等。娇兰的彩妆主打高端奢华，而贝玲妃的彩妆主要是属于低端的，因此娇兰的价格比贝玲妃高出很多。彩妆产品属于高盈利产品，脸部彩妆如粉底液、粉饼等的价格明显高于其他的产品，但是对于唇蜜、眼线笔等，这类产品的价格虽然比大众品牌高，但是差距并不大。对于这类产品的主要作用除了满足一部分消费者的需求，更多的是起到吸引消费者注意力的作用。从贝玲妃和娇兰的定价可以看出，最高档产品和最低端产品定价只有2~4倍的差距，说明消费者在尝试了较低端的产品之后可能会进一步购买更高端的产品。

（二）成套优惠定价

成套产品定价是指将单个产品打包出售，通过打包出售给消费者更大优惠，吸引消费者成套进行购买，以扩大销售数量、增加盈利的定价方法。商家将相关的同一系列产品捆绑在一起进行销售，成套的价格通常情况下比单个购买的价格实惠很多，可以使消费者以相对实惠的价格买到更多的产品，并通过将其他产品的试用装包含在套装内使消费者可以有更多的体验，具体如表8-2和表8-3所示。

表8-2 贝玲妃套盒与单个商品购买价格对比　　　　　　单位：元

产品名称	价格	产品名称	价格
雪中精灵亮彩套装	266	Super Monkey 合作套装	318
防麻瓜眉笔 0.11g	76	眉笔 0.34g	220
天外飞纤睫毛膏 3g	88	染眉膏 3g	220
玫瑰红胭脂水 4ml	118	反孔精英脸部底霜 7.5ml	98
流光飞舞蜜粉 1.5g	148	超级猩猩健身新人卡	100
雪中精灵化妆包	—	超级猩猩健身定制收纳包	49
单个商品购买合计	430	单个商品购买合计	687
差价	164	差价	369

资料来源：根据贝玲妃官网及天猫旗舰店整理而成。

表8-3 娇兰套盒与单个商品购买价格对比　　　　　　单位：元

产品名称	价格	产品名称	价格
御廷兰花经典焕活套装	8080	帝皇蜂姿黄金复原蜜套装	680
御廷兰花卓能焕活修护眼唇霜 15ml	1800	帝皇蜂姿黄金复原蜜 30ml	680
御廷兰花卓能焕活乳霜 50ml	3800	帝皇蜂姿双效修复精华露 8.4ml	358
御廷兰花卓能焕活精华液 30ml	4500	帝皇蜂姿修复蜜润柔肤水 40ml	152
单个商品购买合计	10100	单个商品购买合计	1190
差价	2020	差价	510

资料来源：根据娇兰官网及天猫旗舰店整理而成。

经调查发现，贝玲妃共有礼盒套装24种，娇兰有礼盒套装14种，分别选取该两种品牌中具有代表性的套装进行价格比较。经过价格比对发现，各大品牌在对套盒定价时都会适当地采用成套定价理论，贝玲妃和娇兰对套盒的定价都做出了很大的优惠，但在定价构成上仍有微小的不同。娇兰礼盒的定价就是主打产品的单价，比如娇兰帝皇蜂姿黄金复原蜜套装，该套装的价格为680元就是其主打产品帝皇蜂姿黄金复原蜜的价格，其他几样产品可以看作是赠品。而贝玲妃在套装中，是将单个产品的价格加总得出套装的最终价格。由于两种套盒的定价方法不同，消费者的价值感知也不一样，在两种礼盒中，娇兰的套盒相对而言更加优惠，消费者的感知价值也更高，对消费者而言吸引力也更大。

二、心理定价

（一）声望定价

声望定价，主要是企业通过品牌效应，利用消费者的炫耀心理，制定高价获利。长久以来，消费者在选购商品时往往会选择购买价格比较高的产品，也就忽略了那些更适合自己的产品，在这个过程中，消费者将买到别人无法买到的商品当成是一种成就而忽视了商品本身的实用性。例如，很多中国富豪偏爱爱马仕，甚至愿意为了限量版的爱马仕包付出几倍甚至几十倍的价格，与实用性相比，他们更多在乎的是爱马仕包带给他们的品牌效应，可以使自己与其他人不一样，显示了自己的财富与地位。爱马仕的品质、做工虽然让我们无话可说，但是成本在爱马仕的价格构成中只占了很小的一部分，它之所以可以定高价是利用了其自身的威望与品牌效应，同时满足了购买者的炫耀心理。

（二）整数定价

整数定价是奢侈品厂商经常采用的一种定价方法。是指针对某一类产品根据该类产品特点进行定价。该类产品的价格一般以"0"结尾，把产品的价格定为高于该产品原本价格的整数。该定价方法抓住了消费者对于奢侈品感知价值中的炫耀价值和品质价值的敏感性，同时给人以方便、简洁的印象。为了提高产品的威望，奢侈品品牌会将高端的产品直接定价为整数，并且这种定价方法用在小配件的定价上使消费者在购买大件的消费品的时候搭配比较方便，如表8-4所示。

表8-4 配件价格表　　　　　　　　　　　　　　　　　　　　单位：元

	古驰	迪奥	蔻驰	普拉达	爱马仕	托马斯·沃德	马克·雅克布	麦丝玛拉	博柏利
眼镜	3590	3900	1380						
钥匙链	3000			1600					
丝巾	3950				3600	3500			
帽子	6300						800	4100	
腰带	4400								4700

资料来源：根据古驰、迪奥、博柏利等官网整理而成。

通过表8-4我们可以看出，除了几个特殊产品的定价不同外，大多数商品都是以整数定价的。虽然它们的用料、种类不同，以上配件大都属于一个价位，价格相差不大。生产商之所以采用这样的定价就是想要让消费者在购买产品时更加方便，为消费者提供便利，从而扩大厂商的盈利空间。

（三）招徕定价

招徕定价是通过让消费者对产品产生一种好奇心让他们进店观望以带动该品牌其他商

品的销售，通过将几种商品定非常高的价格或者是非常低的价格来实现。对于奢侈品而言，就是故意把商家的主导产品以高价的形式进行宣传、渲染，进而以吸引顾客，同时提供其他相关的产品，通过其他产品的销售获得利润，提升品牌影响力。例如，在蔻驰店铺中，橱窗中商品的价格会是店中普通商品的 2~3 倍，这主要有两个方面的考虑：一是消费者会受价格的吸引来店里选购自己想要的商品；二是与店中的其他商品对比，以此显示其他商品的价格相对较低，使消费者在其他条件相同的情况下选择购买商品。

（四）习惯定价

通过长时间购买商品，消费者会对该品类的商品价格有大致的了解，会对不同品牌商品分别有感知价值。企业在制定产品的价格时，如果对目标消费者的感知价值缺乏了解，就很容易将价格制定得过高或者过低，如果制定的价格过高会导致销售量偏低，如果制定的价格过低会导致无法最大化生产者剩余，由此可见，无论哪一种情况都会使企业的最终利润受损。

为了显示论证的客观性，表 8-5 选取了三个不同层次的品牌，并在三个品牌迪奥、博柏利和蔻驰中分别选择了低档、中档和高档三个档次，以三个品牌中比较流行的手提包款式为例进行说明。

表 8-5　奢侈品包价位表　　　　　　　　　　　单位：元

	迪奥	博柏利	蔻驰
较高档包	33622	14414	5206
	32699	14375	4600
	31695	13756	4590
中档包	26046	10059	4210
	25925	9092	4260
	20464	9050	4256
低档包	13022	6504	3200
	9790	3201	2560
	7090	2610	2160
均价	22261	9229	3894

资料来源：根据蔻驰、迪奥、博柏利官网整理而成。

消费者在购买商品之前，在自己心中会有关于一种品牌价值与价格之间的比较，也就是他们对这种品牌价值的认知，消费者对迪奥的价格感知与对蔻驰的肯定不同，如果奢侈品厂商在定价之前没有认清自己的品牌价值与品牌定位，不了解消费者对于自己品牌的认知价值，迪奥的手提包的定价和蔻驰的手提包的定价在同一层次，那么将会影响该品牌在消费者心中的价值感知，对奢侈品品牌长远的发展也是不利的。因此，奢侈品品牌在定价之前要做好调查，充分地了解消费者的消费习惯，制定出合理的价格。

三、区域定价

奢侈品品牌在某一国或地区市场实行的都是统一定价，只有在某些特殊店铺，如机场免税店、打折商场可以看到，同一型号、统一标准的产品价格低于其他店面的情况。这是由于在这些店铺扣除了关税等一系列额外的费用，但并不是所有人都可以随意地出入免税店进行购买，只有出国、持有护照以及相应的机票才能在免税店进行购买。不仅如此，对购买的数量也有所限制。有些时候，由于某一国家或地区经济发展的需要，政府出于政策性原因会对该地区实行特殊的待遇。例如，为了拉动海南地区的经济发展，国家制定了离岛免税政策，并在海南岛设立免税店，凡是到海南岛旅游的消费者，在离岛时凭借身份证就可以购买到免税的奢侈品。但是，政府对于消费者每年出入海南岛的次数以及每次购买的数额都是有所限制的。这种区域性的定价方法主要体现了政府政策的倾斜，在其他地方是不可能实现的。

第四节　奢侈品的价格差异

自 2008 年以来，我国奢侈品消费呈现井喷式的增长，中国成为各个奢侈品大牌不能忽视的重要市场，诸多国际大牌纷纷进驻中国市场。2017 年全球个人奢侈品消费市场中，来自中国的消费额约为 6500 亿元，占比达到全球的 32%，为所有国家和地区最高[①]。中国是全球奢侈品最大的消费国，但是中国国内奢侈品一直以极高的价格著称，有的比国外高出 1 倍甚至几倍。据巴黎银行的调查，各个奢侈品品牌在中国的定价都是采取最高定价策略。

一、汇率

奢侈品品牌在全球的定价一般分为三个市场，即美国市场、欧洲市场、亚洲市场。中国作为全球奢侈品第一大消费品市场，它的价格必然与人民币币值存在一定的关系。人民币币值上升，表明和其他的货币相比，一单位的人民币可以购买到更多的商品，这也意味着人民币的购买力增强。相对于外国商品而言，相同多的人民币和原来相比可以购买到更多的外国商品。对于奢侈品市场而言，升值后的人民币可以以更低的价格购买到欧洲市场或者美国市场的相同品牌、相同型号的商品。如果人民币币值上升，那么相对来说，美国市场、欧洲市场奢侈品的价格就较低；如果人民币币值下降，那么欧洲市场、美国市场奢侈品的价格就较高。图 8-1 显示了 2005 年 1 月至 2018 年 10 月美元与欧元对人民币汇率走势。

由图 8-1 可以看出，自 2005 年 1 月至 2018 年 10 月，无论是美元对人民币币值还是欧元对人民币币值总体上都处于下降的趋势，这说明人民币币值上升，美元、欧元币值相

[①]　贝恩. 2018 年全球奢侈品行业研究报告［R］. 2018.

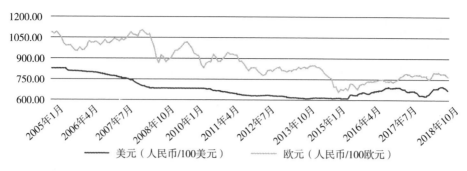

图 8-1　2005 年 1 月至 2018 年 10 月美元与欧元对人民币汇率走势

资料来源：中国纸金网，详见 http://www.zhijinwang.com/。

对于人民币贬值。由于汇率因素的变化，使得美国市场、欧洲市场奢侈品的价格相对于国内市场的价格更低。以路易威登（Louis Vuitton）大号全粒面牛皮 Capucines 手袋为例，2016 年法国售价为 4250 欧元，而在中国的售价为 46500 元，按当时汇率换算，差价约为 15500 元，也就是说，去巴黎旅行一趟，只要买一个奢侈品手袋就相当于机票和酒店费用。在互联网和交通便利的当今社会，消费者更充分地了解各销售地之间的价差，更多地从售价低的国家或地区进行购买，进而缩小奢侈品公司利润。2008 年，路威酩轩首席财务官 Jean-Jacques Guiony 曾指出，该集团受汇率影响，营业利润仅增长 7%。而如果按恒定汇率计算，营业利润实际上增长了 19%。

二、税费

一直以来，外国的商品进入中国市场主要在三个环节征税，分别是进口关税、消费税和增值税以及消费过程中的增值税。外国的奢侈品进入到中国的奢侈品市场也同样要经历这三个步骤的征税。

（一）进口关税方面

在中国加入世界贸易组织以前，出于保护国内企业发展的考虑，中国制定了较高的进口关税，尤其是高档消费品普通关税税率大致为进口价格的 100%～150%。然而，在中国于 2001 年 11 月 10 日加入 WTO 以后，规定中国可以同其他成员国一样享受到 WTO 成员国的一系列权利，其中一项重要的权利就是享有多边的、无条件的和稳定的最惠国待遇、国民待遇以及其他的给予发展中国家的特殊照顾。但是，在享受权利的同时，中国也要履行自己应尽的义务，其中最重要的一项就是削减关税、取消非关税的贸易壁垒。

《关税及贸易总协定》的一项重要内容就是降低成员国间的贸易壁垒，并规定成员国之间可以通过谈判大幅度降低关税以及进出口的其他费用，特别是降低那些即使有少量进口都会受到阻碍的高关税，最终达到互惠互利、共同发展的目的。随着中国经济的不断发展，中国自 2015 年以来 5 次调整日用品关税税率，其中包含多种奢侈品，表 8-6 列举了多个典型的奢侈品在中国的进口关税税率。

表 8-6　中国奢侈品进口关税税率

商品种类	最惠国税率（%）	普通税率（%）
箱包	6~10	100
皮革制品	6~10	100
贵金属首饰	10	130
护肤品、化妆品、香水	1~6	150
时装	4~15	90~230

资料来源：中华人民共和国海关总署，详见 http://www.customs.gov.cn/customs/302427/302442/shangpinshuilv/index.html。

根据表 8-6 我们可以看出，虽然各类商品的普通汇率比较高，都在 90% 以上，但是由于大部分高端奢侈品的出口国都是 WTO 的成员国，它们可以享受中国给予 WTO 成员国的最惠国税率，这个税率基本上维持在 15% 以内。此外，中国对进口关税的征收不是以最终售价为标准的，而是在进口完税价格的基础上征收的，因此，虽然关税在奢侈品国内外价差中起到了重要作用，但是其影响逐渐减小。

（二）消费税方面

消费税是指国家将特定的消费品或消费行为作为课税对象所征收的一种税。在国际上，每个国家的征税口径不尽相同，但总体来说，大都在税法中列举若干个征税项目，有选择地进行征收。无论在哪个环节具体征收消费税，最后都是由消费者买单，生产者会想尽一切办法将自己的成本转移到消费者身上。《中华人民共和国消费税暂行条例》规定，消费税的纳税人为在我国境内生产、委托加工和进口消费品的单位和个人。进口应税消费品以进口商品总值（到岸价格、关税和消费税之和）为课税对象。

我国消费税税目采取列举式。现行 15 个税目中，与奢侈品有关的税目除了贵重首饰及珠宝玉石、高档手表、高尔夫球及球具、游艇、高档化妆品 5 个完全属于奢侈品的税目外，还包括小汽车、摩托车、烟、酒 4 个部分具有奢侈品特征的税目。其中，"超豪华小汽车"子税目的增设就已经把具有奢侈品特征的汽车单列了出来。而摩托车、烟、酒税目虽然没有单列出相应的高档品子税目，但部分也含有了消费层次的差异性。例如，卷烟的税目以调拨价 70 元为标准分为甲类卷烟和乙类卷烟，分别适用 56% 的税率和 36% 的税率，就已经体现出一定程度的消费档次差别①。

三、营销组合策略

美国营销专家劳特朋教授提出的 "4C" 理论与传统营销的 "4P" 理论相对应。对应关系如下：

产品（Product）——顾客的需求（Consumer Wants and Needs）。

渠道（Place）——便利性（Convenience，便于进入、便于得到和便于分销）。

价格（Price）——成本（Cost）。

---

① 朱为群，陆施予．我国奢侈品消费税改革探讨［J］．税务研究，2018（7）：28-34.

促销（Promotion）——沟通（Communication）。

其中，成本是指顾客购买和拥有产品的总支出，而不只是产品的售价。上述四者相互依存，因此从产品、渠道和促销分别进行价格差异的分析是十分有必要的。

（一）产品

中西消费者的客户需求差异是导致奢侈品定价差异的根本原因，体现在感知价值的不同上。国内外对奢侈品的消费动机的现有研究集中在两种导向，即社会导向（Social-oriented）和个人导向（Personal-oriented）上。其中"社会导向"指的是为了强化别人的印象而做出的购买，目的是为了追求社会地位、进行物质炫耀、获取人们的尊重和作为区分社会身份群体的标志（Corneo、Jeanne，1997[①]；Vigneron、Johnson，2004[②]），包括炫耀、从众、社交、身份象征（朱晓辉，2006[③]）。

观察发达国家奢侈品的购买动机可以发现，发达国家奢侈品消费者从早期的炫耀性、从众、独特性等社会性导向动机，逐渐偏向个人性导向动机转移，例如自我取悦、自我赠礼、内在一致与品质保证等。比如，在以英国消费者为调查对象的研究中发现，购买奢侈品的动机有三项，分别为功能主义、体验主义与象征主义（Vickers、Renand，2003[④]）。发达国家的消费者消费方式不再是以收入来决定要不要消费奢侈品，而是态度表彰（Attitudinal Statements）对其消费方式的影响较大。而中国消费者炫耀性动机更明显，以奢侈品作为自己在社会层级中的身份与地位的象征（郭姵君、苏勇，2007[⑤]）。

与发达国家相比，中国消费者缺乏属于个人导向的"内在一致"动机。在"和谐"传统文化影响下，中国消费者在消费决策和生活方式中社会属性非常强。正如前文所述，在中国传统文化社会里，社会等级制度和观念被广泛认同，对中国人来说，社会等级不仅意味着成就，而且是一个人及其家庭、亲属乃至宗族地位的确定标志（Hsu，1981）。中国人的消费行为体现着很强的等级性，很多物品带有社会等级观念的色彩，被人们赋予特权和地位的象征（Wong、Ahuvia，1998[⑥]）。所以中国的奢侈品消费者才会如此关注谁是奢侈品的生产商、奢侈品的品牌是什么、原产地是哪里。因为全球知名的奢侈品厂商，被中国人广泛认可为象征高级奢侈品品牌，从法国、意大利原装进口的奢侈品更适应中国消费者的等级观念和品位需求（陈宪，2007[⑦]）。

Richins（1994）[⑧] 在调查中发现，高等级观念者更易于重视昂贵的东西、可以代表特权身份的品牌、强化其所有人个人形象的商品。因此，中国奢侈品消费者在各维度的感知

① Corneo G., Jeanne O. Conspicuous Consumption, Snobbism and Conformism [J]. Journal of Public Economics, 1997, 66（1）: 55-71.

② Vigneron F., Johnson L. W. Measuring Perceptions of Brand Luxury [J]. Journal of Brand Management, 2004, 11（6）: 484-506.

③ 朱晓辉. 中国消费者奢侈品消费动机的实证研究 [J]. 商业经济与管理, 2006（7）: 42-48.

④ Vickers J. S., Renand F. The Marketing of Luxury Goods: An Exploratory Study-Three Conceptual Dimensions [J]. Marketing Review, 2003, 3（4）.

⑤ 郭姵君, 苏勇. 中国奢侈品消费行为实证研究 [J]. 管理评论, 2007（9）: 8-15.

⑥ Wong N. Y., Ahuvia A. C. Personal Taste and Family Face: Luxury Consumption in Confucian and Western Societies [J]. Psychology & Marketing, 1998, 15（5）: 423-441.

⑦ 陈宪. 中国奢侈品消费行为分析: 从儒家文化影响的角度 [J]. 市场营销导刊, 2007（1）: 42-45.

⑧ Richins M. L. Special Possessions and the Expression of Material Values [J]. Journal of Consumer Research, 1994, 21（3）: 522-533.

价值中，炫耀、符号等符合"社会导向"动机的价值更显著，对于国际知名奢侈品品牌产品的价格承受能力更强。中国消费者在购买奢侈品时，往往不是出于自己的个人需求，而在于向特定群体靠拢，让自己符合这一特定群体的标准。所以，奢侈品更多地作为一种社会工具，使消费者能够归属到某一个社会层级（吕继东，2013①）。

（二）渠道

销售渠道是指生产者在销售商品时所有权直接由生产者转移给最终的经销商的一种销售模式。最初奢侈品品牌进入中国时，对中国市场不了解，对中国法律法规也不清楚，为了快速扩张市场，规避资金风险，他们选择了代理制，一大批的外贸公司在此期间蓬勃发展起来。这些外贸公司利用自己在国内所掌握的资源以及自己所拥有的销售渠道，帮助奢侈品品牌在中国扩张市场，并从中收取代理费用。奢侈品品牌和品牌代理商之间通过签订合同形成代理关系。奢侈品品牌将自己的产品以一定的折扣出售给代理商，由代理商负责利用自己的资源、渠道对产品进行销售。奢侈品品牌对于代理商的销售给予一定的指导，例如，帮助代理商设计店面的装修以及帮助代理商培训专业的销售人员等。代理商除了利用资源将商品出售外，还需要负责支付开店的成本以及进行促销等其他方面的支出。

奢侈品品牌经过多年来在中国市场的实践和对中国市场的研究，对中国奢侈品消费者的消费习惯、消费心理以及中国政府的法律法规有了进一步的了解，奢侈品品牌纷纷将中国市场纳入自己品牌的垂直化管理之下，这样不仅可以省下一大笔代理费，更重要的是可以更方便地在全球范围内部署自己品牌的发展战略。虽然各大奢侈品品牌直营的模式省下由于代理费用而产生的成本，但是奢侈品的价格并没有因此而降低。奢侈品在中国价格明显高于国外价格并不能归因于奢侈品在中国分销产生的代理费用。

（三）促销

物流费用是指产品从生产出来到最终到达消费者手中所产生的运输费用，它包括在各个环节中所付出的人力、物力、财力的总和。据了解，目前中国奢侈品电子商务的物流模式主要依赖于外包给第三方物流公司进行配送，缺乏奢侈品高端定制配送体系，物流配送水准偏低，物流配送还处于一个较低的发展阶段。比如，奢侈品购物网站寺库网对金额1000元以下商品选择韵达配送，1000元以上商品选择顺丰配送。以顺丰为例，每批货物完成后，除了运费之外，快递公司会从中拿2%~5%的服务费，即配送一件价格为1万元的商品，物流公司将收取200元的服务费。除此之外，由于奢侈品价值不等，奢侈品物流配送基本可以分为几种级别，价值几千元左右的商品一般与普通商品类似，按商品价值的1‰~3‰保价，1万元以上的商品按3%~5%保价。而几十万元的商品则采取更加特殊且个性化的处理②。上海诺尔国际物流有限公司总经理王屹（2016）③提到，奢侈品对安全物流的要求相对来说比较高，运送一小箱的价格非常高。

由此可见，由于缺乏奢侈品高端定制配送体系，中国的物流费用显然比其他发达国家的物流费用更高，这也是造成中国奢侈品价差的原因之一。

①　吕继东. 中国平价服装品牌营销策略研究［J］. 中国投资，2013（S1）：227.
②　崔影. 我国奢侈品网站的物流模式［J］. 商场现代化，2014（13）：40-41.
③　王屹. 奢侈品行业的物流世界［C］. 第八届中国鞋服行业供应链与物流技术研讨会，2016.

四、营销战略

现代营销学之父菲利普·科特勒将市场营销战略定义为：业务单位意欲在目标市场上为达成它的各种营销目标的广泛原则。在现代市场营销理论中，市场细分（Market Segmentation）、目标市场（Market Targeting）、市场定位（Market Positioning）是构成公司营销战略的核心三要素，被称为 STP 营销。

（一）市场细分与目标市场

根据消费习惯和偏好，划分为国内消费与海外消费两种消费市场。随着线上购物渠道和海外旅行购物的发展，中国奢侈品消费外流情况显著①。2016 年中国内地出境游客在外消费总额超过 2600 亿美元，占总消费额比重达 21%，而消费的绝大部分均为奢侈品。因此，国内市场的奢侈品消费人群较少，奢侈品品牌的战略重点仍为海外。在国内，目前市场上大多为国际知名品牌，本土的奢侈品品牌寥寥无几且影响力极其有限。由于国内的本土品牌尚未树立起来，导致市场竞争不足，消费者的选择较少，这使为数不多的几个国际品牌独占鳌头。再者，对于并不海外购买的消费者来说，通常他们购买力雄厚，对于奢侈品的高价承受能力很强，因此奢侈品品牌在国内的定价维持在高水平。国际奢侈品品牌高价策略后销售额没有受到影响，因此会延续其高价策略。正是由于国际知名奢侈品品牌深谙中国奢侈品消费市场的这些特点，从而导致奢侈品品牌商在中国市场一贯采用高价策略。

（二）市场定位

奢侈品品牌定价决策时需充分考虑品牌定位以及竞争对手的定价情况。奢侈品品牌需将竞争对手的价格作为自己定价的依据，并与竞争对手的产品价格保持一定的比例，在此基础上进行定价决策。奢侈品属于高定位产品，由于在中国市场上，奢侈品品牌定价普遍偏高，单一品牌降价会破坏它的市场定位，甚至会威胁奢侈品的行业地位。因此，奢侈品品牌商对定价策略会持审慎态度。

---

① 郑娟，周洲. 浅谈中国奢侈品市场发展特点及奢侈品的贸易发展 [J]. 商，2013（13）：69.

第九章
奢侈品品牌营销渠道与物流 ....

第一节　奢侈品营销渠道

一、奢侈品营销渠道概述

(一) 奢侈品营销渠道定义

营销渠道是指产品的所有权从生产者向消费者或者其他终端用户转移时所经过的通道。营销渠道战略是指企业为了实现特定的营销渠道目标而制定的一整套系统化的指导渠道营销的总体方针。营销渠道战略与企业发展战略是分不开的，营销渠道战略是建立在企业总体战略之上的，企业发展战略是营销渠道战略的基础，没有企业发展战略就没有营销渠道战略；没有营销渠道战略，企业战略目标也就不能实现。

奢侈品营销渠道是指奢侈品的所有权从生产厂商向消费者或其他终端用户转移时所经过的通道。奢侈品营销渠道服务于奢侈品的产品定位，维护着奢侈品品牌形象，是沟通终端消费者与奢侈品公司的桥梁，是实现由产品向商品惊险跳跃的平台。奢侈品营销渠道服务的对象首先是人，其次才是产品。奢侈品在营销渠道传递的过程中，品牌与客户之间建立起一种私人的、情感上的关系，这种关系在奢侈品领域至关重要。奢侈品的一个重要作用就是为这个竞争激烈的世界带来人性的温暖。从本质上来说，奢侈品是由一个指定的人交给另一个指定的人，而不是销售。

(二) 奢侈品营销渠道建设意义

1. 奢侈品营销渠道与形象塑造

奢侈品营销渠道在奢侈品形象塑造方面扮演着十分重要的角色。奢侈品营销渠道是奢侈品公司向目标客户提供产品和服务的重要载体。奢侈品渠道的建设直接影响着客户对奢侈品品牌的认知与评价。奢侈品品牌从原产地迈入国际市场，营销渠道便成为品牌日常管理中最为棘手的部分。奢侈品进入一个经济、文化、消费习惯完全不同的国家后，如何在确保盈利的同时，实现品牌的一致性和战略精确性，成为每个奢侈品管理团队必须要面对的难题。

2. 奢侈品营销渠道与竞争优势

奢侈品营销渠道能为公司带来竞争对手不易模仿的竞争优势。奢侈品营销渠道从本质上来讲就是服务渠道。在激烈的市场竞争中，奢侈品品牌无论如何变换营销策略，唯一不变的是对产品和服务的极致追求，完美的服务则需要依托渠道的精心设计。奢侈品营销渠道优势一旦确立将成为品牌开拓市场的强大支撑，这种优势是不容易被竞争对手察觉和模仿的。

3. 奢侈品营销渠道与企业发展

奢侈品营销渠道构成的资源对奢侈品公司发展具有强大的促进作用。经典营销理论"4P"中唯一的外部营销变量就是渠道。在奢侈品营销渠道中，存在独立于奢侈品公司的其他商业机构。良好的渠道设计能使这些具有独立经营目标与发展战略的商业企业组合在一起形成强大的协同效应，为奢侈品公司开拓市场提供强大的后劲。

（三）奢侈品营销渠道成员构成

一般而言，营销渠道的主要成员包括制造商、批发商、零售商、代理商、经销商、消费者或用户。并不是所有的营销渠道都必须包括这些渠道成员，奢侈品营销渠道设计会根据设计目标与原则实现渠道成员的最优配置。

1. 制造商

奢侈品制造商是营销渠道的源头，不仅负责产品的创意与生产，还担负产品市场定位、营销渠道的选择以及营销策略的制定。制造商自身的特点决定了其采取的营销渠道策略。对于奢侈品制造商来说，不可在非原产地设置工厂。不外迁工厂不仅与生产有关，更重要的是创造力。奢侈品是沉浸在特定文化背景或国家特质中的，保留这种地域渊源性可以增加人们对它所认识的价值。奢侈品的生产地甚至比商店更重要，它更像一座庙宇，品牌神话在这里诞生，产品在这里创造。世界顶尖奢侈品香奈儿，保留了法国的特点，防止了工匠精湛技艺的消失，给高质量产品增加了一些补充性的符号价值。

2. 批发商

批发商是指那些主要功能是提供批发服务的组织机构。批发商自己既不生产商品，也不直接将商品卖给终端消费者，其在营销渠道中扮演的角色是生产与零售终端的联结者。他们直接向生产者（或提供服务者）购买产品和服务，再转卖给零售商、批量产品消费者或其他批发商。在奢侈品行业中，奢侈品公司一般直接控制零售商，并不需要依靠批发商的管理系统实现对销售终端的控制，也不需要额外增加渠道环节与批发商利益共享。当然，也不排除奢侈品公司通过批发商的管理系统实现与零售商沟通目的的情况。大部分珠宝生意在零售这一级别完成，但手表却更多依靠批发。

3. 零售商

零售商是指为个人或家庭消费而销售商品，同时提供服务的独立中间商，介于制造商、批发商与消费者之间，是以盈利为目的的从事零售活动的组织。零售商的销售对象是终端消费者，商品一经出售就脱离了流通领域，进入消费领域。奢侈品零售商所关注的不是商品的单价和销量，而是与客户建立强烈的情感纽带，拉近顾客与品牌的距离，使品牌形象丰满。

4. 代理商

代理商是独立自主经营的企业，不是所代理企业的雇员，其报酬是获得佣金或是产品销售的部分利润。由于没有独立投资，代理商在商品流通过程中不承担风险。代理商的经营范围一般比较窄、专业性比较强，而且所承担的职能基本限于协助完成商品所有权的转移，而不涉及批发商通常承担的实体营销、融资、风险承担等职能。奢侈品代理商一般可以代理多个奢侈品品牌，可实现人力成本的分摊，盈亏平衡点较低。当然，奢侈品代理商要忍受漫长的市场的培育期，并投入大量资金和时间，并且承担所代理品牌在市场中存在的所有金融风险。成熟的奢侈品市场，奢侈品代理业已相当成熟。

5. 经销商

经销商是指将购入的产品以批量销售的形式通过自己所拥有的营销渠道向零售商、批发商或其他组织和个人销售以获取利润的商业机构。经销商有独家经销商和特约经销商等不同形式。制造商借助经销商和代理商实现商品分销的目的，其中经销商具有商品的所有权，代理商不具有商品的所有权。奢侈品采取独家经销模式能保护客户与品牌的关系。

6. 消费者或用户

消费者是整个营销渠道的终点，满足消费者需要，顺利实现商品销售，是所有经营管理要实现的终极目的。按照购买动机和购买行为不同，可将消费者分为个人消费者和组织购买者。奢侈品为拥有者带来了一种特殊的体验，代表着一种梦想，是区别于他人、改善或巩固地位的一种手段。

二、奢侈品营销渠道结构

（一）奢侈品营销渠道长度结构

奢侈品营销渠道长度是指产品从生产者手中转移至终端消费者手中所经过的纵向环节。奢侈品行业进行的是世界性的商业活动，建设国际营销渠道就显得尤为重要。要实现奢侈品的国际流通和转移，至少要经过出口国和进口国两个市场的销售渠道，而每个国家的分销结构及营销渠道中中间商的职能和角色都因其经济发展水平、传统、市场特点和竞争状况的差异而不同[①]。一般来说，国际市场上的垂直渠道模式有 10 种，如图 9-1 所示。

前 5 种渠道均需要通过制造商企业所在国国内的中间商环节实现产品的国际转移。其中，渠道⑤所经历的中间环节最多，是这 10 种渠道中最长的渠道。在后 5 种渠道模式中，企业省去了国内的中间商环节，直接将产品销往国外市场。其中渠道⑩销售层次最少，渠道最短。奢侈品单位价值高，往往偏好于短渠道。

图 9-1 中的出口中间商（Export Intermediary）、进口中间商（Import Intermediary）、批发商（Wholesaler）和零售商（Retailer）统称为渠道中间商（Middleman）。渠道中间商的层级数量决定了渠道的层次（Channel Level），从没有中间商介入，到一个中间商、两个中间商，再到多个中间商介入，渠道层次分别为零级渠道（Zero-Level Channel）、一级渠道（One-Level Channel）、二级渠道（Two-Level Channel）和多级渠道（Multi-Level Channel）。零级渠道没有任何中间商的介入，节省了营销产生的渠道成本，实现企业利润的增长。通常来讲，渠道层次越多，渠道越长，企业对营销的控制也就越弱，过多的营销环节会摊薄利润。

---

① 李威，王大超. 国际市场营销学 [M]. 北京：机械工业出版社，2015.

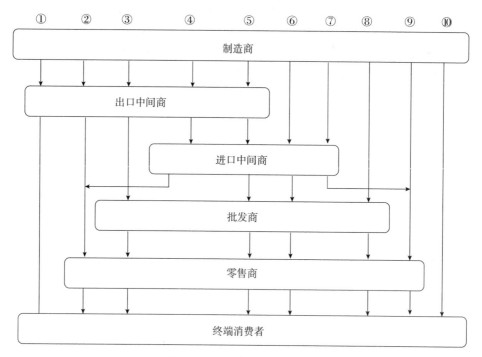

图 9-1 国际营销渠道模式

资料来源：李威，王大超 . 国际市场营销学 ［M］. 北京：机械工业出版社，2015.

在奢侈品营销渠道中并存着多种渠道层次。其原因是：奢侈品公司的目标顾客比较小众，为了维持一定的规模必须在全球进行营销。奢侈品公司通常采取的做法是先寻求国外的代理商，代理商通过零售商店或自建店铺销售，当市场打开后并形成一定规模的时候再取消代理商由自己建立店铺销售。同时国际上也存在大量的通过直效营销进行奢侈品营销的方式，如互联网、电视、直达信函、目录等形式。但在中国采取直效营销的比例还比较少。

（二）奢侈品营销渠道宽度结构

奢侈品营销渠道宽度是指每个层级上中间商数目的多少。可以将其分为密集性分销、选择性分销和独家经销。

1. 密集性分销

密集性分销是指企业同时选择众多的中间商来推销自己的产品。显然，对于奢侈品来说密集性分销是不合适的。对于大众市场上出售的普通产品，如低档巧克力或是可口可乐这类软饮料，其经营重点是尽可能通过众多的销售网点实现销售最大化。作为无处不在的大众消费品品牌，营销的关键是赢得市场竞争、规避被替代的风险。如果奢侈品品牌也采用这种策略，那么它将会丧失专属性和吸引力，导致奢侈品附加价值①显著下降，因此购买一款奢侈品的基本原则是选择那些与大众市场产品截然不同的高端产品。让奢侈品购买

---

① 奢侈品附加价值（Added Luxury Value，ALV）是高价产品所具有的超越任何功能价值的特殊价值，甚至超越了附加的情感价值或愉悦价值。奢侈品附加价值来自奢侈品独特的内在和外在功能，这些功能影响所有者或消费者，以及其他人。

成为一件"特别的事"，这对奢侈品营销很重要，能唤起消费者的购买欲望。无处不在、随手可得的奢侈品根本行不通，如果在很多汽车经销商那里买到劳斯莱斯或法拉利，品牌的魅力和威望将大打折扣。

2. 选择性分销

选择性分销是生产商选择一定数量的经销商来销售自己的商品，生产商根据实际情况选择一定数量的经销商，而经销商也不仅仅代理这一家生产商的产品，同时也会代理同行业其他品牌的商品。选择性分销的经销商尊重品牌要求，保护了产品环境。但是选择性分销是远离奢侈品领域的第一步，因为客户和品牌之间的直接联系被打断了。这时，客户是销售点的客户，而不是品牌的客户。但选择性分销的优势在于，它能够让产品散播更广。选择性分销适用于分布广泛、需要频繁购买的产品，如香水。选择性分销的缺点也很明显：首先，品牌一不小心就跨越了奢侈品与高档品的界限；其次，奢侈品将不可避免地存在"灰色市场"，由于价格不再受限，来自低价格区域的产品，尤其是免税区域的产品，会入侵高价格区域，对品牌施加压力，从而影响利润；最后，确保所有销售点遵守品牌"规则"的管理难度高，商品质量下降不可避免（劣币驱逐良币），其结果是在沟通与广告上投入更多的精力与金钱，也挽回不了利润下降的颓势。

3. 独家经销

独家经销是指生产商仅选择一家中间商作为自己的经销商，而且对于经销商的选择较为严格，往往要求其能够提供一定的服务水平，而且也会限制代理其他品牌。独家经销模式比较适合奢侈品，因为其能保护客户与品牌的关系，但前提是经销协议规定只能在指定地点、由指定人员销售，顾客信息和协议条件完全透明。如果已经存在一个广阔的、高质量的销售网络，而产品售后限制较多恰好需要广阔的网络，独家经销模式就再适合不过了。劳力士成功成为了盈利最多的全球第一大奢侈手表制作品牌，但其名下没有任何商店，而是依靠优质的独家经销网络。

（三）奢侈品营销渠道系统结构

在现实营销渠道设计活动中，公司面临的大多数是垂直系统的设计和选择。垂直渠道系统是由生产商、批发商和零售商纵向整合组成的统一的联合体，在渠道管理者统一协调下运行。对奢侈品来说，垂直分销系统主要有管理式、所有权式、特许经营式的单一形式或多种形式的综合。

1. 奢侈品管理式渠道系统

管理式垂直渠道系统是制造商和零售商共同协商销售管理业务，其业务涉及库存管理、定价、商品陈列、购销活动等。奢侈品管理式垂直渠道系统的一般形式为：奢侈品公司—代理商—顾客。奢侈品品牌与代理商的合作模式是：代理商以一定折扣从奢侈品品牌商买入产品，负责支付开店及运营成本、组织人员招聘及培训、进行促销活动等，从而享有某个地区的品牌经营权；而奢侈品品牌商仅需要在店面形象方面给予支持。代理商取得代理权后，凭借其强大的销售网络，选择最适合该品牌商品的渠道。

管理式渠道模式的优势。代理商模式是各大奢侈品品牌最初进入中国市场的优先选择。奢侈品品牌通过当地的代理商或设立合资企业，以最快的速度打开市场。奢侈品品牌利用代理商现成的销售通路来销售自己的产品，减少自己设立分公司和开店的投资，而代理商从中获得佣金收入；利用代理的渠道模式，有助于奢侈品品牌了解本地市场和消费者需求，规避渠道风险。品牌商需要通过与代理商的充分沟通，共同制定准确的市场定位。有了清晰的定位之后，代理商需要为品牌搭建合适、有效的渠道网络，而品牌商则需要引进更能满足本地消费者需求的产品或服务。

管理式渠道模式的局限性。首先，代理商和奢侈品品牌商利益出发点不同。代理商追求代理期内利润的最大化，奢侈品品牌商追求品牌形象高端化并以此为基础尽量追求高利润。当奢侈品品牌商将代理权交给小型代理商时，还会出现门店商品"掺假"的情况。代理商屡次发生的失控现象很大程度上牺牲了奢侈品长期经营的品牌价值，削弱了奢侈品品牌商赖以生存的根本。其次，代理商的不充足的投入可能导致奢侈品品牌价值稀释。中国香港俊思集团旗下同时代理了古驰、蔻驰、范思哲等多个品牌，需同时打理几个品牌的客户管理、员工培训、商品展示等，代理商不可能完全专注于某个品牌的经营。最后，代理商需要向品牌商买货进行销售，受到资金等因素的制约，代理商大多会根据门店所处的区域选择性地购进商品，这造成不少奢侈品品牌店铺的商品品类不全。

2. 奢侈品所有权式渠道系统

所有权式渠道系统是奢侈品公司最成熟的渠道系统，表现为自己建立国内外的销售公司及零售店面，通过自己的零售店铺销售自己的产品。奢侈品所有权式渠道系统的一般形式为：奢侈品公司—自有销售公司和零售店铺—顾客。路易威登从 1992 年进入中国开始，不通过传统的批发、零售形式寻找代理商，不在其他商场设立柜台，而是采取直营的方式，始终坚持专卖店的主要渠道地位，并保证所开的每一家店都符合全球标准，其目的是实现像控制产品设计一样控制商业氛围、服务的品质与精神①。

所有权式系统的优势。第一，所有权式渠道系统可以控制每一个渠道环节，每一个零售终端的产品结构以及批发和零售价格，以保持奢侈品品牌的高贵形象，使每家直营店都能彰显品牌魅力。同时，该品牌也将获得更多的高端客源。第二，渠道信息反馈更快捷更准确，有利于与顾客的信息沟通，更好地进行货品配置以满足目标顾客的需要。第三，供应链和营销渠道相对集中，使物流管理更为高效。

所有权式系统的劣势。第一，代理商由于长期与零售商合作，容易在渠道谈判中获得更好的店铺位置，而奢侈品品牌商在渠道谈判时缺乏主场优势，获取绝佳的店铺位置存在一定困难。第二，奢侈品品牌商对新市场的分销经验不足，在不了解当地市场的情况下采取直营模式会影响产品价值的实现及目标顾客需求的满足。第三，奢侈品品牌商要进行市场调查，需要承担分支机构运营所需的人力、物力、财力，这样会占用品牌资源，加重品牌运营的负担。

3. 奢侈品特许经营式渠道系统

契约式渠道系统指不同层次的独立制造商和经销商为了获得单独经营达不到的经济效益而以契约为基础实行的联合体。特许经营式渠道系统是契约式渠道系统的一种形式，奢侈品特许经营式系统的一般形式为：奢侈品公司—加盟商—顾客，表现为奢侈品品牌商将其品牌的商号、经营技术、经营规模等通过协议授予加盟者使用，加盟者在特许者统一的企业模式下从事经营活动。

当国际奢侈品进入中国市场时，为了充分利用当地销售渠道并降低运营成本，会向零售商发放经营许可权和特许经营权。很多奢侈品公司把自己的非核心业务进行特许经营，

---

① 迪迪埃·戈巴克. 亲临风尚 [M]. 法新时尚机构译. 长沙：湖南美术出版社，2007.

例如，阿玛尼几乎把所有非核心业务都授权出去，一方面最大限度地扩大品牌知名度，并将其以低成本的方式迅速转化为收入，另一方面也保证了对旗下核心服装品牌的投入力度；卡地亚的香烟、香奈儿的眼镜等通过加盟商进行分销。

奢侈品公司在选择特许经营模式时，不仅要慎重，而且要控制规模。零售商对经营许可权的肆意诠释极易导致品牌形象受损，最终消磨品牌价值。例如，皮尔·卡丹品牌在中国市场的发展由于过度授权和仿牌的泛滥而陷入了困境，经销商水平参差不齐，产品质量难以得到保障，尤其是二三线城市造假者猖獗，低劣的产品质量使皮尔·卡丹品牌声誉遭受了巨大的损害。越来越多的在华奢侈品品牌开始选择建立自己的直营店，清理不当特许经营权。

4. 奢侈品多渠道系统

多渠道系统是指一家公司利用多条营销渠道或路径向现有和潜在的顾客销售、推广企业产品或服务的渠道体系。当奢侈品不同细分市场的顾客在选择营销渠道方面存在较大差异时，单一的营销渠道模式无法满足所有不同顾客的购买需求，不能覆盖整个目标市场，利用多条营销渠道的组合能达到较大的市场覆盖效果。大致有两种形式：一种是奢侈品生产者通过两条以上的竞争性营销渠道销售同一商标的产品；另一种是生产者通过多条分销渠道销售不同商标的差异性产品。此外，多渠道系统对奢侈品品牌来说加大了定制化销售的程度，从而可以提高渠道效力。拉尔夫·劳伦将批发、零售以及特许经营合为一体，将广告和推广进行整合，依靠本土分销商独特的优势使得其很好地运用直营店和特许经营店，最终通过运用多条分销渠道取得成功。

对奢侈品品牌来说，深入研究现有及潜在的渠道，尽可能跳出单一渠道的束缚，采用合理的多渠道策略是有效提高市场占有的必然选择。处于流通领域变革时代的市场现实是，区域差异性大、各类渠道发展不平衡、消费者需求偏好个性化等，这要求采用多渠道策略的企业要掌握更多的渠道管理知识，认清趋势，及时介入，大胆尝试；同时要审时度势，平稳过渡。新兴渠道尤其是电子商务的发展，既让奢侈品销售渠道的边界变得越来越模糊，也让其覆盖区域变得越来越大。应该看到，覆盖区域的扩大不仅带来了消费习惯迥异的顾客，而且催生了新的商机与消费模式①。

三、奢侈品营销渠道设计

（一）奢侈品营销渠道目标

渠道目标往往是渠道设计者对渠道功能预期的具体化。渠道目标因产品的特性不同而不同。奢侈品渠道设计必须适应大环境，法律规定和限制也将影响渠道的设计。比如，在中东地区或拉丁美洲地区，对于在国外生产、进口到国内的产品分销的公司，其国外总公司不可能拥有100%股权。甚至在有些情况下，这种销售分支机构的形式是被禁止的。奢侈品的稀缺性与高价性对渠道设计目标提出不一样的要求，具体渠道目标如表9-1所示。

---

① 卢长宝，林颖莹. 国外奢侈品营销研究的新进展［J］. 天津商业大学学报，2012，32（5）：15-21.

表 9-1　奢侈品渠道设计目标

目标	操作说明
通路顺畅	渠道最基本的功能，以短渠道较为适宜
开拓市场	一般较多地倚重经销商、代理商，待站稳脚跟后，再组建自己的网络
扩大品牌知名度	争取和维系客户对品牌的信任度和忠诚度
控制渠道	培植自身能力，以管理资金、经验、品牌或所有权掌握渠道主动权

资料来源：吕一林，王俊杰，彭雷清．营销渠道决策与管理［M］．北京：中国人民大学出版社，2015．

（二）奢侈品渠道设计原则

同其他设计一样，营销渠道设计同样需要在一定的原则指导下进行，奢侈品营销渠道的设计关乎奢侈品形象的提升。为精英而打造的奢侈品，有着与生俱来的稀有性。奢侈品的稀有性来源于制作材料的稀有性、对产品性能极致追求的技术的稀有性。奢侈品稀有性是可以被管理，甚至可以被虚构的。

小故事 9-1

法国梦特娇是对营销渠道创造稀有性的极端体现。在改革开放初期，中国人的服装颜色除了黑色、蓝色、灰色之外，很少有明快的色调，物质相对匮乏。在品牌和时尚稀缺的年代，梦特娇率先进入中国市场，令中国服装界耳目一新。从 1984 年开始，以中国香港为桥头堡，梦特娇通过代理商切入广州、上海等中国都市。当时巨型广告海报相当低廉，梦特娇的广告越来越多地出现在这些一线城市。梦特娇使用的亮丝技术也让当时的中国消费者大开眼界，使用亮丝的梦特娇服装柔软舒适，具有鲜亮的光泽，且不易皱。但是它当时在中国内地还不能销售，对于那些有亲戚在中国香港的内地消费者来说，让亲戚带回一件梦特娇的衣服，往往可以在众人面前好好炫耀一番。虽然，如今的梦特娇集团已经没有当年初入中国市场那样大红大紫，但其通过没有营销渠道的情况下创造知名度的方式，构筑了人们对买不到的物品的梦想，利用营销渠道实现对品牌稀有性的塑造。

（资料来源：胡军华．梦特娇的中国底牌［J］．中国市场，2009（46）：40-41.）

巧妙的渠道设计能创造、传达、维持奢侈品的稀有性。因此奢侈品的渠道设计应遵循以下原则。

1. 避免过分迎合消费者

传统渠道认为营销渠道始终要跟着消费者，消费者在哪里，营销渠道的触须就应当伸到哪里，远离消费者的营销渠道是不可行的。与传统渠道接近消费者的原则不同，奢侈品行业将消费者进行分层，远离缺乏热情者，避免过分迎合消费者。远离缺乏热情者，就奢侈品而言，要扩大品牌的受众群就等于稀释它的价值，因为这不仅会使品牌丢失一些独特之处，还会腐蚀那些精英群体、那些想法独到的领导者实现梦想的潜能。避免过分迎合消费者，一个奢侈品品牌才能在它所有的产品系列中永久地保持一致性，并进一步维持它的纯正性、吸引力、神秘感和闪光点。但高端消费者的需求还是需要迎合的，比如，卡地亚根据中国顾客的艺术需求和审美情趣推出具有中国元素的系列珠宝，品牌迅速赢得了中国民众的热爱。

⚙ 小故事 9-2

宝马集团创建于 1916 年，总部设在德国巴伐利亚州的慕尼黑。百年以来宝马汽车由最初一家飞机引擎生产厂发展成为以高级轿车主导，并生产享誉全球的飞机引擎、越野车和摩托车的企业集团。根据奢侈品协会的说法，宝马集团是"世界上最受敬仰的汽车公司"之一。宝马集团作为全球汽车行业的领导品牌，旗下包括 BMW、MINI、劳斯莱斯三个品牌，它们都在国际高端市场占据较大的份额。宝马集团获得成功的秘诀究竟是什么？首先，宝马有着明确的身份，并且一直遵循自 1962 年起一直沿用至今、从未更改并被翻译成多国语言的标语：纯粹的驾驶乐趣。从 1959 年起，宝马集团就为 Quandt 家族所有，拥有稳定的家族股权。作为德国最富有的家族，低调的 Quandt 家族曾同时是宝马、戴姆勒—奔驰、化学品集团阿尔塔纳、生产毛瑟步枪的德意志武器和弹药厂、瓦尔塔电池等公司的股东。Quandt 家族保持着从 19 世纪中叶以来的家族传统——谦逊、低调、自信和坚忍。他们相信让事情慢慢发展会得到更好的效果。为了增加品牌价值，宁愿在短期内失去少量的顾客。宝马就是能够在增长的同时保留自己鲜明特点的品牌，在扩张市场的同时没有拉低品牌形象。宝马集团的巴伐利亚管理团队经过计算，得出结论：宝马的目标客户只占到了整个人口中高端客户群的 20%。这意味着另外 80% 的高端客户对宝马的价值丝毫不关心。宝马宁愿舍弃这 80% 的客户，而它真正的目标客户是能够全心全意与它分享同样价值观的群体。宝马品牌的增长是靠打入新的国家市场，而非扩大客户群实现的。

（资料来源：根据网络资源整理而成。）

2. 理性回应不断增长的需求

奢侈品的稀有性使销售更有价值，只要顾客明白该产品稀有的原因并且做好等待的准备。产品的稀有性可以像客户关系一样被管理，是一种为了控制需求而有意抵制需求的专门销售。限量分销是成为一款真正的奢侈品的前提条件。大众消费品经营的重点是尽可能通过众多的销售网点实现销量的最大化。如果奢侈品品牌也采用这种策略，那么它就丧失专属性和吸引力，导致奢侈品的附加价值显著下降。古驰曾推出全球限量 10 双的配有刺绣的运动鞋和限量版皮带。迪奥曾推出一款用白金和钻石编织的限量版手袋。普拉达也曾推出一款限量版的全鳄鱼皮长靴，均是价格不菲的精品。奢侈品在稀有性的分配方面必须做到特别出色，而且不能出现真正的供货短缺。正如供货短缺会阻碍增长一样，稀有性的缺失同样会导致人们欲望的消减。

3. 适度制造购买阻力

奢侈品对于消费者来说，得到的阻力越大，消费者想要得到的欲望就越强。这些阻力包括经济方面的，但更多的是人文方面的，消费者需具备欣赏该商品的知识与能力，在恰当的场景使用该商品，准确找到获得奢侈品的途径，享受等待预定的过程。要对快速消费的方式造成障碍，就必须让顾客等待，因为就像对于难以得到的珍品的渴望都要耗费时间一样，时间因素是奢侈品当中至关重要的一环。劳力士实行预定等待策略，其迪通拿（Daytona）腕表甚至需要顾客耐心等待几年，但这并不意味着要牺牲奢侈品渠道的高效性。

4. 保证渠道畅通和高效

奢侈品流通时间（不包括生产时间）、流通速度、流通费用是衡量渠道效率的重要标志。正确的渠道设计应尽可能以较低的流通成本获得最大的经济效益。奢侈品是高贵时尚的象征，渠道也承载着维持此高端形象的任务，但这并不意味着在渠道建设方面可以不惜成本。奢侈品商业品牌溢价高，但产品采用手工工艺生产，生产周期较长，资金周转较慢。在保证渠道设计目标实现的前提下，尽可能压缩渠道成本，以免奢侈品公司出现资金链断裂的情况。比如，很多局外人认为"全资掌控"的分支机构是奢侈品领域常用的分销体系，因为它可以充分发挥市场营销的作用，分支机构的销售额可以以产品销售的全价而不是出口价进行财务报表合并。但遗憾的是，类似这样成功的案例很少，奢侈品公司绝大部分商业活动不是通过直接的分支机构进行的。分支机构的设置成本较高，有时其销售的毛利不足以支付办公场地的租金、每年的法律成本、总经理和财务经理的薪水。甚至有可能出现预算比较乐观，但销售额下滑的情况。同时，分支机构在当地的存货和应收账款等资金占用的机会成本由总部承担。因此，奢侈品通过设立分支机构获得增长的模式要比通过分销商的销售网络所获得增长的模式缓慢许多。

5. 遵循开放—保守原则

过于开放，奢侈品品牌的社会功能会受损；但过于保守，就会限制品牌的发展并导致经济上的困难。在现实操作中，奢侈品品牌必须扮演隔离主义者的角色，摒弃所有的社会民主原则。比如，在商店中进行一些隐晦的隔离措施是非常必要的：一层和二层要分别为不同的客户服务，以区分客户与非客户、大客户与小客户。阿玛尼的很多附属品牌就采用了分离的销售渠道。虽然广告和推广活动是面向大众的，但公共关系的对象却需极为慎重地选择，就像客户关系管理是针对特权人群一样。一个俱乐部是否真正高端，就要看其在防止新会员与老会员结伴的方面做得有多成功。

6. 实现渠道成员共赢

为了使奢侈品品牌取得竞争优势，企业在设计渠道时应注重发挥自身独特的优势，将渠道的设计与品牌的其他营销方式结合起来，增强营销组合的整体优势。渠道不可能是一成不变的，品牌发展的不同阶段，渠道设计应有所不同。渠道的设计应该洞察高端消费者的变化与个性化需求，使渠道、品牌、产品共同进步。企业在选择、管理渠道时，不能只追求自身的效益最大化，而忽视其他渠道成员的局部利益。渠道成员之间存在着合作、冲突与竞争的关系，如果协调不好，将会使整个渠道出现问题。一旦出现供货短缺将会阻碍奢侈品的增长，对奢侈品品牌产生负面影响。

（三）奢侈品营销渠道选择影响因素

奢侈品在营销渠道选择上多采取严格的控制策略，一方面强调奢侈品的稀缺性，提升以限产与限量销售为核心的"饥饿营销"效果。另一方面是为了保护品牌及其知识产权，防范仿冒品带来的风险[1]。奢侈品企业在渠道选择上要尽力维护品牌独立性，保持品牌自身的光环和价格力量。奢侈品分销渠道的选择受许多因素影响，主要有以下几个方面。

1. 公司资金实力

资金实力较强的奢侈品厂商对其他渠道成员的依赖性一般较低，对渠道模式就具有更大的选择余地，它有能力选择较固定的中间商经营产品，甚至建立自己控制的营销渠道，或直接采用短渠道进行营销。而资金实力较弱的奢侈品品牌商可能会依赖中间商来经营其产品以节约成本，有时还需要选择部分市场进入以降低风险。博柏利作为老牌的英国奢侈品品牌、上市公司，其有足够的资金实力支撑中国店铺的运营，因此在中国多数采取开直营店的营销渠道。

2. 渠道成本

不同营销渠道其搭建与运作成本不同，奢侈品选择渠道需要考虑不同渠道的成本问

① Nia A., Zaichkowsky J. L. Do Counterfeits Devalue the Ownership of Luxury Brands？[J]. Journal of Product & Brand Management, 2000, 9 (7): 485-497.

题。奢侈品公司采用代理商的方式需要给代理商让渡利润，并且需要负担店铺装修、人员培训费用等资金支持；直营店看似可以取得原本分给代理商的部分利润，但当奢侈品品牌进驻顶级卖场时，各卖场都会从销售额中分出10%～30%不等的利润，这种渠道资金投入回报周期长且对人员的培训储备方面要求高；互联网渠道则需要支付仓库管理费和物流成本。因此，奢侈品公司需要结合预算做出最佳的渠道决策。

3. 产品组合

企业的产品组合也会影响其渠道类型。如果一家奢侈品商拥有很多产品线，其在选择分销渠道上可以直营、连锁经营等，也可以根据不同产品线特点选择不同渠道模式。产品组合的宽度越宽，与顾客直接交易的能力就越强；产品组合的深度越深，使用独家经销或选择代理商就越有利；产品组合的关联度高，往往可以选择同一分销渠道；产品组合关联度低，则常常需要对不同产品设计不同的分销渠道。对于定制化的奢侈品产品，其对双方的沟通程度、奢侈品企业提供的针对性服务要求较高，采用的分销渠道应越短越窄。

4. 消费者特点

渠道设计在很大程度上会受到消费者特点的影响。消费者的特点多种多样，譬如消费者的数量、分布状况、购买心理、文化特征、态度倾向等[①]。当消费者数量多，而奢侈品公司分销能力有限时，可以考虑使用中间商进行营销。当消费者市场比较集中时，适合开展直营，建立分公司进行销售；反之消费者市场较分散时，需要采用中间商进行营销，以满足消费者随时购买的需求。

5. 品牌生命周期

在奢侈品行业，渠道的选择在很大程度上取决于品牌的生命周期，如图9-2所示。

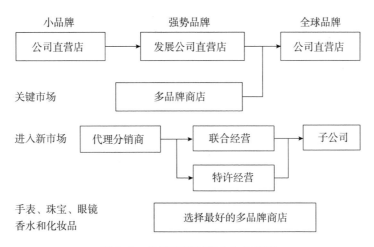

图9-2　分销控制和商业生命周期

资料来源：丹尼尔·兰格，奥利弗·海尔. 奢侈品营销与管理［M］. 潘盛聪译. 北京：中国人民大学出版社，2016.

第一阶段，品牌还没有引人注目，品牌通常开一家公司直营店，通过筛选出一些多品牌商店来分销产品。第二阶段，当奢侈品品牌进入新市场后，在渠道选择上主要采取代理商模式和特许经营模式，由当地代理人或经销协议来完成。第三阶段，当品牌逐渐成长时，销售

---

① 彭庆武. 奢侈品分销渠道构建［J］. 市场营销导刊，2009（6）：39-41.

额达到一定规模，奢侈品厂商逐渐收回代理权、放弃经销协议，转为直营模式，建立自己的销售公司和零售店。第四阶段，当品牌足够强壮并且市场已经成熟时，他们可以收回特许经营店和联合经营店，同时不断发展自己的直营店铺，然后建立一个完全控股的子公司。

企业应根据企业渠道发展的不同情况和渠道生命周期的不同阶段而有所取舍和调整。此外，奢侈品品牌要根据市场环境、渠道成员的经营状况对渠道进行不断的优化和改进，例如，增加个别渠道成员、增减某些地区的门店数量或用新型的分销方式进行销售[①]。

实际上，一个处于"平均水平"的奢侈品品牌将会直接与一些百货公司合作，拥有10家全资控制的子公司，5~20家与原来分销商建立的合资公司，以及可能大概40~60家覆盖全球的独立分销商。

(四) 奢侈品营销渠道设计步骤

奢侈品营销渠道设计是关系到奢侈品品牌生存与发展的基本营销模式以及目标与管理的决策。渠道设计需适应变化的市场环境，以恰当的方式传递给消费者最重要的信息，实现顾客价值的最大化。诚然奢侈品不需要过分迎合消费者的需求，但仍需以高端用户的需求为驱动。本书采用斯特恩（Stern）等[②]总结的"用户驱动营销系统"设计模型来系统设计奢侈品营销渠道，如图9-3所示，将渠道设计分为5个阶段、14个步骤。

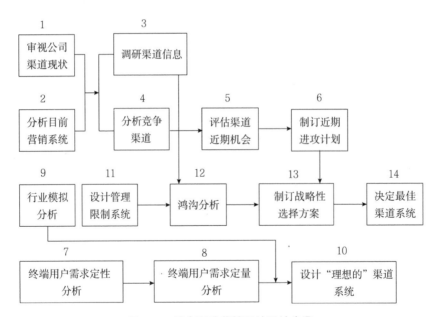

图9-3　用户驱动营销系统设计步骤

资料来源：卜妙金. 营销渠道管理 [M]. 北京：高等教育出版社，2001.

1. 分析当前环境和面临的挑战

本阶段包含审视公司渠道现状、分析目前营销系统、调研渠道信息及分析竞争渠道。审视奢侈品公司渠道现状，充分了解公司以往进入市场的步骤，公司与外部组织之间的职

---

① 朱明侠，张小琳，蔡薇薇. 奢侈品市场营销 [M]. 北京：对外经济贸易大学出版社，2012.

② Stern L. W., El-Ansary A. I. Marketing Channels [M]. Upper Saddle River：Prentice-Hall, Englewood Cilffs, 1996.

能分工以及现有渠道系统的效率。分析目前营销系统，了解目标市场外部环境对奢侈品渠道决策的影响，特别是宏观政治经济状况及其对消费者行为的影响。渠道环境越复杂、越不稳定，客观上就越要求对渠道成员进行有效控制，同时也要求渠道更具有弹性，以适应迅速变化的市场。渠道设计者必须根据对环境要素和奢侈品品牌发展状况，考虑不同的备选方案。对公司及竞争对手的渠道环节、重要相关群体和渠道有关人员进行调查分析，获取现行渠道运作情况、存在问题及改进意见等方面的第一手资料。分析主要竞争对手情况，以维持和突破企业在行业内的地位。

2. 制定近期的渠道对策

本阶段包括评估渠道近期机会和制订近期进攻计划。奢侈品渠道设计者应根据第一阶段调研分析的结果，把握渠道近期可能出现的机会，进行短期调整。若发现渠道策略执行中有明显错误或竞争渠道有显而易见的弱点，需果断采取策略，以免错失良机。适时制订近期进攻计划，这些计划不可与奢侈品品牌长期战略相冲突。全面调整渠道策略则要等到14个步骤全部结束才能真正完成。

3. 设计"理想的"渠道系统

本阶段包括终端用户需求定性分析、终端用户需求定量分析、行业模拟分析、设计"理想的"渠道系统。终端用户需求定性与定量分析，一般要考察购买数量、分销网点、运输及等待时间、奢侈品的多样化或专业化。对奢侈品进行行业分析，从类似行业中汲取成功经验，实现渠道独特的竞争优势。设计"理想的"渠道系统需紧紧围绕奢侈品渠道设计原则，整合企业资源，适应市场环境，实现渠道目标。

4. 设计管理限制系统

本阶段包括设计管理限制系统与鸿沟分析。设计管理限制系统首先需通过与渠道方案的执行人员进行深入访谈，了解未来的方案能否被认可与执行。此外，还应当调查渠道设计的约束条件，将所有合理和不合理的目标和限制条件清楚地列出来，确定目标和限制条件的相对重要性，拟出受"限制"的营销系统方案。鸿沟分析是指对"理想的"系统、现有系统和管理"限制"系统进行差异比较。鸿沟分析有助于构建能令奢侈品用户满意的系统。

5. 选定渠道战略方案

本阶段包括制订战略性选择方案和决定最佳渠道系统两个步骤。选定渠道战略方案，需要甄选精力充沛的管理者主持整个渠道设计过程，动员企业内部人员广泛参与，保证个人对实施过程负责，始终坚持以用户为导向的工作方法。

第二节　奢侈品营销渠道运营管理

奢侈品行业是基于品牌价值的产业，因此奢侈品品牌在营销渠道运作中应注重管理，维护其品牌特性。奢侈品营销渠道运营管理是指通过计划、组织、激励、控制等活动来协调营销渠道参与者的活动，确保奢侈品品牌商和渠道成员间相互协调和通力合作，从而有效、高效率地完成营销任务的活动。奢侈品品牌商通过有效的渠道管理，可以实现渠道品牌文化的建立，使渠道更加高效地运作，使渠道成员与目标市场上顾客的需求得到满足，

从而促进营销渠道的发展。

一、奢侈品营销渠道激励

营销渠道管理者应努力培养与提倡成员间建立良好的合作伙伴关系，不断正向强化渠道成员之间的合作关系，提升整体渠道的经营效率。营销渠道激励是指渠道管理者通过强化渠道成员的需要或影响渠道成员的行为，使渠道成员在实施其营销目标时能相互协作，向着提高整个渠道系统运行绩效的方向而努力地工作，提升其工作积极性与经营效率，最终实现营销渠道运作目标的过程。

营销渠道激励首先要了解渠道成员的需要，在此基础上，通过恰当手段满足其需求，达到提高渠道成员工作积极性的目的。

表9-2 营销渠道激励常用方法

渠道目标激励	渠道奖励		渠道工作设计
	物质奖励	精神奖励	
销量 费用 市场占有率等	价格优惠 费用支持 年终返利 经营权等	公开表彰 评奖评优 提供专业培训 参与公司决策 推行"助销"制度	区域 领域 品类 经销权

资料来源：居长志，郭湘如. 分销渠道设计与管理［M］. 北京：中国经济出版社，2008.

对于奢侈品品牌来说，营销渠道激励的方法（见表9-2）有以下几种。

（一）渠道目标激励

渠道目标激励是一种最基本的激励形式，厂家每年都会给渠道成员制定一个年度目标，包括销量目标、费用目标、市场占有率目标等，达到目标的渠道成员将会得到相应的利益、地位等。渠道的整合不是建立在排斥各成员相互独立的目标上，而是建立在为各成员接受的有利于实现其各自目标的考量上，不是单一组织能够实现的，而是需要彼此合作才能达到的目标，这就要求奢侈品品牌商要把自身的需求和渠道其他成员的需求结合在一起，开发一条有计划、专业化管理的渠道，设立"超组织目标"，使渠道成员们有共同利益结合点，消除企业边界，最终使渠道成员共同参与实施计划，紧密合作，达到双赢结果[1]。

（二）渠道奖励

渠道奖励包括物质奖励和精神奖励两方面，其中物质奖励主要有价格优惠、授予经营权、费用支持、年终返利等。精神奖励具体包括公开表彰、评优评奖、提供专业培训、参与公司决策、推行"助销"制度等，将这两方面有效结合起来，促进渠道利益分配的均

---

① 姜云. 在整合渠道视角下分销渠道激励模式的构建［J］. 北方经贸，2014（8）：47-48.

衡，推动奢侈品品牌厂商关系的协调和发展。

1. 给予成绩突出的中间商价格优惠

奢侈品品牌商通过研究目标市场上产品供应、市场开发、市场情报等方面的情况，并与中间商共同协定，制定必要的措施，签订相应的协议，中间商执行得好，企业要考虑给予一定的补助和价格优惠，中间商在较大差价带来的丰厚利润的驱动下，会积极拓展市场。

2. 授权激励中间商

奢侈品厂商可以采取适当授权给中间商、与表现良好的中间商延长合作期限、扩大合作范围等方式对渠道成员进行激励。例如，赋予其独家经营权或者其他一些特许权，满足中间商声望和地位提升的需要，并且中间商能享受独家经营权带来的丰厚回报，从而调动中间商的经营积极性，达到较好的激励效果。

3. 提供渠道成员培训和服务支持

奢侈品品牌商必须注重对渠道成员的培训，制订年度培训计划。通过为渠道成员提供针对性的培训、技术支持，参观生产工厂，体验工艺流程，学习品牌历史、品牌精髓、零售技巧，帮助零售商进行销售终端管理等方法，使渠道成员获得满足，帮助渠道成员实现目标，从而更好地激励渠道成员，从根本上提高奢侈品营销渠道的质量。宝马努力提供良好服务和保证零配件供应。在新开辟的营销区域先设立服务机构，建立起可靠的销售支持渠道，对渠道成员来说是强大的激励。

4. 赋予中间商决策参与权

奢侈品品牌商可以通过告知其计划、详细目标等方式来确立双方共同愿景，分享其掌握的商业信息、研究营销政策、为营销策略提意见，渠道成员可以对政策发表意见，并对渠道管理享有一定程度的参与权和决策权[①]，从而调动渠道成员的积极性。

(三) 渠道工作设计

渠道工作设计是让合适的渠道成员掌管合适的渠道，根据各个渠道成员的经营特点及优势特长授予其不同产品线的经营权、定位各渠道成员的角色和地位、建立合作伙伴关系等，提高渠道成员的工作积极性，达到激励其全力经营的目的。

奢侈品企业可以构建以利益为牵导，以经销商为运作核心，激励政策为主，服务管理为辅，与经销商紧密合作的经销联合体[②]。奢侈品品牌管理者利用这种区域联销体运作模式可以强化与各级营销渠道成员的良好合作关系，加强渠道成员间的信息交流和沟通，优化渠道内部关系，实现信息共享，提高营销渠道的贯彻力和推动力。对于奢侈品代理商而言，他们非常在意与总部签订的独家代理合同，同时也很在意合同到期所剩余的时间，奢侈品品牌商定期更新合同条款可以激励代理商，促使其继续保持品牌在其所在市场上良好发展。

二、奢侈品营销渠道冲突与管理

营销渠道冲突是指渠道成员之间相互对立的不和谐状态。当渠道成员意识到另一个渠

---

① 居长志, 郭湘如. 分销渠道设计与管理 [M]. 北京：中国经济出版社, 2008.

② 彭庆武. 奢侈品分销渠道构建 [J]. 市场营销导刊, 2009 (6)：39-41.

道成员正在从事会损害、威胁其利益时引发的争执、敌对和报复行为，渠道冲突就产生了。如果整个渠道缺乏统一的协作指导，很容易引起渠道利益冲突。合理分配和平衡渠道成员间的利益关系，就能减少渠道冲突的发生，维持和创造竞争优势。

（一）营销渠道冲突的类型

营销渠道冲突有多种划分标准。根据渠道冲突产生的组织主体形态差异可分为以下三类。

1. 水平渠道冲突

水平渠道冲突，也称为横向渠道冲突，是指同一渠道同一层次的成员之间的冲突，主要是分销商之间、批发商之间和零售终端之间的冲突。当渠道的宽度唯一，即独家分销时，水平渠道冲突往往不存在。但同一渠道层次中有多个渠道成员时，由于成员间在目标、实力、素质、观念等方面存在差异，很容易发生矛盾和冲突。

2. 垂直渠道冲突

垂直渠道冲突，也称为企业上下游冲突，是指不同渠道层次渠道成员间的冲突。渠道的长度越长，发生的渠道冲突越多。在奢侈品特许经营渠道中，资源稀缺引起的冲突更为明显。资源是给定的市场，如产品、渠道支持费用、客源等渠道资源是有限的，他们分配上的意见分歧会引起渠道成员的冲突。例如，当奢侈品品牌商在某一市场上将特许经营权又授予一个新的特许经营者，势必会抢走原来特许经营者的部分业务，就会产生渠道冲突。

3. 多渠道冲突

多渠道冲突是指一个制造商建立了 2 条或 2 条以上的营销渠道，而这些营销渠道在同一市场中销售产品产生的冲突。奢侈品企业构建多渠道会加大渠道管理的难度，容易引发渠道冲突，这对实施多渠道的奢侈品企业提出了更高的管理要求。在互联网时代，多渠道冲突有了一种新的形式，即网络渠道和传统渠道的冲突。多渠道销售已成为一种趋势，奢侈品品牌商应积极利用互联网平台来介绍品牌的内涵、故事、产品、服务甚至是市场活动等，将强大的零售和网上展示联系起来继而寻求品牌增长机会。

（二）营销渠道冲突的根源

Louis W. Stern 和 Adel I. EI-Ansary 认为营销渠道冲突产生的根本原因有三个。

1. 目标不相容

在不同层次的成员之间，由于渠道成员总是以实现自身的利益最大化为目标，所以在如何实现渠道的整体目标上，或者说在渠道的运作过程中出现分歧以及因此发生的冲突是很常见的。例如，奢侈品品牌商总是希望能有显眼的陈列位置，尽可能使顾客了解自身的产品，从而使销量最大化；而分销商则倾向于将货架分给多个品牌，降低风险以期望获得更多利润。因此，当渠道成员个体目标出现不相容时，冲突就会不可避免地产生。

2. 归属差异

当奢侈品品牌渠道成员在目标顾客、销售区域、渠道职能分工和营销技术等方面归属上存在矛盾和差异时就会产生归属差异，处理不当就会引起渠道冲突。例如，奢侈品品牌不同的分销商争夺相同的顾客；区域划分不合理引发渠道成员之间的紧张气氛，导致渠道资源内耗，加深渠道冲突；当奢侈品品牌商发现经销商没有对应该负责的领域给予重视，而更加热衷于经营其他品牌产品时，冲突就会产生；产品销售不畅时，奢侈品品牌商往往责怪分销商没有认真执行其销售政策，促销不努力，而分销商则认为是品牌定价过高，从而产生渠道冲突。

3. 现实认知差异

现实认知的差异是指渠道成员之间对渠道中事件、状态和形式的看法与态度存在分歧。奢侈品品牌渠道成员的认知主要取决于其先前的经验以及可获取信息的数量和质量。渠道成员认知差异不同会导致其采取不同的行为准则和决策。当奢侈品品牌商为了扩大销售规模增加了一批新的渠道成员或进行直接销售时，分销商就会认为奢侈品品牌商是想逐步替代他们，而奢侈品品牌商也许并没有这么认为，于是认知差异的冲突就产生了[①]。

(三) 营销渠道冲突管理

1. 关系型营销渠道策略

关系型营销渠道策略要求奢侈品企业需要从团队的角度来理解企业与分销商的关系，以协作、双赢、沟通为基点加强对渠道的管理，为中间商和消费者创造更有价值的服务，加强企业与其他渠道成员的关系来预防和化解渠道冲突。在奢侈品领域，品牌文化在各个方面都不可或缺。奢侈品价值的创造不仅依赖创造者的才能，还需要每个人全身心地投入，需要让渠道成员融入价值创造的过程。奢侈品品牌渠道成员要尊重品牌平台，从里到外对品牌文化了解透彻，品牌的奢侈性才能得以体现。通过奢侈品品牌文化将渠道成员紧密联系在一起，提高渠道成员的凝聚力，增进各个成员对渠道合作、相互依赖的认识。奢侈品品牌商有必要和其他渠道处理随时出现的渠道冲突。

2. 营销渠道整合策略

奢侈品企业可以先对现有的渠道模式、渠道关系以及企业运作渠道的管理方式进行审视和分析，进而对企业现有的渠道成员共同成立如渠道委员会等形式的渠道管理组织，建立定期或不定期的沟通机制，以便及时进行重新组合和优化，简化渠道关系，提高渠道整体运行效率，以适应渠道环境变化，增进渠道成员彼此之间的合作，从而预防和控制渠道冲突。渠道优化矩阵（见图9-4）中，"渠道调整利益"包括区域市场的潜力、现有经销商的效率和替代经销商的优势等；"渠道调整风险"包括现有经销商的冲突程度和替代经销商的获取成本等。针对具体情况，可以采取四种不同的渠道调整策略。奢侈品品牌商既能通过完善的营销体系控制渠道，又可以通过渠道冲突对渠道成员进行调整，从而优化营销渠道系统。当发生渠道冲突时，奢侈品品牌需要找到发生冲突的原因，不断改进渠道结构，调整渠道成员和淘汰不合格的中间商。

渠道调整利益大	渠道调整利益小	
渐变	不变	渠道调整风险大
突变	斟酌	渠道调整风险小

图 9-4　渠道优化矩阵

资料来源：陈涛. 营销渠道管理 [M]. 北京：机械工业出版社，2013.

---

① 田千里. 渠道冲突的激励与约束机制研究——基于代理理论的分析 [D]. 对外经济贸易大学硕士学位论文，2006.

3. 营销渠道扁平化策略

许多奢侈品企业正将营销渠道改为扁平化的结构，以减少和消除多余的中间环节，即销售渠道越来越短，销售网点越来越多。奢侈品厂商一方面通过对中间商各环节的服务和监控，使自身产品能及时、准确地通过各环节到达零售终端，使顾客买得到。另一方面通过加强终端管理，使顾客乐意购买。有一个问题需要注意，当奢侈品品牌为了保持对渠道的控制，将品牌经营重新揽回自己手中时，并且以一种不友好的方式结束与中间商之间的关系，中间商会在其最为接近的消费者中组织对该品牌的联合抵制。在这种情况下奢侈品品牌商必须采取一定的平衡策略，避免激化双方矛盾，影响品牌形象。例如，奢侈品品牌商可以通过设立合资机构来收回代理权，将自身与当地的分销商在未来的销售活动中联合起来，最后通过逐步提高控股比例实现100%控股。2000年，知名代理商俊思集团与Ferragamo从中国香港和中国台湾开始，由代理转为合资经营，由俊思集团和后者建立公司负责销售，分享利润。

同时，中间商要转变经营观念，为了自身更好地发展，必须为品牌提供更多的利益，保证业绩和积累独特资源，奢侈品品牌商对业绩满意就有续约的可能性。中间商们必须根据当前奢侈品品牌的需求重新定位自己的价值，必须走出过去的粗放式经营方式，走向精细化运营，满足奢侈品品牌在新一阶段发展的需求。"优质的店面资源+高素质的销售服务人员+高水平的奢侈品终端经营管理经验+优秀的本地市场拓展经验"，综合掌握这些核心资源，再加上创新性的合作模式，这样的奢侈品中间商将会在和奢侈品品牌博弈的过程中处于有利位置①。

三、奢侈品营销渠道控制

营销渠道控制是指某个渠道成员通过自己的行动，达到影响或制约甚至支配另外一些渠道成员某种决策的意识和行为。渠道控制是渠道发展的必要前提，渠道一旦失去控制，渠道成员间必然会产生渠道利益冲突，削弱整个渠道的竞争力。

奢侈品品牌和终端顾客之间渠道通路越短，品牌的控制力也就越大。中间商越多，对营销系统的控制力度越弱，容易导致奢侈品厂商对营销渠道的控制失效。现实中曾出现经销商胁迫产品厂商让利，跨区销售等现象。

奢侈品企业可以利用以下方法提高营销渠道控制力。

(一) 利用品牌控制渠道

很多有实力的中间商可能拥有较多渠道话语权，他们可以选择供货的奢侈品品牌商，建立中间商品牌和中间商商标来加强销售，从而使奢侈品品牌商对其产生依赖。奢侈品品牌商想要掌握渠道主动权，必须保持自己的竞争力，利用渠道管理方式和手段占据渠道中的领袖地位。奢侈品品牌商可以利用自身品牌对顾客的影响，实现对整个渠道的控制。对于经销商而言，一个优质的品牌产品不仅意味着销量、利润与形象，更意味着销售效率的提高②。企业通过建立良好的品牌形象对渠道施加控制，利用品牌优势掌控渠道，增加渠道控制的有

---

① 冯小素. 奢侈品中间商的新出路 [J]. 销售与市场（管理版），2010（10）：68~72.

② 吕一林，王俊杰，彭雷清. 营销渠道决策与管理 [M]. 北京：中国人民大学出版社，2015.

效性。

（二）利用渠道激励资源控制渠道

渠道激励是渠道利益的再分配，奢侈品企业可以利用对渠道资源的掌握及分配来调节渠道成员之间的关系，通过采取授予中间商独家经营权、提供专业培训、额外价格优惠、年终销售返利、市场费用支持等激励方式来对渠道成员进行控制。

（三）提供高端服务控制渠道

服务是产品价值的一部分，无论对于奢侈品品牌商还是对于中间商来说，拥有完善的服务体系，能为其他渠道成员或最终顾客提供高质量的服务，都能产生强大的吸引力和感召力。良好的服务是让顾客满意，形成顾客信任、偏好和忠诚的必要条件，也是企业持续发展的基础。品牌需要与经销商签署协议，使产品在分销点供应时与品牌自身标准相符，甚至与直属零售店的产品出售标准类似。通过掌控和监管门店的日常运营，进一步提高店内工作人员的服务水平，从而使消费者能够真正享受奢侈品品牌的高端服务，进而有效地控制渠道。

第三节　奢侈品与互联网渠道

🌀 **小故事 9-3**

宝诗龙与互联网：助力企业发展

当大多数奢侈品品牌还在对是否进入互联网左右权衡的时候，宝诗龙（Boucheron）已经投身于网络世界。2007 年 9 月，宝诗龙开设了自己的第一家网上商店。宝诗龙以向潜在客户出售质量为目标，主要关注品牌在互联网上所应提供的服务，仅仅一年的时间网上的人数增加了 400%。宝诗龙并没有停留在这一积极结果上，2008 年，为了配合宝诗龙 150 周年庆，该品牌构建了一个基于客户反馈的新的提高版网站，品牌旗下产品和服务的描述更加清晰，更加准确。宝诗龙很快意识到，网站战略帮助公司获得了新的客户，而这些客户是传统精品店所无法吸引的群体。Boucheron.com 网站也迅速成为了一个辅助性分销渠道，其能很好地补充传统的线下商店。

在 2008 年，当 Quatre 戒指系列在商店发布时，其广告遍布巴黎各大城市，同系列产品同时网店上线。当登录宝诗龙网站时，会发现两个关键的内容：第一，网站非常简单；第二，视觉效果极佳。该网站提供了产品的个性化选择和尺寸指南。在 2010 年 11 月，宝诗龙珠宝品牌又推出了 Myboucheron.com 网站，这是一个为客户提供产品虚拟体验的虚拟空间，通过它，顾客可以在舒适的家中试戴喜欢的戒指或手表。

（资料来源：霍夫曼，马尼埃雷．奢侈品到底应该怎样做 [M]．钱峰译．北京：东方出版社，2014.）

互联网线上店铺是零售变革的结果与潮流的选择。奢侈品作为一个历史悠久的话题，不曾随时光淡出时代，而是与时代不断前进。那么，奢侈品与互联网时代又将怎样碰撞并绽放？这是一个不可回避的话题。

早在 2004 年，古驰在美国开设线上销售；2005 年 10 月，路易威登开设线上专卖店，主要服务于法国和德国。2009 年 11 月,菲拉格慕公司计划开始线上商店,并将其定位为公司主要销售点。各大奢侈品品牌纷纷试水互联网,存在成功助力企业转型升级、开拓市场并获得销售增长的品牌,但是在试水互联网过程中,也存在稀释原有品牌、导致品牌降级的奢侈品品牌。本节将讨论奢侈品与互联网之间的关系,结合二者自身的特点,提出相应的奢侈品互联网渠道模式,即奢侈品品牌该如何利用互联网渠道,更好地为品牌发展和客户群服务。在奢侈品的经营中,客户群是奢侈品经营的重要主体。奢侈品不是千篇一律,客户群也不是一成不变,面对不同的客户群设计不同的互联网渠道运营重点,将影响奢侈品品牌的互联网渠道效率。本章在搭建奢侈品互联网渠道模式的基础上,结合不同的客户群,总结渠道运营的重点,为奢侈品互联网渠道运营提供指导与借鉴。

一、奢侈品互联网渠道

(一) 奢侈品互联网渠道类型

互联网渠道又称线上渠道、电子渠道,是指零售商利用互联网销售产品或提供服务。奢侈品互联网渠道主要包括网站、网店、电子邮件、社会化媒体等线上渠道。

1. 网站

奢侈品品牌自行开发或拥有的网站,消费者可以通过搜索查找品牌官网,登录、查阅并享受品牌的线上服务。奢侈品品牌宝诗龙的 Boucheron.com 和 Myboucheron.com 就是品牌网站,Gucci.com 为古驰的中国官网。

2. 网店

在 Amazon.com、Alibaba.com 和京东、唯品会等电子商务网站上开设旗舰店,借用第三方购物平台销售产品或提供服务,分为官方授权店和线上官方网店 (一般为旗舰店)。奢侈品在中国多为品牌授权店的线上网店,如银泰百货或王府井百货的官方旗舰店。

3. 电子邮件

相较于其他线上渠道,电子邮件的优势较小,主要是通过邮件的方式向消费者提供信息,以及听取消费者的反馈,互动性较弱,互动周期较长,但是具有一定的针对性。消费者可通过古驰官网直接发送邮件,分为客户服务邮件与商品资讯邮件。

4. 社会化媒体

微博、微信等均属于社会化媒体,品牌通过微博、微信与消费者进行沟通,扩大知名度或销售产品与提供服务。路易威登、博柏利、古驰等都是通过社会化媒体与消费者成功沟通的奢侈品品牌,不仅增强了品牌资产,同时提升了销售水平。古驰的微信公众号内可以查阅新品、秀场、明星等资讯,同时可以选择服务、维修和保养等服务,其官方微博 (见图 9-5) 截至 2019 年 8 月 1 日拥有 1703084 名"粉丝",累计发表微博 3951 篇。

本章对奢侈品互联网渠道的研究主要集中于网站与网店的研究。网站与网店的主要差异在进入端口不同,前者是网页搜索进入,后者是购物平台搜索进入。二者的功能与作用对于奢侈品而言具有相似性。本章主要讨论奢侈品如何利用互联网渠道提升客户体验与服务。

图 9-5　古驰官方微博

资料来源：古驰官方微博，详见 https：//www.weibo.com/gucci？is_hot=1。

（二）奢侈品互联网渠道特点

1. 互联网渠道特点

（1）超时空。互联网渠道打破时间与空间的限制，弥补销售时间空点，打破地域限制。客户通过登录线上店铺可以随时随地获得想了解的信息，购买想要的产品。利用互联网打破地域限制的特点和不同国家之间服务时差的特点，为客户提供 24 小时不间断的服务与沟通，美国服务人员休息阶段，由中国服务人员为客户提供在线服务与沟通。

（2）虚拟、匿名性。互联网世界是一个虚拟的世界，可以提供超凡的视觉、听觉体验，但是难以实现嗅觉、触觉等感知维度的体验，是一个缺失的体验环境。同时，互联网世界具有一定的匿名性，难以熟悉与你接触的互联网的另一端的人的身份与信息。互联网渠道的另一端的身份具有一定神秘性，可以在不分享身份信息的前提下进行消费与享受服务。同时，这种匿名性在客户关系建立方面存在"短板"，不利于建立亲密管理。因此，互联网渠道可为优质顾客提供升级服务，但不适用于开拓新顾客。

（3）传播迅速、广泛。互联网的使用是全球性的，其影响范围打破国家与地域的限制。一条品牌的信息可以迅速为全球客户接收并可选择互动交流。互联网信息的交互是即时的，奢侈品品牌企业可以即时接收消费者的信息，同时消费者也可以及时了解品牌动态。《中国互联网络发展状况统计报告（2018）》[①] 显示，截至 2018 年底，我国网民规模达 8.29 亿人，其中网购用户有 6.10 亿人，占总体网民的 73.6%。数据表明，在中国互联网可以连接 8.29 亿人次，其信息传递的广泛性不言而喻。

（4）交互性。互联网信息传递是一个双向传递的过程，兼具主动与被动的特性。企业不仅可以将信息快速地传递给目标客户群与非目标客户群，同时企业可以及时收到客户群传递给企业的信息以及客户之间公开分享的信息。这种信息的传递不再是被动的接收，更具有一定的主动性，主动接收信息的搜索、主动分享信息的评论和主动反馈信息的意见等。有交互就有互动，有互动就存在参与，有参与将增强体验与关系。

互联网渠道是一个集优势与劣势于一身的渠道，对于奢侈品而言，渠道的超时空性、传播迅速广泛、交互性、虚拟性等特点在提供升级服务、提升知名度和信息沟通等方面都可以加以利用。但是匿名性特点则需要花费更多精力管理，在已有客户服务方面发力，而不是在建立新客户关系方面，使其与奢侈品核心本质相契合。

---

① 中国互联网络信息中心. 第 43 次《中国互联网络发展状况统计报告》[EB/OL].[2019-02-28]. http：//www.cnnic.cn/hlwfzyj/hlwxzbg/hlwtjbg/201902/P020190318523029756345.pdf.

2. 奢侈品渠道特点

(1) 障碍性。与其他大众产品消除购买障碍不同，奢侈品依靠设置购买障碍提升附加价值。奢侈品通过限制渠道的进入标准，筛选并限制客户接触品牌的渠道，打造奢侈品渠道障碍性。奢侈品品牌多会选择采用精品店会员准入制度，该制度可以筛选客户，同时彰显客户的特殊性与地位。据估计，罗迪欧大道每年游客数量超过 1400 万人次，毕扬（Big-an）秉承打造世界上唯一"会员准入制"精品店的理念，保证其顾客的购物专属性和私密性。从州长、行业领袖、总统到国王和皇帝，都在毕扬的顾客名单之列，他们需要绝对的购物空间。

(2) 隐匿性。与其他产品的购买网点明显且易于进入相比，奢侈品店铺入口更倾向于隐蔽或难以发现。这种策略可以让消费者体验到一种独特的消费体验，因为只有凭借某一专业知识或者社会地位，才能成为少数人知道的地点。我们寻找"大隐于市"的奢侈品店铺的方式，如某条街道旁边卖玉米饼的摊位就是一个秘密入口；你需要提前打电话预约，之后总台会通过对讲机低声确认你的姓名，然后才会指引你走某个楼梯；有一家酒吧，如果想进入，需要在一个不起眼的热狗店旁边通关一个指定游戏，再去附近的电话亭敲门，开门后才能进入一个温馨的鸡尾酒酒吧……这些场所里面所有活动都是会员专属的，这种渠道的隐匿性对非会员群体保持一定的神秘感并保有吸引力。

(3) 稀有性。分销渠道的稀有性主要表现在限制分销网点数量。拥有品牌知名度，却不存在分销渠道，消费者形成了对品牌的欲望与梦想，但是无法轻易购买，这在一定程度上塑造了品牌的稀有性。人们对奢侈品的渴望不但普遍存在而且十分强烈，在很大程度上，如果人们将稀缺的奢侈品与该品位生活方式等同起来的话，那么奢侈品消费自然就会有意或无意地成为人们奋斗的目标[1]。有限的旗舰店让消费者这种"奋斗目标"并没有那么容易实现，使其不断散发着吸引力，从而有利于消费者对奢侈品品牌社会价值的感知。奢侈品零售商总是在强调其产品的尊贵独特，渠道的客观稀缺性可以保持市场的有限覆盖，把高质的产品和服务集中于少量的销售网点上，彰显品牌与客户的尊贵独特，并且这种稀缺能吸引足量的顾客并带来高利润[2]。

不仅限制销售网点的数量，同时限制销售网点的位置。大众市场上的产品往往通过增加大量的销售网点以提高销售量，但奢侈品只在各国一线城市的著名商业街设立专卖店。除了专卖店的设立外，一些品牌还采取其他策略，如路易威登的某些产品系列仅在指定国家甚至指定店铺内销售，如一些限量版的手袋只在日本市场发售；普拉达部分高端产品也仅在指定店铺有售。

(4) 体验性。奢侈品为客户带来的体验包括身体上与心理上的体验。这种体验表现在客户在渠道中进行购物行为的过程中感受到愉快与舒适。事实上，任何一种物品要成为为人所欲的奢侈品，就必须让人相信拥有它是一种享受体验。奢侈品消费者通过体验来获得享乐价值，而这种价值来自于产品功能价值与品牌社会价值两个维度，产品功能价值给客户带来身体和感官上的舒适与享受的体验；品牌社会价值主要是通过自我展现与社会比较

① Dubois B. , Laurent G. The Functions of Luxury: A Situation Approach to Excursionism [J]. Advances in Consumer Research, 1996, 23 (1): 470-477.

② Mortelmans D. Sign Values in Processes of Distinction: The Concept of Luxury [J]. Semiotica, 2005 (157): 497-520.

为顾客带来的心理上的满足与愉悦体验①。因此，奢侈品渠道更多地强调体验性，其体验性是多维的，不是单一维度的体验，是多维体验所带来的身体与心理的愉悦与舒适。

3. 奢侈品互联网渠道特点

奢侈品互联网渠道首先是一条奢侈品渠道，其自身的渠道特点不能忽视，其次是一条互联网渠道，互联网渠道的优势不能放弃。结合奢侈品渠道自身特点与互联网渠道特点的奢侈品互联网渠道具有自身的特点。奢侈品互联网渠道对于互联网渠道的利用主要表现在奢侈品渠道体验性特点的延伸与升级，塑造其独有的沟通性、辅助性的特点。

（1）沟通性。第一，目标客户的沟通。奢侈品互联网渠道相比于销售，更倾向于信息传播、交流和互动。奢侈品互联网渠道的沟通性，是面对目标客户的信息互动性，利用互联网信息传递迅速的互动优势，奢侈品互联网渠道可以更好地为客户提供在线信息服务，包括新品信息、活动信息、养护信息和品牌故事等。通过奢侈品互联网渠道为奢侈品目标客户提供更及时、全面的信息沟通、互动体验。第二，非目标客户的沟通。奢侈品互联网渠道的沟通性，是利用互联网渠道信息传递的广泛性，与非目标客户进行沟通。奢侈品的体验性通过产品功能价值和品牌社会价值实现，产品功能价值通过奢侈品与目标顾客接触来实现，品牌社会价值则需要通过奢侈品品牌与非目标客户接触来实现，自我展现与社会比较是奢侈品品牌社会价值体现的来源。无论是自我展现还是社会比较都存在三方关系，即奢侈品品牌、目标客户与非目标客户。目标客户通过奢侈品品牌向目标客户和非目标客户展示自我，进行自我表达，通过是否享受奢侈品品牌的行为与非目标客户彰显社会符号，进行社会性比较。此时，互联网渠道将成为奢侈品渠道面向非目标客户的重要传播（非互动性沟通）通路，奢侈品品牌对于非目标客户的传播需求高于其他大众产品。因此，与非目标客户的传播是奢侈品互联网渠道特点之一，如图9-6所示。

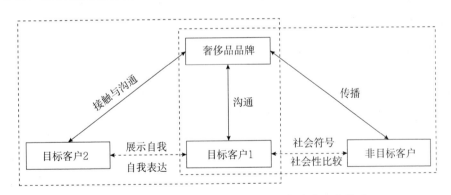

图9-6　奢侈品品牌、目标客户、非目标客户三者关系

资料来源：笔者根据相关资料整理而成。

（2）辅助性。第一，感官体验的辅助性。奢侈品渠道注重体验性，互联网渠道在视觉、听觉等方面具有体验优势，但视听体验仅是体验维度中的身体体验的一部分。互联网渠道可以提供超凡的视觉、听觉体验，但是难以实现嗅觉、触觉等感知维度的体验，是一个缺失的体验环境，奢侈品的核心概念包含体验，体验是奢侈品的重要维度，感官体验的缺失不利于奢侈品经营。因此，奢侈品互联网渠道作为单独渠道仍存在"短板"，但其可

---

① 卢长宝，秦琪霞，林颖莹. 奢侈品消费特性构成维度的理论模型 [J]. 管理评论，2013，25（5）：123-135.

以作为奢侈品体验之旅的辅助性渠道，将为奢侈品客户带来更加真实、多维的享受与体验。第二，服务模式的辅助性。奢侈品面对具有不同需求的目标客户，互联网渠道可以提供实体渠道不擅长的服务。实体渠道受空间、时间限制，服务时间与服务种类受限，互联网渠道可以利用其超时空的特点，满足客户在服务时间上的需求，在服务种类上的需求，如虚拟试穿、信息分享等。实体渠道可以实现隐匿性，但对于追求低调的客户，其仍需要将购买行为曝光，互联网渠道则可以通过网上下单，送货上门满足低调消费奢侈品的需求。因此，奢侈品互联网渠道丰富了奢侈品的服务模式，提升服务体验。

（三）奢侈品互联网渠道作用

互联网渠道具有超时空、虚拟性、传播广、交互性等特点，奢侈品使用互联网渠道同样可以利用互联网渠道的特有优势与特点。奢侈品互联网渠道的利用不能盲目，应该结合其自身渠道特点有选择性地使用互联网渠道。将奢侈品渠道特点与互联网渠道特点相结合，才能更好地发挥互联网渠道的优势与作用，如表9-3所示。

表9-3　奢侈品渠道与互联网渠道结合示例

互联网渠道特点 奢侈品渠道特点	超时空	虚拟性	传播广	交互性
障碍性				
隐匿性		√		
稀有性				
体验性	√	√	√	√

资料来源：根据网络资料整理而成。

奢侈品是一个富含体验的存在，其渠道要求可以为客户提供更加优质的体验。互联网渠道的超时空、虚拟性、传播广、交互性等特点将为奢侈品客户提供更加多元与丰富的体验和更优质的服务。互联网渠道超时空特点同样给客户带来购买便捷，该优势对于大众产品是渠道优势，但对奢侈品渠道障碍性和稀有性的特点而言，互联网渠道将破坏奢侈品渠道隐匿和稀有的特点，为其带来劣势。因此，奢侈品互联网渠道的应用应避免将其定位为购买渠道，可以进行入门产品或某类产品的销售，但不可全面销售。将其作为信息传播与升级服务提供渠道，互联网渠道的优势在奢侈品渠道利用中将得以发挥。互联网渠道在奢侈品渠道中的作用，具体包括以下几个方面。

1. 提升体验性

互联网渠道的超时空特性可以使奢侈品客户打破时间限制，白天黑夜都可以接收信息与浏览产品，打破空间限制，浏览世界各地的产品与信息，为奢侈品客户提供持续性、跨地域的产品信息体验；互联网渠道的虚拟性具有科技优势，可以作为视觉、听觉体验的渠道，奢侈品的核心概念包含体验，体验是奢侈品的重要维度，为客户带来更全面、震撼的视听体验。

2. 提供更优质客户服务

互联网渠道超时空的特点，保证客户无论身处何地都可以享受优质的线上客户服务，无论何时都能够接受线上服务。奢侈品的部分购买渠道具有一定的隐匿性，互联网渠道的虚拟性将为追求低调消费的奢侈品客户提供自由空间。追求低调的奢侈品客户不需要向圈外人证明自己，只需要谨慎地保持在同行中的地位，他们认为奢侈品自身就是奢侈，能够识别奢侈品就是奢侈，他们不喜欢明目张胆地炫耀，更喜欢低调地享受奢侈品。因此，奢侈品互联网渠道可以在低调与隐匿性上为该类客户提供更加优质的服务。

3. 提升奢侈品知名度

奢侈品既是内在的也是外在的，内在的奢侈品可以提升使用者的自尊、自我认知与专业知识，外在的奢侈品可以划分奢侈层级、表明社会地位等，对于外在的奢侈品，其需要为更多的群体所认知。当奢侈品存在知名度时，奢侈品才变得有意义。互联网传播广的特性可以不断提升奢侈品的知名度与品牌热度，增加品牌资产，为奢侈品品牌带来优势。

二、奢侈品互联网渠道运营

奢侈品所面对的客户群不是一个人，而是一群人，且是一群有着各自特征的客户群。面对不同的客户群，奢侈品互联网渠道不能固定死板，以同一种模式服务全部客户。根据不同客户需求调整互联网渠道运行重点，进行个性化服务，符合奢侈品核心内涵。针对不同的客户群选择互联网渠道运行重点，首先要明确客户群的主要类别与需求特征，根据其不同的追求特点进行针对性的渠道设计。

(一) 四种类型的奢侈品客户群

Kapferer（1998）[①] 根据调查数据将奢侈品客户群分为以下几种类型，如表9-4所示。

表9-4　针对不同客户群奢侈品互联网渠道运营重点

客户类型与网店重点 奢侈品企业行为	引发动机	提供信息	行动决策	销售过程	售后服务
	引发、 激发需求	在途、在店 信息搜寻	店址选择、展示 说服、参与方式	接单、收款、 递货、送客	售后服务、 反馈改进
追求纯正体验（产品）	示范+优质	产品信息	♥	♥	产品意见
追求创新、小众（创新）	稀缺+创意	设计信息	♥	♥	创意收集
追求保值、声望（归属性）	低调+奢华	品牌文化	♥	♥	品牌故事
追求稀有性、品牌（稀有性）	尊贵+成功	限量信息	♥	♥	私人客服

资料来源：让·诺埃尔·凯费洛. Kapferer论奢侈 [M]. 谢绮红译. 北京：机械工业出版社，2016；李飞. 奢侈品营销 [M]. 北京：经济科学出版社，2010.

1. 追求纯正体验的客户群

该群体重视产品的品质、美感与独特性，对于奢侈品的喜爱源于产品本身。这种奢侈品有着纯正的文化底蕴与内涵，一般需要定制。最具代表性的产品为劳斯莱斯、卡地亚和爱马仕等。

2. 追求创新、小众的奢侈品的客户群

该群体注重创新性与产品的质感，喜欢大胆的设计。代表性品牌为让·保罗·高缇耶、三宅一生和马克·雅克布等。

---

① Kapferer J. N. Why are We Seduced by Luxury Brands? [J]. Journal of Brand Management, 1998, 6 (1)：44-49.

3. 追求保值、声望的客户群

该群体追求一种上流社会的归属感，会通过购买知名品牌降低风险。这种奢侈品对永恒和国际声誉方面的重视远高于其他方面。代表品牌为设计风格稳定的保时捷、路易威登和登喜路等。

4. 追求稀有性、品牌的客户群

该群体重视所购买产品的稀有性，喜欢奢侈与炫耀，希望通过购买产品与其他群体区分并彰显自己的成功，他们享受品牌所带给他们的声誉、形象和吸引力。这种奢侈品多具有明显的品牌标志。代表性品牌为奔驰、芝华士等。

（二）奢侈品互联网渠道运营重点

互联网渠道的运营是企业根据客户需求进行的一种企业行为，以消费者购买行为周期划分渠道阶段，包括产生动机、搜寻信息、行动决策、购买过程和使用评价五个阶段，对应奢侈品企业行为分为引发动机、提供信息、行动决策、销售过程和售后服务。根据不同客户群在互联网渠道不同阶段的进行重点选择与设计，拥有不同追求的客户群对实体渠道与互联网渠道的需求不同，且需求重点不同。其对互联网渠道的利用动机存在差异，根据这种差异奢侈品互联网渠道将在不同环节借力互联网优势。

1. 追求纯正体验的客户群运营重点

该群体重视产品的品质、美感与独特性，对于奢侈品的喜爱源于产品本身。在引发动机阶段，通过为客户提供产品的示范式展示，将产品材料、设计美感和独特性进行信息展示，突出产品的优质性。奢侈品品牌并非浪得虚名，它们必须制造高质量的产品，让消费者相信支付昂贵的价钱是值得的[1]。珠宝店提供"质量退款保证"以及向潜在买家提供在电子显微镜下检测宝石质量的机会等。对高价女性化妆品而言，它们更喜欢通过示范将低价格的化妆品区分开来，销售人员会竭力帮顾客搭配各种组合，从而为顾客找到颜色和纹理最具吸引力的组合[2]。这种示范式展示能够使该顾客群感受到产品自身的优质性，增强其对奢侈品产品本身的认知，激发其消费欲望与需求。

在提供信息阶段，面对该类客户，奢侈品品牌线上信息展示应该集中于产品展示，表达产品的卓越、优质与独特性。产品质量是促使顾客消费的重要驱动力，产品信息服务满足追求纯正体验的客户群对于奢侈品的诉求。该类客户属于奢侈品购买者中更关心产品的物理外形和时尚元素的客户群体[3]。

在售后服务阶段，售后服务具有实际性，行为主体为实体店，互联网渠道在反馈意见等方面主导。该类客户对于产品本身的重视程度高于品牌，搭建专门的产品反馈渠道，将更容易赢得该类型客户的满意。

2. 追求创新、小众的客户群运营重点

该群体注重创新性与产品的质感，喜欢大胆的设计，追求小众消费。在引发动机阶

① Brun A., Caniato F., Caridi M., et al. Logistics and Supply Chain Management in Luxury Fashion Retail: Empirical Investigation of Italian Firms [J]. International Journal of Production Economics, 2008, 114 (2): 554-570.

② Mcclure J., Kumcu E. Promotions and Product Pricing: Parsimony versus Veblenesque, Demand [J]. Journal of Economic Behavior & Organization, 2008, 65 (1): 105-117.

③ Nia A., Zaichkowsky J. L. Do Counterfeits Devalue the Ownership of Luxury Brands? [J]. Journal of Product & Brand Management, 2000, 9 (7): 485-497.

段，对于小众化的追求可以通过稀缺性实现。稀缺性反映了奢侈品小众化消费的事实，稀缺性满足了他们对个性化的渴望与追求，从而在凸显自我中，展示了独特个性与不随大流的品位①。这种稀缺性展示多集中于设计理念、款式与创新性材料使用等方面，通过稀缺性展示，激发需求与购买动机。其中环保原材料的使用会强化可持续发展背景下消费者对奢侈品品牌社会价值、环境价值和个人价值的感知②，感知价值的增加将激发客户购买欲望。

在信息提供阶段，通过提供关于品牌大胆、独特设计的信息提升该类型客户的品牌感知。设计的发散性与独特的消费者心智配合的是华丽的外包装和良好的使用价值，此外，风格及其设计个性强烈而突出是奢侈品品牌的重要因素。因此，才会有迪奥的夸张浪漫的花朵、博柏利的硬朗经典的格子、普拉达尼龙与皮革的混搭③。设计信息不仅包括产品的设计信息，还包括对独特设计师个性的宣传。以迪奥的女装设计师约翰·加利亚诺为例，他并不遵循"传承"的概念，主张"永远挑战自己的观念"的理念。迪奥是他施展自身才华的舞台，而非迪奥品牌文化历史中的一个"过客"。这种具有创新意识的设计师，已经越来越受到年青一代的追捧，这种精神的品牌也在吸引着属于自己的群体。奢侈品品牌提供客户感兴趣的信息将进一步促进客户的购买行为。

在售后服务阶段，面对该类型客户主要提供其可以自由发表创意与发挥个性的交流平台。让其在意识自由中探寻品牌的价值与生命的内涵，感受品牌是一个自由、创新的世界。相比于封闭的、隔离的渠道，该类型的客户更倾向于自由、无障的渠道，线上社区与俱乐部将是其选择。

3. 追求保值、声望的客户群运营重点

该群体追求一种上流社会的归属感，是一种身份的象征。其消费行为是一种象征性消费，就是象征身份、地位和角色价值的消费④。从社会心理学的角度，象征性主要来自于社会比较与社会分化。社会比较对于人们而言是自然发生且不可避免的，社会比较不仅会告诉我们哪里做得好，还会告诉我们变现好在哪里，不好在哪里⑤⑥。

在引发动机阶段，该类型客户群多追求社会归属感，追求购买的产品与自身身份、地位和角色相符。该类奢侈品消费者在自己喜欢的品牌中寻求品位，并不喜欢被人称作"暴发户"。但在保持低调的同时，也希望能让人理解到他们消费的奢侈含义，所以奢侈品信息的传播需要在"彰显"与"低调"中寻求平衡，即所谓的"低调的奢华"。

在信息提供阶段选择展示品牌文化，该类型客户追求与自身身份相符合的产品，注重身份与内涵。对于品牌历史与文化的介绍，将赋予品牌以精神和内涵。文化是奢侈品品牌的根本，历史是奢侈品品牌文化的载体⑦。传统工艺、遗产和传奇人物是品牌历史的载体。一方面，对于不了解奢侈品品牌的消费者而言，品牌历史可以作为感知品牌功能价值的重要线索；另一方面，品牌历史还可以通过影响消费者对奢侈品品牌的真实性感知（Fionda、Moore，

① 卢长宝，秦琪霞，林颖莹. 奢侈品消费特性构成维度的理论模型 [J]. 管理评论，2013，25（5）：123-135.
② Hennigs N., Wiedmann K. P., Klarmann C., et al. Sustainability as Part of the Luxury Essence [J]. Journal of Corporate Citizenship，2013（52）：25-35.
③⑦ 彭传新. 奢侈品品牌文化研究 [J]. 中国软科学，2010（2）：69-77.
④ 赵驹. 运用整合营销理论指导奢侈品营销 [J]. 北京工商大学学报（社会科学版），2006（3）：63-65.
⑤ Smith R. H. Envy and Its Transmutations [M]. Cambridge：Cambridge University Press，2004：43-63.
⑥ Tiedens L. Z., Leach C. W. The Social Life of Emotions [M]Cambridge：Cambridge University Press，2004.

2009①），而激发消费者对品牌文化的深层体验②，从而彰显品牌的品位、成就和声望。

在售后服务阶段，收集客户的信息主要集中于品位展示、品牌故事分享等信息，搭建客户品牌故事分享专区。在品牌故事分享的过程中，彰显该类客户的品位、内涵与修养。在品牌故事收集的过程中，提供品牌故事编辑精修服务，将故事的可读性与美观性结合起来。

4. 追求稀有性、品牌的客户群运营重点

该群体重视所购买产品的稀有性，喜欢奢侈与炫耀，希望通过购买产品与其他群体区分并彰显自己的成功。一方面，炫耀是为了金钱竞赛，是对财富水平较高人群的一种效仿；另一方面，炫耀是一种隔离行为，通过奢侈品的购买与财富水平低的人区分开来③。

在引发动机阶段，主要通过互联网渠道传递"尊贵选择""成功之选"等信息，这种信息的传递应多采用大众认可、面向大众的广告信息，必须是有抱负的而不是功能性的④。如劳力士的广告语"为每一个成就加冕"。通过广告引发社会对该品牌或产品的崇拜与向往。例如，依云矿泉水只选择具有贵族风范的高尔夫球比赛进行赞助，从而借助这项有钱人独享的特权式休闲运动，来延续依云一贯的品牌联想和高贵的产品定位⑤，传达购买或使用该品牌产品是一种成功和尊贵的表现。

在信息提供阶段选择限量信息，限量信息不仅包括数量，还包括原材料的稀有性。奢侈品限制数量主要表现为限量版产品的推出，通过限制产品的数量，使只有少数客户可以购买，彰显奢侈品的稀有性和独特性。该类客户重视品牌与产品的稀有性，追求的是奢侈品的社会价值，可以将自己与他人进行区分，证明自己的与众不同。这种与众不同，限量款可以提供，稀有原材料在奢侈品产品中的使用同样可以满足稀有性心理和社会倾向。稀有原材料的使用则会增强消费者对奢侈品品牌社会价值的感知⑥。

在售后服务阶段，通过提供专属服务，配备专属客服，将该类客户与其他客户进行隔离。由客户专属"客服先生""品牌管家"，专门打理该类型客户的互联网信息交互活动。

（三）奢侈品互联网渠道运营流程

奢侈品互联网渠道运营流程如表9-5所示。

表9-5　奢侈品互联网渠道运营流程

运营流程	定位规划	店址选择	建设店铺	店铺装修	商品采购	确定价格	陈列商品	宣传推广	销售服务	售后服务
互联网渠道	目标客户与非目标客户	自有网站与第三方网站	店铺性质选择	视觉、交互性	入门、少量产品	不标价，提供询价服务	整体性产品展示	与品牌内容相一致	在线咨询与配送	意见反馈与关系维护

资料来源：李飞. 奢侈品营销［M］. 北京：经济科学出版社，2010.

① Fionda A. M. , Moore C. M. The Anatomy of the Luxury Fashion Brand ［J］. Journal of Brand Management, 2009, 16 (5-6)：347-363.

② 黄雨水. 奢侈品品牌叙事结构与功能要素符号［J］. 当代传播, 2013 (1)：99-101.

③ Veblen T. , The Theory of the Leisure Class ［M］. New York：Dover Publications, 1994.

④ Han Y. J. , Nunes J. C. , Drèze, Xavier. Signaling Status with Luxury Goods：The Role of Brand Prominence ［J］. Journal of Marketing, 2010, 74 (4)：15-30.

⑤ 卢长宝, 林颖莹. 国外奢侈品营销研究的新进展［J］. 天津商业大学学报, 2012, 32 (5)：15-21.

⑥ Hudders L. , Pandelaere M. , Vyncke P. Consumer Meaning Making：The Meaning of Luxury Brands in a Democratised Luxury World ［J］. International Journal of Market Research, 2013, 55 (3)：69-90.

1. 定位规划

奢侈品互联网渠道的定位规划主要是渠道目标群体的选择，是面向品牌的目标客户，还是面向品牌的非目标客户。渠道目标群体的选择关系着互联网渠道设计的重点，是面向目标客户的服务功能设计，还是面向非目标客户的信息功能设计。

2. 店址选择

互联网渠道店址选择主要是对互联网渠道类型进行选择。互联网渠道类型主要分为间接渠道与直接渠道，间接渠道泛指网络经销商，直接渠道包括官方线上商城和第三方电子商务平台。采用网络经销商企业投资少、利于快速扩张，但是不直接与客户接触、存在渠道冲突；采用官方线上商城与客户直接接触、渠道协调成本低，但是需要大量资源投入；采用第三方电子商务平台品牌资源投入小、受众广、与客户直接接触，但是需协调奢侈品企业与第三方电子商务平台的关系①。如博柏利在网络自主经营，维护自己的电子商务站点。Armani、Bally 与第三方电子商务平台 YOOX. com 进行合作，提供与零售门店相同的产品与价格②。

3. 建设店铺

奢侈品互联网渠道的店铺建设主要是店铺性质的选择，品牌折扣店、品牌直销店、入门产品店等。如 Boss、宝格丽、D&G 等针对价格敏感的消费者进行促销，开设销售季末产品的网上折扣店。

4. 店铺装修

设计理念一致，以顾客为中心。实体店为空间装修，互联网渠道则为网店界面设计。互联网从用户角度来说，交互设计是一种如何让产品易用、有效而让人感到愉悦的技术③。互联网渠道的网页设计要注重交互性。同时，注重视觉设计，视觉设计是用户体验满意程度最直观的影响因素，网页视觉设计包含了文字编排、图形设置、版式布局以及色彩搭配等内容。

5. 商品采购

商品采购主要是在互联网渠道上线何种种类的产品选择问题。奢侈品可以采取互联网渠道，但是主张仅销售入门产品，并且要控制销售的数量，或者针对互联网渠道专属设计互联网渠道产品。柏莱士开设网店只销售少数样品，且把顾客看中的商品送到最近的门店。

6. 确定价格

不同于大众产品的明码标价，奢侈品的价格是隐晦且需要探索的。无论是路易威登还是古驰，其官网都不能一键查阅价格，消费者需要来一场"价格探索之旅"，这是一场感受品牌与产品魅力的旅程，在不断地深入了解与探索中，消费者将爱上这个品牌，价格在此时并不是重点。

7. 陈列商品

奢侈品网站并不是产品的简单陈列区，会有抽象化、艺术性的产品介绍。消费者和广告商更喜欢用比描述普通商品更抽象的语言来描述奢侈品，因为抽象的描述被认为比具体

---

① 钱丽萍，杨翾翾，任星耀. 互联网渠道类型与管理机制研究［J］. 商业经济与管理，2012（1）：51-57.

② 张雅婵. 国外奢侈品在中国市场的分销渠道发展研究［J］. 商场现代化，2013（25）：128-129.

③ AlanDix. 人机交互（第二版）（英文版）［M］. 北京：电子工业出版社，2003.

的描述显得更奢华①。

8. 宣传推广

奢侈品所宣传的内容，必须是与自身品牌相一致的内容。内容与广告是不同的，广告因为信息量的问题，往往只有十几秒或几十秒，但是网站内的品牌内容并不单单是传递信息，更多的是传递品牌核心理念、内涵与精神，可以采用较长篇幅的品牌主题故事或主题视频。路易威登的核心理念是"旅行的精神"，其网站的品牌内容多与旅行有关，其官网中的《路易威登游记》系列很好地体现了其品牌理念，如图9-7所示。

图 9-7　路易威登"游记"品牌内容示例

资料来源：路易威登中国官方网站，参见 https：//www.louisvuitton.cn/zhs-cn/stories/travel-books#。

9. 销售服务

互联网销售服务主要包括在线咨询服务与免费邮递服务。互联网的在线咨询应该予以即时回复与耐心解答，并建议其到实体店进行感受、选择与购买。如路易威登提供顺丰免费邮递服务；古驰提供"最近店铺"导航服务。

10. 售后服务

互联网渠道的售后服务主要是意见反馈与客户关系维护。面对客户的反馈意见应该予以积极响应，耐心解答并及时解决，给出解决方案与解决期限。互联网渠道的客户关系维系应根据不同的客户采取不同的策略。

三、奢侈品实体渠道与互联网渠道整合

《2017中国轻奢市场面面观》显示，全球来看，2016年仅8%的奢侈品消费是线上购买的，销售额约为1700亿元人民币，但是受线上信息影响的消费是线上购买的消费的10倍，占到78%；在中国，9%的奢侈品消费从线上购买，销售额约为600亿元人民币，但84%的消费者从线上获取产品信息②。互联网渠道是当今市场不可忽视的渠道，为奢侈品带来一定的收益，但其主要作用在于信息沟通与传递。同时，网上购物虽然给那些附近没有奢侈品经销点的消费者，或者那些因为进入"奢侈品殿堂"而感到胆怯的潜在消费者提供了渠道，但也增加了管理的难度。网络销售存在两方面的威胁：一是产品信息有可能被其他企业借鉴；二是产品创意有可能被灰色市场中的厂商剽窃，导致奢侈品大众化③。

---

①　Hansen. J, Wänke M. The Abstractness of Luxury［J］. Journal of Economic Psychology, 2011, 32（5）：789-796.

②　席悦. 高端配送迎来新机遇［J］. 中国物流与采购, 2018（7）：53-54.

③　Riley F. D., Lacroix C. Luxury Branding on the Internet：Lost Opportunity or Impossibility?［J］. Marketing Intelligence & Planning, 2003, 21（2）：96-104.

鉴于互联网渠道应用的现状，结合实体渠道的特点，奢侈品品牌可以将互联网渠道应用的重点转移到实体渠道与互联网渠道的整合工作中。传统实体店模式，消费者购买行为的各个环节在实体店内完成。而互联网模式，消费者购买行为的各个环节在网上店铺完成。传统实体店拥有其体验性、参与感的优势，同时网上店铺具有时空和传播优势。网上店铺与实体店的开设并不是非此即彼，实际上网上店铺与实体店都是为了服务客户，根据其功能和特点的不同，将两种渠道进行良性整合，将有助于为客户提供更加优质的沟通与服务。当今，多渠道销售已成为一种趋势，应该看到，互联网作为信息传播和沟通渠道的作用非常强大，公司应积极利用这一平台来介绍品牌的内涵、历史故事、产品、服务甚至是市场活动等，将强大的零售和网上展示联系起来继而寻求品牌增长机会①。本书对奢侈品互联网渠道与实体渠道进行整合研究，发挥各自优势，结合客户购买行为周期选择不同的渠道为消费者提供信息与服务。在不同的周期内，将服务的重点调整至适宜的渠道内。

（一）奢侈品渠道整合动因

1. 奢侈品互联网渠道必要性

奢侈品不是在售卖产品，一方面奢侈品是在售卖价格，另一方面奢侈品是在售卖梦想，售卖人们某种向往的、美好的梦想。

根据 Dubois 等（1995）提出的奢侈品梦想方程式：梦想＝−8.6+0.58×知名度−0.59×购买行动②。

该方程式表明奢侈品品牌知名度与购买行为（即奢侈品拥有度）之间的差距将影响并决定奢侈品品牌的梦想吸引力。一种商品想要成为奢侈品，就必须被很多人渴望，但被很少的人得到③。提升奢侈品品牌梦想吸引力的途径有三种：其一，保持购买行为不变，知名度提升，即销售量目标不变，提升品牌知名度；其二，保持知名度不变，限制购买行动，即继续限制或缩减产品供给；其三，同步提升知名度与购买行动，即通过加大宣传力度提升知名度，同时对产品供给进行放松调整。不同途径的获利方式不同：途径一，通过提升知名度，增加品牌吸引力，随吸引力增加而提升产品价格获利；途径二，限制产品供给，通过产品稀有性增加品牌吸引力，继而提升价格获利；途径三，保持知名度与购买行动之间的良性关系，即购买行动增长比例低于或等于知名度增长比例，通过知名度提升、销售量增加获利。而如果普通民众不知道它的商标，那么它就不能作为区别身份的标志④。互联网渠道将会使更多的人认识奢侈品品牌、了解品牌、被品牌吸引并爱上它，让奢侈品品牌不仅为目标客户所热爱，同时为社会大众所向往。因此，奢侈品不应该回避互联网渠道，互联网渠道将在信息沟通与服务角度为奢侈品增姿添彩。

2. 改善互联网渠道虚假现状

奢侈品网购存在虚假宣传、虚报价格的现象⑤，同时部分商品存在旧货充新货的现象。

①　卢长宝，林颖莹. 国外奢侈品营销研究的新进展［J］. 天津商业大学学报，2012，32（5）：15-21.

②　Dubois B., Laurent G., Czellar S. Consumer Rapport to Luxury：Analyzing Complex and Ambivalent Attitudes［Z］. Les Cahiers de Recherche，2001.

③　Veen M. V. D. When is Food a Luxury?［J］. World Archaeology，2003，34（3）：405-427.

④　Han Y. J., Nunes J. C., Drèze, Xavier. Signaling Status with Luxury Goods：The Role of Brand Prominence［J］. Journal of Marketing，2010，74（4）：15-30.

⑤　刘映花. 奢侈品网站频现"低价陷阱"［J］. 质量探索，2011（11）：41.

由于种种奢侈品网购不良现象，且仿冒品和正品非常相似，因此只有通过细致的观察或借助正品分销渠道，才能将二者区分开来①。因此奢侈品品牌不能回避互联网，应该尝试通过搭建正规的互联网渠道，保证其产品质量与品牌形象。同时应该注意，相比于互联网渠道的虚拟特性，实体渠道更具真实性，将互联网渠道与实体渠道相整合，将有利于提升奢侈品客户对品牌的真实性感知。具有真实性的奢侈品品牌能够促进消费者偏好的形成（Beverland，2009），而且相比品牌之爱，品牌信任更能对消费者的购买意愿产生影响（Gilmore、Pine，2007；Beverland，2009）。因此，奢侈品互联网渠道的搭建将为客户提供一条正规的购买渠道，保证渠道正规性和品牌真实性，可以更好地满足拥有线上购买需求的客户。同时不能让互联网渠道取缔实体渠道，而是应该将二者进行结合，发挥优势。

3. 提升奢侈品品牌资产

奢侈品消费其实就是品牌消费，渠道整合有利于提升奢侈品品牌资产。Keller（1993）认为品牌的成功塑造取决于顾客的差异化反应，而顾客的差异化反应又来源于顾客的品牌知识。因此，顾客品牌知识的形成成为成功塑造品牌的关键。互联网渠道的传播广泛性更有利于传播品牌知识，将互联网渠道与实体渠道相整合，对建立奢侈品客户品牌的认识与知识积累有价值。

（二）奢侈品渠道整合设计

结合梦想方程式的两个关键变量，与互联网渠道特征和实体店渠道特征进行渠道整合。以消费者购买行为周期为渠道阶段划分，包括产生动机、搜寻信息、行动决策、购买过程和使用评价五个阶段，"♥"为实体店周期，"☆"为网上店铺周期，结合实体店与网上店铺特征，设计渠道重点，整个阴影部分为企业在消费者购买行为周期内，渠道整合重点在实体店与网上店铺的分布，如表9-6所示。

表9-6　奢侈品互联网渠道设计重点分布

消费者购买行为 渠道类型与特点		产生动机 需求、购买动机产生	搜寻信息 在途、在店信息搜寻	行动决策 品牌、场所、设计选择	购买过程 下单、付款、收货、离店	使用评价 售后服务、反馈改进
实体店	体验性、参与感、社交化	♥	♥	♥	♥	♥
网上店铺	超时空、匿名性、传播广、透明性	☆	☆	☆	☆	☆

资料来源：根据网络资料整理而成。

1. 产生动机阶段

在产生动机阶段，主要是需求与购买动机的产生，奢侈品购买动机的产生，奢侈品购

---

① Nia A., Zaichkowsky J. L. Do Counterfeits Devalue the Ownership of Luxury Brands？[J]. Journal of Product & Brand Management，2000，9（7）：485-497.

买驱动力分为四个维度，即产品与体验相关的驱动力、产品与社交相关的驱动力、产品与群体划分相关的驱动力和知名度与品牌资产相关的驱动力。通过互联网渠道分享产品、专属选择、低调奢华、尊贵享受等信息的传递，激发客户的需求与购买动机。

2. 搜寻信息阶段

结合网上店铺超时空、传播广的特征，相比于实体店也更有利于品牌知名度的提升，与客户购买行动相结合，互联网渠道的建设重点主要在信息的获取部分，即消费者购买行动的产生动机与搜寻信息阶段。因此，在面对客户购买行动的前两个部分可以将渠道重点放在互联网渠道。

3. 行动决策阶段

在行动决策部分，存在阴影重叠，主要因该部分为实体店与网上店铺的融合阶段，通过网上店铺"最近店铺"推荐将客户引入实体店。在消费者的行动决策与购买过程部分，品牌应该根据奢侈品的"体验"基因，即身体与心理均需要得到满足。互联网渠道可以在视觉和听觉上为消费者带来感官上的体验，但在其他感官与心理上的体验感会存在一定程度的缺失。此时，实体店的体验优势应该得到很好的利用，实体店往往坐落于城市繁华地区，且装修风格高贵典雅，服务人员热情周到，满足客户的社会比较心理。因此，本书主张行动决策部分，通过互联网视觉、听觉体验实现品牌选择与最近店铺选择，通过实体店多维体验实现产品与设计选择，共同实现客户体验的完整性。

4. 购买过程阶段

在完整体验的前提下，客户完成购买决策，进行下单与付款。奢侈品的购买能满足消费者的炫耀心理[①]。一部分客户购买奢侈品的消费行为存在炫耀与群体隔离的心理，鉴于奢侈品购买的炫耀心理与互联网支付具有隐匿性的特点，本书主张将支付环节与收货环节重点置于实体店，但不回避线上支付与送货上门等服务。因为奢侈品客户存在不同的客户群，奢侈品消费者可分成贵族、新贵、装模作样者和无产者四类。其中，贵族喜欢低调的产品，新贵喜欢高调的产品[②]。实体店支付、收货符合并满足"高调购物"心理，线上支付与配送符合并满足"低调购物"心理。但高调购物的奢侈品购买群体比重更大且更符合奢侈品社会评价的社会价值，因此，主张将购买过程置于线下实体店。

5. 使用评价阶段

在使用评价阶段主要是售后服务与反馈改进。该阶段将采用实体渠道与互联网渠道相结合的设计，将养护、维修等实物服务集中于实体店，保持实体店的服务优势。信息反馈集中于互联网渠道，快速及时收集客户反馈意见。同时，可以借助互联网渠道，让客户更多地了解奢侈品品牌的售后服务与保障，提升信任感。

奢侈品实体渠道与互联网渠道的整合，并不是否定实体渠道或互联网渠道作为营销渠道的优势与地位，实体渠道和互联网渠道仍是消费者购买奢侈品的完整渠道，将渠道进行整合是一种渠道优化和客户服务优化行为，是提升客户满意度与渠道体验的选择。

---

① 赵驹. 运用整合营销理论指导奢侈品营销 [J]. 北京工商大学学报（社会科学版），2006，21（3）：63-65.

② Han Y. J., Nunes J. C., Drèze, Xavier. Signaling Status with Luxury Goods: The Role of Brand Prominence [J]. Journal of Marketing, 2010, 74（4）：15-30.

第四节　奢侈品物流管理

奢侈品物流管理与大众产品的物流管理存在一致性，同时，其存在自身的物流原则、特点与要求。物流是贯穿企业的整个经营活动，连接制造与营销两大活动的主线[①]。对于奢侈品物流管理的探讨与研究存在价值与意义。

一、奢侈品物流管理特点

(一) 跨国性

奢侈品生产对原产国生产有着比其他产品更多偏好与要求的特点。其产品多坚持原产国生产，原产国生产的产品将会在一定程度上影响奢侈品品牌价值。在国外方面，意大利"米兰 SNS 项目（2008）"通过对以意大利为原产地的奢侈品品牌的供应链进行研究，着重强调了奢侈品供应链环节中原产地的重要性，指出如果选择劳动力成本低的地区作为产地，会给品牌价值带来消极的影响。因此，奢侈品物流多涉及跨国物流，需要进行国家与国家之间的物流运输。

(二) 少量单件

奢侈品产品的生产坚持少量单件，小批量生产才能体现奢侈品稀有性的产品特性和社会分化的社会特性。在奢侈品品牌的感知价值模型中，奢侈品品牌功能层面的稀缺性是个人体验和社会象征价值的基础[②]。因此，奢侈品物流管理不同于大众产品物流管理以品牌运输批量化进行成本控制与管理，其物流管理因为生产的小量精致而保持少量单件的特点。精致的爱马仕丝巾来源于复杂的工艺，爱马仕丝巾都是在里昂区生产加工，不采用转包的方式加工，以手工进行小量生产[③]，数量有限的爱马仕丝巾当然不会选择大批量运输管理。

(三) 环境友好性

奢侈品的环境友好性不仅表现在原材料使用的环境友好性，还包括物流环节使用物料的环保性，这可以为奢侈品品牌建立良好形象，赢得环境友好型客户的热爱。同时，为保护物流运输过程中奢侈品的质量，基于可持续发展视角，奢侈品对耐久性等品质的追求同样可以促使企业使用环境友好的原材料，注重产品的加工过程（如植物染色）以及供应链

---

① Christopher M. Logistics and Supply Chain Management: Strategies for Reducing Cost and Improving Service (Second Edition) [J]. International Journal of Logistics Research & Applications, 1994, 2 (1): 103-104.

② 卢长宝，秦琪霞，林颖莹. 奢侈品消费特性构成维度的理论模型 [J]. 管理评论, 2013, 25 (5): 123-135.

③ 李洋. 奢侈品物流管理 [M]. 北京: 对外经济贸易大学出版社, 2012.

的改造（如保证员工工作环境的安全性)①。奢侈品有更高的社会责任导向，不只代表着社会的演变与特征，同时负有促进社会可持续发展的义务。

二、奢侈品物流管理原则

（一）及时准确

奢侈品在物流管理方面具有其特殊性，其他行业所追求的成本最小化和消除库存不适用于奢侈品，其追求的是将产品及时、准确地送达客户。及时准确性是物流的基本要求，但是奢侈品对于及时准确性的要求更高，在追求的过程中更重视服务质量与客户满意度，而不是成本最小化。奢侈品的价格普遍高于同类其他产品的价格，手表的指数为320000，最低价格为5美元，最高价格为1600000美元；葡萄酒的指数为160000，最低价格为1美元，最高价格为160000美元，奢侈品价格系数是普通产品的10倍以上。高昂的价格是其及时准确性要求的基础，未实现准确的奢侈品配送，不仅会影响企业的利益，同时会影响目标客户的利益。

（二）安全无损

原材料的珍贵性与稀有性决定了奢侈品的稀有性和昂贵性。奢侈品的物流不仅要求及时准确送达，同时要求安全无损。其制作材料珍贵、稀有，稍有损坏可能就无法复原，尤其对于限量款奢侈品，有的奢侈品甚至仅有一件。江诗丹顿手表的Tour de L'ile价格为160万美元，制作耗时10000多小时，是纪念江诗丹顿250周年的限量款，只生产7只。数量有限的奢侈品的损害与丢失，将带来比其他大众产品更严重的影响。

（三）精致化

奢侈品物流管理与大众产品的物流管理存在差异性。大众产品的物流管理主要在成本上追求经济性。物流管理的过程中，大众产品企业追求的是如何以经济迅速的方式将物品从出发地送往目的地②。大众品牌追求的是精益供应链，其核心在于消除一切形式的浪费来降低成本以求在市场竞争中获得价格优势，可谓"得低价者得天下"。奢侈品品牌与之不同，奢侈品物流管理追求的是"精致"，需要打造"精致"供应链，其核心是把"精致"体现和落实在供应链各环节。奢侈品物流对于精致化的追求将提升产品和品牌的品质与价值感知，满足追求情绪体验的部分奢侈品消费者。奢侈品消费者分为内在导向消费者和外在导向消费者，并证实，内在导向消费者更看重奢侈品品牌可感知的品质和由此带来的情绪体验，而外在导向消费者更看重奢侈品品牌的社会价值③。

---

① Hennigs N. , Wiedmann K. P. , Klarmann C. , et al. Sustainability as Part of the Luxury Essence [J]. Journal of Corporate Citizenship, 2013（52）：25-35.

② 刘宝红. 采购与供应链管理：一个实践者的角度 [M]. 北京：机械工业出版社，2012.

③ Truong Y. Personal Aspirations and the Consumption of Luxury Goods [J]. International Journal of Market Research, 2010, 52（5）：655-673.

三、奢侈品物流管理内容

奢侈品物流管理内容与大众产品相似，主要环节包括采购、订单处理与客户关系、货物运输、库存管理、包装与配送等。

（一）精致化采购

奢侈品的价值一方面来自于时间，对于品牌而言有历史悠久的文化，对于客户而言奢侈品产品一般都是经久耐用的。因此，奢侈品原材料的采购有着其独特的方式与原则，每一个部分都精挑细选，保证质量的上乘。路易威登旅行箱主要是用木料和金属制作箱体，用皮毛、布料、合成纤维制作箱子的外观和内饰。路易威登精心选择相关的原材料，为其精致化、稀缺化和艺术化做贡献。他们一直遵循"部位选料法"的独特制作工艺，用储存期长达 12 年的山毛榉木来制作箱板和箱内的衣架，用一种被称作 Cabboon 的木材制作箱盖和箱底，用白杨木制作箱子的框架和边角，在箱子的每一面都覆上经过植物性处理的、整块的轻巧帆布，盖板不是画油画的布料，名为 Canvas，外加一层防水的 PVC，使皮箱表面平滑且防水①。路易威登最经常采用的面料是真皮，采自北欧的牛皮，因为自然环境的缘故，北欧牛皮厚实且很少有蚊虫叮咬的疤痕，是全世界最好的牛皮，路易威登是北欧牛皮供应商的首个原料挑选客户②。

（二）订单管理与客户服务

1. 细节化订单管理

奢侈品的细节化订单管理主要表现在定制订单管理，奢侈品普遍提供的产品预订方式，并在定制订单管理的过程中，宁可牺牲时间与资源也要保证客户订单的各种细节符合客户的梦想与期望。目前在路易威登每一家专卖店，客户都可以提出定制服务的要求，员工会根据要求绘制草图，挑选用料，专卖店会把彩图送到巴黎的工作坊，大约 2~4 个星期，工作坊便会将设计建议与估价报告交给顾客，客户可根据自己的意愿提出修改。设计图确定之后，专卖店便会要求工作坊提供估价及制作时间。估价必须经过顾客同意，然后预付 50% 的定金。收到定金之后，工作坊开始制作，软面产品一般需要 4~6 个月，硬面产品一般需要 6~8 个月。完成后，工作坊会把制成品由顾客接洽的路易威登专卖店交到顾客手里。

2. 终身性客户服务

奢侈品的客户服务更加具有个性与终身性，只要你购买了这件奢侈品，那么你将享有与这件奢侈品一样长久的客户服务。路易威登一直坚持为客户提供永久的保养服务，无论你什么时候把产品拿来修理养护，专卖店都会尽心尽力予以帮助，以保证产品代代相传③。

（三）高要求运输

高要求的国际货物运输，奢侈品多遵循原产国生产和国际化销售，其物流运输环节多

---

① 余明阳. 世界顶级品牌 ［M］. 合肥：安徽人民出版社，2004.
② 莉莉安. LV 的昂贵道理 ［J］. 潇洒，2006（11）：38-40.
③ 赵超. 路易威登箱包中的传奇故事 ［J］. 企业改革与管理，2013（10）：63-65.

为国际货物运输，且奢侈品拥有更高的国际运输要求，不仅要及时准确，同时要无损，甚至不能影响产品的保存形状。国际货物运输主要包括海洋运输、航空运输和陆路运输等。奢侈品产品单价较高且对质量有较高要求，因此多采用航空运输。香奈儿定制女装的航空运输，不采用折叠的方式，而采用悬挂方式，以保持服饰的自然状态。

（四）联动式库存管理

奢侈商品具有特殊性，高昂的采购成本及其销售价格都使存货周转期比一般商品长，有着与其他普通消费品不同的销售速度，特别对于奢侈品零售业来说表现尤为突出，一块价值上千元的普通名表可能当天进货当天就能卖掉，而一块价值数万元甚至数十万元的高档手表可能在柜台中放置半年也无人问津[①]。如果每个门店都保证季度产品系列的所有尺寸和颜色，其高昂成本和较长的存货周期会严重影响其利润，其解决的方式就是安排门店之间库存转移，不同店铺之间的库存信息共享，联合满足客户产品需求。

图 9-8　蒂芙尼包装盒

资料来源：蒂芙尼官网，参见 https：//investor. tiffany. com/#News & Events。

（五）独特性包装

奢侈品产品的包装精美别致、匠心独运，是体现奢侈品美感的重要部分。奢侈品对于包装要求独一无二，是彰显自身品牌的表现，往往包装将成为奢侈品牌的独有标识。比如鸭蛋青色盒子就是蒂芙尼（见图 9-8）、经典橙色包装盒就是爱马仕。精心设计的包装是为了使顾客的购物过程和品牌体验更加有趣、与众不同、引人注目和独家专属。

（六）专属配送

奢侈品的配送问题主要是伴随线上店铺产生，主要配送方式分为自营配送、第三方配送和平台配送。自营配送是指奢侈品企业自身筹建并组织配送，拥有属于自己的配送队伍与设备；第三方配送是指奢侈品企业把自己需要完成的配送业务委托给第三方来完成的一种配送模式；平台配送是指奢侈品所在平台承担产品的配送业务。在中国，路易威登、古驰、普拉达和香奈儿美妆香水的电商业务均由顺丰提供支持，但因送货地点不同，送货时长在几小时到数天。其中古驰曾与京东入股的 Farfetch 合作，在巴黎、伦敦、东京、纽约

---

① 段玉婷，郭卫东．奢侈品企业构建经济订货批量模型分析及应用 [J]．商场现代化，2015（12）：22-23.

等全球 10 个城市开展 90 分钟极速送货服务，在中国该服务则由京东负责①。

四、奢侈品物流管理注意问题

(一) 政治、经济因素造成奢侈品物流不稳定性

奢侈品物流管理会受到政治和经济影响，其影响频率较低，但其影响程度却非常显著，甚至带有破坏性。例如，乌克兰政治危机的爆发致使俄罗斯经济面临巨大的危机，通货膨胀、卢布贬值、国际制裁导致了出口下滑等；南非官方语言多达 11 种，除经常使用的非洲本土语言外，官方语言还包括英语、阿拉伯语、法语、葡萄牙语等，在信息交流上构成了严重的沟通障碍②。巴西、阿根廷等拉美国家本土保护主义盛行，国家政策明文限制国际贸易以及国民的跨境购物行为③。不同国家在商品检验与清关上也存在协同问题，如中国商品需要进行 3C 认证、欧盟需要 CE 认证、美国需要 FCC 认证、日本需要 PSE 认证，这些均给奢侈品物流带来影响。

(二) 文化习俗决定奢侈品物流管理重点

客户所在地的文化习俗是奢侈品物流管理需要注意的地方。文化会影响客户对于奢侈品消费的态度，同时根据文化进行奢侈品物流环节的设计将影响客户对奢侈品的感知与认知。文化作为奢侈品感知价值的三个因素之一，是影响奢侈品品牌价值的外在因素④。且东西方文化存在差异，使两种文化中的奢侈品消费存在差异⑤。在西方社会，个人主义文化培养人们通过消费追求快乐；在东方社会，集体主义文化影响人们追求象征价值、地位消费、公共价值等，如中国、日本、韩国等国家，更倾向于购买奢侈品彰显社会地位和财富。相对于西方消费者注重个人取向的消费价值、注重奢侈品的领先特性，中国消费者更注重炫耀性价值，倾向于用产品或品牌的象征性，以及消费来表达自己在社会中的地位⑥。因此，运输过程中包装的使用环节与物流人员的礼节问题，将会影响客户对奢侈品服务的感知。西方文化注重个人体验，物流环节更注重品质与便捷，东方文化注重社会感知，物流环节可以成为社会地位体现的一种方式，奢侈品配送环节应注重品牌定位与客户品位的体验。

(三) 地域性气候差异影响奢侈品物流质量

地域性气候差异会造成奢侈品在运输与送达后出现问题。2015 年《北京晨报》报道过一则新闻，某奢侈品电商通过电商平台出售一款价值 3000 余元的拉菲红酒，第三方快

---

① 周惠宁. LV 中国官网正推出全国免费配送服务 [EB/OL]. [2018-07-16]. http：//www.linkshop.com.cn/web/archives/2018/406063.shtml.

② 张夏恒. 非洲跨境电子商务的发展方兴未艾 [J]. 对外经贸实务, 2015 (4)：19-22.

③ 张夏恒. 跨境电子商务发展探析——以拉丁美洲为例 [J]. 资源开发与市场, 2015 (7)：829-833.

④ 张梦霞, 王斯洋. 中国城市 "80 后" 人群奢侈品消费动机维度族的实证研究 [J]. 首都经济贸易大学学报, 2010, 12 (3)：62-67.

⑤ Wong N.Y., Ahuvia A.C. Personal Taste and Family Face：Luxury Consumption in Confucian and Western Societies [J]. Psychology & Marketing, 1998, 15 (5)：423-441.

⑥ 朱晓辉. 中国消费者奢侈品消费动机的实证研究 [J]. 商业经济与管理, 2006 (7)：42-48.

递公司将这款红酒运送至目的地东北，由于气温过低，红酒瓶竟然冻裂，由此而产生的损失由奢侈品电商全部承担，最后，这家奢侈品电商因物流的问题放弃了整个红酒业务。

(四) 第三方合作影响奢侈品物流质量

在与第三方物流企业进行合作的过程中，品质保证成为难以攻克的难关，无论是跨国运输的质量保证还是电商物流的"最后一公里"。奢侈品物流与第三方物流的矛盾都暗含在物流运输的各个环节，不管是仓储、包装还是运输，更包括电商物流"最后一公里"的送货上门，消费者通过电商渠道购买的产品，质量都难以得到有效保证，甚至存在被调包的风险。奢侈品由于具有较高的经济价值，其被调包的可能性当然更大①。此外，奢侈品电商在与第三方物流企业进行合作的过程中还曾数次发生过快递员携件逃跑、贵重商品损坏等现象。

---

① 郑楚彬. 国际奢侈品不愿拥抱中国电商值得深思 [J]. 时代金融, 2015 (28)：41.

第十章
奢侈品品牌零售 ···

第一节　奢侈品品牌零售的概念

一、奢侈品零售的定义与特点

（一）奢侈品零售的定义

奢侈品零售是指把奢侈品或随奢侈品提供的服务直接出售给最终消费者的销售活动。

（二）奢侈品零售的特点

奢侈品零售的特点如下：

1. 传统的"零售之轮"理论难以起作用

"零售之轮"理论是指零售组织变革有着一个周期性的像一个旋转的车轮一样的发展趋势。新的零售组织最初都采取低成本、低毛利、低价格的经营策略，而在奢侈品领域，消费者偏好品牌的实力与吸引力：品牌越强，对于零售商来说其价格溢价越大。

2. 服务的重要性明显

一般的零售，如果是商品零售，消费者对商品的看重程度与服务一样高甚至更高，但在奢侈品领域，商品的价格已经远远超过其成本，溢价主要来自于品牌力量和服务。

3. 客户关系管理重要性明显

很多一般性的零售，盈利要点在于薄利多销，而奢侈品零售不然。奢侈品零售需要以高价值客户为中心，通过满足客户的个性化需求，提高客户的满意度和忠诚度，继而保证客户的终身价值，建立长期稳定的客户关系，实现企业的利润增长。

二、奢侈品零售与一般零售的区别

奢侈品零售不同于一般零售。在奢侈品零售的特点中已经提到，一般零售主要指大众消费品零售，其工作的重点在于销售，不会特别在乎客户的专属服务。

首先，奢侈品零售优先关注消费者，其次才是产品。从本质上来说，奢侈品品牌产品是由一个指定的人移交给另一个指定的人，这种一对一的关系在一般零售领域几乎不存在，是奢侈品行业不可或缺的一部分。由于奢侈品零售关注人，因此产品与客户之间就有很强的情感关系，用户黏度较大。其次，奢侈品零售的重点不是价格。在奢侈品店，商家会把价格放在隐蔽的位置，或需要咨询店员商品的价格。显然奢侈品品牌并不希望商家与顾客的接触是简单的买与卖的过程，它希望留住客户！希望顾客可以关注到这个奢侈品背后的品牌力量，并让这个品牌与客户建立关联。最后，奢侈品门店的店员挣的永远不是零售提成。毕竟奢侈品卖的不仅是产品，更是其背后的品牌价值。店员的重要职责主要是为客户创造梦想，销售额只是与客户梦想关联的一个结果。对客户来说，奢侈品购买也是一个漫长且复杂的过程，分为欲购买、购买和购买后三个阶段，零售人员应该致力于每个阶段的服务。

第二节　奢侈品零售渠道

一、零售渠道概念

（一）零售渠道定义

零售渠道是指由向最终消费者出售商品和劳务的零售商组成的渠道。零售渠道是商品生产者或经营者把商品或服务出售给消费者的销售媒介，而建立零售渠道的主要目的是要把生产与消费联系起来，使产品或服务能够在恰当的时间、恰当的地点，以恰当的形式送达恰当的人。

（二）零售渠道特征

零售渠道主要有三个特征：①处于流通领域的终极环节。零售渠道处于商品从生产者、批发商或代理商向消费者运动的最终环节，一旦商品出售给消费者，该商品就退出了流通领域。②服务对象是消费者。零售渠道的主要服务对象是以个人使用为目的的最终消费者。③零售渠道一般从事个量销售。零售商店的商品一般品种多，数量少，但销售频率高。

二、奢侈品零售渠道

由于奢侈品本身的特殊性，奢侈品零售渠道与普通消费品零售渠道既有相同之处又有不同之处。一般来说，奢侈品零售渠道可以分为以下几类：奢侈品百货店、奢侈品专卖店、品牌折扣店、免税店、二手奢侈品店、买手店以及新兴的利用线上网络的新零售模式。

1. 奢侈品百货店

在西方国家，人们很容易在百货店中看到奢侈品品牌。无论是开设专业店，还是开设专柜，百货店都是奢侈品必选的店铺。同时，在百货店的经营业绩中，奢侈品也占有相当

大的比重。

奢侈品百货店主要是指奢侈品品牌专柜，即奢侈品品牌在百货店中设立的专门针对某一品类或某一品牌商品的销售柜台。在百货店设立品牌专柜是一个重要的奢侈品零售渠道，百货店人流量庞大，设施豪华，能够提供足够大的空间供奢侈品品牌进行产品陈列及展示，有利于提升品牌知名度。奢侈品品牌专柜可以以优越的地理位置和齐全完备的品类吸引客户，并且通过购物折扣、特别优惠、会员制、免费停车等促销计划，与顾客建立良好的关系。专柜一般是奢侈品品牌在进入新市场时，或者对已有市场进行适当补充时考虑的渠道，是对专卖店体系的有效补充。通常化妆品、服装服饰、手表和箱包等奢侈品会在百货店设立专柜。如宝格丽（Bvlgari）手表的销售有60%都是通过百货店专柜实现的。在新加坡，奢侈品的销售方式以代理销售为主，其中，2/3的国际奢侈品品牌零售以百货店专柜为主。在韩国，一些主要的百货商店连锁集团，如乐天、新世界和现代，它们的奢侈品销售额合计占韩国奢侈品销售总额的3/4左右。

2. 奢侈品专卖店

专卖店是指专门经营或授权经营某一品牌商品的零售业态，是一种最基础的直营形式，属于一级零售渠道，即商品从制造商直接到零售商，而不经过批发商。专卖店一般选址于繁华商业区、商业街或高星级酒店、购物中心等场所，是珠宝、化妆品、皮具等奢侈品最普遍的零售渠道。与其他零售店相比，奢侈品专卖店商品品种齐全，款式多样，更符合消费者选择性、专业性和特殊性的需要。同时，奢侈品专卖店的营业员专业知识丰富，不仅熟悉商品的基本性能，还熟悉商品的原料特性、保养方法等相关知识。专卖店在规格上比百货店专柜高，是对百货店专柜的进一步发展，能更好地展示奢侈品的品牌形象。如意大利的大部分奢侈品品牌，其零售渠道主要采用品牌专卖店的形式，且专卖店的各个方面都由公司总部统一部署或指导，以保证专卖店的整体形象与品牌定位相一致。目前，随着消费者消费理念的不断提高，专卖店的发展也日益高档化、精品化，服务也更加专业化。奢侈品专卖店主要包括以下三种。

一是购物中心内品牌专卖店。购物中心是多种零售店铺、服务设施集中在由企业有计划地开发、管理、运营的一个建筑物内或一个区域内，并向消费者提供综合性服务的商业集合体。购物中心特别是城市中心和富人居住区的高端购物中心常常是奢侈品专卖店汇集的地方，如美国贝弗利山庄购物中心。贝弗利山庄位于南加州的中心洛杉矶市中心的西部，这里汇聚了大量的豪宅，同时每年有大量外地旅游者。因此，贝弗利山庄购物中心汇集了路易威登（Louis Vuitton）、古驰（Gucci）、博柏利（Burberry）、万宝龙（Montblanc）等170多家奢侈品品牌专卖店，同时还有梅西和布隆明戴尔2家百货店作为主题店。在中国，购物中心大规模开发出现于20世纪90年代中后期，其典型代表为北京王府井半岛酒店购物中心、北京国贸商城购物中心、上海恒隆广场购物中心、北京金融街购物中心等，也成为国际奢侈品品牌进驻国内开设直营专卖店的首选场所。

二是品牌旗舰店。"旗舰店"一词来源于欧美大城市品牌中心店的名称，也就是城市中心店或地区中心店，一般是指某商家或某品牌在某地区繁华地段设立的规模最大、同类产品最全、装修最豪华的直营样板店，是各大国际奢侈品品牌企业顺应商业发展需要和参与市场竞争的必然产物，也是品牌竞争的有力手段，对企业本身有重大意义，对奢侈品行业的发展也能起到绝佳的示范作用。奢侈品品牌的旗舰店一般处于交通便利的核心商圈，周边人口密度高、购买力强。品牌旗舰店通过营造充满人文情怀的购物环境，使消费者在购物的过程中，不知不觉地感受奢侈品品牌的文化，体验一种全新的购物方式。比较常见的奢侈品品牌旗舰店主要有化妆品品牌旗舰店、服装品牌旗舰店、钟表品牌旗舰店等。旗舰店对品牌的推广意义大于销售意义。例如普拉达（Prada）东京表参道的旗舰店，位于东京最大的名牌集中地表参道，是一座高达六层的玻璃体大楼，犹如一块矗立着的巨大水晶。该店的外墙设计独特，由数以百计的菱形玻璃框格构成极具现代感的幕墙。菱形玻璃能产生虚幻却透彻的视觉效果，人们既可从店外透视店内陈列的普拉达服饰产品，也可从店内欣赏店外的景致。从 2003 年开店，表参道的普拉达旗舰店便成了东京著名的时尚景观。这种集零售与艺术于一身的成功的旗舰店甚至能在消费者心中营造出"高处不胜寒"的感觉，让人忍不住对其顶礼膜拜。

三是品牌概念店。"概念店"这一词汇源于欧美，流行于日本，采用全程顾问销售模式，在了解顾客的需求和问题之后，为其介绍、推荐量身定做的配套产品，被业内人士称为是对品牌有忠诚度的消费群体的消费天堂。其实所谓的精品店、旗舰店和形象店都是一种概念，而以概念店命名者，需要在品牌文化的基础上融合更多的创意理念和生活倡导。一路走来，产品销售从卖产品走向了卖文化、卖内涵。奢侈品概念店把个人消费作为自我实现的一种手段，转变了那些旧的打造奢侈品品牌的观念，不再是单方面把品牌信息扔给消费者，而是通过与消费者之间的双向互动使沟通更进一步，让消费者的奢侈体验得到更大的满足，进而达到推广奢侈品品牌的目的。过去，品牌经理的主要工作是建立品牌知名度，消费者被假设为只要知道该品牌就会尝试去购买或者使用，但现在的奢侈品消费者不仅追求品牌知名度，更希望自己能和他们所选择的品牌建立真实的关联，他们需要知道这个品牌是"为我而存在的，与我有关的，能理解我，能帮助我实现自我，其精华就是帮我体现自我"。事实证明，不同收入层的消费者都认为能从奢侈"体验"中获得更大的满足，而不是仅仅"拥有"一件奢侈品。

例如，创建于 1961 年的意大利品牌蔻莎（COSCIA）作为品牌概念店于 2017 年在深圳开了一家店（见图 10-1），占地面积约为 700 平方米，店铺整体基调以灰色为主，金色暗花纹的墙面，每一个细节都在传递文艺复兴时的优雅以及历史的厚重感。该店以奢侈品集合店的模式汇集了古驰（Gucci）、博柏利（Burberry）、普拉达（Prada）、蔻依（Chloé）、SLP、Jimmy Choo、杰尼亚（Zegna）、范思哲（Versace）等 15 个国际顶级奢侈品品牌。

3. 品牌折扣店

"品牌折扣店"是英文"Outlets"的中文直译。"Outlets"原本意思是"清理库存，廉价出售"。品牌折扣店专指以销售过季、下架、断码品牌商品的商店组成的购物中心，因此也被称为"品牌直销购物中心"，是一种厂商与零售商为了调整库存量，大批量廉价出售过季或断码商品的零售方式。品牌折扣店（Outlets）最早诞生于美国，迄今已有近 100 年的历史。当时的"Outlets"是专门处理工厂尾货的"工厂直销店"，主要包括两大类：第一类叫"Factory Outlet Store"，是一些奢侈品厂商为了清理滞货、过期货，以及一些不合规格尺寸或是有细微瑕疵的商品，以半价以下的价格拍卖；第二类叫"Retail Rutlet Store"，是一些百货公司与其他零售商，为了清除自家店内存货的特卖方式，而将这些零售商店汇集在一处的购物中心，则是"Outlet Mall"。进入 20 世纪 70 年代后，品牌折扣店（Outlets）业态在美国发展迅速，陆续在大都市近郊开设此类大型购物商场。随着品牌折扣店开发商的加入，这种业态逐渐发生实质性的变化。

图 10-1　位于深圳的意大利品牌蔻莎（COSCIA）概念店

资料来源：蔻莎（COSCIA）官网，参见 http：//www.coscia.com.cn/store.html。

首先，供货渠道从过去商品工厂的单一供货渠道发展为由商品工厂、品牌所有者、品牌代理商、品牌批发商乃至大型百货商店共同参与的供货渠道。其次，折扣店功能更加齐全，除了提供购物，还附带餐饮、娱乐、社区服务等功能，实现了休闲购物一体化。最后，注重购物环境的营造。但为了区别于销售同种品牌商品的百货公司专柜、专卖店等销售渠道，通常品牌折扣店将场地布局在离都市中心 100 公里左右的近郊。此后，这种品牌折扣店集中布局渐渐发展成为大型或超大型购物中心，并逐渐成为一个独立的零售渠道。

零售名品折扣店中有一个经典案例"奥特莱斯"。"奥特莱斯"是英文"Outlets"的中文音译。其英文原意是"出口、出路、排出口"的意思，在零售商业中专指由销售名牌过季、下架、断码商品的商店组成的购物中心，因此也称为"品牌直销购物中心"。奥特莱斯是一个新型的零售商业形态，也是欧美国家最流行的零售商业模式。早期因其销售国际及国内的断码、过季和下架的名牌商品，以较低的折扣价格吸引消费者。当然奥特莱斯也有为其专门生产的产品和自有品牌，因实行工厂直销价格，品牌价格都较为低廉。目前奥特莱斯是一个以销售国际一线、二线知名品牌折扣商品为主的购物中心，既满足消费者购买名牌的消费需求，又可以为名牌厂商提供销售过季等需处理的尾货商品的场地，以赢得生产效益的最大化。

奥特莱斯（Outlets）最早诞生于美国，迄今已有近 100 年历史。奥特莱斯最早就是"工厂直销店"，专门处理工厂尾货，后来逐渐发展成为一个独立的零售业态。目前全球有数千家大型的奥特莱斯购物中心。奥特莱斯购物中心一般位于较为偏远的城市郊区，它的购物中心一般都很大。我国的奥特莱斯行业处于"跑马圈地"阶段，奥特莱斯运营能力尚欠缺，很难引进能够大打折扣的品牌工厂店，因此很多奥特莱斯沦为清仓尾货的场所。除了北京燕莎、上海青浦、天津佛罗伦萨小镇等少数以工厂直销店模式运营的奥特莱斯以外，许多中小奥特莱斯存在很多问题，发展面临重重困境。因此奥特莱斯在中国的成功运营需要在这个大潮流环境下思考自身的特点，以实行新的商业模式寻求发展①。

　　法国知名度比较高的欧洲谷（LA VALLEE）（见图 10-2）代表着欧洲风格的折扣店，在零售领域获得了巨大成功。欧洲谷的成功在于设计，其灵感来自于 19 世纪晚期的一位建筑师建造的一个混合型的建筑，其每个单独房间都包含了玻璃和钢制的建筑造型元素。欧洲谷属于新一代的商业中心，为游客提供了独特的购物经验和舒适宜人的环境。通过其宽阔的走道和田园风格，消费者仿佛从喧闹繁忙的城镇中心来到了安静慢节奏的乡村，压力一扫而空，购物体验极佳②。

图 10-2　欧洲谷折扣店

资料来源：旅游网站"马蜂窝"，详见 http：//www. mafengwo. cn/gonglve/ziyouxing/110030. html？cid＝1010616。

　　今天，折扣店已经成为一种独特的分销渠道，除了用来销售奢侈品品牌产品，还可以兼顾传播品牌文化。

4. 免税店

　　免税店是指经免税店所在国海关总署批准，在该国授权部门批准的地点，由经营单位设立的符合该国海关监管要求的销售场所和存放免税品的监管仓库，向规定的对象销售、供应免税品的企业。

　　免税店一般设立在出入境的口岸机场、港口等处，主要针对已办完出境手续（边防验讫、海关检查）即将前往他国的旅客，向他们免税提供世界各地具有特色的精致奢侈品。其中，经营成熟的机场免税店是世界免税市场中最主要的销售渠道，其销售额约占世界免税市场的 45%。免税品销售业务是各国普遍开展的一项业务，主要是为了满足国际旅客途中购物的需要。每个国家的免税店根据所在国免税政策的不同，其购物方式也有所不同。例如在美国，各州政府和地方政府自行制定本辖区的税收规定，不同地区的税种、税率不尽相同，免税业相关政策也各不相同。

　　美国的免税店免征购物者的销售税和关税，免税店只能设立在免税品购买者离开美国关税区的同一口岸，或者在其出境位置的 25 英里之内。在欧盟，免税政策主要根据欧盟增值税零售出口体系（VAT Retail Export Scheme）统一规定，非欧盟成员国公民在欧盟境

---

①　尹彬. 奥特莱斯购物中心新商业模式探索 [J]. 商业经济研究, 2015（12）.

②　[法] 米歇尔·舍瓦利耶, 米歇尔·古泽兹. 奢侈品零售管理 [M]. 卢晓译. 北京：机械工业出版社, 2014.

内购买商品，在离开欧盟时可申请退税，成员国据此制定各自的具体执行办法。如英国税务海关总署规定，非欧盟成员国的公民在英国国内免税店购买超过 50 英镑的商品后，可要求店家开具海关《VAT 407 表》，在离开英国返回非欧盟国家时，可在机场或港口向海关出示商品、《VAT 407 表》及原始票据，待海关查验通过后，在退税代理机构（主要是 Global Blue 和 Travel Lex 两家全球经营商）办理退税。英国目前的增值税为 20%，退税代理机构对办理退税收取发票金额 2%~11% 不等的管理费，发票金额越大，退税额度越高。在日本，免税店主要是机场免税店和市内免税店。根据日本现有消费税法有关规定，对于持短期签证来日本的外国人，在经批准设立的免税商场一次性购物达 1 万日元以上，可凭短期签证和护照，免除或退还 5% 的消费税。在韩国，凡不属于"国家禁止进出口类商品"的，均可按有关规定申报为免税产品。韩国免税的税种范围包括进口关税以及附加价值税、特别消费税、教育税等所有国内税，税率因商品而异。关于免税品购买额度，韩国对外国人不设限，对本国人限额为 3000 美元。

1947 年爱尔兰香侬国际机场免税店开业，标志着现代免税业的开始，之后免税购物开始在世界各地普及，20 世纪 50 年代至 60 年代，免税购物进入亚太地区。受经济环境和政策影响，世界免税市场处于波动状态。自 20 世纪 90 年代中期开始，亚太地区免税业以高出全球免税业近 3% 的速度快速增长，逐年摆脱欧美免税业影响，更多地呈现出鲜明的地区特征。亚太免税市场目前是全球增长最快的市场，并已从 2000 年起取代美洲市场，成为全球第二大免税市场。从全球角度看，世界免税业的重心正向亚太地区转移，居于亚太地区中心的中国，免税业影响力正迅速增强，市场规模逐步扩大。与全球免税业市场相比，中国免税业市场自 1995 年以来稳步增长，平均年增长率超过 8%，超过全球 3% 的平均水平。

免税店的运营主要涉及两个方面：一是免税店的定价系统。由于品牌商品的销售并未进入任何国家，所以不需要交进口税，但是需要支付机场费。比如，某个香水品牌在法国的香水店卖的零售价格为 100 欧元，但若出口，其价格只有 25 欧元。之所以会有这么大的差异，中间有零售商的巨额利润以及广告成本。若将产品直接销售给位于法国机场免税店的经营商，香水公司大概卖 30 欧元。因此，在机场开设免税店，每个人都是获益的，消费者得到更划算的交易，品牌制造商出售了一个比出口价格更高的商品。二是免税店的运营商。免税店的运营商即使以比较低的价格买入，也只能获得 20% 左右的利润，剩下的利润主要用来支付机场的佣金。机场的收入主要来自于飞机的起落停放费和免税佣金。其中，免税佣金占主要部分。免税店运营商的价格结构如表 10-1 所示。

表 10-1　免税店运营商的价格结构

	总量（欧元）	百分比（%）
机场零售	80	100
机场佣金	32	40
运营商利润	16	20
出口价格	32	40

资料来源：[法] 米歇尔·舍瓦利耶，米歇尔·古泽兹. 奢侈品零售管理 [M]. 卢晓译. 北京：机械工业出版社，2014.

免税店的运营商往往是通过竞拍产生的，而且竞拍过程都十分激烈。机场免税店有特许经营权，往往可以持续3~7年，通常是7年。商家在竞拍时，会考虑很多因素。他们会根据机场飞机数量、机场所处国家、消费者类型等来预测销售量，给予相应数量的佣金（如销售额的40%~50%）。

5. 二手奢侈品店

面对价格不菲的奢侈品，囊中羞涩的普通消费者只能望而却步，于是，海内外悄然兴起的二手奢侈品寄卖店成了越来越多消费者所喜爱的淘宝乐园。二手店之所以能够迅速发展，主要原因如下：首先，价格便宜。二手店里的奢侈品价格往往只是商场的6~8折，甚至只卖原价的一半，由于多数商品有八九成新，因而很畅销。其次，选择多样。二手奢侈品店可以提供商品回购，也就是说，如果不再喜欢之前所购买的奢侈品，可以再卖回给店家，之后可以从其他商品中选择需要的奢侈品。如此一来，消费者的选择范围就会扩大，而且对于不喜欢的奢侈品可以及时地进行处理。再次，服务良好。二手奢侈品店虽然出售的都是二手奢侈品，但由于这些商品的特殊性，店主会对存放在店铺里的商品进行修缮和保养，只有这样才能够保证这些奢侈品卖出其应有的价值。此外，对于出售的部分商品，店家也会提供之前留下来的商标、发票和保修卡等，甚至有些二手店店主会为顾客提供免费清洗、保养的服务。最后，消费观念的改变。去二手奢侈品店淘货，也并不完全是缺乏经济实力的人，实际上，除了价格便宜，二手奢侈品店更是城市中时尚消费者汇聚的乐园。那些市面上已经找不到的珍藏版、纪念款或限量款在二手店还能寻到踪影，因此，二手奢侈品店正受到越来越多人的青睐[1]。

6. 买手制品牌集合店

买手制品牌集合店（以下简称买手店）的主要形态是通过集合店企业自身的专业团队去和一些国际品牌的品牌商洽谈、购买他们的商品，将购买来的商品组合在一起，成为一个集合店，在商业物业中形成一个独立的物业体系[2]。

一般在买手店内出售的商品都是各品牌热卖的经典款，消费者可在一家店内买到不同品牌、不同款式的奢侈品，并且买手店内的奢侈品一般都会比在专卖店内的同样商品便宜。此外，买手店的店面装潢和设计，都会根据所陈设商品体现出不同的风格，让消费者在购物的同时，体验到不一样的购物环境。买手店出现的主要原因是随着消费市场的日趋成熟、竞争的不断加剧以及消费的日趋多元化，单品牌店的"聚客力"逐渐减弱。把不同品牌集合在一起，可以拓宽消费者的选择面，利用某几类品牌的区域号召力，实现所有品牌产品的销售。

买手分为国际、国内两种。国际买手最先出现在欧洲，所以称之为国际买手，买手常常来往于世界各个地方，他们对最新的流行信息非常关注，买手并不只是单纯的采购角色，而是需要将他们所掌握的时尚潮流信息转化为商品购买力，通过与供应商的交易组织商品进入到终端市场进行销售。国际买手跑遍世界各地，为的是捕捉到最新、最时尚的信息。而当前国内买手由于发展时间较短，更偏向于传统的采购角色，同时他们不必经常跑遍世界各地，他们主要是在国内的一些沿海发达地区或是一线城市进行工作或考察，如作为我国"时尚之都"的上海是众多国内买手的聚集地。有时候他们也会到韩国、日本等国

---

① 朱桦，黄宇.经典与时尚［M］.上海：上海人民出版社，2012.
② 张文泽.三四线城市买手制品牌集合店前景可观［J］.时代经贸，2014（9）：86-87.

家去查看市场。与国际买手一样，国内买手同样也对最新、最时尚的信息敏感，并且对时尚具有非常敏锐的判断能力，对市场的反应快捷，有较好的审美能力和较强的谈判能力，其语言沟通能力及社交能力也较强①。

很多买手店都有其特色，如米兰著名买手店 10 Corso Como（见图 10-3）、伦敦著名买手店 Browns 及中国香港的连卡佛（Lane Crawford）、上海的 The Balancing 等。Lane Crawford、Joyce 的走向更加潮流化，主要以奢侈品品牌为主，比如赛琳（Céline）、Marni、斯特拉·麦卡特尼（Stella McCartney）等。而国内的买手店大多旨在发掘本土设计力量，每一家店又根据自身的偏好而筛选设计师品牌，风格不尽相同。

图 10-3　位于首尔的米兰著名买手店 10 Corso Como

资料来源：10 Corso Como 官网，详见 http://www.10corsocomo.com/location-seoul-cheongdam/women/。

传统的百货商场是最早形成买手制的商业，因为在百货经营中有一些化妆品及珠宝是需要买断经营的。比如丝芙兰（SEPHORA），1969 年创建于法国的奢侈品集成店（买手店），号称"全球化妆品零售权威"，门店遍布全世界，在售卖奢侈品品牌化妆品方面非常有名。

但是，百货商店在尝试买手店的过程中也遇到不少阻碍，如缺少专门的百货买手、与国内品牌代理商有利益矛盾、不同地方消费者需求差别大等，需要尝试转型。百货买手店转型可以形成"生产—销售"产业链。当前我国百货企业从传统的经营模式向买手制经营模式转型，需要从原来买手只是纯进货转变为企业"生产—销售"产业链的发展模式。买手的职责不仅是帮助企业对商品进行采购，还通过买手到世界各地具有时尚元素的地方去猎取一些时尚信息，参加各种订货会，买手挑选商品采购市场样品回来，结合企业文化注入一些新的元素，利用买手的时尚触觉以及市场勘察能力开发出属于百货企业的特色品牌，让企业能够从源头买断产品，降低成本。买手在这些过程中主要起到了"时尚总监"的作用，发展百货企业买手制"生产—销售"产业链，对于百货企业买手制转型有一定的促进作用，如图 10-4 所示②。

---

①②　田丽. 我国百货企业买手制转型的困境与突破［J］. 商业经济研究，2017（14）：107-109.

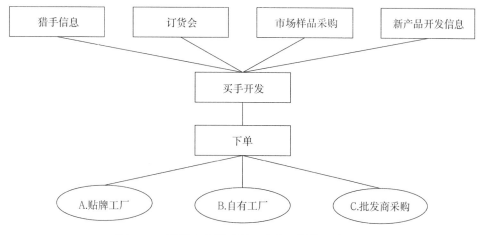

图10-4 百货企业买手制"生产—销售"产业链

资料来源：田丽. 我国百货企业买手制转型的困境与突破 [J]. 商业经济研究, 2017 (14)：107-109.

新零售背景下，面对电商的冲击，强调"时尚""个性"和"体验"的买手店，通过迎合消费者差异化的体验需求，在"新零售"的道路上步步为营。2015 年，全国买手店有 1636 家；2017 年激增至 3781 家，增幅超过 130%。国内买手店发展如火如荼①，三四线城市买手制品牌集合店前景可观。

一个买手店想要长久并独立地成长起来，就需要为自己树立一个独特的角色与其他买手店区别开来。然而这其中最为重要的是，要把店铺的故事告诉给真正对的人。这关系到买手店与顾客之间的关系，一个相互认同的关系对于买手店来说是至关重要的。

买手店未来会迎来多元化的入侵者，他们或许是有经验的企业或买手，知名设计师、媒体、时尚品牌，或者是百货、零售企业的感兴趣者，因此买手店未来的发展方向主要关注以下三点：

（1）线上线下融合。买手店已经不能局限在店铺及商品的风格本身，否则只能沦为消费者的街拍背景，必须积极融合线上线下，利用智能设备、大数据、内容平台等新兴工具提高业态生命力。

（2）创新基于消费者需求。买手店需要永无止境地更新，只有不断地超越自我，全方位持续创新，在满足市场需求的同时兼顾个性追求，才能在日新月异的零售领域立于不败之地②。

（3）可靠的供应链系统。在国际轻奢和设计师品牌已成熟运营的背景下，买手店背后的供应链、性价比和商品丰富度将是其"火拼"的主要力量。

7. 新零售

新零售，即企业以互联网为依托，通过运用大数据、人工智能等先进技术手段，对商品的生产、流通与销售过程进行升级改造，进而重塑业态结构与生态圈，并对线上服务、线下体验以及现代物流进行深度融合的零售新模式。

传统看来，奢侈品品牌与网络有着不可跨越的鸿沟，如图 10-5 所示。

---

① 赢商网. 买手店激增130%！它会成为商场时尚零售下一个爆点？[EB/OL].［2017-11-06］. http：//down. winshang. com/ghshow-2622. html.

② 晓雯. 买手店前景好 挑战大 [N]. 中国服饰报, 2018.

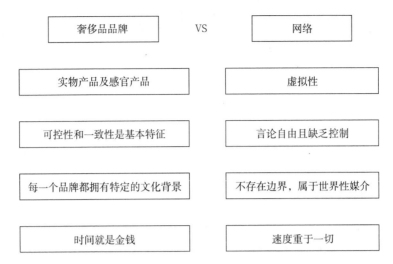

图10-5 奢侈品品牌与网络的鸿沟

资料来源：[法] 米歇尔·舍瓦利耶，米歇尔·古泽兹. 奢侈品零售管理 [M]. 卢晓译. 北京：机械工业出版社，2014.

到目前为止，单纯的网上零售依然有其弊端。一是缺乏体验，奢侈品领域的服务性大大减弱。二是网上假货泛滥，不利于奢侈品品牌的维护和发展。然而新零售这一模式则可以有效弥补线上线下的不足。

新零售这一概念由国内提出，人工智能、区块链的技术威力很大，零售市场的旧有模式被打破，奢侈品市场也不例外，奢侈品和技术的关联性未来将更加紧密。零售渠道整合通过技术提高零售企业的效率和创新。德勤认为，在这种趋势下，未来奢侈品将被重新定义——它绝不仅是昂贵的包、鞋子、珠宝手表，还是品牌所提供的一套完整而丰富的互动体验。但同时，这些趋势也对奢侈品品牌提出了严峻挑战。更多的销售渠道、"最后一公里"服务、数字化的品牌营销、对市场的敏捷反应，都是它们面临的新问题。旧的零售模式正在快速死亡，领导层需要快速摆脱怀旧意识。

2017年2月，路威酩轩集团（LVMH）宣布与法国 VIVA 科技大会合作设立"LVMH创新奖"，与时尚原材料、创新产品设计、零售、监控系统以及人工智能先进设备相关的创业公司，都是它紧密关注的对象。一旦通过新技术掌握大数据，私人定制时代就不再遥远。古驰（Gucci）在日本东京银座开设的新店，最大亮点就是引入定制化服务。施华洛世奇（Swarovski）正在与 Misfit 合作生产一系列具有跟踪功能的珠宝，苹果（Apple）和爱马仕（Hermès）共同开发特别版本的手表，TAG Heuer 正与泰格豪雅、英特尔和谷歌联手发布高端的智能穿戴系统。这些例子都可以说明奢侈品正在快速走上新零售道路。

根据贝恩咨询的数据，2017年，奢侈品在网络上的销量增加了24%，占到了整体销售额的1/10。到2025年，电商渠道的销量预计会占到整体的1/4。以开云集团（Kering）的古驰为例，2018年上半年古驰的销售额同比增长了43.4%，达到28.32欧元。分析人士认为，古驰在动荡的欧洲市场中，能够获得这样的成绩，与它们在电商渠道中的活跃程度极为相关①。

对于新零售，奢侈品市场正在做出快速反应。可以预见，新零售这一新的零售模式在

---

① 贝恩，Altagamma. 2017 全球奢侈行业研究报告 [R]. 2017.

未来将会引领零售潮流。

第三节　奢侈品零售环境

奢侈品的零售环境主要包括商店选址、门店设计以及视觉营销三个方面的内容。

一、商店选址

商店选址是指在租建商店之前对店铺的地址进行论证和决策的过程。首先是指店铺设置的区域以及区域的环境应达到的基本要求；其次是指店铺设在具体的哪个地点、哪个方位。商店选址对于零售来说，也是相当重要的环节。

(一) 奢侈品商店选址原则

1. 落户高档区域

高档区域不仅和奢侈品的身价"门当户对"，这些"黄金地带"往往也聚集了社会富豪，从市场的角度也为奢侈品的经营带来了无限可能。对于奢侈品品牌而言，除纽约、东京、米兰、巴黎、伦敦五大时尚之都是它们大量进驻的城市之外，其他一些发达国家的首都和富人集中地也都是它们的主要集散地，如伯尔尼、罗马、柏林、阿姆斯特丹、里斯本、哥本哈根、马赛、佛罗伦萨、曼哈顿、大阪等，另外，发展中国家的首都和主要城市也是奢侈品品牌进驻的热点区域，比如新德里、吉隆坡、曼谷、布加勒斯特、华沙、布达佩斯、圣保罗等。在中国这样一个新兴的奢侈品消费大国，除了北京、上海等大都市以外，奢侈品门店甚至在一些地级城市现身。

2. 富有文化氛围

奢侈品浓厚的文化底蕴是它驰骋商场的制胜筹码。为了维护奢侈品的品牌形象，奢侈品的经营区域也要求有浓厚的文化氛围，奢侈品本就是艺术和商业结合的产物。它们不仅是普通的商品，甚至可以象征某种神圣的文化，乃至民族文化、国家文化。在考察这些高档区域的同时，也需要考察它的内在文化价值，尽管某些新兴的商业区高楼林立，交通纵横，却缺少文化积淀。相反，一些地处老旧城区的店铺却因为区位文化优势而成为奢侈品品牌的集中地。例如，在上海，具有浓郁海派文化特色的淮海路就比号称"中华商业第一街"的南京路更能得到奢侈品品牌的青睐。

3. 营业面积适宜

相对于租金较低的二流商业区，奢侈品品牌商还是会果断地选择租金高昂的"黄金地带"。甚至有一些顶级的奢侈品品牌，在时尚前沿的黄金地段也追求力压群雄。例如，路易威登位于巴黎的旗舰店共有 7 层楼，总面积超过 1800 平方米；香奈儿在东京开设的旗舰店有 10 层楼高；阿玛尼在东京新建的旗舰店，其总面积更是达到了 86000 平方英尺。从中不难看出，各个奢侈品品牌在建立旗舰店的时候，都力求使其规模庞大，成为震撼人心的存在。除了旗舰店以外的所有营业场所其面积也不宜过小，以免因为空间狭窄而造成商品过少和人流过大的店内拥堵问题。

4. 物业性价比高

在一线城市的高档地段，虽然店铺的租金十分昂贵，但与之配套的物业服务质量也高，在一定程度上也会影响品牌的销售业绩。

5. 行业相对集中

在进驻商场或者专卖店之前，奢侈品品牌会对该地区同级品牌进行调研，经过详细比较后出具报告。内容包括同类品牌的销售状况、市场占有率和品牌知名度。再根据调查结果评判未来发展空间的大小、进驻时间、进驻规模等一系列详细问题。其实，奢侈品更喜欢"抱团取暖"，它们并不是很担心品牌竞争，因为它们都有自己忠诚的客户"粉丝"。这种抱团式的经营，也让周边环境更有文化氛围。世界时尚之都都有各自的"奢侈品一条街"，例如，米兰的 Via Monte Napoleone、伦敦的 Old Bond Street、巴黎的 Champs Elysees 等。

英国的萨维尔街（Savile Row）是世界著名而古老的"定制一条街"，这条街是高级定制男士西装的发源地，这条街道上有全世界最顶尖的裁缝，街上的第一家"萨维尔一号"，已经持续两个世纪为皇室定制高级服装了。

6. 购物空间宽敞

宽敞的购物和工作环境，不论是对客户还是对品牌工作者来说，都给人心旷神怡的享受。对奢侈品而言，店面的作用不是简单地销售商品，而是经过精雕细琢后的艺术品。艺术品的气质需要好的环境背景作为映衬，艺术的价值才能更好地体现，并让客户在宽敞的空间中细细品味。同时，舒适宽敞的环境也能帮助店员时刻保持优雅的心态与气质①。

7. 注重关键指标

对于大众市场，品牌在选址时首先要划定影响力范围——在距离 5 分钟、10 分钟和 15 分钟车程的居民中各自有多少比例可以被吸引到自己的店铺中来，有时还要考察不同地点的车流量，并且计算去往下一个特定位置的顾客人流。其次要考察可接近性和可到达性，他们必须考虑高速公路、桥梁、隧道等因素。竞争也是值得审议的议题，但是相当复杂。有人会认为与竞争对手相邻将减少店铺地点的潜力。事实上，当两三个同行内的、同样名望的店在一起时，这一地点的吸引力的增加，足以抵消一部分的竞争劣势。

在所有指标中，他们最为看重的是将要开店的目标城市的商业潜力。除此之外，他们还很注重竞争对手："卡地亚在某个城市开设了店铺，他们每天有×名客户进入商店。这些客户的数量对于宝格丽或是宝诗龙在那里开店是否有足够的潜力？"

（二）选址技巧

事实上，可供奢侈品选择的城市和店铺不是很多。在奢侈品行业，一旦选定一个城市，店铺在该城市的位置就比较容易确定了。每个城市都有一个奢侈品店的最佳地点。在米兰，就数 Via Monte Napoleone 大街、San Andrea 大街和 Della Spiga 大街了。在中国香港，需要在半岛酒店、中环置地广场和太古广场之间做一抉择。在东京，抉择则出现在银座和表参道之间。在我国上海，最初唯一的选择是南京西路，2010 年之后，改造成功的淮海中路才被纳入到考虑范围内。

（三）选址误区

即使选择确定一个城市，也不代表就可以完全确定商店位置了。因此，在选址过程

---

① 刘晓刚，幸雪，傅白璐. 奢侈品学（第二版）［M］. 上海：东华大学出版社，2016.

中，需要注意以下几点。

1. 同一地点不同潜力

即使在同一地方，从街的一边到另一边，奢侈品零售商业潜力的差别也可能很大。在巴黎圣奥诺雷大街，北侧街上的销售较好，南侧并不适合奢侈品品牌设址开店，但南北两侧的租金成本几乎完全一样。我国上海淮海中路也是如此，北侧"高冷"，南侧平民，因此奢侈品更偏爱北边，时尚白领却常常扎堆南侧。

2. 顺应客流，而不是仅靠品牌自身拉动力

奢侈品有极高的拉动力，能够将顾客吸引而来。但如果在选址中将宝全押在品牌自身的拉动力上，未免太冒险。例如，在圣奥诺雷大街南侧和淮海中路南侧都开着一家爱马仕旗舰店。如果坚持将店开在和爱马仕旗舰店同一边而不论两侧人流悬殊，指望着光顾爱马仕旗舰店的人会同时进入这一区域其他商店，那不免要失望了。现实情况是，客户的注意力都集中在爱马仕一个店面上面，然后他们看上去似乎就没有时间逛邻近的商店了。

3. 根据市场情况随机应变

理论上对于商店选址的讨论似乎相当全面，然而现实情况会更加复杂。在整个选址过程中，奢侈品品牌会不断地面临艰难的抉择。例如，每个品牌都想在大型零售地点拥有一个很大的门店，但通常这意味着它要付出更多的租金成本，以及要设定一个更高的盈亏平衡点和销售额水平。那么它有这么高的支付能力吗？或者，它能在这里轻易达到这么高的销售额水平吗？可是，如果房租成本一样，这个奢侈品品牌是应该在最佳选址地点开一家小商店，还是应该在第二最佳地点开一家更大一些的店？这个时候是应该相信商业地产领域里铁打的定律，还是应该相信自己的品牌吸引力系数以及拉动力？

下面是一个真实的案例。在中国香港，多年来兰芝（Laneige）在半岛酒店有一家30平方米的小店，位于一家店面很大的路易威登店的对面。尽管租金非常高，兰芝的生意却做得非常好。此外，兰芝还有一家200平方米的商店，位于太古大厦，靠近置地广场。与半岛酒店一样，太古大厦也是奢侈品开店的顶级地点，兰芝在其中的店铺位置偏了一些，目标顾客流动在店的20米以外。导致兰芝在这家店卖出的商品很少，只是充当了一个产品展示厅。这就启示我们，奢侈品所开门店，其销售额并不完全取决于店面面积的大小，有利的店铺位置也至关重要。当然，有一些店面可能起到的作用是产品展示厅，但是，能够兼顾产品展示与产品销售是最理想的店铺选址原则。

4. 考虑国际化需求

奢侈品的特殊性就在于消费者不仅在本国消费，也会在国外进行购买。换言之，一个日本消费者可能在纽约购买爱马仕，一个中国公民可能在德国购买意大利香水。如果某个奢侈品品牌未在美国、日本或法国设立直营店，那么它将失去一定的品牌影响力和消费者吸引力。例如，西班牙人宁愿买卡地亚或宝格丽，也不愿意买苏亚雷斯（Suarez）品牌的珠宝，因为他们知道，尽管苏亚雷斯在西班牙负有盛名，但在纽约和德国却无人知晓。因此，从这方面来讲，大型奢侈品品牌必须将目光锁定全球。

因此，店铺扩张十分重要，但同时开设过多的品牌商店会给公司带来财务风险。此外，一家新的直营店至少要经过两年才能实现最初的销售目标：在实现盈亏平衡之前，商店的运作需要资金支持。这也就是说，为了权衡消费者对奢侈品品牌的目标型购物与便利型购物需求，每个城市都应该有理想的奢侈品店面数量。

二、门店设计

零售行业，特别是服装、珠宝、化妆品行业，门店设计是零售中非常重要的一环。好的门店设计有助于提高消费者的心理愉悦度，从而增加购买概率。在奢侈品领域，对于看重品牌价值和消费者体验地方的人来说，门店设计就显得格外重要。从奢侈品公司决定通过公司自有的店铺（零售）的方式而不仅是借助批发来销售的那天起，奢侈品品牌便被重塑了。好的门店设计，或者说不一样的门店设计有助于一个奢侈品品牌传达它特有的品牌文化和理念。各大奢侈品品牌也越来越重视这一点，把门店设计作为零售中不可替代的一环。

（一）品牌愿景的表达

门店概念传达了一种品牌愿景。这种品牌愿景，不仅在于奢侈品品牌需要独特的门店设计，还在于它的门店设计要统一，及所有的分店所体现的门店概念与品牌愿景保持一致。1994 年，多米尼可·德·索勒成为古驰的 CEO，他的第一个举措就是对门店进行重新设计。因此，从 1994 年 12 月开始，6 周内全世界所有的古驰门店都"米兰化"了，也就是都按照米兰的模式进行重新设计。这样一来，古驰的品牌愿景也得到了进一步的实现。这也是为什么包括机场的免税店，品牌负责人也要不惜一切代价进行门店改造以保证奢侈品品牌文化的一致性。为了帮助人们理解品牌愿景是如何影响视觉营销策略的，米歇尔·舍瓦利耶和米歇尔·古泽兹（2014）提出了一个四级式品牌愿景模型，如图 10-6 所示。

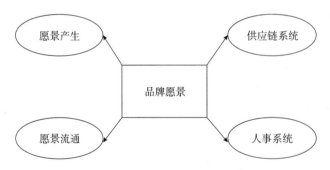

图 10-6 四级式品牌愿景模型

资料来源：［法］米歇尔·舍瓦利耶，米歇尔·古泽兹. 奢侈品零售管理［M］. 卢晓译. 北京：机械工业出版社，2014.

具体来说，米歇尔·舍瓦利耶和米歇尔·古泽兹（2014）认为，首先是愿景产生，即确立战略层面的品牌愿景。为了确立品牌愿景，会有专门的领导层团队研究品牌文化，如果品牌是经典品牌，那么品牌愿景需要在保证品牌历史的前提下做一些贴合现代社会的创新从而跟上时代潮流。如果是全新的品牌或者是经典品牌下推出的子品牌，则品牌愿景显得格外重要。这是品牌的定位，也是品牌的精髓。正确的品牌愿景，是差异化市场的基础，能使品牌的发展达到事半功倍的效果。

其次是愿景流通，即考虑如何将确立的品牌愿景流通出去。流通的方式有很多种，如广告、发布会、时装秀、明星带货等，包括包装、Logo、购物袋都可以是帮助品牌愿景流通的方式。以前大牌奢侈品品牌如迪奥等都是请国外成熟型的代言人，现在奢侈品品牌请的代言人呈年轻化趋势。这与目前购买奢侈品人群年轻化有很大关系。

再次是供应链系统的一致性，即品牌商的供应链系统必须按照品牌的愿景进行组织和管理。例如，宣传的新产品必须在广告面世之前就已经被送到门店里。

最后是人力资源的保证，是内部营销问题，要有合格的员工，这主要指员工培训方面，需要处理好员工和顾客之间的关系，以使整个品牌愿景能够有效地向市场端传达。当然除了门店的员工，还有后面负责调研、分析数据、品牌创意监制、公关与广告发行等一整套人力资源体系。

（二）零售识别

关于零售识别，萨维奥格和科贝利尼（2016）[①] 的观点具有主流代表性，即零售识别，是有关空间规划、营销、设计和视觉传播等策略的整合系统。

在零售和批发渠道中，奢侈品企业可以通过带有一致性和启发性的零售识别来更好地传达品牌形象。要让品牌的整个零售网络体现出一致的形象，发展独特的零售识别十分重要。我们探讨零售识别而非店铺识别的原因在于，我们不仅需要为零售形式，也需要为批发形式（专柜、组合柜），甚至为网站确定下一种统一的识别。同一品牌同时在不同的地方展示于人时，应该传达出相同的语言。

顾客对品牌零售识别的整体认识被称为零售形象。因其在视觉营销和空间规划上的创新型方案，而成为一个有助于创造品牌整体体验的战略性营销工具。强烈的零售识别造就了积极的店铺形象，即顾客对店铺环境整体的看法很积极。零售识别和形象要与品牌的风格和传播识别相一致，这样才能以强有力的方式向顾客传达信息。时尚设计师不断挖掘传达品牌价值的新方法，让时尚零售业开始流行起一股被称为"零售建筑"（Retail Architecture）的新潮流。零售建筑为时尚提供了一种管理空间和将零售空间转化为难忘体验的方式。过去主要通过广告宣传的品牌建设方式，如今已被延伸至店铺的建筑格调。零售识别系统如图10-7所示。

斯特凡尼亚·萨维奥格和艾丽卡·科贝利尼（2016）认为，普拉达在零售识别方面做得就很好，它不走寻常路，打破传统的"旗舰店"模式，创造出一种新的零售形式：普拉达中心。普拉达拥有三家"普拉达中心"，分别位于纽约、洛杉矶和东京。普拉达品牌还挑选顶尖的现代建筑设计师来设计店铺，让它们成为了学术探究的热点：建筑设计师雷姆·库哈斯（Rem Koolhaas）为普拉达设计了美国的店铺；曾设计伦敦泰特现代美术馆的建筑设计师雅克·赫尔佐格（Jacques Herzog）和皮埃尔·德梅隆（Pierre Demeuron）为普拉达品牌的东京中心进行了设计。

（三）具体设计

1. 招牌设计

招牌是用来标示店铺的名称和记号，也可以称之为店标（店铺的名称）。招牌在很大程度上起着一种广告效应，好的招牌有助于帮助自身与其他店铺相区别，可以体现自身的

---

① ［意］斯特凡尼亚·萨维奥格，艾丽卡·科贝利尼. 时尚与奢侈品企业管理［M］. 江汇译. 广州：广东经济出版社，2016.

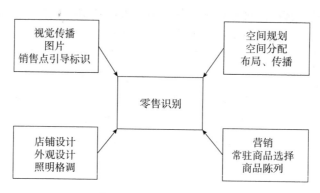

图 10-7　零售识别系统

资料来源：[意] 斯特凡尼亚·萨维奥格，艾丽卡·科贝利尼. 时尚与奢侈品企业管理 [M]. 江汇译. 广州：广东经济出版社，2016.

风格与特色，提高消费者的购买欲。从某种程度上来说，店铺招牌的设计代表着该店铺的形象，直接影响着顾客能否进入店铺。特别是在零售行业，独立店铺是其主要销售形态，好的店铺招牌是好店铺的一部分。因此，招牌设计对于店铺的经营与发展至关重要。

奢侈品招牌的设计基本都是比较简洁的风格，招牌文字大小适中，高度保证在 50 米处可以较明显看到的位置。并且为了醒目，它会在店铺周身也印上招牌，防止被忽略。为了保证晚间招牌的醒目，店家会将招牌做成霓虹灯和日光灯招牌，灯光颜色与店面灯光相协调。

2. 橱窗设计

橱窗是奢侈品品牌展示自己文化艺术的地方，它直观地向顾客传达着品牌的思想和变化。在任何繁华的中央商业区、区域购物中心，节日集市或其他购物场所游逛时，都会看到许多不同类型的奢侈品店橱窗窗口。橱窗的设计要捕获到消费者的注意力，并激发其购买欲望。在如今"眼球经济"的推动下，橱窗成为当今的主要营销手段，它不仅能激发消费者的消费热情，也能让我们欣赏到橱窗设计师的无限创意以及其对品牌的诠释①。

奢侈品门店的橱窗设计主要分为人行道橱窗、无橱窗、内陷橱窗和开放式橱窗等。

（1）人行道橱窗。面对人行道的橱窗设计对于购物者的影响是最大的，零售商常安装很大的橱窗来吸引消费者。典型的繁华中心区的旗舰百货店，就需要设计很大的正面陈列橱窗，一般由 4 个以上的大橱窗组成，每个橱窗 4~5 米宽，2~3 米高，设置在入口的两侧。

例如，以圣诞橱窗著名的罗德与泰勒（Lord & Taylor）、梅西（Macy's）和萨克斯第五大道（Saks Fifth Avenue）百货就是这种设计。布卢明代尔（Bloomingdale）和诺德斯特姆（Nordstrom）百货公司等其他零售巨头同样都会为橱窗设计装修花费大量资金，并且全年不同时段更换不同的设计。

（2）无橱窗。许多零售场地空间十分有限、租金非常昂贵，大部分空间都要用于销售。有些门店就没有橱窗，其出入口往往是一块很大的玻璃，外面路过的消费者会看到整个门店内部。相对于使用正式的橱窗来说，内部位置的门店就得以店内陈列为主。目前在许多商场都消除了窗户结构，取而代之的全部是推拉门，店门也多采用玻璃材质。虽然这

---

① 百度百科，详见 https：//baike. baidu. com/item/橱窗/4399171？fr=aladdin。

些店没有正式陈列橱窗，但可以更方便客流进入，并增大销售空间。

（3）内陷橱窗。有的门店门面面积很小，没有足够橱窗位置，但也想布置橱窗，这时可以设计内陷橱窗。在门店门内陷 3~4 米，在门口两侧让出的空间里做成两个大矩形橱窗，用来陈列商品。这种结构的缺点是它减少了门店销售空间。

（4）开放式橱窗。有些门店没有面对人行道的橱窗，也不想安装内陷橱窗，那如何陈列商品？这时，可以采用开放式橱窗，开放式橱窗通常由玻璃组成，设置在门口两侧。由于没有后置挡板，购物者还可以通过橱窗看到内部商品。但开放式橱窗唯一的缺点是，购物者可以在橱窗里触摸到商品，这会比较容易弄脏陈列的商品。

（5）其他橱窗。上述的橱窗模式基本可以满足大部分零售商的需要，这些设计也推动了零售量的增加。目前，零售商不断开发各种不同寻常的橱窗模式，各种醒目的橱窗和陈列区充当了"沉默卖家"，吸引着路人进入门店。每个地区的时尚零售商都在开发独特的陈列技术，来更好地适应市场竞争。

较小的奢侈品门店可能只有 1~2 个橱窗空间来陈列商品；较大的奢侈品门店尤其是旗舰店，可能拥有 100 多个橱窗。橱窗需要定期更新，以显示出各个销售季、特别活动的特征[①]。

很多奢侈品门店会根据不同的销售季来确定橱窗主题。比如路易威登（Louis Vuitton）推出的太阳能主题橱窗、芬迪（Fendi）的热带丛林橱窗、爱马仕（Hermès）的玩具主题橱窗、Hublot 联合 Harrods 在世界杯期间推出的世界杯橱窗、蒂芙尼（Tiffany & Co.）的情人节主题橱窗等。

虽说橱窗陈列是一种艺术的创作，但它依然需要遵守一些基本的准则。

第一，橱窗陈列要传递清晰明了的产品信息或艺术话题；第二，橱窗内的色彩不宜过于杂乱，应该限制在 1~2 个主色调之内；第三，橱窗陈列的空间并不是杂货库，物品的陈列既不能太多太杂，又要按照一定的空间及视觉逻辑；第四，橱窗陈列所展示的商品最好是在店铺内也能触手可及的商品。

当我们在审视一个橱窗陈列是否合格时，我们也应当站在观众的角度来思考，其实对于一个静态橱窗陈列，我们就像在看一幅巨型的现场版照片一样，橱窗里的布置一样需要符合视觉的观察轨迹以及图片分割的黄金比例[②]。

奢侈品零售商一般会提前 6 个月制定橱窗布置表，并指出每个陈列的日期、商品分类、推广主题、材料、工具设施、安装时间、橱窗和展柜的具体位置等。涉及采购，零售商还需与供应商签订合同，确保按期施工和安装完成。从感恩节到圣诞节的陈列方案还需经过视觉营销总监或副总监的审核。

繁华中心地区的各大时尚百货旗舰店一直保持着最奢华的橱窗陈列，这里行人川流不息，相得益彰。美国的诺德斯特姆（Nordstrom）、罗德与泰勒（Lord & Taylor）、萨克斯第五大道（Saks Fifth Avenue）、内曼·马库斯（Neiman Marcus）和伦敦的哈罗德（Harrods）通常每周更换一次主橱窗，陈列不同的商品类型、设计师系列和季节性主题，同时也陈列出了神奇的橱窗设计和门店设计。

---

① ［美］杰伊·戴蒙德，艾伦·戴蒙德，谢里·利特. 时尚零售全渠道模式［M］. 方刚译. 上海：东华大学出版社，2017.

② 黄浩洲. 左岸时尚 右岸奢侈［M］. 北京：知识产权出版社，2017.

购物中心的奢侈品门店通常不采用正式的橱窗设计。这里橱窗较小，有时仅仅起到分离店内与店外的作用。方形门店空间的租金往往比较昂贵，并且没有正式的视觉陈列空间。因此，零售商在橱窗上的投入就会很少，用模特配上服装摆放在入口，或放置一些表示主题或季节的标识①。

3. 店内设计

（1）店门的设计和引导。店门是进入店铺的入口，有着极具装饰性的作用，能够吸引人们，使其产生兴趣，激发想进去看一看的好奇与冲动。别具一格且引人注目的门面装饰会释放出独特的品牌信号。店门就是在不知不觉中发挥出巨大的作用。现在大部分店门，不仅是奢侈品店铺店门，都会匹配店铺整体的位置、店面形状等。奢侈品的店门材质以玻璃门为主，而且通常敞开着，也是为了防止门带来太过阻断的效果，给消费者造成心理上的隔阂感。门敞开着，就有一种"欢迎进入"的感觉，不知不觉吸引着消费者进入店里。

（2）色彩的设计和运用。色彩在表现风格上起着非常重要的作用。因为色彩本身就有冷暖之分，可以影响情绪。例如，冷色调有蓝色、绿色，暖色调有红色、橙色。而黑色、白色、灰色则为中性色调。当然每种色彩中也有不同程度的冷暖差异，商家可以利用不同色彩来烘托不同的氛围，塑造品牌力量。

比如迪奥（Dior），店面主打黑白色调，显得比较华贵高雅，正如迪奥的设计风格：华丽名媛之爱。而古驰色彩则比较丰富，喜爱运用各种图案、印花，打造异域、活泼之感。轻奢品牌缪缪（Miu Miu），是普拉达旗下的独立子品牌，其设计较趋本性直觉，属大胆尝试，是独具特色的时装理念。两个品牌共享同一个时装界，共同的消费群，甚至具有相同的规则，但缪缪特意突破框架，表达一种持续求变、永不满足的欲望。因此它的店面风格也比较特别，不那么中庸。赛琳（Céline）品牌店面主要运用白色、橙黄色、绿色三种颜色打造田园乡村风格，这与它想要传达的极简主义如出一辙。

（3）灯光的运用。灯光在塑造氛围和突出强调商品方面作用也功不可没。有的奢侈品品牌想表现出一种奢华感，特别是珠宝和手表品牌，店面会装饰雍容华贵的水晶灯，灯光也会比较足，凸显珠宝的贵气和闪烁，或是表现品牌的华贵定位。而有些奢侈品品牌的定位较为低调或朴素，它的店面的灯光会暗一些，只在商品上方或周围打上灯光，吸引顾客注意以及使得商品拥有好的卖相。例如，法国干邑品牌路易十三（Remy Martin Louis XIII），它的店面灯光被设计得较为昏暗，打造出一种慵懒的氛围，这种情境下顾客会更趋于靠近品牌。

三、视觉营销

（一）概念

"视觉营销"概念产生于 20 世纪七八十年代的美国，是作为零售销售战略的一环登上历史舞台的。视觉营销是营销技术的一种方法，更是一种可视化的视觉体验，指通过视觉达到产品营销或品牌推广的目的。我们称之为通过视觉的冲击和审美视觉感观提高顾客

---

① ［美］杰伊·戴蒙德，艾伦·戴蒙德，谢里·利特.时尚零售全渠道模式［M］.方刚译.上海：东华大学出版社，2017.

（潜在的）兴趣，达到产品或服务的推广的目的。

法国有一句谚语：即使是水果蔬菜，也要像一幅静物写生画那样艺术地摆放，因为商品的美感能撩起顾客的购买欲望。品牌对奢侈品零售是非常重要的[①]，不同的奢侈品品牌传达不同的美感。因此更不用说是注重传达品牌文化的奢侈品了。就服装而言，随着人们消费观念的改变，消费者要购买的已不只是服装本身，他们开始关心品牌所体现的文化、带来的精神诉求，以及服装背后所展示给大众的个人风格与形象。中国整体生活质量已经上升到了一个高度，就服装消费而言，人们在淘汰一件衣服时，绝大多数是因为衣服已经过时，而不是因为衣服旧了或者破掉。

（二）内容

视觉营销的内容从广义的角度看，包括企业的企业形象识别系统的全部内容。从实际操作的角度看，视觉营销的内容主要是店面、陈列、人员、服务、环境和产品。其实有几项比如店面和环境都已经具体介绍过，这里再简单说明一下。

1. 店面

顾客初入店铺，店铺是直观且让消费心理产生第一印象的要素，内容包括店面在商场所处地理位置、面积大小、店面设计的风格及所表达的主题等。

2. 陈列

陈列的内容包括卖场陈列和对产品的再设计，即搭配。视觉营销除了要求对产品进行原始设计外，还要满足以上两种的再设计，陈列就是在产品原有的基础上进行的再设计。

3. 人员

除了产品，顾客接触的就是服务人员，店员是最直接与消费者进行沟通的人员，他们的言谈举止、举手投足都代表着企业和品牌形象，所以店员的仪表、言行、综合素质都需要经过严格的培训与管理，这也是很多服装企业和商店都非常注重导购人员的遴选、岗前培训、上岗后的管理与再培训的原因。

4. 服务

顾客是通过体验去感受品牌所倡导的时尚生活，感受产品本身带给顾客的核心价值的，所以服装店里装饰鲜花，以及备有咖啡、点心和杂志的休息角都能营造出温馨的氛围，于细节中流露出品牌的文化和品牌个性。

5. 环境

当顾客迈入店铺，看到的不光是背景整齐排列的货品，还有由建筑艺术、装潢艺术、视听嗅觉艺术等元素综合运用所设计营造出的环境。环境代表着一个品牌的文化和品位。

6. 产品

产品是店铺存在和发展的核心，产品如果不好，其他做得再好也没用，因为消费者最终选择的是产品，所以产品也是视觉营销的核心。

7. 时装展示会

服装产品特有的色彩、款式、质感、风格要素通过展示会才能被淋漓尽致地表达出来。

---

① Katarzyna B-R. , Izabela S. Employer Branding as a Source of Competitive Advantage of Retail Chains ［J］. Journal of Management and Business Administration. Central Europe，2018（1）：2-12.

除了上述一些基本元素之外，现在的科技发展也使很多品牌开始利用科技的力量进行视觉营销。

一个很典型的例子是博柏利。2011年，博柏利在北京开了一场3D全息投影多媒体时装秀。这场耗资2000万欧元、极其炫目的高科技数字影像时装表演，请来被誉为"新酷玩乐队"的潮流乐团Keane为品牌唱堂会，完全摒弃真人只采用3D立体影像展示时装，调动一切资源鼓动所有嘉宾利用各种社交网络新型媒体自发进行即时报道、宣传，使时装界大开眼界，也在奢侈品品牌以科技力量进行视觉营销方面开了先河。

轻奢品牌Rebecca Minkoff可以为顾客提供数字化购物体验。它的纽约旗舰店内有一个巨大的触摸屏镜子，你只需要点击感兴趣的商品，这些物品就会被自动添加到购物车。每间更衣室的镜子也是智能化的，再次轻点，购物车中的商品就可在更衣室的镜子中呈现，点开镜子上附带的链接，就可以看到这些服装在时尚走秀时的视频。

不难想象，之后的奢侈品品牌将会利用更多的如大数据、人工智能的方式进行令人耳目一新的视觉营销。

当然，视觉营销也需因人制宜。根据调研，不同性别的消费者购买决策呈现差异性，比如因为受到服装店铺内的视觉营销要素影响不同，男性消费者注重产品品质，对购物的环境要求较高，重视品牌形象和知名度；而女性消费者的购买决策受店铺陈列、环境氛围、宣传服务和产品等视觉营销要素影响的较大，并且对产品的款式、颜色等要素比较重视。所以商家对自身的品牌实施视觉营销策略时，应对男女装品牌做出不同的视觉营销策略。针对男装品牌产品要力求高品高质，此外还要重视对店铺购物环境的营造，突出品牌形象与特点，将品牌与产品特色展示出来，快速地吸引男性消费者的注意力。而对女装品牌的建设要重视店铺的陈列设计，表现出店铺产品的主题和流行色彩，并要注重营造雅致而温馨的环境氛围。此外，适时适当的广告宣传和促销活动也能为女装品牌争取市场份额带来显著效果。

第四节　奢侈品零售管理

一个奢侈品品牌的成功，不仅仅需要经营者卓越的创造才能。由于奢侈品企业多是跨国企业，想要在世界的各个角落圆满地经营，绝非易事。本节将从店铺管理和服务管理两个角度，分析奢侈品零售管理。

一、店铺管理

与普通品牌不同的是，奢侈品的购物能让顾客迷恋、享受，保持愉悦的心境。店铺是体现奢侈品品牌形象气质的重要部分，店铺经理通过最大化顾客的购物体验来达到个人和地区的销售指标和利润的最大化。怎样才是优秀的店铺管理呢？

店铺管理原则如下：

1. 因地制宜

为了便于品牌的统一管理并使消费者在任何地点都能体验到相同规格的服务，品牌需要统一服务内容。在全球范围内，标准化的店铺管理有一定的难度，局部地区甚至无法实施。奢侈品注重优质的服务，而由于不同的历史文化，不同的文化习俗，标准化的服务方式并不能深入人心。因此，品牌需要在自身文化基因不变的基础上，最大程度地适应不同文化背景消费者的需求。

2. 数据监控

终端管理离不开对店面各项数据的监控和分析。管理者需要通过客观的数据分析结果，调整经营策略。需要监控的数据包括吸引力指数、转化比率、平均销售额、平均购物数量、存货周转率、折价销售比率、平均面积销售效率等，其中，吸引力指数是随机客户走入奢侈品商店的百分比；转化比率是顾客进入商店后实际购买产品的比例；平均销售额是根据不同的指数需求分别计算而得的平均数值；平均购物数量是从消费者角度分析的购物结果；存货周转率是单位时间内的货物成本价格和商店库存成本的比例；折价销售比率是会影响毛利率的促销与其所占正常销售中的比率；平均面积销售效率是一个店面每平方米的销售有效性的数据。

3. 综合效应

店铺的作用远远不只销售那么简单，它牵涉着内部管理和公司协同管理系统。任何系统都有着各种"零件"，综合效应的放大，就是让各个"零件"组合起来，使整体功能大于部分功能之和，从而达到总体上的投入成本与产出效用的最佳比率。对于奢侈品公司，就是要使人员组织、货品品类、供应单位、仓储物流等环节有效地统一起来，形成一个良性的系统。重心应该放在各环节要素的协调、分配、权重与平衡，注意它们之间内在的逻辑关系以及在工作程序上的前后次序和效用。

现在越来越多的奢侈品门店会限制人数，同时在店内设案工作。例如，卡地亚（Cartier）珠宝店内有不少开放性隔间，负责案头工作的营销人员会直接在里面办公，做研究市场、查找数据、分析行业动态的工作，非常的正式和商业化，而其他负责讲解的店员则分配在不同的空间，以便随时为顾客服务。

二、服务管理

奢侈品服务的指导思想是在尊重顾客个性的前提下，以凸显品牌理念和产品特征为要旨，以促成当下购买和吸引再次消费为目的，以营造尊贵的服务氛围和满足特殊的心理需求为手段，为消费者提供一系列优异的售前服务和售后保障。有研究表明，享乐购物取向对奢侈品的重复购买行为有显著的正向影响，而节省购物取向对奢侈品重复购买行为存在负面影响[1]。这说明，消费者对于价格不那么敏感，对于品牌及其背后的服务更加敏感。

而提到服务，就离不开人。因此，好的服务管理也意味着好的销售人员管理。

为了确保销售人员能够为消费者提供尊贵的购物体验，他们每一天都要完成专业而细致的售前准备工作。如果销售人员服务不周到，消费者会有很差的体验，尤其是当他们意识到奢侈品门店本可以做得更好时[2]。

[1]　Lih-Bin O., Hock-Hai T., Vallabh S. The Effects of Retail Channel Integration through the Use of Information Technologies on Firm Performance [J]. Journal of Operations Management, 2012, 30 (5): 368-381.

[2]　Sunmee C., Anna S. M. Perceived Controllability and Service Expectations: Influences on Customer Reactions Following Service Failure [J]. Journal of Business Research, 2006 (1): 24-30.

首先，销售人员要重视个人的仪容仪表，职业装束体现了奢侈品品牌的理念与形象，是品牌价值的延伸。店铺环境及商品的维护，也是销售人员传递优质服务及购物体验的重要环节。在店铺内，奢侈品销售人员不允许倚靠陈列柜或家具，更不允许在为消费者服务时双手放入口袋之中。

其次，销售人员要核实和掌握商品信息和库存情况。销售人员要在知晓产品特征的情况下，为每一位顾客提出有针对性的销售建议，并尽力减少由于库存原因让顾客等待的情况。如果出现断货的情况，销售人员应该告知消费者库存及物流情况，并可通过留存电话或邮件等联系方式，邀请消费者再次登临店铺。

店铺和服务管理的作用就是展示品牌文化、传递服务精神。此外，至少有 80% 的品牌知识通过零售店铺和店内服务体现和传达。

第十一章
奢侈品电子商务 ··

第一节　奢侈品电子商务概述

电子商务是指以各类信息技术为媒介，进而完成商品交易的过程。欧盟委员会（European Commission）对于电子商务的概念界定是这样的：企业开展的各项商务活动是以电子信息为媒介，不是通过物理交换而形成的。电子商务是对各类信息技术的有效整合，这种整合是充分利用订单整合、服务整合达到商品成功销售的目的。B2C 电子商务（Business to Consumer E-commerce）是商家对消费者的电子商务模式。从本质上来看，依托虚拟网络市场，电子商务实现的是买家和卖家之间的产品交互，通常来说这是一种"商业零售"。

电子商务是现代商业模式发展的必然趋势，也是奢侈品未来重要的营销方向。从市场实践来看，模仿欧美在线奢侈品消费的网站纷纷上线：寺库网、珍品网、唯品会、海淘等网站都加入了抢夺奢侈品电子商务市场份额的行列当中；博柏利（Burberry）等奢侈品集团纷纷开始通过自主网站进行奢侈品在线销售，更多品牌的电子商务也在紧锣密鼓的筹划当中。随着相关软件、硬件在消费者生活中的不断渗入、普及，社会消费习惯、消费模式的不断转变和演化，奢侈品的电子商务发展正迎来前所未有的机会，同时也面临假货泛滥等问题。

一、奢侈品行业新现象

（一）关店潮

受宏观经济增长放缓以及反腐政策的影响，近年来国内奢侈品市场出现了门店客流量减少、奢侈品品牌新店开设速度趋缓的现象，传统奢侈品零售相继进入"关店模式"。许多知名奢侈品品牌如博柏利、卡地亚等纷纷放缓了在中国开设新店进行扩张的步伐，更多品牌也正在重新评估整合自己的门店分布。在排名前 20 位大品牌中，超过半数品牌对自己的门店网络进行了整合：减少门店数量，扩大单店面积；少数轻奢品牌继续快速扩张自己的门店网络。一些品牌也是利用关闭部分购买力不足、出货量少的门店的方式来保证城市单店的营业额和利润率。整体而言，国际奢侈品品牌有进一步关店的趋势，在减少门店数量的同时进行现有门店改造，大店和旗舰店将成为奢侈品门店主流。门店功能将更加多元化，而生活方式体验和服务将成为消费者的核心价值诉求。排名前 20 位的大奢侈品零售门店总数如图 11-1 所示。

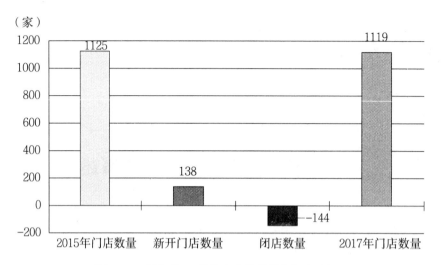

图 11-1　排名前 20 位的大奢侈品零售门店总数

注：各品牌数据均不包括内衣、童装、腕表/珠宝/配饰柜台和品牌折扣店；同一门店内不同子品牌均计为一个门店；单个品牌在同一商场内的多个门店均计为一个门店（如一楼门店销售鞋类）。

资料来源：根据分析师报告、官方网站、专家访谈、贝恩分析等资料绘制。

（二）奢侈品品牌积极联动电商巨头

在如今消费升级的市场环境下，消费者的消费能力不断提升，奢侈品更受欢迎；同时受惠于智能手机普及率的持续快速增长，中国的网上和移动奢侈品消费呈现加速增长之势，奢侈品品牌开始积极投身于与电商巨头的合作。其中，①京东布局。2017 年 6 月 22 日，京东投资 3.97 亿美元收购英国奢侈品电商 Farfetch 股权。2017 年 9 月 17～18 日连续两天赞助了参与伦敦时装周官方日程的品牌玛丽·卡特兰佐（Mary Katratzou）与张卉山（Huishan Zhang）。2018 年 4 月 13 日，京东商城旗下独立的奢侈品服务平台好生活（TO-PLIFE）在上海正式发布。②天猫布局。2017 年 2 月 13 日，国际奢侈品集团路威酩轩（LVMH）旗下瑞士奢侈腕表泰格豪雅（TAG Heuer）正式入驻天猫平台。8 月 1 日，天猫奢侈品虚拟 App Luxury Pavilion 奢侈品频道上线，第一期入驻品牌包括博柏利（Burberry）、雨果·博斯（Hugo Boss）、海蓝之谜（La Mer）、玛莎拉蒂（Maserati）和路威酩轩集团的娇兰（Guerlain）等 17 家。9 月 7 日，瑞士独立制表品牌豪利时（ORIS）宣布其天猫官方旗舰店正式开业。

（三）产品"年轻化"

面对不断年轻化的消费者，奢侈品品牌不断优化营销，用低龄化代言人吸引年轻消费群体，同时利用社交媒体进行品牌传播。奢侈品过去将目标消费群体定位在高薪、中产的成功人士，在形象代言上倾向于聘请符合品牌定位的中年明星，以传达成熟、稳重、优雅、高贵的品牌形象。随着年轻消费群体在高端消费中的地位变得举足轻重，品牌的营销战略也跟随消费群体结构的变化适时调整。"90 后"消费者的个性化意识非常强，崇拜新生代的偶像群体。为打动年轻消费者，奢侈品品牌开始吸收年轻偶像为其代言。奢侈品品牌纷纷转变营销思路，反映了当下中国市场中年轻高端消费者的潜力。

二、奢侈品电商发展

（一）奢侈品电商规模

近几年来全球奢侈品市场出现了明显的波动，伴随着全球经济的持续复苏，奢侈品市场整体回暖并步入持续温和增长的阶段。中国市场在经历了一系列冲击后在 2016 年重启涨势，结束了长达三年的下滑，在经济中高速增长的背景下，中国奢侈品市场有望保持相对稳定的增长趋势。全球数字化水平的不断提高也对奢侈品市场产生明显的影响，虽然传统渠道仍旧是奢侈品销售的主要渠道，但在 2016 年线上渠道获得了两位数的增长，而同期传统渠道的增长仅为 2%。对于中国来说，线上渠道的增长同样突出，渗透率逐渐加深，伴随着新一代消费者的崛起、零售行业数字化的深入以及奢侈品电商辐射用户的持续增加，这一趋势有望得到延续。中国电子商务研究中心（100EC.CN）监测数据显示，2016年中国奢侈品电商市场规模达到了 573.5 亿元，与 2015 年的 401 亿元相比，增长了43.00%，如图 11-2 所示。

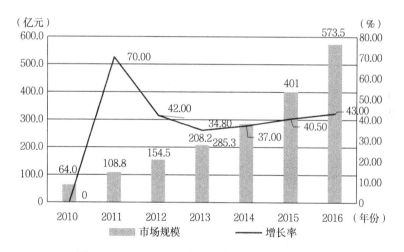

图 11-2 2010~2016 年中国奢侈品电商市场规模

资料来源：中国电子商务研究中心，详见 https：//www. 100ec. cn/Home/Index/industryData. html？name＝scpd。

（二）奢侈品线上渠道发展情况

线上渠道的奢侈品销售额增速依然快于线下门店，但是占比依然处于低位：线上渠道增速快于国内市场整体增速，主要是源于高端化妆品的快速增长，以及手袋和成衣品类线上渗透率有所提升；除了化妆品类外（15%~20%的线上渗透率），整体奢侈品线上渗透率依然处于低位，门店生产效率的提升推动线下渠道取得稳定增长。

从渠道表现来看，传统奢侈品零售渠道仍然占据主导地位，但增长动力不足。2016年，全球奢侈品线下渠道占全部渠道实际销售额比重达到 91%，同比增长仅为 2%。尽管线上奢侈品销售额占比较低，但增长表现亮眼。2016 年，线上奢侈品销售占全球市场比例为 9%，增长率则高达 12%（见图 11-3）。细分市场来看，2011~2016 年，美国线上渠道销售额最高，销售金额达到了 105 亿美元，中国受益于电商大环境的快速发展，奢侈品线上渠道的发展同样迅速，在销售额上仅次于美国。随着奢侈品品牌全渠道建设的加速和奢侈品消费趋势的改变，线上奢侈品的渗透率将逐渐加深。2012~2020 年中国奢侈品销量线上线下渠道占比及预测如图 11-4 所示。

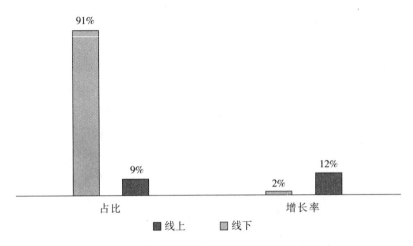

图 11-3 全球奢侈品消费线上线下渠道占比

资料来源：中国电子商务研究中心，详见 https：//www. 100ec. cn/Home/Index/industryData. html？name＝scpds。

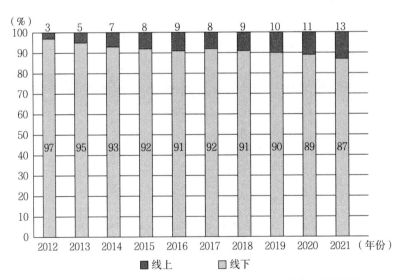

图 11-4 2012~2021 年中国奢侈品销量线上线下渠道占比及预测

资料来源：中国电子商务研究中心. 详见 https：//www. 100ec. cn/Home/Index/industryData. html？name＝scpds。

（三）不同品类线上渠道购买情况

从细分品类来看，奢侈品消费者对不同品类的购买渠道偏好不同。酒类的线上购买比例最高，达到 10%；服装鞋类、眼镜线上购买比例次之，占比达到 9%；皮革制品和美妆个人护理产品，线上销售额占比排在第三位，占比为 8%。相比于以上品类，部分品类的线上购买比例明显偏低。数据显示，奢侈便携式设备（电子产品）的线上购买比例为0，文具、珠宝和钟表等品类的奢侈品的线上消费比例也很低，占比不超过5%（见图11-5）。

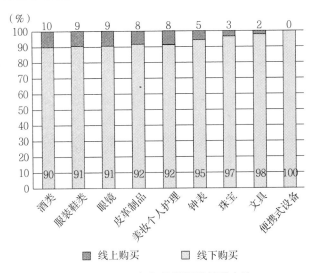

图11-5　2016年各品类渠道销量占比

资料来源：中国电子商务研究中心，详见 https://www.100ec.cn/Home/Index/industryData.html？name＝scpds。

三、奢侈品电商代表——寺库

寺库（SECOO）致力于打造全球奢侈品服务平台的多元化集团，总部设在北京。主要业务涉及奢侈品网上销售、奢侈品实体体验会所、奢侈品鉴定、养护服务等主营业务。寺库拥有目前国内最专业的奢侈品鉴定团队，全球最大的奢侈品养护工厂及遍布全球的多家奢侈品库会所，会所遍布北京、上海、成都、香港特别行政区、东京、纽约、米兰、马来西亚中心地段，打造最具实力的全球领先奢侈品一站式服务平台，追求高品质生活人士的交流平台。

寺库集团拥有完整的高端商业生态，旗下设有寺库商业、寺库金融和寺库智能三大核心板块，打造完整的精品商业圈。同时，建成国内最专业、权威的奢侈品鉴定团队，奢侈品养护工厂，也作为中国检验认证集团的战略合作单位和技术方。针对高端用户，通过供应链金融和消费金融，为高端消费者打造便捷、高效的跨境金融消费服务，推出跨境大额支付、多币种换汇、跨境购买退税等服务。

根据 FROST & SULLIVAN 报告，以 GMV（平台交易额）数据为标准，寺库在2016年已成长为亚洲最大的线上奢侈品平台。2012~2016年，寺库平台交易额显著增长，从2012年的4.88亿元增长到2016年的34.70亿元，实现了数倍增长。从增速水平来看，过去五年寺库平台交易额增长率一直保持在较高的水平，从侧面也反映出奢侈品电商行业的整体增长趋势。寺库为消费者提供整合的线上和线下全渠道奢侈品购买平台，包括寺库网站、手机应用和线下体验中心。线上平台为消费者提供便捷的产品挑选、下单、支付服务。线下体验中心则补充了线上渠道，为消费者提供优质的客户和会员服务与体验。从渠道表现来看，线上依旧是寺库全平台主要的销售渠道。从2015年到2017年上半年，线上渠道交易额占全平台业务收入的比例均超过70%，如图11-6所示。

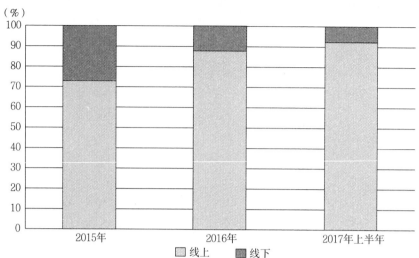

图 11-6　寺库线上线下营业收入

资料来源：寺库，详见 https://www.secoo.com。

四、奢侈品电商类型

中国电子商务研究中心（100EC. CN）对中国奢侈品电商经十年的跟踪表明，现中国市场中主流的奢侈品电商平台大多在 2008～2011 年成立。走秀网成立于 2008 年 3 月；美西时尚成立于 2008 年 6 月；寺库成立于 2008 年 7 月；第五大道成立于 2009 年 1 月；佳品网成立于 2009 年 9 月；魅力惠成立于 2010 年 4 月；尚品网成立于 2010 年 7 月；珍品网成立于 2011 年 6 月，如图 11-7 所示。

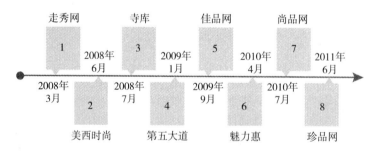

图 11-7　奢侈品电商上线时间

资料来源：中国电子商务研究中心，详见 https://www.100ec.cn/Home/Index/industryData.html? name=scpds。

目前中国市场的奢侈品电商可以分为四个类型：第一类是以寺库、魅力惠、走秀网为代表的中国本土奢侈品电商平台；第二类是以 Yoox、Farfetch 和 Net-a-Porter 为代表的国际奢侈品电商平台；第三类是以天猫奢侈品、京东奢侈品、唯品会奢侈品为代表的综合型电商平台的奢侈品频道；第四类是以博柏利（Burberry）、蔻驰（Coach）为代表的奢侈品品牌自建电商平台。

第二节　奢侈品品牌电商发展的驱动因素

一、降低成本的需要

奢侈品品牌商为了树立高端大气的品牌形象，往往在传统渠道的选择上会倾向于中心商圈的品牌连锁店，然而中心商圈的租金通常十分昂贵，再加上装修费用、库存商品维护费用、店员人力成本等使传统渠道成本较高。随着中国经济的快速发展，消费者的消费观念和消费行为正在发生改变，消费模式也在不断创新。通过互联网进行奢侈品购买将成为中国奢侈品消费者的一大消费趋势。纯网络渠道能够省去租金、降低库存以及人工费用，从而有效降低渠道成本。然而纯网络渠道在带来成本优势的同时也存在真假货难辨、购买过程中的服务体验差等弊端。

二、拓宽营销渠道的需要

虽然传统的销售渠道仍旧是奢侈品销售的主力渠道，但是奢侈品电商的发展也为众多奢侈品品牌（尤其是一些"小众"品牌）提供了与更多消费者连接和互动的途径。从店铺拓展角度来看，奢侈品品牌对于店铺拓展一向保持着相对谨慎的态度，店铺主要集中在一线城市和部分重点二线城市，对于未被覆盖的区域缺乏有效的手段与消费者建立连接。与此同时，奢侈品品牌也在不断地对现有门店进行调整，以更好地提升门店的价值并且节约成本。

在地域限制和门店调整的双重背景下，电商渠道正成为部分奢侈品品牌的选择，并帮助奢侈品品牌触达了更多消费者。寺库经营数据显示，在 2016 财年寺库为 379 个城市的 30 万消费者提供了产品和服务，在一定程度上帮助奢侈品品牌触达更多地区的消费者。同时从不同城市消费者的总消费人次来看，虽然排名前 30 仍旧是目前奢侈品传统渠道能够覆盖到的一线、二线重点城市，但是其余的 349 个城市的消费人次占比也达到了近 38%，从这个角度来看，对于想要实现更多增长的奢侈品品牌来说，散布在一线、二线城市之外的购买力也尤为重要。

三、新一代消费者的崛起

中国市场的奢侈品消费者正呈现出越来越年轻化的趋势，据世界奢侈品协会数据，如图 11-8 所示，中国奢侈品消费者的平均年龄已经从 35 岁下滑到 25 岁，这一变化必然会影响奢侈品市场参与者的策略。预期未来，奢侈品消费客群的年轻化趋势将进一步深入。欧睿信息咨询（Euromonitor）数据显示，2015 年"千禧一代"和"Z 一代"消费者拥有全社会 34% 总收入，而这一比例预期在 2025 年将增加到 50%。这意味着，新一代年轻消费者在未来将拥有一半社会总财富，收入效应下以"千禧一代"和"Z 一代"为代表的新一代的奢侈品消费者将在未来十年成为奢侈品市场的主力消费人群。

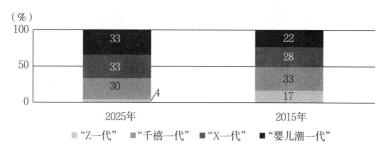

图 11-8　代际社会财富拥有占比

资料来源：Market Research，详见 https：//www.marketresearch.com/Euromonitor-International-v746/。

作为互联网原住民的新一代消费者，网络购物是伴随其成长的主流购物方式。德勤 2017 年奢侈品力量多国调查显示，相比于"X 一代"和"婴儿潮一代"，"千禧一代"消费者通过线上渠道购买奢侈品的比例为 42%，高于"X 一代"（34%）和"婴儿潮一代"（28%）（见图 11-9），显示出新一代消费者对奢侈品线上渠道的接受度和使用度更高，而这一趋势也表明线上渠道对于奢侈品来说正变得越来越重要。对于品牌商来说，应对未来潜在新一代消费者的购买习惯将成为一大重要挑战，全渠道战略将变得越来越重要。

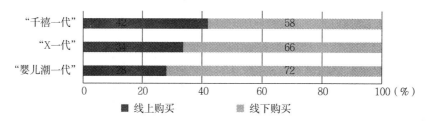

图 11-9　奢侈品购买渠道代际表现

注："Z 一代"（1995 年之后出生）、"千禧一代"（1985~1995 年出生）、"X 一代"（20 世纪 60 年代中期到 20 世纪 70 年代末出生）（35~54 岁）、"婴儿潮一代"（1946~1964 年出生）。

资料来源：德勤 2017 奢侈品力量多国调查，详见 https：//www.useit.com.cn/thread-15496-1-1.html。

四、新兴数字化媒体的推动

新兴数字化媒体已成为中国新一代消费者获取奢侈品相关信息的重要渠道。寺库和德勤的报告披露[①]，中国新一代消费者通过数字化媒体获取时尚信息的比例高达 75.6%，而传统媒体的影响仅占 24.4%。具体来看，数字化媒体中，媒体信息影响占比最高的是品牌网站，比例为 18.3%，通过时尚垂直网站获取信息的占比为 16.3%，排在第二位；社交媒体的影响占比为 15%，排在第三位。传统媒体中，通过时尚杂志获取潮流信息为主要的渠道，占比为 17.6%，朋友或家人传播的比例为 6.8%。新一代消费者对于数字媒体的依赖也将影响到消费者对于消费渠道的选择。中国新一代消费者获取时尚信息的来源占比如图 11-10 所示。

中国具有独特的数字化环境，数字化进程的不断深入已经对零售行业的多个方面产生了深远的影响。数据显示，移动网络数据使用量、第三方移动支付、物流在过去几年都出现了飞速的增长，网络零售在整体零售中的占比也已经达到了全球最高的水平，综合来

---

① 寺库、德勤（2017）《中国奢侈品网络消费白皮书》，转载于 http：//www.doc88.com/p-6991351173055.html。

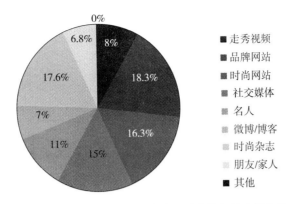

图 11-10　中国新一代消费者获取时尚信息的来源占比

资料来源：寺库、德勤（2017）《中国奢侈品网络消费白皮书》，转载于 http：//www.doc88.com/p-699135 1173055.html。

看，目前中国零售市场中有 57% 的零售销售都受到了数字化的影响，在这样的趋势下，零售企业的数字化能力将成为决定企业未来成功与否的重要因素。虽然线下渠道仍旧是中国奢侈品的主要销售渠道，但是随着近年来零售行业数字化水平的不断提升，奢侈品电子商务也呈现出稳步发展的趋势。中国独特的数字化环境正使越来越多的奢侈品品牌开始意识到在中国发展数字化渠道的重要性。

纽约数字营销机构 L2 的报告显示，截至 2017 年 5 月，只有 9% 的时装品牌没有进行线上销售，这个数字相比 2016 年下降了 57%。同时开展直营电子商务和微信端电子商务的奢侈品品牌在 2014~2017 年出现了明显的增长。截至 2017 年 5 月，40% 的时装品牌和 38% 的手表和珠宝品牌开展了直营电子商务业务，这一数字较 2014 年分别上升了 20% 和 24%；与此同时，奢侈品品牌正在尝试通过微信这个一对一的生态系统尝试销售小批量的商品，其中 6% 的时装品牌和 14% 的手表和珠宝品牌正在运营微信店铺。2014 年、2016 年、2017 年社交媒体使用情况如图 11-11 所示；2014 年、2016 年、2017 年时装类奢侈品线上渠道使用情况如图 11-12 所示。

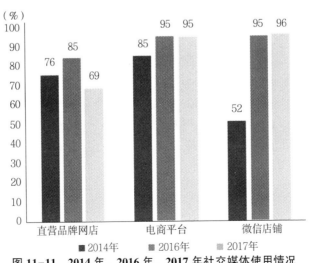

图 11-11　2014 年、2016 年、2017 年社交媒体使用情况

资料来源：L2.数字 IQ 报告.2017 中国奢侈品市场［EB/OL］.https：//www.useit.com.cn/thread-15488-1-1.html.

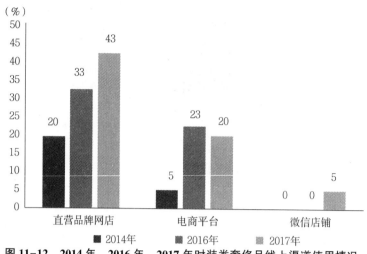

图 11-12　2014 年、2016 年、2017 年时装类奢侈品线上渠道使用情况

资料来源：L2. 数字 IQ 报告 . 2017 中国奢侈品市场［EB/OL］. https：//www. useit. com. cn/thread-15488-1-1. html.

第三节　奢侈品品牌电商的挑战

随着消费者年轻化以及商业数字化的持续推进，奢侈品品牌发展电子商务和数字化营销已是大势所趋，并且出现了不少可圈可点的奢侈品数字化营销案例，但仅有少数品牌试水数字化销售，即电商。今天，微信和微博已经成为奢侈品营销的主要渠道，并开始走进短视频和流媒体平台。但是，奢侈品品牌在数字化媒体上的销售转化率尚有待努力。准确地说，奢侈品电商仍处于探索阶段。

一、奢侈品品牌电商环境不成熟

目前，奢侈品的在线销售在中国已初具规模，2011 年甚至被一些人称为奢侈品电子商务的"中国元年"。但在网络营销过程中，电子商务环境对于奢侈品品牌进行营销还不是很成熟，消费者和经营者双方的权益维护、相应的法律法规保障、物流配送设施、网络支付平台等的不健全也导致奢侈品对于"触网"有所顾虑。奢侈品强调的私享、专属性及高价位与网购平台开放、平民化的特点相冲突，奢侈品电商后劲乏力。目前，对于国内的奢侈品实体销售已经让奢侈品品牌赚得"盆满钵溢"，互联网对多数奢侈品品牌而言基本上"无关痛痒"，没有足够重视开展电子商务，所以对电子商务配套设施没能迅速建立起来。①

二、体验营销欠缺

奢侈品零售业的关键在于给人的特殊感和稀有感，而在网上无法获得实体店内的购

---

① 朱耘 . 奢侈品品牌"下沉式"营销调查［N］. 中国经营报，2010-11-20.

物体验。但由于网络的共享性，这种特殊感和稀有感通常难以体现。客户接触到网站和售卖商品不具有匹配性，享受的服务和关怀也不对等，也没有完善的客户管理理念。但基于中国网民庞大数量的诱惑，未来奢侈品品牌的市场营销策略会越来越注重在线移动的创新传播，与消费者直接对话。对于奢侈品品牌来说，在线销售只是实体店的补充形式，就算是在线销售，价格也不是关键，品牌形象才是至关重要的。① 因此，奢侈品品牌旗下的独立网店很少走拼价格的路线，而旨在向消费者传达产品信息、宣传和维护品牌形象。对此，品牌直接开设线上销售有利于了解消费者的需求，以便开展更精准、更便利的客户服务。

第四节　奢侈品电商的营销启示

一、选择合适的商业平台

综观市场上的实际操作，我们注意到有些知名奢侈品品牌选择重金建设自有平台，且店铺销量不俗，但平台的建设和持续运营的投入远超过线下店铺的建设和运营成本。高额的成本一方面来自于全球统一开发下前期的高投入，另一方面后期运营中的持续投入也相当可观，如高额的引流成本。但在这种模式下，该品牌保持了很高的自主性和对于资源的占有权，也因此能够通过快速的反应来满足消费者需求。从长远发展的角度来看，虽然成本高昂，但是更具有持续的发展性。此外，为了更有效地探索商业模式以及扩大覆盖度，有些品牌在电商业务发展中采取了多元化策略，在四种模式上都进行了尝试。一方面在综合平台上借助一系列创新项目吸引了大量的流量，另一方面也借助垂直平台触达了奢侈品的直接用户和潜在消费者，快速建立了线上的销售渠道。与此同时，社交平台也成为重要的媒介，在社交平台上进行营销能够覆盖数倍的人群，并通过品牌号、公众号等形式导流至品牌官网实现用户的转化和持续服务。

二、打造独特的电商体验

对奢侈品而言，电商是全新的渠道，需要面对与线下门店有着明显差异的年轻客群、消费历程以及运营模式。对于着重于店中每一个实物细节的奢侈品品牌来说，打造独特的电商体验意味着专属电商渠道的定制化产品、服务及购物体验。由此品牌需要制定定制化的营销方案以及高效的运营模式，借助电商渠道拓展更多的市场及客群，并且平衡奢侈品品牌所特有的调性和定位。

（1）锁定年轻客群。网络购买奢侈品的主流人群与线下门店的人群不尽相同，如果奢侈品品牌想要寻找新的业务增长点，通过电商渠道拓展至年轻客群是十分有效的途径。快速发展的电商为奢侈品品牌提供了广大的平台，帮助品牌实现快速发展和下沉，同时给予

---

① 付微. 奢侈品也要玩网购［N］. 燕赵都市报，2011-04-04.

消费者更多的体验机会。然而挑战在于与过去的消费人群相比，这一代消费者的需求已经发生了巨大的变化，品牌需要考虑如何跳脱基于线下渠道客群打造的形象，赢得网络年轻人的喜爱。比如品牌形象和产品设计的年轻化，店铺设计的潮流化以及商业模式的创新等。在此过程中，有些品牌已经开始积极地探索转型之路，如通过聘请"90后"代言人等方式，迅速地拉近与年轻消费者的距离。同时有些品牌更多地利用新媒体，通过明星营销、内容营销等众多年轻人喜欢的方式，扩大品牌和产品的网络影响力。

（2）打造实时销售闭环。过往以线下门店为主的年代，奢侈品品牌每年都会在线下发布新一季潮流新品，信息主要通过大众媒体渠道传播，有一定的滞后性。产品则从秀场到线下店铺再上传至电商，电商处于信息流和货物流的尾端，现在这种做法显然已经无法满足网民们日益挑剔的需求。我们观察到有些品牌已经开始尝试不一样的玩法，如通过网络同步直播时装秀，并借助先进的数字化技术，使得产品通过电商也可以第一时间进行预订，这样的购物体验是传统模式不可比拟的。有的品牌还结合年轻人喜欢的快闪概念，在网上打造快闪店，推出限时限量的最新产品，在获得丰厚回报的同时，也以更有效的方式对电商进行了前沿的探索。

（3）凸显尊贵体验。尽管整个奢侈品行业开始出现轻奢化、大众化的趋势，但奢侈品与大众商品所强调的价值定位仍然存在本质的差别。除了对产品品质的极致追求以外，奢侈品依旧需要凸显私人化的、尊贵的购物体验。这些都是奢侈品品牌以往在传统线下门店的强项，如今如何在网络上实现，是品牌和平台需要共同思考的课题。电商业务的蓬勃发展很大程度上得益于价格竞争，尽管现在已逐步向价值追寻的方向发展，但考虑到奢侈品特殊的调性，打造专属的尊贵体验显得尤为重要。目前，市场中已经出现了一些积极的探索，如一些垂直电商开始提供针对奢侈品的"管家服务"，为每位买家提供一对一的在线购买咨询以及离开平台之后的微信管家等服务。通过在屏幕背后提供如线下门店般的真人服务，让消费者时时刻刻体验尊贵。当然，网上服务的提供比线下门店有更好的支撑，即大量数据及消费者需求洞察。通过对消费者需求的精准大数据分析和预测，再结合专业的私人化服务，奢侈品电商完全可以打造不亚于线下门店的独特体验。

三、基于数字的客制化营销

在以线下实体店为主的时代，数据仅限于购买客户的信息，而这些数据也被销售人员用作对个人喜好的理解，无法进行更全面、深入的处理和分析。随着数字化技术的飞速发展，围绕数据的相关工作都发生了颠覆性的改变。与线下店铺只能记录购买客人的信息不同，电商对于消费者的信息追踪始于消费者想法的产生阶段，用户的行为不仅有购买，更增加了搜索、浏览和转化，由此也引发了品牌对于深入挖掘并分析数据的需求，该需求背后是强大的高端消费者的数据仓库、深度的算法模型和精确运营体系的支撑。随着基于数字分析的精准营销逐步推广，有些起步较早的品牌已经初见成效，同期销售额与传统方式相比增长明显。实际上，如果技术运用得当，客制化营销对企业带来的收益远不止销售增长那么简单。过去，奢侈品企业依靠产品、品牌、文化以及服务取胜，而如今，数字化能力也将成为企业赢得消费者的重要利器。

四、实现高效的电商运营

对于奢侈品品牌来说，电商运营是个崭新的领域，奢侈品品牌以往积累的线下渠道的开拓经验无法满足线上渠道运营的要求。这套运营体系涉及复杂的营销流程，大到门店陈列、网站导流、精准营销，小到产品图片的设计等，事无巨细，均需要专业的技能以及多年行业的浸润。这些能力正是擅长打造高端产品的企业所不具备的，因此对品牌原有的每个运营部门都提出了新的要求。为了更快地开拓该渠道，很多企业目前都选择了和第三方运营企业合作，但是随之而来的是相应的烦恼。一方面，大部分第三方企业专业化程度参差不齐，尤其在打造奢侈品方面，可能无法达到品牌方的要求；另一方面，大部分第三方企业通常手上会同时代理多个品牌，给予单个品牌的资源或者关爱程度不尽如人意。因此奢侈品品牌需要慎重选择合作方并制定合适的管理及合作模式，利用第三方机构的同时不放弃对渠道运作的管控和把握。同时，尽管目前市场上同时具备电商及奢侈品专业知识的复合型人才较少，但挖掘并培养这些人才将是品牌人力资源的长期使命。

五、进行全渠道的商业模式改革

突破渠道壁垒，在新零售模式下，渠道的界限已模糊化，传统企业亟须改变思维模式，突破内部传统的、按渠道划分的经营管理和业绩考核模式，实现企业的跨渠道融合。在传统的零售管理模式下，企业将业务划分为不同的渠道进行管理和运营，组建相对独立的业务团队，配置相应的营销和供应链资源，并制定各自的绩效指标以考核不同渠道销售团队的业绩。大部分品牌企业在推行全渠道零售时，并没有突破这一传统的渠道管理思维，而是仍然以消费者最终购买和支付节点，将销售收入划归线上或线下渠道。传统KPI指标的束缚，以及如何制定全渠道零售的激励机制，成为企业实现全渠道转型的最大障碍。而实际上，在新零售模式下，线上和线下的边界已变得非常模糊，消费者时刻活跃在线上和线下场景中。企业需转变观念，着力研究消费者所处的位置以及消费的时间，争取在更多的场景中与消费者进行互动，以覆盖其从需求到购买再到退换的消费全过程，提高流量和转化率。所以，继续将线上和线下分开运营，对如今的消费者而言已无太大意义，整合企业内部按渠道割裂的管理资源和管理制度变得非常重要。

（1）设计端到端方案。现在已有很多企业开始尝试全渠道建设，通常的做法都是从某个点切入，如最早开始的O2O，线上购买、线下提货。在试水阶段，这样的做法未尝不可，但类似做法的弊端就是企业只有部分环节整合，其他环节仍然继续割裂。如后端的全渠道配送能力已经具备，但前端各渠道业务没有达成一致，由于缺乏跨渠道的协调职能，导致内部推行困难。因此我们建议一旦企业真正想打造全渠道体验，需要考虑系统化的端到端方案的设计，包括从战略层面的统一思想，到业务以及再到运营层面的步调一致。

（2）整合而灵活的供应链。毫无疑问，未来企业的供应链必须能够同时服务多个渠道，因此供应链的优化需要进行全盘的思考和布局。更重要的是，由于终端客户越来越多的场景式消费，购买需求可能随时在任何场景中触发，这对企业传统的需求预测和计划提出了新的挑战，同时供应链的灵活性显得尤为重要。因此，如何和多样化的第三方企业合作，打造反应迅速而柔性十足的供应链方案是企业需要持续探索的课题。

在当前投资增长放缓、出口乏力的形势下，合理挖掘奢侈品消费市场作为新的消费热点将成为依靠消费拉动经济增长的有效手段。面对传统意义上的小众消费品，奢侈品品牌商对于奢侈品营销渠道的选择与运用还集中在传统（线下）渠道。但奢侈品企业通过电子商务的拓展可以扩大现有消费群，获得新的增长点。然而，要赢得年轻的网络消费者，覆盖更多的城市，同时实现全渠道共赢，奢侈品企业不能仅增加一个"电商部门"，还需要在传统竞争力基础上，拓宽视野，获取新的方案以及人才，并改革性地重新规划全渠道模式。

由于消费升级，购买奢侈品、高端消费人群的数量在不断增长，中国中产人群的数量已经突破1亿人。目前一线和二线城市的奢侈品市场已经接近饱和，而三线和四线城市的消费红利不断被释放激发。由于在当地缺少门店和正规奢侈品消费渠道，通常三线和四线城市的消费者更愿意通过专业程度化高、口碑良好的电商购物平台选购奢侈品。随着消费升级的不断进行，目前的奢侈品消费人群对于奢侈品的消费心态和消费结构发生了根本性的变化，逐渐从外在炫耀型变成真正享受型和自有型，更加注重产品的品质和细致入微的服务，奢侈品消费已经不再单单是标签或者消费级别的体现，而是对精致生活追求的体现。由于消费金融以及消费理念的变化，年青一代的消费者开始崛起，"80后""90后"逐渐成为奢侈品电商消费群体的主力。O2O模式是线上线下的结合，但奢侈品电商化是一把"双刃剑"，既弥补了奢侈品实体店无法覆盖全区域的"短板"，也给既有的线下实体店带来了竞争压力。

然而，线下实体经济并不会被线上电商所替代。不难发现，线下实体店的角色以及服务已经开始由销售主体转向体验中心，注重高净值人群的消费深耕，高净值人群一般指资产净值在600万元人民币（100万美元）资产以上的个人。目前，中国个人可投资资产1000万元人民币以上的高净值人群规模已达到158万人。这类人群大多属于奢侈品品类的目标人群，如何吸引更多此类消费人群，将成为未来奢侈品电商需要解决的问题之一。

第 十 二 章
奢侈品品牌延伸与品牌授权 ···

第一节　品牌延伸的概念与特征

在奢侈品领域，许多品牌一直都很专一，比如百达翡丽（Patek Philippe）、丽娃（Riva）、沃利（Wally）、库克（Krug）、欧贝罗伊（Oberoi）等，它们一直专注于自己的领域，但是我们可以看到，除了劳力士（Rolex），这些专一的品牌规模往往比较小。大多数的奢侈品品牌选择了品牌延伸这种战略，它是多数奢侈品品牌扩张的重要手段。本节将从奢侈品延伸的起源开始介绍，进而引入奢侈品品牌延伸的概念。

一、奢侈品品牌延伸的起源

早期，西方皇室的御用品的供应者为了精益求精，都会被命令专门生产其所擅长的王室用品。20 世纪初，奢侈品品牌行业开始发展，并且也借鉴了王室的传统生产模式，一些有名的工匠和知名的企业都有自己独特的生产设计领域，奢侈品品牌领域高度分工。

但"一战"后，奢侈品品牌行业生产模式发生了巨大的改变：专业化分工消失，各个知名公司开始涉足其他行业，品牌延伸开始初步形成。例如香奈儿（CHANEL）[①]，众所周知，香奈儿由简洁高级的女帽起家，以舒适、高贵、美丽的女装而闻名。1921 年，可可推出了香奈儿 5 号香水，5 号香水玻璃瓶的外包装装饰十分精美，当作艺术品赏鉴也不为过，再加上代言人妮可·基德曼的名人效应，使 5 号香水取得了巨大的成功。双 C 的标志一时闻名全球，从时装到香水的延伸使香奈儿的品牌知名度有更大的提高，时至今日，香奈儿 5 号香水还是品牌里最赚钱的香水，在历史长廊里经久不衰。

第二次世界大战结束后，人们对物质和体验的需求激增，市场需求大大增加，这使奢侈品行业的品牌延伸得到了极大的发展和运用。由于皮具市场的极速扩张而马具市场缩水，爱马仕马具业务又走到了尽头，而由一个马具公司变为高级皮革公司。很久之后，像爱马仕这样的公司建立起了自己的品牌知名度，于是它们开始试图延伸自己的品牌，来获得更大的商业反响。

品牌延伸使奢侈品品牌公司知名度提高，而且更加快速地发展壮大，所有的奢侈品品

---

① 让·诺埃尔·凯费洛，文森特·巴斯蒂安. 奢侈品品牌战略：揭秘世界顶级奢侈品的品牌战略［M］. 北京：机械工业出版社，2014.

牌公司都试图将业务扩展到所有行业，以扩大知名度，增加盈利能力。品牌延伸的做法改变了整个奢侈品行业，奢侈品品牌市场的诞生就是与品牌延伸有关。面对不断扩张的奢侈品品牌市场，奢侈品品牌的管理者普遍采用"发展副线产品"和"延伸产品领域"的方式进行产品延伸，而这两种方式都可以帮助品牌赢得新的消费者。

二、奢侈品品牌延伸的概念与特点

（一）奢侈品品牌延伸的概念

品牌延伸是一门艺术，是将品牌在某一领域的形象和能力延伸到另一领域，或者开发出一系列全新的产品。将已有的品牌用于新的产品或服务，这是奢侈品品牌的主要增长推动力，在最高端奢侈品品牌的商业模式中，这也占据着重要地位，因为其中大部分奢侈品品牌的产品范围都很广，常常包括时尚服饰、配饰、化妆品、箱包、珠宝和手表，偶尔还有手机、滑雪头盔、家具和自行车。如果没有品牌延伸，爱马仕还在制造马具，博柏利还只生产军用防水雨衣。

品牌延伸是指企业利用已经成功卓著的品牌，将品牌要素完全或部分地延伸至其相关的新产品，甚至不相关的行业、领域，以品牌优势快速切入新市场，并节省市场进入的成本（财力、人力、物力和无形资产成本），以此来拓展活动半径，扩大生存空间，强化品牌升值，增强企业活力、生命力，从而达到提高企业整体利润的目的，是产品多元化战略和品牌战略的综合应用。[①] 要理解品牌延伸必须要理解其中的两个要点：第一，品牌延伸是对已有品牌进行延伸，该品牌必须具有一定的知名度，占有一定的市场份额；第二，该品牌被应用到新的产品上。

（二）品牌延伸与品牌拓展的区别

品牌拓展意味着奢侈品集团将自己成功的核心产品战略应用到新的领域，比如卡地亚（Cartier），作为一个著名的珠宝商，在它进行手表领域的拓展延伸的时候，就将它长期积累的珠宝领域的成功策略应用于新产品——手表领域，因此卡地亚手表成功复制了集团珠宝领域的成功。品牌拓展战略意味着奢侈品品牌通过逐渐掌握整个流程来参与并且控制新市场与新产品，比如收购品牌的上游供应商来加强自己对新产品的控制。香奈儿就曾经为了生产5号香水而购买格拉斯的茉莉花田，爱马仕为了丝绸业务收购了里昂的供应商。

品牌延伸是对新产品应用全新的溢价策略，而不采用原来核心产品的奢侈品策略，这种情况一般适用于新领域向金字塔下层拓展的情况。比如说路易威登对高级时装的策略，就没有借鉴它的核心产品——箱包的战略，而是采取了全新的时尚溢价策略，卡地亚和爱马仕对香水的战略也是如此。品牌延伸不像品牌拓展里面奢侈品品牌对新产品的掌控力较强，而是采用了一种松散的模式来维持新产品与母品牌之间的关系。品牌延伸类似于获得基本许可，只要聘请了具有认可度和创造力的设计师，并且有可靠的供应商，就不再需要奢侈品战略的实施。

---

① Keller C. A., Long M. S., Yantosca R. M., Da Silva A. M., Pawson S., Jacob D. J. HEMCO v1.0: A Versatile, ESMF-compliant Component for Calculating Emissions in Atmospheric Models [C]. American Geophysical Union, Fall Meeting, 2014.

品牌拓展和品牌延伸各有利弊，品牌拓展对新产品的控制较强，这种方法可以保证新产品的品质与核心产品的品质一样精致高级，但是需要花费大量的金钱和精力，成本较高。品牌延伸虽然成本较低，但是新产品的质量是不可控的，可能会对母品牌造成反噬作用，风险很大。

品牌延伸和品牌拓展这两种策略的差别很大，但是在普通人的眼里，二者在短期内没有太大的区别，因此，本书中提到的品牌延伸既包括品牌拓展也包括品牌延伸。但是对于管理人员来说，区分这两个概念有非常重要的意义，尤其是对奢侈品品牌延伸的模式至关重要。

世界上大多数奢侈品品牌都不约而同地走上了品牌延伸的道路，在这里列举几个最著名的例子，如表12-1所示。

表 12-1　奢侈品品牌延伸领域

品牌名称	初始领域	延伸领域①
博柏利	军用雨衣（1956年）	高级成衣（1910年）、化妆品（1981年）
卡尔文·克莱恩	高级成衣（1968年）	香水（1985年）、腕表（1998年）
卡地亚	珠宝（1953年）	钟表（1904年）、配饰（1924年）、香水（1938年）
香奈儿	帽子（1910年）	香水（1921年）、珠宝（1929年）、时装（1954年）
迪奥	高级时装（1947年）	珠宝（1998年）、包袋（1999年）
古驰	旅行袋、马具（1921年）	香水（1975年）、成衣（1994年）、手表（1997年）
爱马仕	马具（1837年）	手表（1920年）、丝巾（1937年）、珠宝（1938年）
路易威登	手提箱（1854年）	高级箱包（1892年）、成衣饰品（1990年）
普拉达	行李箱（1913年）	高级女装（1980年）、高级成衣（1989年）
拉尔夫·劳伦	领带（1968年）	香水（1978年）、家居（1983年）、酒店（1999年）
范思哲	时装（1978年）	家具（1993年）、香水（1981年）

（三）品牌延伸的步骤

实施品牌延伸通常有以下四个步骤：②

第一步，战略分析。延伸本身不是结束，在开始之前，有必要问问自己对于品牌的长期想法是什么。这叫作制订"大计划"。然后要比较一系列延伸战略和达到最高点所需要的步骤。做每件事之前，都必须问自己，品牌延伸要从品牌自身借的是什么，最重要的是能还给品牌什么，主要目标是什么（品牌意识、征服、忠实度等）。

第二步，以品牌合理性来源（技术、渠道、历史、文化、品牌理念）为基础，研究延伸战略和战略资源。

第三步，保持与品牌特性的一致性，与品牌所属奢侈程度的一致性。这就是为什么在开始品牌延伸前，应当先进行一项品牌核心分析，以了解品牌的深层内涵，分清品牌特性三棱镜，尤其是要了解品牌的文化层面。这种特性核心是最重要的，但往往被忽视。例

---

① 米苏．奢侈档案［M］．上海：上海科学技术出版社，2010．

② 李晓鸿．如何实施成功的品牌延伸战略［J］．营销顾问，2004（11）：132-133．

如，什么是莲娜丽姿（Nina Ricci）的深层特性？这一深层特性一直伴随着品牌，藏在命运三女神标志后面，藏在大卫·汉密尔顿著名组图中模糊身影后面。

品牌必须在品牌延伸中注入自己的灵魂，尊重品牌的特性非常重要。出于商业原因，已经有太多的品牌想要柔化系列外套品牌棱角，希望借此赢得更多客户，提高销售额，这是错误的。品牌就是品牌，毕加索香水（Paloma Picasso）就是生动、鲜红的品牌，有着强烈的西班牙色彩，没有必要为了吸引亚洲客户而推出味道更淡的香水。

第四步，风险评估。一切都在于实现，奢侈品市场比其他市场更甚。因此要进行SWOT分析（优势、劣势、机会、威胁）。每一次品牌延伸可能失败也可能成功。更严重的是，在奢侈品市场，借用品牌资本很可能创造不了任何回报。品牌延伸往往伴随着减少对创新、制造、销售和沟通的控制，因此会脱离奢侈品商业模式。

（四）奢侈品品牌延伸的特点

从上述品牌延伸的基本步骤中，本书总结了几个奢侈品品牌延伸的特点。

（1）品牌延伸的复杂性，品牌延伸需要投入大量的金钱和精力，需要良好的计划与战略。

（2）品牌延伸的合理性，强调品牌风格的一致性。如果品牌延伸想要获得成功，奢侈品品牌公司要遵循一个基本准则：每种品牌都必须要有自己精通的领域，这是它的核心也是它延伸的基础，品牌延伸也必须与该领域所需的技术相同或相似，使消费者不会产生延伸产品与核心产品的疏离感。此外，与大众消费品不同，奢侈品品牌的扩张是没有边界的。奢侈品品牌延伸不必严格地要求原来的领域与目标领域的技术相同，只要延伸品牌所含的内在含义与理念是一致的，那么品牌延伸也能获得成功。

（3）品牌延伸的风险性，品牌延伸要找对时机和方式，否则会给品牌带来极大的风险。奢侈品属于稀缺品，面对的是小众市场，并且旨在营造小众市场的神秘感和高级感，以此来区分大众消费市场和奢侈品品牌产品市场，增加其内在附加值。品牌延伸会使奢侈品品牌的产品数量过多，造成奢侈品品牌的普通化。如果奢侈品广泛地出现在街头，会使品牌过度曝光，奢侈品品牌产品的内在价值降低，最终会悲惨地脱离奢侈品品牌的范畴。1982年，派克公司推出了每支售价仅为3美元的钢笔，这一策略不仅没有使派克公司打入其预想中的低端笔市场，反而丧失了部分高端笔市场，严重危害了其母品牌的形象。而运用相似品牌延伸策略的宝洁公司的非奢侈品品牌飘柔，却取得了成功。相对于大众消费品而言，奢侈品品牌延伸是很危险的，奢侈品品牌经理必须精准地把握延伸的程度与界限。因此，我们有必要对奢侈品品牌延伸进行一个专门的研究，包括其概念、模式及其战略。

第二节　奢侈品品牌延伸模式

当今奢侈品品牌产品市场中，很多品牌都是通过品牌延伸而发展壮大的。古驰（Gucci）、菲拉格慕（Ferragamo）是从之前优质的皮革公司转变为生产鞋类，进而转变为高级成衣的，现在我们耳熟能详的古驰产品，不仅有皮包还有高档服饰。品牌延伸提高了品牌的知名度，也加大了企业的利润空间，尤其是全球化的浪潮将新兴发展中国家也卷入进来，许多奢侈品品牌都想要跳出当地经营的局限，而将业务范围拓展至新兴大国乃至全球时，品牌延伸便成了众多奢侈品品牌管理者眼中进行市场扩张的法宝。那么，是否所有的品牌都是遵循着相同的模式进行延伸的呢？当然不是。品牌延伸主要有两种模式：垂直式延伸和水平式延伸。①

一、垂直式延伸

（一）定义及延伸方式

垂直式延伸是通过发展副线产品降低绝对价格，在优势一线品牌之外发展第二线乃至第三线品牌，价格逐渐降低，以达到平民化的效果，吸引广大的消费者，这种方式我们叫作垂直延伸②。例如，杜嘉班纳（Dolce & Gabbana）在自己的成衣品牌之外创建了D&G，阿玛尼（Armani）创建了阿玛尼牛仔、阿玛尼休闲以及安普里奥·阿玛尼（Emporio Armani），面临的客户层次呈现出多样性，扩大了市场盈利能力。

相反，意大利的奢侈品品牌采取了垂直延伸的策略，创造了很多品牌和副线品牌：阿玛尼有一系列的价格，从高到低为：Armani Prve、Giorgio Armani、Armani Collezione（还有在线销售），一直到年轻的Emporio Armani，或者休闲AX以及Armani牛仔裤。阿玛尼有六个副线品牌，每个品牌都有自己的价格点、经销商和竞争者。这种分散的、金字塔似的模型使得品牌能够在不同的商业和城市环境，通常是在分块商店中（Corbellini、Saviolo，2009）以不同的价位销售时下流行的服饰，进而极大地促进销售。

垂直方向包括向上和向下的延伸③。向上的延伸是一种正向的延伸，有助于维持奢侈品品牌至高无上的梦想与传奇，但是这种延伸方式会花费大量的精力和资金；向下的延伸是更多奢侈品品牌所经常考虑的延伸方式，因为这种方式可以提高品牌的知名度、扩大品牌的市场份额、增加短期盈利，可是长期来看，向下的延伸若是不好好管理，就会给品牌造成难以承受的灾难性影响。如果遵循金字塔模型的品牌延伸战略能够得到更好的设计和管理，那么它就会成为品牌蓬勃发展的促进剂，相反，如果过度使用向下模式，而放弃了质量和创造力，那么它就是摧毁品牌的一剂毒药。

（二）金字塔模型

垂直延伸可以用金字塔模型表示，如图12-1所示，品牌可以向下发展，也可以向上发展。很多的高级女装品牌就是典型的向下发展的例子，比如阿玛尼最顶端的高级成衣Armani Prive，就是纯粹地创造独特、昂贵的高级女装系列；阿玛尼与爱马仕竞争，是小型系列独特系成衣品牌；Emporio Armani 与 D&G 处于同一档次，阿玛尼牛仔与迪赛（Diesel）处于同一档次，设在美国的 Armani Exchange 则是最低档次，与 H&M 竞争市场……这些品牌虽然也是阿玛尼，但它们已经是通过许可的方式批量生产的较大系列，设

---

① 布朗卡特. 奢侈品之路：顶级奢侈品品牌战略与管理［M］. 谢绮红译. 北京：机械工业出版社，2016.

② Keller K. L. , Aaker D. A. The Effects of Sequential Introduction of Brand Extensions［J］. Mark. Res. , 1992, 29（1）: 35-50.

③ 让·诺埃尔·凯费洛，文森特·巴斯蒂安. 奢侈品品牌战略：揭秘世界顶级奢侈品的品牌战略［M］. 北京：机械工业出版社，2014.

计创造性下降，在设计上更追求时尚以满足更多消费者的需求，通过广告等市场营销方式来扩大市场以获得更多利润，这种模式已经像是转向大众消费领域了。

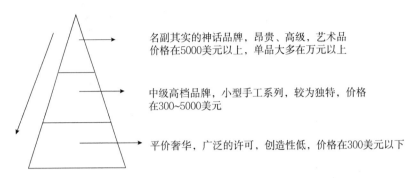

名副其实的神话品牌，昂贵、高级，艺术品
价格在5000美元以上，单品大多在万元以上

中级高档品牌，小型手工系列，较为独特，价格
在300~5000美元

平价奢华，广泛的许可，创造性低，价格在300美元以下

图 12-1　金字塔模型

资料来源：米歇尔·舍瓦利耶，热拉尔德·马扎罗夫.奢侈品品牌管理［M］.卢晓译.上海：格致出版社，2015.

（三）典例

金字塔模型最典型的就是高级时装行业，高级成衣作坊对其提供的产品进行了分级，处于金字塔顶端的是最高级的手工定制服饰，数量稀少甚至有些产品是世界上独一无二的，它们价格昂贵又承载着品牌的梦想与个性，它们是最具创造力的艺术品。再往下是小型手工系列，这一层次是有选择性的分销，也有固定的顾客市场和标签。高档系列处于小型手工系列之下，属于小型手工系列扩充，比小型手工系列有着更广泛的分销系统。处于金字塔最底层的是廉价而亲民的生产线产品，这些品牌中产品数量较多，质量相对较差，创造性最低，有着最广泛的分销体系，主要目的在于快速盈利。金字塔中的产品也可以分成很多类型，上层的有高级时装与成衣生产线、时尚首饰、腕表等，下层的有眼镜、香水、化妆品等。各品牌遵循不同的金字塔模型，如图 12-2 所示。

尽管我们统一地将这种向上或者向下延伸的模式称作金字塔模式，但不同的奢侈品品牌在采用金字塔模式的时候略有差异。我们会分析几个主要奢侈品品牌在延伸的时候所采用的模型，包括路易威登、香奈儿、劳力士、皮尔·卡丹、迪奥、圣罗兰以及阿玛尼，借助这几个品牌使大家对金字塔模型的具体应用有一个更加深刻的了解。

香奈儿就选择了将所有的产品都留在金字塔的顶端[①]，不仅顶端的高级时装领域属于奢侈品，而且品牌的每一个延伸领域都属于奢侈品领域，比如说香奈儿的手袋和配饰价格也十分昂贵，但是香奈儿的眼镜和 T 恤是例外，是由多家经销商销售的非高端品牌。香奈儿是一个非常有趣的例子，因为它在维持自己奢侈品梦想、保持高端的同时还赚取了高额的利润。香奈儿的金字塔模式不是降序排列的，而是并立的许多迷你金字塔，这些金字塔很难在质量和价格上依次递减。

但是很多品牌选择了和香奈儿不同的道路，比如迪奥。虽然迪奥的高级时装也在奢侈品的顶端，但是它的延伸却向着平民化的产品发展[②]。迪奥的金字塔模式的特点是在约

---

① 布朗卡特.奢侈品之路：顶级奢侈品品牌战略与管理［M］.谢绮红译.北京：机械工业出版社，2016.
② 陈星星.奢侈的理由：每个时尚大牌都有很多传奇［M］.北京：社会科学文献出版社，2014.

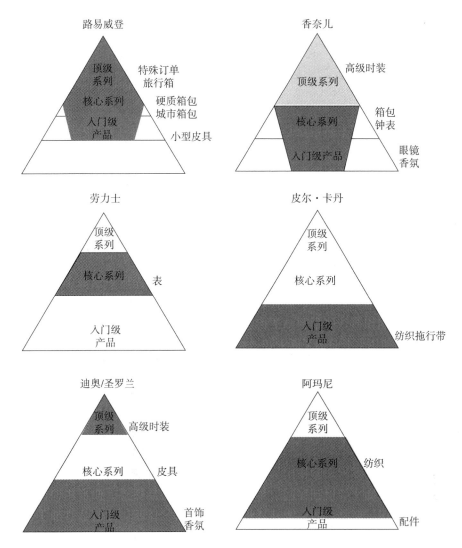

图 12-2　各品牌遵循不同的金字塔模型

资料来源：让·诺埃尔·凯费洛，文森特·巴斯蒂安. 奢侈品品牌战略：揭秘世界顶级奢侈品的品牌战略［M］. 北京：机械工业出版社，2014.

翰·加利亚诺的带领下创造性地一跃至金字塔的顶端，在迪奥的金字塔里面处于中层的小型手工系列（珠宝、奢侈成品鞋）占比较小，其主要的销售额集中在金字塔的两端，尤其是低端的平价奢侈，迪奥的首饰生产是平价奢侈里面最重要的一部分，首饰的生产通常被外包给其他公司。

　　正如前文提到的，阿玛尼是品牌延伸中最有名的例子之一。阿玛尼的发展迎合了很多不同层次消费者的品牌，比如说处于金字塔顶端的阿玛尼高定、低调的中级品牌乔治·阿玛尼，着眼于年轻人的爱慕普里奥·阿玛尼，以及偏低端的休闲类阿玛尼牛仔。阿玛尼的每一条品牌线都有自己的时装店，以避免混淆客户；每一条线都有自己品牌特色的配饰，比如相应风格的手表、皮具和鞋子，线下还有在多品牌商店售卖的散线，比如说眼镜、化妆品和香水等。

皮尔·卡丹将自己的业务领域几乎都留在了金字塔底部[①]。品牌气质主要在于对昔日时代的记忆，当时皮尔·卡丹还是顶级设计师，至今在全球范围内拥有高度的顾客辨识度。

二、水平式延伸

（一）定义及延伸方式

水平式延伸是平行延伸而不改变价格水平，也就是延伸产品领域[②]。水平延伸是指把公司既有的品牌直接用到与原产品类别相似或无关的创新产品上，包括产品线延伸（Line Extension）和特权延伸（Franchise Extension）。产品线延伸指将母品牌运用到与原产品同类但针对细分市场开发的新产品上，与原产品的相似度较高，延伸距离近，又称为近延伸。特权延伸则是将品牌运用到与母产品类别完全无关的产品上（Tauber，1981），因为延伸距离远，又称为远延伸。

法国的品牌采用了水平延伸的方式以拓展业务领域，这些奢侈品品牌通过选择直营店来促进品牌延伸，它们都比较小心谨慎，延伸的前提条件是具有合理性、创造性。例如，香奈儿在自己的瑞士工厂中生产手表，爱马仕拥有生产香水的工厂。所有品牌都在自己的品牌商店中销售自己的产品（香水和护肤品是例外，通常在如道格拉斯或丝芙兰等多品牌商店或免税店销售），通过采取与核心品牌相似的战略来确保品牌的高品质，维持品牌的奢侈品地位。

（二）星系模型

星系模型如图 12-3 所示。

品牌精神

图 12-3　星系模型

资料来源：让·诺埃尔·凯费洛，文森特·巴斯蒂安. 奢侈品品牌战略：揭秘世界顶级奢侈品的品牌战略 ［M］. 北京：机械工业出版社，2014.

拓展产品领域的水平延伸用星系模型来形容比较贴切。星系模型始终围绕着一个中心转动，这个中心就是品牌精神。奢侈品品牌是由人创立的，品牌中蕴含着创始人的性格与

---

① 陈星星. 奢侈的理由：每个时尚大牌都有很多传奇 ［M］. 北京：社会科学文献出版社，2014.

② Sheinin D. A.，Schmitt B. H. Extending Brands with New Product Concepts：The Role of Category Attribute Congruity，Brand Affect，and Brand Breadth ［J］. Bus. Res.，1994，31（1）：1-10.

个人魅力，在创始人过世之后，这种品牌精神也能继续传承下去，一直影响着整个社会对于品牌的态度。品牌所有的延伸都应该以这个中心作为基础，在品牌精神的指引下进行延伸。

在星系模式里面，所有的品牌都处于平等的地位，延伸品牌必须和核心品牌具备相同的创造力和高等品质，因为延伸品牌也代表着品牌的一个侧面，都从不同的方面体现着品牌创始人以及品牌传承人向社会传递的品牌理念。

（三）典型案例

拉尔夫·劳伦（Ralph Lauren）曾经被称作"星系"模型（Sicard，2006），是每次人们讲到星系模型必谈的例子。拉尔夫·劳伦是时装界"美国经典"品牌。拉尔夫·劳伦是有着浓浓美国气息的高品位时装品牌，款式高度风格化。除高级时装外，拉尔夫·劳伦品牌还包括配饰、香水、化妆品、绘画、咖啡屋、饭店、童装、家居等产品。拉尔夫·劳伦勾勒出的是一个美国梦：漫漫草坪、晶莹古董、名马宝驹，它的产品无论是服装还是家具，无论是香水还是器皿，都迎合了顾客对上层社会完美生活的向往。

拉尔夫·劳伦分割成了很多高度连贯的子品牌，每个子品牌都根据不同用途、场合能够提供一整个系列的产品，例如，拉尔夫·劳伦不仅有很多成衣生产线，其旗下也拥有很多其他领域的品牌，如首饰品牌、RL亚麻家居服、RL家具、RL油漆。而仅仅是它的成衣领域，就可以通过不同着装场合来区分为不同姊妹生产线：正式着装、星期五着装、休闲着装、运动着装、俱乐部着装等。Polo线是休闲的运动装、紫标系列满足更正式场合的需求。虽然品牌众多，但是每一件拉尔夫·劳伦的产品都能够将消费者引入其品牌领域。

拉尔夫·劳伦为什么能够生产多种品牌的产品，而没有让消费者产生各种不同品牌之间的疏离感呢？星系商业模式也依赖于单一人物的才华和人物魅力，这正如星系由不同独立的行星体系构成，只通过中心黑洞的引力集中在一起。拉尔夫·劳伦曾经说过："我设计的目的就是去实现人们心目中的美梦——可以想象到的最好现实。"他的品牌历史像一部电影，他的故事十分真实，俨然是"美国梦"的化身。

从其家庭背景而言，几乎与服装毫无关联。然而，拉尔夫·劳伦对于服装的敏锐度，可以说是与生俱来的，从小便自己玩衣裳拼接游戏，将军装与牛仔服饰合而为一，让衣服有其背后的故事性。除了惊人的天赋，拉尔夫·劳伦也十分努力。每当下课放学，所有的小孩都是出去玩乐嬉戏，拉尔夫·劳伦却是不停地打工，为的就是可购买自己心爱的衣裳，同时不断培养自己对服装的兴趣，以期日后能朝服装界发展。并非时装设计科班出身的拉尔夫·劳伦，踏进时尚领域的第一份工作是波士顿地区的一个领带销售员。日后，拉尔夫·劳伦凭借他的天赋与努力，创设美国极具领导性的休闲品牌，创建一个属于他个人的时尚王国。拉尔夫·劳伦星系模型如图12-4所示。

这个时尚王国里面的每一件商品都充盈着拉尔夫·劳伦白手起家的奋斗史，也彰显着属于每一个人的"美国梦"。拉尔夫·劳伦也曾说过："其他设计师有品位，而我有梦想。"他的天赋在于与很多人分享自己的梦想。

拉尔夫·劳伦的经营范围虽然无所不包，但是他所有的产品都包含着他个人独特个性的印记，它们的设计理念都一致地描绘出美国精英的生活。21世纪初长达40年的英美上层社会生活、荒野的西部、旧时的电影、20世纪30年代的棒球运动员以及旧时富豪都是他设计灵感的源泉。一直专注塑造心目中融合了西部拓荒、印第安文化、昔日好莱坞情怀

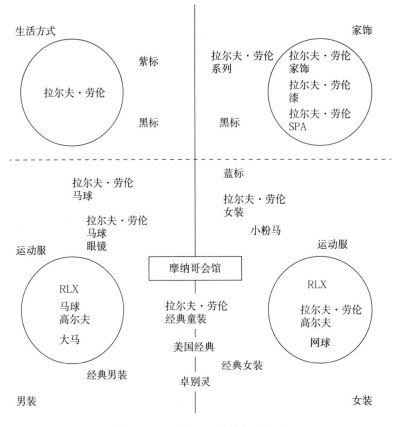

图 12-4 拉尔夫·劳伦星系模型

资料来源：让·诺埃尔·凯费洛，文森特·巴斯蒂安. 奢侈品品牌战略：揭秘世界顶级奢侈品的品牌战略［M］.北京：机械工业出版社，2014.

的"美国风格"的拉尔夫·劳伦，最后甚至被杂志媒体封为代表"美国经典"的设计师。无论品牌如何更新，拉尔夫·劳伦的服装，永远流露出一股自由舒适而华贵内敛的气息。

拉尔夫·劳伦的成功之处在于他把每个品牌的产品都用一个统一的理念连接起来，从而打造了一个共同主题的奢侈品品牌体系，并且将这个体系升华成一种生活方式和生活态度。这种生活方式能够适应每天、每周的不同时间，适应不同的使用场合和情境，使消费者不管处于什么环境和场合，都能够用拉尔夫·劳伦来展现自己的独特气质。

三、金字塔模型和星系模型的比较

（一）金字塔模型的优势与风险

金字塔模型对于许多品牌而言是一个很大的诱惑。副线产品因为工业化大批量生产而形成规模经济，降低了成本，但是副线产品被笼罩在奢侈品强大的品牌光环之下，品牌效应使它们售价较高，这就大大地提高了品牌的销售额和利润。一般而言，奢侈品手袋和香水的毛利大约能达到75%。

金字塔模式不仅对品牌商自身有利，还能给消费者带来满足感。金字塔模型的延伸方式使开设品牌商店成为可能，这个品牌商店可能包含品牌下的所有领域。首先，对于高层次的消费者而言，他们可以在同一家品牌店购置各式各样的产品，可供选择的产品种类变多了，产品的多样性可能会对消费者产生吸引力。一个消费者可能是因为购买一件衣服而走入商店，但离开的时候，其可能会"全副武装"，皮包、香水、配饰等一次性配齐，并且可以保证风格的一致性。其次，对于低层次的消费者而言，当企业沿着金字塔模式向下进行品牌延伸的时候，原本在经济上不具备条件的中层消费者也可以购买得起该延伸产品，从而享受偶尔的奢侈带来的愉悦感。

这个过程对于品牌商和消费者来说是相辅相成的，消费者获得了享受奢侈品的权利，而消费者的购买也可以扩大产品的知名度，增加品牌商的利润额。

虽然金字塔模型可以为消费者和品牌商带来利益，但是金字塔模型的风险是相当大的，当经营者在采用金字塔模型的时候，可能一不小心就会从奢侈品的魅力天堂跌落到大众消费的领域，将品牌的梦想幻灭，品牌数百年来的沉淀与积累也会毁于一旦。[①]

金字塔的风险主要来源于以下两条途径[②]：

第一，品牌远离金字塔顶层时产生的创意稀释。处于金字塔顶层的产品通常充满创造力，它们是设计师梦想的化身，是艺术本身，引导着大众对美的理解；而处于金字塔下层的产品通常是创造力较低的产品，它们是大批量生产线上的产物。向下延伸必然会产生创造力的稀释，但是不同的品牌会采取不同的延伸策略来应对创造力稀释的程度。一旦失去了创造力，那么品牌就会失去对消费者的影响力，在消费者的心里失去权威，甚至永远地离开奢侈品领域。

第二，底层产品的反噬影响。来自底层产品的影响是由于一些底层产品一般会在短时间内赢得大量利润，这就使一些急功近利的奢侈品经营管理者为了赚取高额利润，而大量生产这种底层产品。这种延伸方式对于品牌的财务稳定的贡献是毫无疑问的，往往对公司的经济增长至关重要，尤其是对于经营不善、急需盈利来扭转情况的奢侈品品牌来说，但是这种大量营销的方式是极其脆弱的，急功近利的经营者会被高利润的表面所蒙蔽，他们会把所有的底层高利润产品贴上品牌的高贵标签，当消费者察觉这些产品虽然有着高贵的名号，但其实际质量并不能达到高端的要求，这时消费者就会选择反抗，并将这个品牌剔除到奢侈品的行列之外。

(二) 星系模型的优势与风险

星系模型的优点在于这种模型可以保证品牌中每一个部分都隶属于奢侈品的领域，这样就可以维持奢侈品品牌的梦想和价值。对于消费者来说，星系模型的每一件产品都意味着高档和独特，每一件产品都能给予他们一种与众不同的享受感。这意味着星系模式下，奢侈品不会有被低档产品降低价值的风险。星系模式使每一件产品都用自己独特的方式向消费者诉说着品牌故事，这本身对于品牌来说就是一种品牌价值观的宣传，有助于消费者更全面地理解奢侈品品牌。

星系模式的风险在于，品牌依赖单一人物的个人魅力维持和发展，这就要保证这个人

---

① Shin H., Eastman J. K., Mothersbaugh D. The Effect of a Limited-edition Offer Following Brand Dilution on Consumer Attitudes toward a Luxury Brand [J]. Journal of Retailing & Consumer Service, 2017 (38): 59-70.
② 尹文珺. 奢侈品品牌在品牌延伸时遭遇的问题浅析 [J]. 市场透视, 2001 (27): 6-8.

物随着年龄增长而必须持续保持自身难以模仿、难以逾越的特点，否则一切都会被打散。甚至像皮尔·卡丹这样才华超群的人也不能够将其品牌维持在较高水平，来保持其星系模型里面的各个品牌处于奢侈品范围之内。如今，没有人，或者说几乎没有人认同皮尔·卡丹的梦想，而且他也不再试图传达这个梦想。当灵魂设计师去世之后，品牌的梦想是否真的能生存下来？品牌的一致性是否能够得到继承人的维护？如果继承人开发了新的策略，消费者是否会由于对品牌产生陌生感而从此疏离该品牌？因此，设计师风格的一致性对于星系模型下的品牌延伸产生巨大的影响。

（三）金字塔模型与星系模型的异同点

星系模型与金字塔模型在经济上存在共同点，就是每个品牌的管理者和设计师都希望通过延伸产品而使品牌发展壮大，创造更多的盈利、产生更大的影响力。扩张对于每一个奢侈品品牌来说，都有着非常重要的意义。但是星系模型和金字塔模型有着本质区别，主要体现在以下方面：

第一，金字塔模型中我们处理的是奢侈品品牌垂直延伸的问题，通常情况下，奢侈品品牌选择向下延伸，从而以奢侈品品牌的名头销售非奢侈品。但是在星系模式中，只要设计师始终散发个人魅力，那么即使设计师设计的产品不涉及奢侈品行业（如家具），但是这些产品也会因为设计师的个人才能而被世人视为奢侈品领域。如果所有产品被设计师合法化地作为其品牌领域的一部分，那么所有此类品牌的产品对于那些渴望品牌的人来说可以是奢侈品。这很快便与盲目崇拜挂钩。拉尔夫·劳伦甚至销售他自己使用过的家具，这在他的"粉丝"中便成为了奢侈品。因此，星系模式所有的延伸产品都是浸染着设计师独特魅力的奢侈品，而金字塔模式销售的产品不一定都属于奢侈品。

第二，这两种模式在运行上也有着很大不同：金字塔模式中的顶级产品、手工作坊的小规模系列和处于底部的大规模系列之间有着清晰的等级划分，但星系模式则平等对待所有产品，每样产品都以同样的方式表达品牌梦想，所有产品代表着品牌的一个侧面，从而整体地构成了品牌在大众眼中的不同形象。

第三，两种模型的品牌一致性的表达方式也不一样。在金字塔模式里，所有的产品都被要求在同一处销售，以此来保证品牌延伸的一致性。与金字塔模式不同，星系模式并没有先天地就排除任何产品，也不要求产品在同样的地点销售，以此来展示品牌统一性。星系模型使产品产生的梦想和其内在理念来影响客户，所以在星系模型下，仅仅依靠设计师的个人魅力就可保证品牌统一性。

第三节　奢侈品品牌延伸的影响因素

理论上来说，奢侈品品牌应该具有很强的品牌延伸力，然而一份研究报告显示，在全世界的奢侈品品牌中，有90%以上的奢侈品品牌都进行了品牌延伸或品牌的产品线延伸，可是幸存者仅有10%，其余90%都延伸失败，误入雷区。例如，法国品牌皮尔·卡丹（Pierre Cardin），其产品种类有女装、男装、鞋袜、皮具、衬衣、香水、巧克力、饭店等，其品牌延伸的某些领域之间的关联性很低，结果导致其品质和品牌管理能力失控，品牌稀释严重。到底是什么因素决定了奢侈品品牌延伸的成败呢？这就是这一节要讲的内容。

一、成功因素

之前已经用大量的篇幅介绍品牌延伸，其中不仅介绍快速消费品，当然也有对奢侈品品牌延伸的研究，即使是大众消费品品牌延伸的成功要素也对奢侈品品牌有着非常重要的借鉴意义。接下来，本节将从消费者角度和奢侈品品牌角度分别介绍与奢侈品品牌延伸相关的因素，如表 12-2 所示。

表 12-2　奢侈品品牌延伸的影响因素

从消费者角度出发	从品牌角度出发
母品牌在消费者心中的地位	历史是否悠久
消费者能否合理联想该延伸	品牌文化是否独特而深厚
消费者对品牌生产延伸产品能力的判断	品牌的运营质量

（一）消费者角度

从消费者的角度来分析品牌延伸成功的条件，品牌延伸最终成功与否是由消费者对延伸产品的期望与延伸产品本身的差距大小决定的。一个顾客如何看待贴有他所喜欢的品牌的新产品，与他心目中所形成的该品牌概念、品牌联想等有关。所以企业在品牌延伸前必须要充分考虑消费者的接受能力和认可程度。这是进行品牌延伸的一个必要条件。忽略消费者感受的品牌延伸，终将会使其品牌受到极为不利的影响。一般而言，消费者对品牌延伸的认可取决于以下几个方面。

1. 母品牌在消费者心目中的地位已经确立

消费者对母品牌的品牌忠诚度的确立是品牌延伸的前提。品牌忠诚度是测量消费者对所用品牌的依恋程度，或转向竞争品牌的可能性。而品牌延伸的根本目的就是获得由母品牌的知名度和美誉度的光环所带来的"晕轮效应"，借助已有品牌的声誉和影响迅速向市场推出新产品。品牌在消费者和社会公众心目中的实力和形象（如对品牌其他产品是否满意、质量是否可靠、是否值得信赖）会在很大程度上影响消费者是否愿意接受延伸产品。[1] 消费者是根据对品牌的认识和信任以及延伸产品与品牌的相关性即消费者认为品牌有能力来生产延伸产品这两点来决定是否接受新产品。因此母品牌只有具备一定的实力并建立起良好的信誉，延伸产品才会有成功的机会。[2]

此外，对品牌声誉有杰出贡献的核心产品绝不能用来做产品延伸，品牌的核心要受到保护。换句话说，如果品牌延伸速度过快，超过了品牌基因的发展，就非常危险。品牌连接和连贯是实现延伸成功的条件，这也规定了品牌延伸和基本品牌所体现的价值相融合的程度。例如，卡地亚（Cartier）延伸到高级珠宝的举动符合它的基本产品列表，其中包括

---

① Hoeffler S. , Keller K. L. Building Brand Equity through Corporate Societal Marketing［J］. Journal of Public Policy & Marketing, 2002, 21（1）: 78-89.

② Sharon W. Consumer Attitudes towards Product Extension in Children, Clothing Brand-Chickeeduck［Z］.

奢侈手表和戒指。卡地亚的顾客很轻松就可以将手表和珠宝联系在一起，因此珠宝和手表之间密切的联系也帮助卡地亚开创了利润丰厚的珠宝事业（见图12-5）。

图12-5 卡地亚从珠宝延伸到手表

资料来源：卡地亚官网。

2. 在消费者视角下延伸产品与母品牌的较高相似性

延伸战略分类所需的第二个变量是与原核心产品有多相似。[①] 相似性是指延伸品牌与核心产品品牌之间的某种关联性、契合度和匹配度。美国市场营销学专家 Aaker（1990）和 Keller（1992）的研究证实，只有当两个产品被消费者视为具有关联性，即在共通的场合同时被消费者使用，或者与原产品开发相联系的技术、技能、知识等有助于延伸产品的制造和生产，品牌延伸才会得到认同，否则将难以被消费者接受。如果相似性大，延伸产品对原有品牌能起到连续感知的作用，使消费者产生良性联想，品牌认知就得到强化，品牌延伸成功的可能性大。

如果延伸产品所释放出的信息不能得到消费者的合理联想，甚至产生不良联想时，品牌延伸成功的可能性小，并且还会模糊母品牌的定位。具体来说，相似性包括以下几个方面：①共同的主要成分：品牌延伸有共同的主要成分的目的是将新产品预先与品牌产品的好印象连接起来，达到事半功倍的效果。②相同的销售渠道，相同的消费群。③技术上密切相关，质量档次相当。技术上的相关度不高，容易使消费者对产品的质量产生怀疑。④品牌延伸还可以超过有形的相似，探索品牌无形的品质。

在无形的品牌理念方面一致，这是奢侈品品牌延伸领域独有的相似性来源。因为奢侈品品牌本身就是一种梦想和理念的化身，只要延伸产品能维持这个高贵华丽的梦，延续品牌神话，那么品牌延伸也是成功的。梵克雅宝（Van Cleef & Arpels）的第一款香水叫作"初遇"，因为这是第一次由珠宝品牌生产香水。这个名字还突出了这一位于旺多姆广场的珠宝品牌的杰出地位。但是莲娜丽姿（Nina Ricci）延伸到餐具领域就不合理，因为莲娜丽姿的深层内涵是命运三女神，象征着女性特质，这一点就足以排除延伸到餐具的可能。

总之，为了保持品牌凝聚力，第一次品牌延伸往往不超出原有领域。莱俪（Lalique）从原有的水晶工艺和艺术装饰延伸到花瓶、餐桌物品、服装饰物、袖扣等，巴卡拉（Baccarat）制造水晶珠宝时也未脱离核心领域。汽车和IT，法拉利（Ferrari）和电脑之间也有

---

① Czellar S. Consumer Attitude toward Brand Extensions: An Integrative Model and Research Propositions [J]. International Journal of Research in Marketing, 2003, 20 (1): 97-115.

着联系，法拉利"粉丝"可能会想要在打开电脑时看到法拉利的颜色和汽车声，甚至一段汽车表演，但是这都象征着法拉利斯库迪利亚跑车的机械性能。因此我们需要讨论一下传统领域以外的品牌延伸，更接近于纯粹的品牌化，甚至商标化。

3. 消费者对企业生产延伸产品能力的判断

第三个变量是奢侈品品牌延伸产品的品质保证。品牌延伸后，消费者会对延伸产品的特性、工艺，以及管理能力与原品牌的特点进行比较，做出评价，如果评价认为延伸是合理的，消费者就可能会接受延伸产品；否则就会拒绝。因此，奢侈品品牌在进行延伸的时候，一定要确保延伸产品的品质和创造性。质量下降的后果对于奢侈品品牌来说是难以承受的，很可能品牌会因为失败的延伸产品而脱离奢侈品领域。如果香奈儿批量生产 T 恤，即便价格昂贵，也无从谈"香奈儿"的特性。有一些奢侈品品牌延伸脱离了奢侈品范围，甚至都算不上高档品。

各个影响因素之间相互依存、密不可分。实施品牌延伸战略的管理者一定要综合考虑各种因素，找准时机，实施可靠的延伸战略，同时关注消费者的态度、消费者满意度与忠诚度的变化，注重品牌资产的价值。

（二）奢侈品品牌角度

对于奢侈品品牌来说，有三个因素至关重要：品牌历史、品牌文化和运营质量[①]。

（1）品牌历史。一般而言，合理的品牌延伸要么和受社会认可的精湛工艺相关，要么和无形的品牌理念相联系，但是奢侈品品牌延伸可以通过其他方式实现合理化，其中之一就是品牌历史。例如，巴卡拉在发布珠宝产品时引用品牌历史，这一方法从一开始就存在。另外，巴卡拉还延伸到豪华度假酒店，这是源于品牌的"梦想生活"理念。水晶是品牌的代表，象征着更加优雅的生活方式，其中就包括在豪华宫殿受到热情款待。巴卡拉品牌还象征着一种亲密、稀有、纯粹、珍贵的品质，这种向酒店业的延伸利用了水晶品牌的文化内通。

（2）品牌文化。品牌只有经济能力或者技术能力是不够的，文化在各个方面都不可或缺。这就是为什么授权许可经营会伤害品牌，因为被授权公司很难和授权公司分享同样的文化，分享文化远远不只是尊重品牌平台、核心价值。

（3）运营质量。品牌在进行延伸的时候，不仅要考虑延伸产品质量，还要考虑一系列配套环节，包括延伸产品营销支持、渠道成员支持、市场格局及延伸产品目标顾客因素[②]。延伸产品营销支持是指企业对延伸产品的营销支持越大，延伸产品成功的可能性越高。渠道成员对延伸品牌的支持，也将提高延伸成功可能性。目标顾客因素相对而言稍微复杂，目标顾客对延伸产品的知识掌握越少、多样化倾向越低、创新性要求越高，延伸产品成功的可能性越高。

从奢侈品品牌角度出发，除了品牌历史、品牌文化和运营质量三个重要的因素外，还有其他的很多因素与品牌延伸的成败有关，比如品牌的性质、无形资产的数量。Kapferer 在有关文献中提出过一个观点：一个品牌的无形资产越多，就可以进行越多的延伸。奢侈品应该和艺术紧密联系，因为这些奢侈品可以以风格为卖点，而风格可以应用于很多不同

[①] 朱桦，黄宇. 当代国际奢侈品产业探析 ［M］. 上海：上海人民出版社，2012.

[②] 丹尼尔·兰格，奥利弗·海尔. 奢侈品营销与管理 ［M］. 潘盛聪译. 北京：中国人民大学出版社，2017.

的产品种类。品牌享乐性越高，越容易延伸（Hagtvedt，2009）。实用型商品与其实用功能息息相关，只有在遵从实用性的前提下才能够进行品牌扩展（如宝洁公司 Mr Clean Car Wash 的汽车美容业务、Easycar 的汽车租赁业务）。而奢侈品品牌销售的则是多感官享乐体验和引人入胜的标志性品牌领域。正因如此，阿玛尼才进军酒店。奢侈品品牌传达的是对享乐和品位的激情。

二、风险因素

品牌延伸可以获得成功，但意味着脱离原有工艺、历史，脱离最初作为受人尊敬的工匠的名望来源，而寻找另一种作为艺术家的名望。而且品牌延伸对于奢侈品品牌来说往往利润不高，品牌延伸往往规模太小，要求太高，成本太高。此外，品牌延伸从短期来看是一种很好的经营策略，但从长期来看很有可能严重影响品牌形象。品牌延伸主要有以下五种风险。

（一）品牌延伸会破坏奢侈品的距离感

品牌延伸最大的风险就是会破坏奢侈品本身的精髓：创造距离。一般而言，真正的奢侈品品牌战略应该是创造与消费者之间的距离，这些品牌是很少使用延伸战略的，它们往往遵循从金字塔顶盈利的商业模式。但是在实际情况中，进行品牌延伸是由于商业模式从金字塔底部盈利，而不是从金字塔顶部。

是什么因素导致品牌容易面临这一风险？

首先，削弱品牌创新性是品牌延伸的最大挑战。短期经济效应越明显，品牌的档次越低。[①] 这个风险是无法避免的吗？不是。产品延伸战略的执行质量，对奢侈品基本元素的考虑以及创造性的管理都是决定性因素。在之前案例中，本书也提到过阿玛尼，它们有一系列从高到低的价格线产品，从高级的阿玛尼高定，到年轻的阿玛尼牛仔系列，其每一个系列的价格不高，即使是位于金字塔最底层的阿玛尼牛仔也有着傲人的价格，并且阿玛尼的每一系列都极具创意，甚至可以说低价格系列比高价格系列还要有创意，反映出乔治·阿玛尼本人的服装哲学：柔软的质地、创新性的材料研究、简约的风格、纯粹的线条和严谨的态度，并完美地融合到了商务领域，如图 12-6 所示。

其次，降低价格也会减少一个品牌的距离感。奢侈品就是通过高价来编织品牌的梦想，消费者也是通过奢侈品品牌的高价来彰显自己的与众不同，一旦高价被破坏，对于品牌和消费者来说都不是一个好消息。一个奢侈品品牌中，即使最便宜的产品也必须具备品牌的特色，凝聚品牌的梦想。这就要求产品价格不能低于一定限度。香奈儿就是这么做的，香奈儿产品在金字塔上起点很高，但最低端的产品价格也不会太低。香奈儿饰品没有多个价格系列，而只有一个价格，即最高价。香奈儿的夏季手提包价格超过 1000 欧元。

最后，发展副线品牌也有可能毁坏品牌声望和距离感[②]。副线品牌往往发展的是品牌核心业务，如杰尼亚（Zegna）、克莱利亚尼（Corneliani）或者阿玛尼的服装。由于发展

① 杨明刚. 国际顶级品牌：奢侈品跨国公司在华品牌文化战略 [M]. 上海：上海财经大学出版社，2006.

② Vincent B., Jean-Noel K. the Luxury Strategy- Break the Rules of Marketing to Building Luxury Brands（2nd Edition）[M]. London：Kogan Page，2012.

图 12-6　阿玛尼品牌

资料来源：中国时尚网站，详见 https://www.mshishang.com/。

副线品牌的目的是让产品为更多人所拥有，导致奢侈品品牌在消费者心目中的地位降低。发展副线品牌还有另外一个风险：模糊品牌核心定位。时至今日，我们是否能回答"什么是阿玛尼夹克"这个问题？答案是否定的。因为这取决于你所购买的夹克属于哪一副线品牌，从最经典的 Armani Collezione 到如日中天的 Emporio Armani。

（二）奢侈品品牌可能失去控制权

品牌控制同品牌内在组织息息相关，失去对品牌的控制，意味着品牌内部层级结构的控制权出现了问题。经营许可证必须严格管理，获得许可证是独立的公司，主要目标不是建立品牌，也不是投资于长期发展，而是为了在短期内获得最大的利益，因此，许可的增加可能意味着品牌声誉的失控。为了控制许可证，必须有能力进行有效的管理，必须熟悉数字，深刻了解品牌内涵，一定不能过于依赖许可证带来的利润。如果面对的是欧莱雅（L'oréal）、科蒂集团（Coty）或者宝洁（P&G）这样的大公司，需要的就不仅是管理者，还需要品牌监控者，即使是在销量很好的时候，它们必须监控品牌的精髓是否被尊重。

（三）降低产品质量的风险

许可的延伸方式可能会降低质量，组织模式对产品的质量有着巨大的影响，尤其是许可的方式，它使延伸产品为更多人所拥有，产品质量因此下降，导致奢侈品品牌所谓的高质量被稀释。帝凡黎是法国著名鳄鱼（Lacoste）品牌服饰的全球独家许可商，负责生产鳄鱼的纺织品系列——鳄鱼的标志性衬衫，其被美国消费者评为"全球最好的 Polo 衫"。帝凡黎只占鳄鱼 5% 份额的标志性产品，但却凝聚着鳄鱼品牌一切有形的和无形的优点，因此不能将它交给他人制造。

另外，品牌延伸也会带来服务品质降低的风险，尤其是当许可商既是制造商也是经销商时。对于客户来说，任何一个有品牌名称的销售点都是品牌本身。因此客户期望在销售点能被销售人员辨认出来，尤其是那些大客户。这就对销售点的装修、人员和服务质量提出了一定要求。如果客户不满意，就会使得品牌走下神坛。品牌延伸不仅会影响到品牌资产，还会降低客户资产。

前面提到的阿玛尼，其每一个子品牌都有专属的选择性的营销网络，如阿玛尼商店，还有阿玛尼授权销售 Armani Collezione 产品的商店。进入阿玛尼官方网站，消费者会被它的一致性所震撼：每一个系列都是同一种品牌灵魂的不同变体，那就是设计师乔治·阿玛尼的灵魂。

(四) 销售网络的延伸风险

销售网络的延伸也可能会带来风险。[①] 延伸战略会产生新的销售渠道，从而改变品牌地位。只在自家专卖店、购物广场或街头店销售产品的品牌和由于生产销售许可证规定而只能延伸销售网络的品牌之间有很大的不同。一般而言，合同规定经许可的产品销售可能会破坏品牌声誉，在有多种品牌的销售点也会对品牌产生很大的影响。例如，爱马仕的其中一个延伸战略是生产香水，并且不只在专卖店出售。生产香水就需要新的销售渠道，包括丝芙兰（SEPHORA）和其他的百货公司，这就违背了品牌的长期战略。

而另一方面，即使要支付许可费用，许可商必须保证盈利。制造高端产品的许可商可能被销售额和顾客流量所诱惑，而选择流通量大的销售点。利益冲突由此产生。著名设计师卡尔文·克莱因曾经和其牛仔服许可商沃纳科就因此在法庭上进行对峙。卡尔文·克莱因指控沃纳科将其牛仔服装卖给美国大型连锁企业好市多。他得到的回复十分令其心痛：在任何情况下，设计师都对沃纳科产品没有实际控制权。

诚然，大多数市场研究都显示，消费者没有将奢侈品与稀有联系起来（Danziger, 2005）。事实上，如果奢侈品没有民主化，今天就不会有任何奢侈品市场。然而，这些调查结果都很有误导性：它们往往专注于大众市场的客户，即使这些客户非常富有。但是这些客户只是追随者，他们不是成就奢侈品品牌的人。这些人总是非常关注品牌散播的情况，这样奢侈品就失去了创造距离的功能。成就品牌的是精英、名人、当权者、艺术家、"意见领袖"，如果品牌在这些人心中失去地位，普通消费者的行为会立刻随之改变。而这些人的意见往往是传统的调查方式所调查不到的。

(五) 品牌的广告策略风险

品牌延伸可能导致广告所传达的形象支离破碎，破坏产品的表达效果。拉尔夫·劳伦有无数广告，因为它有许多子品牌和分支。但是这些广告看上去都很具拉尔夫·劳伦特色，因为它们讲述的是同一个故事。

如果品牌将香水的生产和销售都托付给一个大众消费品公司，其同时托付的还有广告战略。欧莱雅（L'oréal）和宝洁（P&G）强大的竞争力来自于它们懂得如何遵循需求导向的营销策略来发布产品。需求导向的营销策略需要以品牌特性为基础，首先要通过量化调查，确定被品牌特性所吸引的客户数量，据此确定潜在市场。其次将潜在市场分成不同的"客户类别"。最后以每一类客户所喜爱的明星为基础，打造不同的香水广告。

问题是香水领域有如此多的品牌，这些品牌或多或少都有相同的品牌特性，由此产生

---

① 尹文珺. 奢侈品品牌在品牌延伸时遭遇的问题浅析 [J]. 市场透视, 2001 (27)：6-8.

相同的目标。例如，雨果·博斯（Hugo Boss）和拉尔夫·劳伦（Ralph Lauren）表达的都是"成功"和"野心"。从广告原型（由每个客户类别喜欢的国际演员决定）开始，到最后的广告成品，沟通目标都比较分裂，缺乏同品牌内涵的一致性，这就致使在观众看来，用这种方式做的广告都差不多，可以彼此替换。此外，如果将一个品牌使用不同原型的香水广告都放在一起，得到的并不是一个统一的客户群体，也不是一个真正的社区，而是没有任何相同之处的人格拼凑物，这是与品牌特性相悖的。

第四节　品牌延伸战略

上一节介绍了奢侈品品牌延伸的成功因素与风险，这些因素都是品牌开展品牌延伸战略所必须注意的条件。这一节将从三个角度介绍奢侈品品牌延伸战略。

一、奢侈品品牌延伸战略的概念

品牌延伸战略①是奢侈品最成功的营销策略之一，即将经营已久的品牌价值转移到其他的产品线或产品类别上以获得溢价效益与市场份额。品牌延伸战略又分为品牌延伸和产品延伸。品牌延伸是指将品牌延伸到除了自己品牌经营的产品类别以外的新的产品类别。例如，现在有许多奢侈品品牌从服装产业跨界到豪华五星级酒店产业，像意大利奢侈品品牌范思哲（Versace）在澳大利亚的黄金海岸、法国的珠宝品牌宝格丽（Bvlgari）在巴厘岛都开设了全新的精品酒店，将品牌风格与价值运用在酒店内的所有元素上。产品延伸是指将品牌延伸到同一产品类别中，添加新的产品种类。其中又分为宽度延伸与深度延伸两种。宽度延伸是指在同一品牌中横向发展，如迪奥原本是服装品牌而后延伸到香水、皮革、高级成衣、化妆品、珠宝、钟表等产品类别。深度延伸则是在品牌中深向发展，如迪奥服装有迪奥高级定制服、迪奥高级成衣、迪奥绅士和迪奥宝贝等。

在这里要把前文讲的垂直模式和水平模式与奢侈品品牌延伸战略的产品延伸和品牌延伸区分一下。垂直模式和水平模式是在奢侈品品类的等级上划分的模式，它既包含品牌的延伸，又包含产品的延伸。比如说普拉达（Prada）从箱包到普拉达筒式手袋、普拉达运动服的延伸是产品层次的延伸；同时普拉达推出二线品牌——缪缪（Miu Miu），是品牌层次的延伸，是从品牌延伸战略层面分析。但是这两种延伸都是垂直方向的延伸，也都是典型向下方向的延伸，这是从延伸模式层面理解。理解模式有助于我们指引制定战略的方向，而战略则是更具体层面的计划与行动，二者不是相互冲突的，而是相互包含的。

品牌延伸可以有不同的思路。例如，安索夫矩阵（二乘二矩阵）启发了产品延伸的各种方式，如图 12-3 所示。

---

① Ferguson G., Lau K. C., Phau I. Brand Personality as a Direct Cause of Brand Extension Success: Does Self-monitoring Matter? [J]. Journal of Consumer Marketing, 2016, 33 (5): 343-353.

表 12-3　安索夫矩阵

	已有产品	新产品
当前市场	市场渗透	新产品开发
新市场	市场发展	多样化

当产品和市场保持不变，渗透市场是十分重要的。例如，伯鲁提（Berluti）从皮革鞋延伸到男装的时候，为了打开市场，在巴黎开设了四家门店，扩大了伯鲁提在巴黎的市场份额。伯鲁提不仅尝试着卖出更多的鞋，而且想要推出更多男装产品，它们尝试着通过提高购买频率来提高销量。

在当前市场推广新的产品的做法叫作新产品开发。例如，迪奥和路易威登在内的所有奢侈品品牌，都曾尝试用新产品打开市场，古驰、葆蝶家（Bottega Veneta）、拉尔夫·劳伦和普拉达也都将产品线从衣物延伸到了珠宝、手包、鞋子、太阳镜等。爱马仕是 2014年唯一没有延伸到太阳镜产品的品牌。

也有很多奢侈品品牌通过在新市场推广之前的产品进行品牌扩展，尤其是全球化的浪潮愈演愈烈的现在。奢侈品品牌带着它们现有的产品进入亚洲新兴市场，在一些国家仍在不断开发市场，努力提升产品在当地消费者中的知名度。例如，阿玛尼一直延伸到了中东地区和亚洲，其逐渐进入夜总会、咖啡馆和饭店。

在新市场推广新产品也是一种品牌拓展的思路，爱马仕在中国的延伸就是这样多样化发展的例子，它们针对中国市场的消费者特点研发适合中国顾客的产品，用新的适合中国消费者的产品理念打开了中国市场。

在这一章提到的品牌延伸大多数都是广义上的品牌延伸，各个奢侈品品牌在进行品牌延伸战略部署的时候，也应该既考虑品牌延伸层面的策略，又结合产品延伸的策略，这样才能取得成功。

随着全球市场放缓，许多品牌开始致力于提升顾客对产品的渴望以及增加店铺的营业额，产品延伸早已超越了最初的概念。爱马仕在巴黎左岸河边上的店铺里设置了文具角；路易威登推出高端珠宝以提升其奢侈形象；阿玛尼进军室内装饰业来表达其生活理念；娇兰在香榭丽舍大街的旗舰店楼下开了一家餐馆，并且发明了代表其香水的茶饮料。各个行业之间的边界模糊使品牌不断为高要求的顾客开发更多种类的产品，而大部分顾客仍然很难感到满意。因此，在品牌延伸战略中，产品多样化渐渐成为重点。

二、奢侈品品牌延伸战略的必要性

兰博基尼（Lamborghini）跑车售价 12.5 万欧元起，最贵的跑车约 35 万欧元。但是兰博基尼除了从事跑车的制造和生产外，2005 年以来，其在生产和销售跑车的附加和周边产品中也在不断创造新的营业收入纪录，例如兰博基尼将自己的品牌延伸到诺基亚，与诺基亚联合推出了限量款的 8800SE 手机（见图 12-7），除此之外，兰博基尼的品牌延伸包含从售价为 1.5 欧元的铅笔到售价为 2000~3000 欧元的箱包品牌和电脑。该品牌的总裁兼首席执行官斯蒂芬·温克尔曼（Stephan Winkelmann）说，"这就是品牌的利润、认知度、形象，在奢侈品行业，只要你能够选择正确的合作伙伴，那么 1+1 的效应远远不止是 2"。

图 12-7　兰博基尼和诺基亚合作款——8800SE 手机

资料来源：凤凰网，详见 http：//www.ifeng.com/。

由以上例子可以看出，一个品牌的价值来源于其对新产品和新服务的推出所能做的贡献。若一个品牌的某种产品已经在市场上达到饱和，那么该品牌要想继续发展就面临着两种选择：一是推出新产品，二是将自己的品牌延伸到其他的领域。如果该类型的品牌在销售市场是已经达到饱和的产品，且销售收入变化不大，此时，保持品牌持续增长的方法就要进行品牌延伸。

加速品牌延伸这场变革的是资金因素。一方面，打造奢侈品品牌需要花费大量的时间和金钱，对于金钱的需要就使品牌开始通过许可快速地延伸。另一方面，奢侈品品牌价值高，股东为了提高品牌能带来的收益，就希望将价值分摊到其他的产品之上，尤其是当该品牌被大的奢侈品品牌集团所收购之后，其原有家族已经失去了对其品牌完全的掌控。品牌延伸最大的好处在于，它不需要金融资本，只需要强大的品牌资本：创新的声誉和维持它的能力。许可也可以促进品牌的增长：充实品牌，使其可以快速增长，无须进行投资，也没有必要花费大量的时间掌握整个生产技术。

当然，品牌延伸是一把"双刃剑"，成功和失败的案例比比皆是。运用得当，品牌延伸就成为品牌发展的"助推器"，运用不当，品牌延伸就成了企业的"陷阱"，不仅延伸的新领域会遭受挫折，甚至可能会伤害到原来品牌的价值。[①] 例如，一些以档次、身份和文化象征为主要卖点的奢侈品品牌，一般很难延伸到中低档产品中，否则会破坏原有品牌的核心价值。"二战"之前，派卡德（Packard）作为美国汽车行业中的豪华品牌，是全球最尊贵的名车之一，是当时罗斯福总统的最爱。然而，在 20 世纪 30 年代中期推出了面向中低端消费者的汽车——"快马"（Clipper），尽管该新品的销路非常好，但却使派卡德逐渐退出了顶级奢侈品行业，丧失了高贵的形象，最终走向衰败。以上案例说明，一个成功的品牌拥有其独特的核心价值，企业在进行品牌延伸时要注意不能与原品牌的核心价值相抵触。

奢侈品商业的品牌延伸中有两对矛盾：第一，品牌延伸是扩展，是开发更多产品，这与奢侈品独一无二的特质又是矛盾的。通常意义上的奢侈品品牌延伸战略应该是整合上下游（与顾客的关系及体验），并尽可能限制许可，以重新实现对产品的完全控制，保证高质量零售。第二，品牌延伸意味着一个品牌要抛开历史悠久的产品，必须开发新的创新产

---

① Shin H.，Eastman J. K.，Mothersbaugh D. The Effect of a Limited-Edition Offer Following Brand Dilution on Consumer Attitudes toward a Luxury Brand［J］. Journal of Retailing & Consumer Service，2017（38）：59-70.

品或延伸产品，或者是和品牌历史有一定联系的产品，而在奢侈品商业中，脱离品牌历史是非常危险的。那么，如何做到合理扩张但不会动摇奢侈品品牌的核心理念？一个合理的奢侈品品牌延伸战略就至关重要。探究影响品牌延伸效果的关键因素，对企业进行正确的品牌延伸决策以及最大限度地降低企业品牌经营风险具有十分重要的意义。

奢侈品品牌进行延伸的价值可以简单地归纳为：第一，成功的品牌延伸可以提升品牌自身的价值，保持奢侈品品牌的核心竞争力；第二，品牌延伸可以掌握主动权，成为新市场中的佼佼者；第三，品牌延伸可以帮助企业开拓市场，创造更多的盈利点。

做好产品、树立品牌和品牌延伸，是任何一个企业管理者都不可以忽视的问题，重视品牌在企业发展中的价值并做好品牌建设是现代企业能够在激烈的竞争中生存下来的重要环节，是企业必须认真对待的。利用品牌的延伸价值，挖掘行业利润，扩大市场份额，在品牌价值中挖掘新的利润、推出新产品是企业后续经营、保持核心竞争力的重要途径。不仅作为已有品牌，作为市场的追随者来说，建立自己的品牌并充分挖掘其延伸价值也是行之有效的。

三、奢侈品品牌延伸的策略

（一）选择合理的延伸范围

品牌延伸的范围必须要从消费者的视角去分析其是否合理：首先要从目标人群考虑，其次延伸产品的类别要独特，再次要保证核心业务的进展，最后要选择正确的发展路径。从目标人群的角度来看，其是避免品牌在以后发展中被虚化的第一步，换句话说，品牌延伸首先要考虑的问题是消费者的需求。要使消费者分清品牌延伸的产品与品牌传承、核心产品品质之间的关系，以及核心品牌的质量是否能运用到品牌延伸的产品类别中。正如我们在前文所说的：一个品牌的无形资产越多，就可以进行越多的品牌延伸。奢侈品应该和艺术紧密联系，艺术风格可以是奢侈品的买点，并且可以将艺术风格运用到其他延伸产品的类别。例如，阿玛尼的品牌具有高贵典雅的艺术风格，而阿玛尼也是凭借这一风格，将该艺术风格延伸应用于其化妆品、手表等领域中，但这些产品的领域与其最初的服装领域关联性不强。Hagtvedt 认为，品牌的享乐性越高，越容易延伸。实用型商品主要强调的是其实用性，只有在保证实用性的情况下才能够进行品牌延伸，例如 Easycar 的汽车租赁业务，而奢侈品品牌本身涉及的领域是多感官享乐体验和引人入胜的标志性领域，因此，首先要满足的享乐性。例如，阿玛尼也拥有自身的酒店产业。

从品牌延伸的类别角度来看，产品层面的联想越紧密，品牌延伸的产品类别范围就越大。[1] 如果核心产品与延伸产品之间联系紧密，品牌延伸很可能取得成功。例如，在原品牌的核心产品是服装产业的基础上，将品牌延伸进军到香水行业会相对容易一些。而原品牌的核心产品是鞋类时将很难将品牌延伸到香水行业。品牌延伸进程的起点——品牌核心产品类别是重要因素。

---

① 刘晓刚，幸雪，傅白璐. 奢侈品学（第二版）[M]. 上海：东华大学出版社，2016.

(二) 创新产品类别

品牌延伸成功的第二个原因是品牌能够带来的在原有产品类别上进行创新的能力。仅仅通过简单地将品牌复制到新的延伸产品上是不足以完成品牌延伸的，除此之外，品牌应该就客户、渠道、产品特性和技术提出创新，这一创新要与延伸产品有关，并且体现企业的特殊能力。这一创新必须要明显并且清晰，能够使消费者在无论这一创新运用于何种类别的产品上都能够被识别出来。创新能够保证产品在延伸领域中声誉不受损，提升品牌整体的价值，有学者认为，这一理论不仅适用于奢侈品和时尚品牌，并且在任何行业的品牌都可以为品牌带来积极的影响。

(三) 维持核心业务的稳定

在品牌延伸的过程中，核心业务被稀释是最常见也是最难避免的问题。对于一个企业来说，在深入发展其他领域品牌的同时，保证自己核心业务的稳定是最基本的。例如，克莱利亚妮 (Corneliani) 由于发展了过多的延伸品牌，在其产品被更广泛拥有的同时，也使其质量下降，导致该奢侈品品牌的高质量被稀释。除此之外，品牌延伸的同时会使品牌的核心定位变得模糊。例如，Armani Collezione 和 Emporio Armani 同时拥有"高级夹克"这一产品，这样会使消费者无法直接回答他想购买一款阿玛尼 (Armani) 的夹克指的是哪一品牌。

前文提到，在一系列的产品中，其核心产品绝对不能用来做品牌延伸。例如，法拉利 (Ferrari) 应该销售家具吗？有些人认为家具与法拉利完全无关，无论是在产品的实用性还是在品牌形象上。然而，如果延伸战略符合品牌的定位时，法拉利能做的不仅是销售好车。事实上，2017 年，法拉利为庆祝品牌 70 周年，由法拉利与 Poltrona Frau 联手打造生产了全球限量款的书房、办公室座椅——Cockpit，该座椅由 Flavio Manzoni 亲自带领法拉利设计中心构思，使用与法拉利赛车座椅相同的材质，打造自己独有的豪宅。

(四) 选择最优的商业模式

设计师创造出的新产品应该如何传递到客户手中？这个渠道是否使设计师能够将品牌的理念与品牌文化传递给新产品？这就是商业模式要解决的问题。主要的商业模式有两种：一是企业专门管理延伸产品的模式；二是通过许可来延伸的模式。

经济能力和技术能力是企业进行品牌延伸的基础，除此之外，企业还要重视选择自身的发展路径。其中企业要不断提升自身的内在能力，通过与新产品或新品牌或其他专业性较强的企业签订股权协议可以提升企业的内在能力；当然，企业还可以通过签订许可协议来将自己的品牌延伸到与原产品相对较远的产品类别，可以扩大企业产品的市场覆盖率。

总而言之，通过发展跨领域品牌，促进核心与非核心业务的增长，品牌所有者可以通过品牌延伸完善自己在其他领域的发展。通过品牌延伸，企业可以使原来的非目标群体成为新的目标客户，可以提升品牌价值和品牌形象，进一步传播品牌的知名度。当然，如何在竞争激烈的奢侈品品牌中采用正确的品牌延伸战略，这一问题是没有标准答案的。不同的市场品牌都是各种要素的集合体，当然奢侈品品牌本身是不能够被比较的。

第五节 奢侈品品牌授权与特许经营

很多奢侈品品牌在进行品牌延伸的时候都采取了不同的途径，但是主要的途径有两种：授权许可经营与特许经营。你可能会在巴黎市中心最繁华的香榭丽舍大街上看到各种各样的奢侈品品牌店，也可以在各大商场里发现各种名牌的不同子系列，这些都是授权和特许经营的典型形式。在这一节，会简单陈述特许经营的概念特点，并重点讲解许可授权的模式。

一、奢侈品许可授权

授权许可指的是在奢侈品品牌与被许可方签订授权许可协议之后，品牌的所有者（许可方），允许工业或零售合作商（被许可方）在特定的时段、特定的领域及特定的分销渠道内使用其名称（品牌、标签）、设计、生产及/或分销一种或多种类别产品。简言之，就是许可经营的授权方将自己的品牌、专利、专有技术等授权给经营者，由经营者按约定的条件开发、生产、销售授权的资源及产品。

许可授权是具有专属性的授权许可，它允许被许可方对带有许可方商标的某一特定类别产品在全球或特定地域进行生产、分销和销售。[①] 被许可方向许可方支付许可使用费，作为使用商标及设计师作品的费用。许可使用费的数额通常是收入的一定份额，它根据品牌知名度和产品类别有所浮动。无论销售趋势如何，许可方都能获得最低保证金（根据合同约定，一般以季度或年度为单位）。授权或内部管理的香水业务如表 12-4 所示。

表 12-4　授权或内部管理的香水业务

授权的品牌	现在是内部管理曾经授权过的品牌	一直是内部管理的品牌
阿玛尼	迪奥	宝格丽
博柏利	香奈儿	卡地亚
卡尔文·克莱恩	纪梵希	爱马仕
古驰	蒂埃里·穆勒	高田贤三
普拉达	帕科·拉巴纳	罗意威
拉尔夫·劳伦		
圣罗兰		

资料来源：让·诺埃尔·凯费洛，文森特·巴斯蒂安. 奢侈品品牌战略：揭秘世界顶级奢侈品的品牌战略［M］. 北京：机械工业出版社，2014.

授权许可协议的种类有很多，包括单一的生产许可，生产加分销许可，允许被许可方建立自己的销售网络，涵盖从生产开始到最后销售的所有阶段。多数品牌会对外授权的业

---

① 朱桦，黄宇. 当代国际奢侈品产业探析［M］. 上海：上海人民出版社，2012.

务有香水、手表和框架眼镜，这三个部门的产品大多数都有较高的技术门槛，产品制造和商业模式也和成衣有很大差距。

路易威登包括鞋服、箱包、首饰、香水、洗化等品类。其高档服装这种位于金字塔顶端的品牌需要设计师严格控制，以保持高定服饰的质量和品牌的声誉。但是化妆品领域就无须完全掌控，持有较少品牌溢价，但是涉猎洗化类目对品牌的扩张有着积极的影响，于是路易威登可以把品牌授权给联合利华（Unilever）、宝洁（P&G）等专业公司，路易威登提供一种创意和理念，具体的设计和生产都是由被许可人来负责。相对于特许经营，许可授权对于被授权人来说，自由度更大。

其实，许可授权早在20世纪70年代就已经成为品牌商心目中进行品牌延伸的最有效的方式，最先使用这种方法的奢侈品品牌是皮尔·卡丹（Pierre Cardin）。皮尔·卡丹在20世纪70年代就开始向生产商进行授权，允许生产商使用皮尔·卡丹的品牌生产销售，拓展了生产规模，扩大了品牌的影响力。授权许可的浪潮在20世纪80年代达到顶峰，很多国际大牌都与有实力的生产商签署了授权协议，比如阿玛尼（Armani）、华伦天奴（Valentino）均和纺织金融集团（GFT）达成了授权协议。在20世纪80年代初，品牌还会与不同的生产商签订不同的授权协议，皮尔·卡丹就对外签订了500多份许可合同，但是这样会过度地消耗品牌的声誉。到了20世纪90年代，授权许可这一趋势开始减弱，因为许多顶级设计师品牌如乔治·阿玛尼决定收回品牌服装和配饰的生产、分销权，开始通过收购相关的生产单位来自行管理这些活动。它们这么做是为了控制整个生产周期，并获得品牌所带来的利润。

直到企业进入了与服装有着不同产品特性和分销渠道的新领域（如手表、眼镜和香水等领域），有了伴随而来的新的多样化生产周期，这些自行管理生产、分销的企业才开始转变方式。同时，企业也不再以过度利用品牌的方式来增加品牌资产，而是通过成立合资企业来进行许可，品牌许可方持有工业合作商的股份或生产商持有品牌许可方的股份，或者相互持有对方股份。2001年，圣罗兰（Yves Saint laurent）签署了60多份许可合同；但是隔年，德·索莱（De Sole）和汤姆·福特（Tom Ford）已经削减至15份左右。企业为了增加品牌资产而延长了合同存续期（5~10年更新一次）；各个领域中的企业都对分销控制的专属性要求越来越严格；被许可方和许可方之间的技术交换程度很高，它们还分摊投资，即许可方将许可使用费再投资于品牌传播中。

授权许可协议最大的优点是，当许可方想要进入新的市场或者发展与核心业务相去甚远的领域时，采用授权许可协议可以最大程度地减少企业在扩展过程中的各方面投资，是企业在类似品牌延伸过程中较为保险的选择。例如，香水行业就属于这类领域，当企业选择进军香水行业时，大多会采用授权许可协议的方式进行。如果企业不想购买新的工厂、资源，学习新的技术时就可以选择授权许可协议的方式，只需要支付一些设计费用等。

授权协议对于许可方和被许可方是一项能够达到双赢的方式，对于许可方来说可以获得技术、资源以及人力和分销能力的同时，直接控制销路市场从而实现利润的增长，对于被许可方来说，可以反向学习许可方经营或创新能力，了解其商业运营方式，增强自身在争取授权时的竞争力，接触到新的销售渠道以及提高品牌价值等。

许可授权不需要大量的金融资金投入，不需要严格的技术开发，就可以充实品牌。品牌本身就有足够的知名度和良好的声誉，强大的品牌为新产品提供了强大的后盾，使新品牌在设立之初就非常顺利地赢得消费者的青睐，使品牌快速增长。这种短期的高额利润对于股票市场有着较大的吸引力，提高了股东权益，股东会为了这种利益而考虑在更多的产品上开展这种延伸战略。但是这种向下贸易会摧毁奢侈品的创造性、精选性和优越性，会破坏品牌的价值，会使品牌万劫不复。

正如上文所提到的，授权许可如果过度使用也会给品牌带来风险。降低产品质量，是所有奢侈品品牌进行品牌延伸时最常面临的风险。发展一个品牌需要花费大量的时间和金钱，为了打造品牌的知名度和影响力，奢侈品管理者通常会选择通过许可授权的方式来延伸获得金钱。当底层产品的影响通过许可授权证的方式进行的时候，就意味着品牌为许可授权证持有者提供一定的创意才能，而这些许可授权证持有人一般都具有强大的资金能力。但是这些许可授权证持有人同时会具有典型的商人特性，他们会在成本最低、利润空间最大的范围内进行生产，这可能会导致产品的低质量，从而使品牌陨落。卡尔文·克莱恩（Calvin Klein）因疏于控制，放任品牌流向大众市场，导致品牌在美国不再被认为是奢侈品。生产和经营许可事实上是品牌资本的下放。没有任何东西比品牌声望更重要的了，品牌的声望孕育自神话、专属感、稀有性，还有魅力，而不是扩散。否则，品牌会走上"从奢侈到大众"的不归路。

许可授权的方式可能会使品牌丧失威望。许可授权的方式拉近了奢侈品与顾客的距离，但是奢侈品正确的战略应该是创造它们之间的距离，这样才能保证奢侈品给少数人带来独特优越感的性质。所以一些大品牌基本不采用这种模型，这些奢侈品品牌虽然可能会发展较短的副线来增加品牌的盈利能力，但是它们还是着眼长远，销售有创造力和优越性的产品，并且只在自己的商店里独家售卖，以此来控制生产和服务的品质，维持本品牌百年来积累的声誉和威望。

在合作过程中，如果许可方与被许可方的目标和战略都不相同，会导致延伸战略的失败。奢侈品企业必须为品牌引导战略方向，而被许可方则考虑如何最大化利用品牌的知名度。因为双方的工作内容差距较大，因而时常发生矛盾或者冲突。因此，合作的关键是找到商业扩展和确定独特的品牌形象之间的平衡，双方在互相信任的基础上才可能开展长期稳定的合作关系。对于被许可方来说，其必须认可许可方品牌的核心价值和发展战略，许可方在选择被许可方时要考虑被许可方是否具有可靠的生产制造和保证品质的能力，是否有全球或有效的销售网络，以及其他的基础能力（财务状况、企业规模、品牌自身形象等）。此外，对于那些已经声名显赫的设计师品牌而言，被许可方的规模及其全球覆盖范围越来越重要，因为这可以确保品牌推出更多的新产品、更好地渗透市场、更广泛而有力地分销和更多的广告投资（以香水领域为例）。纺织金融集团的做法之所以以失败告终，是因为它过于依赖设计师品牌，而未给自己留条后路。自此，被许可方吸取教训，开始建立均衡的品牌组合。

总之，授权许可最初是品牌发展的驱动力，是许多新兴设计师品牌发展核心业务的主要工具，到现在已经成为了大品牌推广的主要方式，不仅在规模上不断扩大从而给中小品牌造成压力，还成为了品牌延伸产品的主要收入来源，有力地推动了品牌延伸以及产品的多元化。但是，有些品牌由于授权不当或与授权方合作出现偏差，导致其原有的品牌价值被稀释。品牌延伸对品牌的长期发展有着重大而深远的影响，品牌商对品牌延伸的控制程度尤其是扩大受众范围的授权战略一定要格外注意。当然，由于当前市场中香水、配饰等领域对于奢侈品品牌的利润贡献不断增加，使授权许可方式迎来了新一阶段的发展，在此过程中要解决好许可方与被许可方在文化方面的共享问题，将授权许可协议从机会授权许可转变为战略性许可发展，以确保品牌能够推出更多的新产品，更好地渗透于全球市场，最大化地发挥此种合作方式的优势。

二、奢侈品品牌特许经营

特许经营的繁荣直到第二次世界大战后才发生，最经典的特许经营的例子发生在大众快速消费品领域，如赛百味（Subway）、麦当劳、7-11 等，奢侈品领域的特许经营也屡见不鲜。奢侈品品牌的特许经营是一种以契约方式形成的特许人将品牌使用权授权给被特许人，允许被特许人在一定时期和地域范围内使用特许品牌进行经营的方式。它可以让特许人与被特许人共享品牌的收益，尤其是对特许人，可以在品牌的特许使用过程中通过被特许人的增多将品牌发展壮大，使品牌增值。这种品牌经营方式是一种低成本、低风险的品牌延伸。因为在特许经营方式下，特许人可以借助被特许人的财务资源、人力资源，实现品牌的延伸。而也正因如此，使品牌的特许经营成了品牌延伸的有效方式。

特许经营是品牌进行扩张的重要方式，如果没有了特许经营，品牌可能会面临重大的经营和财务困境，一个经典的例子就是劳斯莱斯（Rolls-Royce）。劳斯莱斯对产品的质量近乎苛刻，以至于 1904 年以来生产的所有轿车中，60% 以上仍然在路上行驶。完善的性能追求，噪声极小，速度极快，安全性也较高，让人充分体验速度飞舞之美。被人称为"速度之魂"和"飞翔女神"。生产中的手工化严格控制每个部件的质量。这些构成了劳斯莱斯品牌的"高贵、安全、可靠"的品牌形象。

由于劳斯莱斯追求的这种品牌形象，从 1904 年该品牌诞生总共才大约生产出 4 万辆车。到 20 世纪 60 年代初，就因产销量小、利润不高，企业经营难以为继，面临停产危机。从品牌的知名度角度看，劳斯莱斯是成功的。从市场的角度和品牌的永续发展角度来看，劳斯莱斯又是不成功的。没有一定的市场占有率支持的品牌是无源之水、无本之木。由于劳斯莱斯经营困难，而被宝马（BMW）收购。这种名牌无市的矛盾局面是市场竞争的结果。所以，市场占有率是品牌竞争力的基本指标，也是品牌成长的基础。而如果完全实行品牌自营，靠自身的积累来扩展品牌，由于资金缺乏，人力资源不足，其扩展速度比较慢，因此特许经营对于品牌延伸来说有着非常重要的意义。

现在很多品牌都通过特许经营的方式扩张规模，迪奥（Dior）不仅在巴黎的蒙田大街上闪烁着霓虹灯，在纽约、伦敦、米兰、北京乃至沈阳的卓展购物中心，都能看到迪奥的门牌。登喜路（Dunhill）旗下的 Dunhill Home 品牌经过深思，而将特许经营的步伐延伸到伦敦、上海、东京等地。伦敦选择在 Bourdon House，这里曾是威斯敏斯特公爵在伦敦的贵族官邸，这是一座建于 1720 年乔治王朝时期的二级保护建筑，位于 Mayfair 中心。上海选择在淮海中路 796 号，一幢紧贴闹市藏身其后的 20 世纪 20 年代的新古典主义建筑内。

特许经营给寻求新的领域和国外市场的品牌带来了收益，同时也伴随着风险。其主要的优点是，特许经营能以低成本和低风险迅速建立全球市场。品牌商不必承担巨大的开发成本和风险，可以更加顺利地进入外国市场，因为这些开发成本和风险通常由特许经营商自己承担，因此特许经营企业的失败率要比独立的初创企业低很多。特许经营是进入新市场的最主要手段之一，品牌不需要放弃对连锁经营的控制，并建立一个分销系统来为其服务，比许可方式下的控制权更大，更能保证品质的正统性。在品牌经过精心设计和正确执行后，品牌能够通过被特许经营商的资本和资源迅速打开市场，同时降低自身风险。

特许经营的主要缺点是质量政策的传递，因为特许经营商希望公司的品牌能够向消费者传达关于公司产品的质量和一致性的信息。它们希望消费者能够体验到相同的质量，而不考虑位置或特许经营状态。这可以证明是特许经营的一个问题，因为在一个特许经营中有不良经验的客户可以假定他们将在其他地点与其他服务具有相同的经验。有些政策是可以传递的，比如店面的装修设计，但是有些政策确实难以传递和监控，比如有关质量的政策。而且，距离使企业很难发现特许经营是否质量差。弥补这一缺点的方法之一是在每个国家设立额外的子公司或进行公司扩张。这将产生较少的特许经营人来监督，这将减少质量控制的挑战。

特许经营权赋予的特许经营规则越来越严格。一些特许经营商使用轻微的违规行为终止合同，并在没有任何补偿的情况下夺取特许经营权。

特许经营与授权许可经营的区别如下：

（1）品牌提供的资源不同。特许经营活动中，特许人给予被特许人（加盟者）的不仅是可以使用的商标、专利等经营资源，还包括成熟的经营模式、分销系统等；而授权许可经营中授权方提供给被授权方使用的往往只有单一的商标、设计、专有技术等。

（2）费用的支付不同。特许经营活动中，通常加盟者需要支付给特许人加盟费（首期特许费）、特许使用费或管理费、保证金、广告促销费用等；授权许可经营活动中，被授权方一般只需要支付给授权方许可使用费。特许经营追求的是品牌价值的稳定增长和利润的长期化，授权许可经营更侧重于利用现有无形资产的价值快速实现利润增长。

（3）品牌运营方式不同。在提供特许经营之前，奢侈品品牌必须标准化企业的内部体系、操作、市场和分销，并通过直营店的运营形成成熟的经营模式，然后复制给加盟者；同时品牌商需要准备大量的法律文件，包括对特许经营合同的精心设计，当然加盟者选择特许经营也必须要经历一个较长的和彻底的考察过程。授权许可经营不需要周密的商业计划，往往只需要提供一份相对简单的商标或专利授权使用合同。与授权许可经营相比，特许经营通常要花费更多的时间和成本去建立与维护。

（4）品牌商的控制程度不同。特许经营活动中，特许人对加盟者如何开展特许经营拥有足够的控制权，知识产权如何使用，产品及服务如何交付特许人经常会给予指示，同时，特许人对产品和服务的价格甚至有要求或做统一的安排。此外，特许人在培训、选址和销售方面也会给加盟者非常多的支持。授权许可经营中，对授权的资源如何使用，授权方控制较少，除非其他特别规定，被授权方可按他们擅长的方式灵活使用被授权的资源，被授权方的经营实际上独立于授权方，授权方对被授权方的支持较少。

（5）独占权和竞争性不同。特许经营活动中，特许人往往给予的是专有区域的独占经营权，并通过选址的帮助，能有效地限制被特许人之间的直接竞争，保护商圈。授权许可经营中，授权人有时会将他们的知识产权许可给两个或多个经营者在同一市场或区域使用，使被许可人往往彼此直接竞争。

当代企业中，特许经营与授权许可经营的市场效果各有千秋，企业如何选择发展模式要结合自身的情况和不同的市场状况。

第 十 三 章

奢侈品品牌形象识别与传播 ··

第一节　奢侈品品牌形象识别

奢侈品品牌的历史传奇和文化积淀需要时间的长河来叙写，因此要在短时间内建立一个消费者能够接受的奢侈品品牌几乎是不可能的事情①。如何使品牌在长期的发展中保持其内在本质，如何顺利将品牌的特色和文化韵味介绍给世人，让品牌以怎样的形态注入人们的脑海，这是经营者长久以来在不断思索和钻研的问题。

一、品牌形象

品牌形象指企业或者其某个品牌在市场上，在社会公众心中所表现出的个性特征，它体现消费者对品牌的评价与认知，也是消费者对品牌所有联想的集合体，反映了品牌在消费者记忆中的图景。奢侈品品牌意味着它的买主已经进入了一个更尊贵的世界，且进入这个世界的钥匙不再是对功能性的注重，而是对美、感受、享受、文化和神圣感等因素的注重②。一个路易威登包和一个凯莉包不会有太大区别，我们也不能用功能性排序来对奢侈品的消费做出选择，由此来说，品牌自身带有的特性似乎更适合成为对奢侈品品牌产品做出选择的标准。将奢侈品品牌自身特有的个性品质准确地传达给消费者是品牌经营者的根本性任务。

二、品牌个性与度量

（一）品牌个性定义

如今学术界学者对品牌个性的具体定义还存在分歧，但从已有研究来看，在大部分品牌个性研究的过程中，学者们基于消费者视角定义品牌个性，即品牌个性是消费者所感知的品牌表现出来的一套个性特征。塑造品牌个性之所以有效，其原因在于消费者与品牌建

---

① 孔淑红. 奢侈品品牌历史（第二版）［M］. 北京：对外经济贸易大学出版社，2014.

② ［法］Vincent B., Jean-Noel K. 奢侈品战略——揭秘世界顶级奢侈品的品牌战略［M］. 谢绮红译. 北京：机械工业出版社，2017.

立关系时往往会把品牌视作一个形象、一个伙伴或一个人，甚至会把自我形象投射到品牌上。品牌个性与消费者个性或期望个性越吻合，消费者就越容易对该品牌产生偏好。

（二）品牌个性的塑造

品牌个性大体来源于与品牌相关人员的个性特征（直接来源）和品牌决策，如产品相关属性、产品类别联想等（间接来源）。① 参考以上来源，奢侈品品牌个性的塑造步骤如下：

第一，认识消费者的需要，归纳和总结目标消费者的个性。塑造符合消费者的需要的个性，消费者有意或无意地在按照自己的个性选购商品，而且往往是购买与自己的个性和形象相一致的商品。品牌个性与消费者的个性融合、交叉，使消费者的个性得以张扬，实现了消费者的价值与诉求，产品自然会受到消费者的青睐，并且容易与消费者产生持久的、稳定的关系。

第二，分析企业的资源条件，寻求自己的优势。由于市场的快速发展，企业之间相互竞争、相互攀比、相互模仿，使同行业的企业产品越来越趋同，同质化现象日益严重。尽管在奢侈品品牌行业，奢侈品品牌因其特有的文化和历史积淀而与万千大众品牌区别开来，但针对这一特点，企业仍应该进一步维护和加强自身优势。

第三，打造企业的品牌个性。打造企业的品牌个性是一个长期的过程。个性除了能看得见的特点以外，更重要的是无形的个性，这一无形的部分是指那些只可意会、不可言传的部分。虽然无法向外界直接展示，但时间长了却可以被外界所感知。品牌可以通过自己的个性模式加以体现，例如，原创性、叛逆性、自由性、活力、强壮、性感、浪漫、崇拜、责任感等。个性的指标可以有多个，但它们的实质是统一且稳定的。打造好品牌的个性，说到底还是要认认真真做事、踏踏实实工作，提高企业的产品质量与服务质量，更好地为消费者服务，满足消费者的需要，让企业的产品与服务被消费者接受、认可，让消费者对企业产生良好的感受，使消费者感受到本企业与其他企业存在明显的不同。

以上三个步骤是为了说明问题而分开论述，其实，这三个步骤是一个整体，反复多次。

第四，设计品牌形象外在标记或符号。品牌设计要有个性，便于识别，与竞争者有明显的区别。需要注意的是：一个品牌不能什么个性都具备，面面俱到，能满足所有顾客的各种要求。也许一时能欺骗一部分顾客，从长远来看对企业没有什么好处；一味模仿竞争对手，会丧失品牌个性；在实行品牌延伸时如果操作不当，会使消费者对企业品牌的认知产生混淆甚至矛盾，使企业的整个品牌坠落；企业有多个特点是正常的，但这些特点之间应该相互一致，而不是相互矛盾，否则会让消费者无所适从。此外，品牌的战略个性都需要保持一种稳定性，其目的是向广大消费者展示一个始终如一的角色，这好比一个人的个性，一旦形成了，一般不会改变。②

（三）品牌个性的度量

美国著名学者珍妮弗·阿克尔（Jennifer Aaker）是最早用归纳法研究度量品牌个性维度

---

① 王晓艳. 浅谈品牌个性塑造——以两个男装品牌为例 [J]. 经济论坛，2008（12）：100-101.
② 马克态. 塑造品牌个性 [J]. 江苏商论，2006（12）：96-97.

的学者，1997 年他第一次根据西方人格理论的"大五"模型，以个性心理学维度的研究方法为基础，以西方著名品牌为研究对象，发展了一个系统的品牌个性维度量表（Brand Dimensions Scales，BDS）。在这套量表中，品牌个性一共分为五个维度（见表 13-1）。

表 13-1　品牌个性维度细分

品牌个性维度	个性维度细分层面
纯真（Sincerity）	实际、诚实、健康、快乐
刺激（Exciting）	大胆、英勇、想象丰富、时尚
称职（Reliable）	可靠、智能、成功
教养（Sophisticated）	高贵、迷人
强壮（Ruggedness）	粗野、户外

资料来源：百度百科. 品牌个性维度 [EB/OL]. https：//baike. baidu. com/item/品牌个性维度/10450815？fr＝Aladdin.

　　将个性层面的元素转换解释为人格特性（见表 13-2）后的量表是迄今为止对品牌个性所做的最系统，也是最有影响的测量量表，可以解释西方 93% 左右的品牌个性的差异（David Aaker，1996）。2001 年，为了探索品牌个性维度的文化差异性，Jenniffer Aaker 在 1997 年与当地学者合作，继续沿用了 1997 年美国品牌个性维度开发过程中使用的方法，对日本、西班牙这两个分别来自东方文化区以及拉丁文化区的代表国家的品牌个性维度和结构进行了探索和检验，并结合 Jenniffer Aaker 于 1997 年对美国品牌个性的研究结果，对三个国家的品牌个性维度变化以及原因进行了分析。结果发现，美国品牌个性维度的独特性维度在于强壮（Ruggedness），而日本是"平和的"（Peacefulness），西班牙却是热情/激情（Passion）。

表 13-2　品牌个性的人格划分

层面	品牌人格
实际	实际、家庭导向、偏向小城镇
诚实	诚实、诚恳、真实
健康	健康、原生
快乐	快乐、感性、友好
大胆	大胆、新潮、兴奋
英勇	英勇、年轻
富有想象	想象丰富、与众不同
时尚	时尚、独立、当代
可靠	可靠、刻苦、安全
智能	智能、技术、团体
成功	成功、领导、自信
高贵	高贵、魅力、美丽
迷人	迷人、女性、柔滑

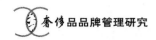

层面	品牌人格
户外	户外、男性、西部
强壮	强壮、粗糙

资料来源：百度百科．品牌个性维度［EB/OL］．https：//baike.baidu.com/item/品牌个性维度/10450815？fr＝Aladdin.

三、品牌有形形象识别

（一）品牌名称

在品牌形象的识别中，最重要的是品牌名称。品牌名称是指品牌中可以用语言称呼的部分。名称作为品牌的第一标识，具有完全的确定性。品牌名称的来源途径多种多样，地理名称、动植物名称、数字字母、古典语言、专有名词等都有可能成为奢侈品品牌的名称，但这只包含了一部分的品牌名称来源。除此之外，一部分品牌来源于新词汇，即造词。品牌造词受到国际性大品牌的偏爱，这一特性源自于西方国家的语言特点。造词是利用西方语言的构词特点，创造出词典里查不到的新词，这些新词的采用能说明产品特点的词或词根，通过某种构词方式，如缩略、组合、拼缀等，创造性地设计出新词，用作品牌名称[1]。这种随性的创意的品牌名称创造方式受到很多大众品牌的欢迎，但在奢侈品品牌中，情况不尽相同。

奢侈品品牌中，许多品牌以其创始人的姓名命名。圣罗兰（Yves Saint Laurent）和菲拉格慕（Ferragamo）是频繁地出现在人们视野中的两个品牌，都是以创办人的姓名命名，一直沿用至今。而在品牌的发展中，品牌名称并不总是一成不变的。迪奥（Dior）在创办之初，以自己的全名作为品牌名称，但在数十年的发展中，Christian逐渐消失，如今为人所熟知的仅为Dior这个名称，与此相似情况的还有Coco CHANEL。更有甚者，有些品牌将自己的名称简化为以名字的首字母合并命名，我们所熟知的路易威登（Louis Vuitton）便是由其创始人Louis Vuitton名字简化而来。但是，奢侈品品牌名称的改变简化并不全是积极的、明智的。男装品牌Marcel Rochas在长期的发展中逐渐简化为Rochas，但在改名之初，名称的改变对知名度产生了影响，从而对销售量产生一定的副作用。且当名称简化后，重新启用之前的名称似乎成了一种不小的挑战。

除姓名以外，部分奢侈品品牌也沿用企业名称来命名。众所周知的奢侈汽车品牌宝马（BMW）即为Bavarian Motor Work集团名称缩写所得。与此相似的还有世界名表品牌IWC，其为瑞士International Watch Company集团名字的缩写。

不论好坏，品牌名称经常都会与跟随着消费者的好恶而改变的价值及风格有关联，且无论是奢侈品品牌还是大众普通品牌，品牌名称所追求的无非是容易被人记住，并且易唤起人们对其内在含义的记忆，而这些称呼或多或少都能体现出品牌所要诉说的情怀。一个好的名称所具有的特点也就因此而明确：易于记忆，因特有的故事包含某种感情或者理性成分。

---

① 白光．品牌造词的故事［M］．北京：中国经济出版社，2005.

（二）品牌商标

商标一词起源于"Logotype"，表示留下印象的过程。逐渐地，人们用这个词来指代一组固定图形标志，再后来，这组固定标志被人用来代表一个品牌，一个产品或一家公司。从前，了不起的工匠会在自己的作品上留下记号，一则便于识别，二则可作为确保质量的标志，贵族或军队会使用代表其上层身份的花纹或者是标准化的器具，如中国古时候官员朝服上不同的刺绣便代表不同的品级。经由记号，如语言、数学符号、图画等沟通是人类的特征之一。

那么，商标为何能扮演这样一种社会角色呢？首先，它满足了将交流的综合化推向极端的需要——以最少量的符号传达最大的信息量。[1] 人们可以明确地发现商标的功能，即在购买之前将资讯信息传达给消费者，这项功能在奢侈品品牌中显得尤为突出。其次，将消费者与特定的品牌联系起来，塑造购买后的连接。奢侈品的消费特征是指奢侈品本身应该具备在消费和使用过程中某些方面的限定条件，它主要体现在两个方面：一是奢侈品之间的配对性；二是奢侈品对消费者的限定。[2] 奢侈品突出的外在表现使其傲然于其他普通品牌，偶然尝鲜的奢侈品消费者所拥有的奢侈品只能成为与主人生活环境不般配的点缀。而真正的奢侈品消费者往往会以比较系统的方式拥有其奢侈品队伍，并可以通过环境进行搭配。此时的商标便类似于黏合剂，将消费者与特定品牌或者同一类别的消费者黏合起来。举例来说，娇兰（Guerlain）商标最上方是一个蝴蝶形兰花图案，象征着美丽的愿景（见图13-1）。中文翻译成绝美的娇兰，宛若一朵娇嫩美丽的兰花。无论是蝴蝶还是兰花，都极具充满女性柔美色彩，这与娇兰的品牌定位相呼应，向消费者阐述了娇兰致力于打造能最大化女性魅力的产品，帮助女性释放荷尔蒙，获取或稳固自信，打造最美的自己。下面大写的英文是创始人姓氏Guerlain，凸显以家族姓氏命名的品牌，以此来告诉世人，娇兰是一个行为忠诚、注重传统、有着多年文化底蕴的品牌，以此在消费者心中树立起沉稳可靠的形象。下方一行小字"PARIS"表示娇兰的诞生地是法国巴黎，世人皆知，巴黎是一座充满浪漫色彩的城市，包含了巴黎名称的娇兰似乎也拥有了一层浪漫的芬芳。背景是淡紫色的花纹图案，紫色代表高贵，在颜色代码中，紫色曾被作为皇室的象征，紫色背景充分体现了高贵典雅的巴黎风范。美丽、忠诚、浪漫、高贵都蕴藏在这个商标中，它几乎包含了女性所有的自身追求和幻想，似乎为女性建造了一个毕生追求、不愿醒来的绚丽奢华的梦境。

图13-1　娇兰（Guerlain）

资料来源：参见 http://www.logoids.com/brand/23EV6FXQVJ.html。

图13-2　宾利（Bentley）

资料来源：参见 https://baike.baidu.com/item/宾利。

---

① 米歇尔·舍瓦利耶，热拉尔德·马扎罗夫. 奢侈品品牌管理［M］. 卢晓译. 上海：格致出版社，2015.

② 刘晓刚，幸雪，傅白璐. 奢侈品学（第二版）［M］. 上海：东华大学出版社，2016.

宾利（Bentley），其品牌标识是以公司名的第一个字母"B"为主体，两边生出一双翅膀，似凌空翱翔的雄鹰，庄严而夺目。雄鹰翱翔于天际，它所呈现给世人的是力量角逐的激情，是天际霸主的尊贵与不可一世，宾利汽车正如其标志一样，展现给世人的永远是动力、尊贵、典雅、舒适与精工细作的完美结合。下面的"BENTLEY"是创始人的家族姓氏，它就像本人的签名一样，承受着创始人对品牌的神圣责任。近代以来人类的发展中，汽车之于男性，正如皮包和化妆品之于女性，属于充满诱惑的存在，而宾利商标所散发出的力量与美、尊贵与激情的特性，对于男性来说，可以称得上是罂粟一般的存在。

（三）品牌产品

一个好的历史品牌必定会有一种或以上经得住时间考验的产品。它们逐渐变成品牌的"台柱"，几十年后，各类产品更新换代，新旧交替，它却毫不动摇地依旧停留在货柜上的某个位置，傲然挺立。此时，这款产品或许不再被用于消费，而是收藏和纪念，但它不会因为时间的流逝而淡出人们的视线，相反，当人们一旦提到这个品牌时，最先浮现在脑海的便是这个产品。

"CHANEL No. 5"香水当仁不让地成为了香奈儿的经典产品。"CHANEL No. 5"香水是于1921年推出的第一支乙醛花香调的香水。它的香味由法国南部Grass的五月玫瑰、茉莉花和乙醛等80多种成分组合而成，清幽的香气凸显女性的娇柔妩媚。初调是伊兰花和若橘的新鲜花香，配以湿草味，给人以现代感觉，然后香体由玫瑰和茉莉带出，最后以白檀香为基底衬托。[①] 其调制和制作工艺的复杂及精细程度不必多说，值得为人纪念的是，"CHANEL No. 5"香水是向花香外的香氛发展的首次尝试成功的作品，是敢于突破传统的作品，更是香氛行业具有里程碑意义的一个作品，如图13-3所示。

Fleurette似乎也在不觉中成为了梵克雅宝（Van Cleef & Arpels）品牌"代言人"。Fleurette花卉是梵克雅宝（Van Cleef & Arpels）最经典的主题之一，现在已经发展成一系列完整的珠宝作品。"Fleurette"珠宝系列精巧典雅的花型以K金作为材质制作而成，上面镶嵌有华美钻石，各种颜色的钻石搭配，能唤起人们对五彩缤纷的美好事物的联想。其系列本质风格在于美好和纯真二词，它为人们讲述的是一段永不褪色的爱恋。这系列似乎在诉说梵克雅宝（Van Cleef & Arpels）品牌诞生的浪漫爱情故事，如图13-4所示。

图13-3 香奈儿（CHANEL）5号香水

资料来源：参见 https://image.baidu.com。

图13-4 梵克雅宝 Fleurette 系列产品

资料来源：参见 https://image.baidu.com。

大宗机械产品中，谈到保时捷（Porsche）时，保时捷"911"形象或许就跃然在人们

---

① 孔淑红. 奢侈品品牌历史（第二版）[M]. 北京：对外经济贸易大学出版社，2014.

脑中。第一辆保时捷"911"诞生于 1963 年，是保时捷所有车型中最受人追捧的车型之一。同时是整个保时捷、整个德国乃至整个世界最传奇的车型之一。它是保时捷最经典的车型，凝聚了保时捷几十年的发展历史，这使其带有一份贵族气质。其中，"911"Turbo 的双涡轮增压发动机为水冷 24 气门，最大功率上升至 420 马力，最大扭矩 500 牛·米。涡轮增压是通过猛烈旋转的涡轮把空气硬吹进发动机，使气缸的进气量增大，从而激发强大的动力，而强大动力以及加速度使"911"的驾驶者体会到不一样的速度与激情，这或许也是广大热血青年们对其趋之若鹜的因素之一。但是，保时捷"911"能给大众的感受却不仅仅是这些，如图 13-5 所示。

图 13-5　保时捷（Porsche）"911"系列

资料来源：参见 https：//image. baidu. com。

(四) 品牌形象大使

为适应现代消费者的消费观念，某些奢侈品品牌会选择符合其品牌形象且自带庞大粉丝群的当红明星作为其品牌形象代言人。通过社交媒体借势营销的案例，将高端奢侈品通过明星这个大 IP 去实现自己的品牌曝光和市场教育。名人代言是奢侈品品牌创建常用的一种工具，利用此种形式将名人的容貌、气质、地位等特质按照移情效应转移到奢侈品品牌上，成为奢侈品品牌的一部分，且名人的行为具有示范性，隐含着生活方式的号召力对消费者有着很强的吸引力和示范作用。此外，品牌个性的拟人化需要名人代言的具体化，奢侈品正是通过皇室贵族、社会名流等名人培育出奢侈品奢华优雅的品牌形象。

江诗丹顿（Vacheron Constantin）与其代言人的结合，正是应了年轻化 KOL"意见领袖"的宣传契机。

其代言人拥有庞大的粉丝群。作为品牌的形象大使，作为品牌的移动广告，自然而然地成为了江诗丹顿的又一代名词。通过匹配 BLUEMC 微博用户库获得 KOL 的"粉丝"[①]数据发现，其粉丝出生大多在 1980~1995 年，多为消费能力极强并且追求精致生活的都市青年。因此，从规模、影响力和壕值这几个维度上进行量化，其代言人与江诗丹顿具有极高的适配度。前文也曾提到，江诗丹顿精致且绅士，而其代言人帅气且儒雅，当人们将其代言人作为品牌形象参照时，这会触发仰慕群体的需求，进而去寻求与品牌连接。由此来有效地维持品牌与消费者间的距离。两者完美地诠释了时尚 KOL 与奢侈品品牌形象的结合。

但并非明星 KOL 与奢侈品品牌的结合话题都会朝着人们所期望的正面发展。如某品

---

① 参见 https：//baijiahao. baidu. com/s？ id=1591816872416607305&wfr=spider&for=pc。

牌形象大使的更替中，其代言人气质甜美，长相精致，自身形象与该品牌形象也相匹配，但由于代言人自身话题争议，且伴随着上一任完美的大使变动，该品牌形象一时受到大众质疑，甚至出现强烈的反抗言论。

形象大使是以一个可信度、专业性或者喜爱度较高的传播者形象出现在观众面前的。他们是靠"参与"这种行动作用于消费者的，而公众形象和名气只是保证其能够扮演这一角色的条件。如果只是扮演传播者角色，则主要考虑其名气，至于名气与品牌形象之间的内在联系则在其次。这时，他们起的主要作用，是对传播活动本身及产品或品牌的认可性、被消费者认可后的"公证"与"背书"。

四、品牌文化

品牌文化（Brand Culture）是某一品牌的拥有者、购买者、使用者或向往者之间共同拥有的、与此品牌相关的独特信念、价值观、仪式、规范和传统的综合。① 品牌文化的核心是文化内涵，具体而言是其蕴含的深刻价值内涵和情感内涵，也就是品牌所凝练的价值观念、生活态度、审美情趣、个性修养、时尚品位、情感诉求等精神象征。品牌文化一旦形成，就会对品牌的经营管理产生巨大影响和能动作用。对于奢侈品来说，文化甚至可以被认为是其超越一般商品品牌的决定性因素。尽管奢侈品品牌通常拥有非常卓越的品质和时尚的设计，但如今越来越多的一般消费品品牌同样能够为消费者提供并不逊色的商品，因此，奢侈品品牌必须为它的购买者和使用者提供一个崇拜的理由，那就是品牌文化。另外，由于如今消费者收入水平的提升，用于生活必需品的消费占收入的比重逐渐下降，人们愿意花更多的钱来获得精神上的满足，而奢侈品品牌在给予消费者卓越品质的同时，其文化内涵恰好能与消费者的精神需求完美契合，为消费者带来最大的精神利益。

因此，奢侈品品牌的职责包括以下三个方面：

（1）品牌塑造一种恰当的文化。为品牌塑造的文化是否合适，一般有两个衡量标准：一是这种文化要适合产品特征。产品都有自己的特性，如在什么样的场景下使用，产品能给消费者带来什么利益等。"百贝佳"（牙膏品牌）宣传"世界的早晨从百贝佳开始"；"雀巢"则时刻传递给人一份温暖和关爱。二是品牌文化要与产品特性相匹配，品牌文化才能让消费者觉得自然、可接受。有时品牌经营者采用的是品牌延伸策略，即一个品牌下有许多品种的产品，这时就要抓住产品的共性。

（2）融合品牌文化与时尚文化。对某些产品来讲，十分适合在品牌文化中引入时尚的内容，如服饰、运动产品等。时尚（Fashion）指的是一个时期内相当多的人对特定的趣味、语言、思想以及行为等各种模式的随从或追求。如何倡导一种品牌时尚，简而言之，就是要分析消费者的现时心态，并通过商品将消费者的情绪释放出来，并激励大众参与。倡导品牌时尚一个重要的途径是利用名人、权威的效应。由于名人和权威是大众注意和模仿的焦点，因此有利于迅速提升大众对品牌的信心。如力士香皂就一贯坚持让著名影星作为其推介证言的策略，在不断的积累中成功地使力士的品牌文化与时尚联系在了一起。当然在选用名人来做广告时需要谨慎和恰如其分，一般要考虑到名人、权威与品牌之间的联系。另外，还要努力将时尚过渡到人们稳定生活方式的一部分。由于时尚是一个特定时期

---

① 王海忠. 品牌管理［M］. 北京：清华大学出版社，2014.

内的社会文化现象。随着时间的推移，时尚的内容将发生改变。所以在借助和创造时尚的同时，也应考虑到时尚的消退。一个有效的措施是在时尚成为高潮时，就有意识地转换营销策略，引导消费者将这种时尚转化为日常生活的一部分。

（3）品牌文化与民族传统文化的结合思考。品牌文化是与民族传统文化紧密联系在一起的。将优秀的民族传统文化融入品牌文化，更易让大众产生共鸣。我国的民族传统文化注重家庭观念，讲究尊师敬老、抚幼孝亲，强调礼仪道德、伦理等级、中庸仁爱，追求圆满完美，崇尚含蓄、温和和秩序等。在品牌文化中继承民族传统文化需要符合民族的审美情趣，也要考虑到民族的接受心理，同时要重实质，如果过分追求缺乏内涵的形式只会适得其反。一般而言，一种品牌文化应为绝大多数目标消费者现时认同或追求的，应尽可能与其生活相接近，乃至是生活的某一部分。

因此，成功的奢侈品品牌可以以各种各样的方式进入人们的视野，走进消费者的心里。无论是人还是物，有形的存在或者无形的想象及情感，一笔一画，一个动作或是一种颜色，一种语言或是一种气味，都可以成为品牌的标识，作为品牌的代表，领着某品牌走向未来。

第二节　品牌故事

在市场决定论的背景下，竞争成为企业获取资源的最常规方式，而品牌及品牌故事则日益成为企业竞争的最有力武器。很多奢侈品品牌背后都隐藏着一段鲜为人知的故事，或是感人肺腑的凄美爱情，或是艰苦卓绝的创业历程，或是意想不到的灵感来源……那么品牌故事如何打造？又是如何诉说的呢？

一、品牌故事的内容

奢侈品品牌定位后，消费者对这不同寻常的奢侈的关注度自然提高。这时消费者对品牌高价的惊讶，便成为了他们希望了解奢侈品品牌背后意义的最初理由；此外，奢侈品品牌所代表的顶级生活方式，实际上是社会各个群体都会感兴趣的内容。每一个奢侈品品牌的背后都会有一个或以上优美动人的故事在支撑着其产品的战略定位。而这些故事素材的来源十分广泛，品牌的设计理念、品牌文化、品牌历史、生产时间、产品的独特工艺、所采用的顶尖科技或是相关的服务等都可以成为其品牌故事的来源。

通过传播品牌故事的方式将奢侈品品牌的价值传递到消费者的心目中，是奢侈品品牌成功的关键。奢侈品品牌大多自称"出身名门"，宣传品牌的高贵血脉。它们在树立高端形象、紧密围绕高端人群的生活方式的同时，奢侈品品牌在传播中的沟通之道是：多讲品牌故事，少谈技术指标。品牌把这些故事告诉客户，是为了让客户在购买奢侈品之后，可以炫耀给朋友听，因为具有非凡品质形象的奢侈品及其故事自然容易拨动社会财富等级差距较大的人的心弦。除此之外，通过故事对产品工艺及技巧的宣传确实比纯粹的功能讲解使人们对于昂贵的产品容易接受得多。

菲拉格慕（Ferragamo），一双深受奥黛丽·赫本、玛丽莲·梦露、麦当娜等喜爱的鞋子。1898 年，萨瓦托·菲拉格慕（Salvatore Ferragamo）出生在意大利偏远地区的一座小镇，家境贫寒的他很小就开始自己做鞋，在萨瓦托·菲拉格慕9岁时，有一次由于姐姐没有白色皮鞋参加第一个圣餐仪式而忧心，他便向同村玩伴借了些工具及材料，经过整晚的努力，一双近乎完美的小皮鞋诞生了。萨瓦托·菲拉格慕从小便显示出造鞋的天赋，之后，在造鞋业的不断努力，他开立了属于自己的品牌鞋店，并将其鞋店的产业和理念不断拓展。如今我们能够在专属于菲拉格慕博物馆内找到无数双美轮美奂的鞋子，玛丽莲·梦露的电影《七年之痒》裙角飞扬的经典一幕中，其所穿的那双性感无比的镶金属细高跟鞋也赫然位列其中。萨瓦托·菲拉格慕在好莱坞的支持者众多，他也因此获得了"好莱坞明星的制鞋师"的美誉，其精湛的手工制鞋艺术与工艺广受推崇，他制造的鞋子舒适耐穿，注重自然平衡，绝不会使足部变形。

二、故事讲述者

这就是菲拉格慕鞋子的故事，从他深夜为姐姐制鞋到深受好莱坞明星的推崇，我们可以看到菲拉格慕品牌对女性的呵护和宠爱，以及其带给女性的光芒与荣耀，这都是对女性及其诱惑所在。用故事诉说情怀，故事存在了，那么故事的讲述者和故事的叙述方式便成了人们的探索方向。故事由谁讲述尤为重要。

（一）明星代言人

站在广告的角度来看，品牌代言人是品牌故事的第三方讲说人。回顾改革开放40余年的广告实践，明星代言品牌是较早采用的品牌传播方式。这种做法常见于日常消费品的宣传。随着品牌营销的逐步发展，明星与所代言的品牌之间的内在关联度越来越大，在很大程度上都考虑了消费者对明星特性的认知，代言人的话语设计也从直接推荐产品转变为塑造品牌的特质。

（二）企业家

企业家缔造了企业品牌，综观国内企业界，我们不难发现，王石无时不在讲"万科的故事"，马云无处不在讲"阿里巴巴的故事"。企业家本身就是品牌故事的导演兼领衔主演，由其来讲品牌故事，更具有传奇色彩、人格魅力和可信度。这自然使人联想到 Coco CHANEL，这是一位开创了一个世纪品牌的伟大女性，其用自身创业的经历向所有消费者讲述了一名精致的独立女性的奋斗故事，也是这样的一个故事赋予了香奈儿（CHANEL）品牌自信和高雅的特色。香奈儿充分凸显了品牌名称有助于建立和保持品牌在消费者心目中形象的特点。

（三）员工

从理性的角度出发，我们不难发现，其实每位员工都是企业品牌塑造者，也是企业品牌最大的代言群体。员工是亲手造就产品的人，员工也是处在第一线与顾客距离最近的人，员工的一言一行，一动一静，品牌故事即发生在其中。

（四）顾客

顾客是品牌故事的传播者。真正的品牌不是"王婆卖瓜自卖自夸"，而是要经得起客户的深度体验，所以客户才是品牌故事的超级传播者。从经济学的角度来分析，消费者付出货币换取商品和服务，二者之间是等价交换。但从消费心理学角度来分析，如果消费者花钱购买的商品或服务可以满足其高层次需求，那么其就会乐于向他人传递这种满足感。在这方面，奢侈品品牌无疑最懂消费者心理，所以奢侈品广告的价值诉求度集中在人的精神需求满足上。它背后的逻辑是消费者的自我肯定和自我价值的实现。

三、故事的讲述方式

品牌故事如何讲，这是一个相对复杂的实操性问题。①

（一）大制作、大投入、大手笔投入讲述

品牌故事的这种讲述方式常见的是电影输出。热播电影《中国合伙人》在国内市场上掀起了一股新东方热，可称为 2013 年度讲得最好的品牌故事。这个品牌故事通过电影的方式进行传播，是大投入带动大产出的大手笔。在这部电影的带动下，新东方暑期招生再掀热潮，市场份额又创新高。电影的最初编剧是新东方三位创业元老之一徐小平，新东方的创业历程为这部电影提供了原始的素材。陈可辛导演的独立执导，不仅使该部电影保持了很高的艺术水准，也使新东方的品牌传播开了先河。与此类似的还有《穿 Prada 的恶魔》这部在各国备受关注的影视作品，这种大制作、大投入、大产出的大手笔效应，背后是不做则已，要做就做最好的思维牌模式，值得大品牌学习借鉴。

（二）等待时机，把握时机，创造时机

这种故事讲述手段的可控性较高，实施运用广泛。比如张瑞敏砸冰箱、陈光标砸宝马，都是择机而行，如此才能产生预期的品牌效应。比如许多品牌赞助体育、参加行业定期举办的大型展览，即是把握时机，搭顺风车、乘专列，过期不候。

（三）与先行者同行，与先知者同在

奢侈品品牌所在的环境中，有固定的文化大背景，而文化信仰对人们的行为处事以及价值取向判断有着决定性的影响力，此时品牌故事的叙述方法可以搭乘环境与文化的顺风车，在品牌文化及品牌故事中融入当地文化元素，使消费者对品牌更易产生认同感，在与消费者及广大受众建立认同感之后，品牌故事的传播会因此更加有效率。

第三节　奢侈品品牌传播与实施策略

品牌传播是指两个或者多个相互独立的系统之间，利用一定的媒介和途径所进行的、有目的的信息传递活动。施拉姆也曾说过，传播至少有三个要素：信息源、信息以及信息归宿。根据拉斯韦尔的"5W"模式在奢侈品品牌传播中的应用：信息源则为信息传播者，

---

① 邢小兰. 品牌故事如何讲 [J]. 中外企业文化，2014（5）：58-60.

即奢侈品品牌创建和经营者；信息是信息源想要传播给大众的信息客体，即奢侈品品牌附加值信息；信息归宿即为信息的接收者，表示广大奢侈品的消费者或准消费者；媒介和途径指信息的载体，即奢侈品品牌的各种营销方式与渠道模式的综合作用；效果是指消费者对品牌的感知。以上，为品牌传播的相关要素或节点。什么是好的传播？花费很少而在最长时期内引起最大销量的一种传播。在生活中，奢侈品品牌传播涉及面广，传播的实施受各种因素的影响，品牌生命周期、现代科技的发展等都可能影响品牌的传播。奢侈品品牌需要其经营者根据品牌自身情况，选择合适的传播方式，组建优秀的品牌团队，推出最适合品牌的传播行为、传播路径，以确保将奢侈品品牌以一种风光的姿态送入大众的视野。

根据传播关系，深入推出传播链的意义，传播链表示品牌从识别到品牌产品被购买和消费的一系列过程。包括品牌识别、品牌身份的社会表现、消费者对品牌识别的理解和品牌购买等过程，在传播链的各个环节中，行为主体也各不相同。

一、品牌社会表现及沟通

（一）品牌社会表现

品牌社会表现这一环节的行为主体为品牌创造或经营者。

奢侈品品牌进入新市场的第一步，便是奢侈品品牌的价值定位。首先要进行的就是对新市场的消费者进行系统的研究，选择以什么样的价值将产品发送给具有不同情结的消费者，这是塑造奢侈品品牌的第一步。接下来需要关注的便是奢侈品品牌诉求。奢侈品要卖出的价格高于其同类普通产品的数倍甚至数十倍，其价值肯定不仅仅在于产品本身，更重要的是它所代表的价值内涵和品牌精神。

1. 品牌文化内涵

在品牌诞生之初，品牌便伴随着其创建者的期许与感情，逐渐成长为创建者心目中的那个品牌，因此，品牌具有一系列拟人化的情感特质。品牌就如同其创造者养育出的后代一般，在品牌发展过程中，其创建或经营品牌名称、品牌商标、品牌产品、品牌包装和品牌代言人等有形客体要素的选择，即设计中融入品牌的文化标准理念作为指向灯，或者说是标尺，引导和督促着品牌朝着其被期望的方向发展。在品牌成长过程中，品牌文化也在不断地修正和完善，这就好比人类成长过程中，其人格的不断塑造和完善，好的人格对于人类来说是其顺利成长并良好发展的必要因素，因此，一个好的品牌文化对于品牌的发展至关重要。所以，品牌创造和经营者的任务是，努力地培育一个德智体美全面发展的品牌，并将其展示在大众面前，等待大众的评估与选择。需要注意的是，奢侈品品牌都具有其自身的傲气与坚持，它只会挑选其自身认同的群体来展现自我，释放自己的魅力，并且朝着它们的方向不断改进，这便成就了无可代替的奢侈品品牌。

2. 标识体系

在本章第一节我们已经了解了人们正在不断尝试描述产品的大致轮廓，而如今的轮廓描述体系也趋于成熟。品牌名称、商标、品牌基线、产品、声音、包装、标签等都属于描述体系的一部分，所有这些组成元素都有相同的性质，那便是能够识别，富于表现力和容易记忆。它们身负着以高雅而简洁的方式向社会大众传达一个品牌及其世界观和价值的归属信息的责任。最后，它们还需要保证自己不会语意不清，不会概念模糊，不会让顾客对其解码时的过程变得复杂。如今趋于健全的品牌标识体系被各大品牌运用得越来越广泛，但这并不足够，更多的、更好的标识方式仍在等着人们去开发和挖掘，毕竟创新永不止步。

3. 奢侈品品牌产品销售点、办公室以及工厂

奢侈品企业一般都为跨国企业，即在不同国家设立品牌的营业点。那么此时，在什么样的国家和地区，在怎样的场所设立自己的办公地点，或者设立什么样的档次及形象的办公地点和销售点，以及在哪些地区设立自己的产品工厂，雇用何种类型的人员为自己工作，制造产品等，都是奢侈品品牌经营者在品牌传播过程中需要着重注意的问题。这些方面直接跟品牌、产品和企业在社会公众心中的形象挂钩，从而对产品的销售量产生联系，因此，在这些方面对于差错的容忍度极低。

关于办公地点，在进入新市场之前，需先对市场的消费者进行研究，什么样的国家人民对奢侈品所能够提供的这类精神补充的需求高，什么样的地区聚集了大量的有精神追求的消费者，那么，这样的地区便会成为奢侈品的天堂。各类奢侈品品牌企业在这里建立分支机构，设立建造具有奢侈品品牌特性的办公场所，要知道，企业办公场所的设计也属于品牌文化体现的一个方面，当人们站在某品牌的企业内部进行参观时，办公场所的设计以及陈列是品牌给人们关于企业文化最直观的感受。销售点选址的考虑因素与设计类似。Grand Optics 的总经理邵基·加尼姆在被人问到在购物中心开设新店的参考标准时提到过，购物中心经理的情况、购物中心吸引顾客的特点、购物中心规模及客流量的情况、店铺在购物中心的位置及店铺的规模都在其考虑范围之内，除此之外，店铺的装饰以及营销人员的培训和选择也是销售点的重点考虑因素。至于工厂的选择，奢侈品相较于一般商品品牌具有独特性，众所周知，奢侈品产品精、巧、新，因此在制作和设计时程序更为复杂，由于不同的国家在某项技术上的优势各有差异，为了做到尽善尽美，一件奢侈品想要成形，可能需要辗转多个国家，因此，一个奢侈品品牌的包在选皮、缝制、打磨等工序可能需要送至多个国家才能完成。另外，在各国生产，同种产品的生产受到多国人民的监督；在各国销售，得到多国人民的认可，这种做法为消费者带来了心理的保证，也迎合了消费者对进口产品或是国外产品的新奇感和追崇感的追求。

4. 产品

产品在品牌表现元素中拥有特殊的地位，它是经济结果的基础。在传播过程的第四步中被人购买，并且是品牌计划全部得到认可。不仅如此，产品具有非一般的传播意义的原因有很多，具体如下：

（1）产品的有形特征。产品不仅具有在色彩、形式、原料、风格等方面的美感，还具有可靠性、耐用性和再现性等功能性特征；功能对于高端奢侈品品牌来说具有特别的重要性，奢侈品领域对于做工的崇拜感赋予了产品重要意义；产品的可用性对品牌的理解方式也会产生影响；产品的销售规划，包括系列结构、产品种类数、模型以及价格。

（2）产品是品牌与消费者关系的关键。产品与其购买者共度过一段时间并建立起一种情感上的联结，产品是重复购买的来源，是在消费者和品牌之间建立信心或者造成失望的起源。

（3）产品是创意的主要范围。产品是最能体现研究和创意努力的结果的实物。

（4）产品总是处于情境之中。建筑概念、橱窗、广告、销售人员的推荐等各种场合，都会出现产品的身影。对于奢侈品品牌来说，产品是最终的检验，且必须对产品传播的影

响等方面有一个最为清晰的认知，才能更好地对产品进行管理。

5. 公司行为表现

公司的行为可能对品牌的理解方式有重大的影响，因此它有足够的理由被归于品牌的表现元素。对品牌识别的负面影响是由不受约束的员工的个人行为所引起的，这种行为可以被称为不受控制的行为。消费者越来越对他们偏爱的品牌背后的管理人员的行为产生兴趣。Millard Brown 公司在 2002 年进行的一项研究表明，一个从英国的消费者中提取的样本里有 75% 的人已经在抵制某一产品，或者因为某公司的行为方式而选择购买其品牌的产品。[①] 这会导致公司加紧对员工行为的控制，准备好其伦理规范，不仅如此，为了有效地维护品牌，这种控制也被运用到了与品牌相关的组织，如其代理商、基金会等。

某些可以受到完全控制的行为被称为受控制的决定，而这种行为或许仍会对品牌有负面影响。博柏利（Burberry）的一个案例可以充分解释这种行为。博柏利的管理层决定关闭在威尔士的工厂，并且在中国重新开设工厂，这项决议行为是完全受到公司的控制的，但是这个计划没有考虑到威尔士工人的就业问题，此时威尔士工人的奋起抗议使公司管理层必须受到法律以及媒体的掣肘，而矛盾的关键是在威尔士建立工厂时形成了与不列颠建立良好的品牌识别，而此时的撤厂行为类似于放弃不列颠，这种与当初的品牌识别相违背的行为使博柏利品牌在不列颠的品牌公信力受到了无法挽回的损失，这种影响甚至会波及其他城市。

6. 实际消费者表现

奢侈品品牌没有选择采取走入市场的"亲民"策略，它另辟蹊径，通过发展出带着奢华、高雅的品牌文化，创造出一种新的经营方式。我们永远都不能确定消费者会对一个品牌产品的相关宣传发挥多大的作用，也无法控制它们去做什么。没有人会想到鳄鱼（Lacoste）的鳄鱼标识与其运动时尚的生活方式会成为消费者狂热追逐的对象；当初谁也不确定奢侈品市场会得以生存并且能在现在不断开拓。

如今各类奢侈品品牌在各种不确定的消费者行为中选择创造出自己的品牌识别，通过对市场上消费者的行为信息做出收集、整理、研究，有针对性地向特殊相应的人群展开传播攻势，力求最大程度上能够对消费者的回馈和反映做出准确的预测，以得到想要的预期成果。

（二）品牌与消费者的沟通

1. 品牌文化沟通

品牌文化是奢侈品品牌的核心，为品牌保持顾客的忠诚度，其在传播过程中有其独有的个性特点与代表的尊贵地位和身份。奢侈品的文化内涵可以由高贵的出身、悠久的历史、传奇的故事、时代的先锋、设计师的功力以及地域的特征六个方面表现出来。[②] 这六个方面又相互影响，形成品牌特有的文化。

高贵的出身。大多数奢侈品都与皇室或者国家元首等在政治、经济生活中具有十分重要作用的群体有着紧密的联系。很多厂家的创始人就是当年皇家御用的设计师，因此他们设计、制造的产品一脉相承，这种奢侈品有着纯正的皇家血脉，更是通过其产品传达出尊

① 米歇尔·舍瓦利耶，热拉尔德·马扎罗夫. 奢侈品品牌管理［M］. 卢晓译. 上海：格致出版社，2015.
② 李杰. 奢侈品品牌管理——方法与实践［M］. 北京：北京大学出版社，2015.

贵的意蕴。世界著名的旅行箱制造工人路易威登（Louis Vuitton）在成立路易威登公司之前，曾是当时法国皇后欧也妮最喜欢的旅行箱制造家，并获得了无上的荣誉。这份荣誉可以称得上是之后路易威登公司一路腾飞的一大助力。由于品牌本身的精致诱人，再加上这份荣誉，路易威登在发展过程中不断吸引各界尊贵著名的人士成为其客户，使其品牌尊贵性不断得到维护，一路走向现代。

悠久的历史。奢侈品品牌因其多年历史的沧桑与岁月的锤炼而显得熠熠生辉。不像普通知名品牌一般可以通过短期的金钱与运作实现，奢侈品品牌风格需要历史的积淀，其多数蕴含了丰富的艺术价值，在其身上，我们可以找到深深的历史烙印。意大利顶级奢侈品品牌古驰（Gucci）经过 80 多年的传承闻名世界；伦敦的 LOBB 男鞋店从维多利亚时代开始，一直深受亲王贵族的喜爱，秉承手工制造传统，到如今也一直是各类贵族的宠儿。

传奇的故事。无论哪种奢侈品品牌，都有一段或是多段能够使品牌深深扎根于其传统的悠久的品牌历史和传奇故事，这些需要时间来撰写的奢侈品品牌故事使品牌成为传奇，创造出与众不同的市场定位。奢侈品的文化内涵更通过故事传达出其深含的意蕴。奢侈品的用户原本就是广受关注的群体，这个群体有能力制造出惊心动魄的故事，或者演绎出缠绵悱恻的爱情故事，使人们一直记着故事的主人公，进而记住品牌。香奈儿（CHANEL）与美国前总统肯尼迪的夫人杰奎琳就有着数不清的轶事。在美国总统肯尼迪遇刺时，倒在夫人杰奎琳的怀中，而此时的杰奎琳身上穿着的，正是香奈儿的粉色套裙。这件事、这套服装以及这个品牌都是时尚消费者认识香奈儿的助力。从 Michael E. Porter 的竞争优势理论角度来看，奢侈品的这一特性是新品牌进入奢侈品市场参与竞争的最大障碍，也是奢侈品品牌巩固自己地位的得天独厚的优势。

时代的先锋。社会、市场、环境的演变伴随着各大品牌的优胜劣汰，奢侈品品牌也不例外，在不适应新市场环境的奢侈品品牌退出市场的同时，新的奢侈品品牌涌入。不同的是，作为顶级产品的商家，奢侈品厂商能最快地把握时代的脉搏，迅速地推出自己的新产品。如路易威登的旅行箱包，总在考虑时代的变化，在功能、外观以及理念上，最快速地推出适应社会的品牌。

设计师的功力。设计师的文化素养对于品牌来说十分重要，深厚的文化素养是设计师不竭的创造源泉。深厚的文化素养不是一朝一夕就能够完成的，从文化素养转换成设计能力也是需要巨大的勇气及能力的。勇气的需求归因于将文化素养转换成设计能力，一件长期且艰苦的事情，可能需要花费一辈子的时间，同时需要承受所设计的作品可能不被社会认可的压力和挫败感；能力的需求归因于在浩如烟海的文化海洋中寻找设计的突破，把文化素养转化为扎实的设计能力，而不仅是表面形式模仿，这需要设计师具有全局的视野，对于想成为设计师的人来说是一场难度极高的挑战。

地域的特征。产地在奢侈品行业中是一个能蕴含丰富品牌文化的因素。如果一个国家以某个行业或者某种产品而在世界享有盛誉，那来自该国该行业的品牌就具有某种先天优势，即原产地形象。城市形象为奢侈品提供了良好的发展空间，同时众多的奢侈品品牌也为城市的经济、文化注入活力。有力的原产国形象会为奢侈品品牌带来强有力的品质保证，这种类型的品牌在全球传播时应把原产国形象作为品牌个性的一部分加以宣传，充分利用有利的外部条件。欧洲有着悠久的奢侈品历史传承，其中法国人、意大利人对奢侈品的情结较为突出，巴黎被称为"奢侈品之都"，是奢侈品的天堂。娇兰（Guerlain）的品牌 LOGO 的最下方，有一行"PARIS"的小字样，将品牌原产地通过 LOGO 告诉大众，而

"PARIS"一词所带有的美好象征意义镌刻于所有人心中，因此在宣传中加入有利的原产地形象为娇兰品牌宣传活动更添迷人色彩。

2. 消费者对品牌社会表现的理解及沟通

消费者对于品牌态度和行为与品牌对消费者的态度和行为之间存在互动性，人们将之称为消费者—品牌关系（Blackston，1992）。消费者会根据品牌的经营活动做出相应的反应，并在遇到利益互补的品牌时会选择建立良好的关系，可以说，对利益的考虑将决定消费者与品牌的关系启动、建立、维持及解体的全过程。消费者从自身需要出发，评估品牌可能带来的利益而形成消费者对品牌的态度，导致进一步相应的行为；同时，品牌向消费者传递的有关信息则使消费者试图解读为品牌对消费者的态度，解读从品牌角度如何看待消费者。这一系列过程都在说明消费者—品牌关系是在消费者心里的一种互动，是一种心理过程，存在于消费者的潜意识当中，而这种潜意识正是由品牌的行为决定，被激发为对品牌的何种态度。

奢侈品的消费者相较于普通产品的消费者更加注重产品的外在价值和自己内心的满足，他们在愿意为高质量的产品和服务付出更高费用的同时也更加挑剔，他们有时希望通过对某类精致有品位的消费来塑造和体现自己的个人风格，更加追求产品的符号象征价值。和所有的消费者一样，奢侈品消费者对品牌的态度和认知也可以总结为以下几个阶段：初始了解，对品牌形成大致的图文标识的印象；尝试体验，在对品牌传递的精神和价值产生了初步认可之后，通过尝试和体验对品牌进行更深一步探索；形成品牌忠诚度，在体验过品牌产品并且对其产生进一步的认可之后，最终产生对产品的忠诚。对于消费者来说，需要是一切行为的出发点，也是行为的最终归宿；需求产生动机，消费者购买动机复杂多样，表13-3对其进行了大致整理，有了动机之后，根据消费者—品牌关系定义，消费者选择权衡是否存在可获得的利益，根据权衡的结果，消费者再考虑与品牌建立关系的可能性。

表 13-3　消费者购买动机

	理智动机		感情动机
适用	适用，即求实心理，是理智动机的基本点，立足于商品的最基本效用。在适用动机的驱使下，顾客偏重产品的技术性能，而对其外观、价格、品牌等的考虑则在其次	好奇心理	好奇是一种普遍社会现象，只有程度之别。一些人追求新奇，赶时髦，充当先锋消费者，不大考虑是否实惠，如跳跳糖、谜语手纸等在市场上风靡一时就是迎合了这种心理
经济	经济即求廉心理，在其他条件大体相同的情况下，价格往往成为顾客取舍某样商品的关键因素。折扣券、大拍卖之所以能够牵动千万人的心，就是因为"求廉"心理	异化心理	异化心理多见于青年人，他们不愿与世俗同流，希望与别人不一样。我国1994年开始由南往北渐进地将黑发染成黄发、红发的消费行为就反映了他们想标新立异的心理
可靠	顾客希望商品在规定时间内发挥其使用价值，实际上是"经济"的延伸。名牌商品在市场竞争中因高质量而具有优势，故具有远见的企业总在保证质量的前提下打开产品销路	炫耀心理	多见于功成名就的高收入群体，购物不光是适用，还要表现个人财力与欣赏水平。他们是尖端消费群，购买倾向高档化、名贵化，上万美元的手表等正迎合了这一心理

	理智动机		感情动机
安全	随着科学知识普及，经济条件改善，顾客对自我保护和环境保护意识增强，对产品安全性的考虑越来越多。现在的"绿色产品"具有广阔前景就是抓住了这一购买动机	攀比心理	攀比，社会学家称之为"比照集团行为"。有这种行为的人照搬其所希望跻身其中的社会集团的生活方式，不管是否需要、是否划算，也要购买
美感	爱美之心人皆有之，美感也是产品的使用价值之一。企业对产品外观设计注入越来越多的投资，就是因为消费者购买决策时，美感动机成分越来越重	从众心理	作为社会人，有一种与其所归属圈子趋同的倾向，这是一个相当大的顾客群，研究表明，当某种耐用消费品的拥有率达到40%后，将会产生对该消费品的消费热潮
使用方便	省时省力是人们一种无意识自然需求。商品，尤其是技术复杂的商品，使用快捷方便，将会受到更多消费者青睐。"傻瓜"相机等正是迎合了消费者的这一动机	崇外心理	一些消费者盲目崇拜国外货。部分国内生产厂家绝大部分甚至全部采用国产件，但仍沿用进口散件组装牌子；在包装上全用外文等行为就是利用了这种崇外心理
购买方便	社会生活节奏加快，人们更加珍惜时间，对选择性不大的商品，就近购买，顺便购买经常发生。一应俱全的超级市场等购物方式的兴起正是迎合了消费者的这一动机	尊重心理	顾客是企业争夺对象，如果服务质量差，顾客往往会弃之不卖。因此，企业及其配套工作人员真诚尊重顾客的经济权利，顾客便乐于购买，甚至会产生再次光顾的动机
售后服务	产品质量是一个整体形象。对多数消费者而言，即使是享誉世界的名牌也不能完全消除其心理上的紧张感。因此，有无良好的售后服务往往成为左右顾客购买行为的砝码		

资料来源：李杰. 奢侈品品牌管理——方法与实践［M］. 北京：北京大学出版社，2015.

　　影响消费者行为的因素有很多，大体都可以从表13-3中的一项或是几项中找到影响因素的影子。传统消费者"漏斗式"的决策模型包括以下行为：认知、熟知、考虑、购买、忠诚。在这一系列行为中，奢侈品企业在品牌识别系列能够做出的反应行为有很多。商标和名称等基础符号的设计是为消费者认知阶段做出的准备，这几乎可以说是所有的品牌变现都要承担的最平凡的功能；而产品、服务等广告的推出，企业公共关系的维护过程，名人代言的亮相都属于为了能使客户熟知品牌做出的努力，奢侈品品牌特有的产品独特和精巧的概念深入人心，毋庸置疑，再通过在社会公众出现的机会释放品牌自身魅力，让消费者在熟知自己的同时产生感情上的认同感；在品牌文化、品牌价值、品牌故事的推广是消费者在考虑与品牌建立正式联系的推手，品牌文化和品牌价值是在奢侈品的消费中最引人入胜的部分，消费者愿意花高于普通同类商品几倍甚至数十倍的价钱来购买奢侈品，大多是为从奢侈品的文化及其价值中获得自身需要的精神追求，这是普通商品无法给予消费者的。

　　在充斥着象征性消费的奢侈品行业中，象征性消费有多层含义。首先，消费者借助消费奢侈品来完成如其地位、身份、个性、品位及认同等"消费象征"的传达，这也是消费者借助奢侈品品牌进行社会表现和社会交流的过程；消费者在对某品牌的奢侈品进行消费时，不仅是对商品本身的消费，更是对商品所代表的象征意义，如心情、美感、氛围、完美、精致等感觉进行的消费，这被称为"象征的消费"。奢侈品以及品牌具有无与伦比的魅力，这一点是无可否认的。有许多人最初可能是为追求所谓的"虚荣"而对奢侈品进行选择，但在认识这个品牌的过程中，在真正接触了奢侈品之后，在对各种奢侈品产品各种细微的研究和关注后，消费者大多会渐渐被奢侈品品牌所提倡的"生活方式"所吸引和感染。

二、品牌生命周期传播策略

一个完整的品牌生命周期依次经历导入期、知晓期、知名期、退出期四个阶段。品牌历史是由强势的增长期与相对平滑的停滞期相互交错所构成的，有时甚至可能会出现急速的扩张和快速的退出现象。在不同的阶段，奢侈品品牌创建与传播的常用工具为：公共关系、名人代言、聚焦广告、赞助①、新媒体等。品牌市场生命周期曲线如图13-6所示。

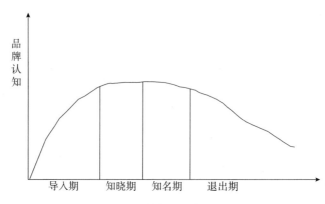

图13-6　品牌市场生命周期曲线

资料来源：李杰．奢侈品品牌管理——方法与实践［M］．北京：北京大学出版社，2015．

（一）导入期的品牌策略

品牌培育战略就是"市场分析—品牌定位—未来定位设定—品牌策划—实施与评估—市场分析……"这样一个封闭的循环圈，也是一个螺旋式上升的过程。② 消费者对新品牌认知评判极少，所以如何在消费者空白的印象中导入一个有利的品牌形象极为重要。

在广告策略上，提高产品的知名度和认知度是这一阶段的首要目标。广告投放上要求及时或者提前宣传，扩大产品的宣传声势，传播内容主要应以对产品的性能和特点的介绍为主。在广告的目标选择上，一般采取无差异性的市场广告策略，以探求市场需求和潜在客户，打开产品的实效局面。而在奢侈品的市场品牌生命周期中，品牌的重新导入是一个比较常见和受人关注的问题，同时也是绝大多数处于知名期或者退出期的品牌所面临的很现实的问题。重新导入政策像是通过建立新的品牌价值并与该品牌的早期价值相兼容，给予品牌一个新的生命周期。古驰（Gucci）在1995～1996年的重新导入是奢侈品品牌重新导入最为成功的例子之一。在古驰重新导入政策的实施之后的"9·11"事件对古驰的销售量产生了巨大影响，且祸不单行，古驰的原创意总监和原首席执行官也相继离开企业，但是由于品牌的重新导入，新旧交替，古驰从这一次的大变革中挺了下来，并在2004～2005年强势回归，以自身实力回到一个弹性区间。这里重新导入与新的生命周期的创立是相对的，这称得上是品牌的第二次或第三次生命。重新导入的效果很少如此明显，很少与我们所说的"巨大

① 周云．奢侈品品牌管理［M］．北京：对外经济贸易大学出版社，2010．

② 李杰．奢侈品品牌管理——方法与实践［M］．北京：北京大学出版社，2015．

跳跃"相协调和对应，尤其是对于古驰（Gucci）在 1994~1996 年的第一次跳跃而言。这样的重新导入意味着该品牌的重新配置，及其品牌形象、目标人群的巨大调整。

公共关系作为品牌创建与传播的最重要的组成部分，通过媒体、活动展示奢侈品品牌的文化与传统，向消费者输入奢侈型消费观。多数奢侈品品牌进入市场时，都讲究"销售未动，公关先行"，好的公关策略通过对细节的把握，将奢侈品独特的品牌符号、文化、内涵等有效地展示出来，形式新颖，给消费者一种独特的享受。如利用周年庆典活动、会员俱乐部活动、慈善公益活动、旗舰店剪彩活动等奢侈品惯用的公关活动，公关人员通过布置和营造门当户对的活动场地和氛围，将品牌定位打入人心。

在营销传播中，品牌形象代言人的公众形象、名气主要是被当成信息在传播。它们的音像资料或现场活动被当成传播的"提示物"，本质上与品牌的图案等标志物没有区别。在营销传播的大部分时间内，品牌形象代言人并不必亲自到场。发挥传播作用的是其肖像、音像资料，这时候，他们并不是真实的"人"，而是一组信息。即使在这些肖像或音像资料中，代言人主要不是依靠说教来劝服消费者，而是依靠自己的公众形象、名气来征服消费者。在营业推广、公关活动中，代言人既是作为传播者进行营销传播，又被当成信息来传播。虽然亲自到场，但其活动是被导演的，不像公司员工那样亲自进行说明工作，代言人取得收入主要不是靠即时劳动，而是靠过去的劳动或与生俱来的外貌、声音、体形，也就是说，主要依靠知识产权或肖像权来取得收入。品牌形象代言人发挥作用的机理是情感移植。即通过对品牌形象代言人的形象或活动的感知，消费者将对代言人的好感转移到其所代表的品牌上，正所谓"爱屋及乌"，这里代言人充当的是"意见领导者"角色，影响的是喜爱他们的特殊群体。如果品牌形象代言人不能引起目标公众对品牌的美好联想，那么即使品牌形象代言人的名气再大、形象再好，也没有真正起到"品牌形象代言人"应有的作用。

（二）知晓期的品牌策略

这一阶段仍需加强各种营销传播活动，但现阶段应采取战术性营销策略和战略性营销策略并重的战略。因为这一阶段仍需要战术性营销策略使目标公众对已有的记忆和印象进行加强，扩大知晓度成果，此阶段的战术性营销策略只能被适当地收缩，而不能取消；提高战略性营销的力度和比重则可以把目标公众的知晓度升华到认同和信赖。因此，在广告策略上，广告宣传的目标是紧紧围绕如何进一步提高市场占有率而建立，广告宣传的重点应从以宣传产品的功效为主转为以建立产品形象、宣传商标为主，以树立产品的市场形象，维系老顾客、吸引新顾客，因竞争激烈，产品信息宣传不再仅局限于满足告知性的理性知识，而是可突出宣传本企业的经营理念、产品质量以及服务保证等美誉方面，加强消费者对品牌的好感度。

此阶段在公共关系活动中，通过公关造势来推广品牌与常见的广告宣传相比更具曲径通幽之功效。消费者对商业味很浓的广告往往采取一种审慎、怀疑甚至排斥的态度。而运用公关手段，往往能通过比较中性的媒介来传递品牌信息，可信度高，消费者易于接受。且在活动中利用"限量""量身定制""独一无二""天价"等奢侈品常用字眼突出奢侈品的珍贵，附带讲述品牌衍生出来的引人入胜的感人故事，整合内外部传播力量制造一场持续而有层次的、关于品牌本身的积极的信息冲击，并且期待与目标客户建立长期的友好关系并在其圈子进行有效的口碑传播。所谓口碑传播的原理，是指以口头传播为主要形式，以传播者之间的相互信任或具有密切关系为基础的一种信息传播方式。口碑原理具有重要特性：一是选择性，即人们在传播信息时会以传播者所认为最主要的信息作为传播对象，这可能是产品质量，也可能是价格、品牌和地位等；二是主观性，即人们所传播的信息是经过自己的思维加工而成的，它必将有特定的主观色彩；三是高效性，相关传播者之间的联系紧密，往往一次传播将对被传播者的购买行为和态度产生决定性影响。善于运用口碑原理，利用已对品牌认同和信任的目标消费者进行传播，加大传播力度，提高传播质量和效率，缩短知晓期向知名期转变的过程。

上文提到过的名人代言也是奢侈品品牌在此阶段创建与传播过程中的常用工具。爱马仕（Hermès）的凯莉包称得上是名人代言效应的经典案例，但需要注意的是，名人代言的局限性非常明显：即名人代言能提高品牌知名度及大众喜爱度，但对购买行为和购买意向的影响并不大，且名人的言行不可控，这对品牌声誉来说是一种风险。

（三）知名期的广告策略

品牌一旦进入知名期，或者说跨入名牌行列，企业便立即面临对它已有的"知名度"进行维护与完善的问题。这个阶段应从战略高度出发，以目标企业形象为中心，通过传播和完善良好的品牌形象，不断提高和维护品牌忠诚度。

在品牌知名期，公益赞助是各类赞助活动中最为常见的一种形式。公益赞助属于公关策略，主要作用是通过对公益事业和活动的赞助提升企业和品牌的形象，加强其在社会公众心目中的影响力，为企业经营管理目标的提升创造良好的环境和氛围。公益赞助的作用和价值主要包括：①便于品牌正面社会形象的塑造，增强社会公众对品牌的信任；②有利于提高品牌在社会公众心中的美誉度，加大社会公众对企业及产品的接受度；③增加社会公众对品牌的知晓、了解程度，从而提高品牌的知名度；④有利于培养忠诚的目标消费群体；⑤诉求清晰，可信度高；⑥目标人群集中，针对性强；⑦营造正面的社会反响比较强烈。[①] 但是与其他营销策略不同，公益赞助的作用和价值的体现都需要时间的积淀，也需要时间的检验，因此短时期内企业无法获得相应的回报。公益赞助活动是对品牌以及品牌管理者心理的考验，也是让奢侈品品牌在创建过程中能够从普通品牌中脱颖而出的一大关键因素。

此时的奢侈品品牌逐渐获得了独有的特质，如彰显美感、个性化、排他性定位、大众距离感和声誉。其广告传播活动也有变化，主要体现在传播渠道以及方式的不同。奢侈品品牌传播有以下四个特点：①引导消费者潜在需求的倡导型广告；②充分展示奢侈品品牌魅力及其产品质量和工艺的展示型广告；③为消费者炫耀心思提供参照物的标榜型广告；④系统诠释品牌的内涵或文化背景的诠释型广告。除此之外，这些广告也会对广告通路、广告投放、广告管理、广告定位进行聚焦，选择对的媒体、对的方式、对的定位，以确保将广告做到最精、最准、最有效。此时的传播方式更偏向于逆向传播和渗透法[②]。

在零售效率悖论中，人们往往会认为开发新客户是提高销售额的最佳途径，而实际上提高销售额最有效的方式是说服老顾客反复消费，表13-4是关于客户类别与销售贡献的统计。

① 周云. 奢侈品品牌管理 [M]. 北京：对外经济贸易大学出版社，2010.
② 李杰. 奢侈品品牌管理——方法与实践 [M]. 北京：北京大学出版社，2015.

表 13-4　客户类别与销售贡献统计　　　　　　　　　　　　单位：%

客户类别	占总数比重	销售发票百分比	销售额百分比
老顾客	40.97	70.65	71.81
新顾客	59.03	29.35	28.19
会员新顾客	54.17	26.93	25.22
非会员新顾客	4.86	2.42	2.97
总计	100	100	100

资料来源：笔者依据某奢侈品品牌零售数据制作。

从表 13-4 中可以看出，老顾客销售额占比达 71.81%，而会员新顾客和非会员新顾客加起来占销售总额的 28.19%，"钱要花在刀刃上"的说法在时间分配上同样适用，在有限的时间内达到显著提高销售量的效果是品牌商追求的目标，同样多的人力、财力，用于老顾客得到的销售额是新顾客的 2 倍甚至以上，因此销售的主要对象为老顾客。

三、奢侈品品牌与新媒体的结合

微营销是传统营销与现代网络营销的结合体，是以移动互联网作为主要沟通平台，通过微博、微信等应用配合传统网络媒体和大众媒体，进行可管理、线上线下的沟通，以此建立和强化品牌与顾客间的关系，实现顾客价值的一系列过程。微营销不是微信营销，微信营销是微营销的一个组成部分。微博、微信、微信公众平台、微网站、APP 同时组合在一起也不是微营销，而只是实现微营销的工具和手段。

（一）新媒体广告的选择

伴随着新媒体技术的改头换面，广告媒体选择已不再局限于传统电视机、收音机、杂志等，已经更新到以智能手机为代表的数字移动终端、户外电子 LED 屏幕、电脑网页等插入弹跳式广告。法国化妆品奢侈品品牌兰蔻（Lancôme）将视频广告投放在优酷视频网站上，当用户点开电影或电视剧时，非会员需强制观看 15 秒的广告。兰蔻产品的目标消费者为 20~45 岁的女性，这一类人群通常喜欢观看爱情类、文艺类电影或电视剧。当用户对视频内容感兴趣时，只用点击就可以链接到广告第三方网站，这样极大地提升了广告的曝光度和到达率，实现广告主与目标消费者或是潜在消费者近距离接触。与此同时，为实现广告宣传目标，众多有实力的奢侈品品牌常采取多媒体组合的方式以增加广告传播深度和广度。例如，在"DIORMAG" APP 中，集合了品牌创意之地、全新作品、标志性作品等内容，在每次广告信息传播活动中，迪奥（Dior）APP 和迪奥官网发布内容实行同步传播，形成强大传播矩阵，产生线上与线下服务体验的联动。此外，迪奥 APP 还具备将软件内的信息分享到第三方社交媒体软件功能，使用者可以将自己心爱的品牌栏目资讯分享给自己的"粉丝"和亲友，依靠微博等社交媒体软件，结合人际传播进行口碑营销，吸引更多潜在消费者。

（二）新媒体广告传播策略

1. 官网

当大众想要了解产品信息时，往往会在第一时间在各大搜索引擎输入关键词进行搜索。依据首因效应，即双方交往第一次印象对以后交互关系会产生很大影响，良好的官方网站建设不仅影响受众的初次用户体验，也决定受众在对未来媒介接近过程中对品牌的接触度、喜爱度和忠诚度。香奈儿（CHANEL）官方网站主要有传奇故事、高级定制服、精品、高级珠宝、Inside CHANEL 等栏目，主要采用视频传播形式进行可视化传播，以图片辅之。线上产品可追加线下体验店或直接购买，每张产品图片点击后可观看手工制作流程，满足消费者对奢侈品的好奇心理。由于香奈儿品牌已进入成熟阶段，所以网站上的视频广告主要侧重于宣传香奈儿高雅、迷人的品牌文化以维护品牌形象。

2. 微博

作为我国一种新兴媒体社交软件，微博因其信息生产的即时性、信息互动即时化、平台开放性等特点，在吸引受众流量方面属于行业擎柱。包括奢侈品在内，各大企业媒体纷纷开设"蓝微"账户进行企业形象宣传，并与受众展开互动。截至 2017 年 5 月 1 日，香奈儿官方微博"粉丝"208 万，微博发布 1298 条，所发布的内容大多采用文字与图片、文字与视频搭配等形式来介绍香奈儿的产品、香奈儿广告及其拍摄花絮。"热门"微博转发量最高达到 62 万人次，点赞人数达 1 万多人次，以 " #ILOVECOCO# " 为微话题，借助 "@名人明星"提高曝光度，经过名人明星二次转发带动"粉丝"关注形成联动，最终引导"粉丝"达成购买产品行为。这种广告方式主要采用借助名人明星的力量进行广告传播，广告主只需清楚定位目标消费者和潜在消费者所喜爱的明星，利用其知名度"转发"微博，增加奢侈品本身的美誉度，并且可以依据专业软件如大数据等应用，实时监测粉丝动态变化，及时了解受众需求。微博因其立体化传播方式，有效的图文搭配结合关注——"粉丝"经济，以点带面，使奢侈品推广手段更加形象化、具象化。

3. 微信

作为中国社交媒体应用软件中，集社交、娱乐、资讯、服务、营销、支付于一体的龙头软件，微信大大拓展了奢侈品品牌信息的传播渠道。与新浪微博传播方式不同，微信公众号每天只能发布一次图文消息，通过限制发布次数实现广告内容精准推送。2016 年 9 月 12 日，"路易威登"（Louis Vuitton）微信公众号采用语音形态进行广告内容推送。从广告内容上来说，语音形态广告只激活受众的听觉功能，保留其他神秘色彩，给予受众更多的想象空间。通过微信公众号传播语音和其他普通微信用户交流所用语音的外观一致，因此拉近明星与受众之间的距离，营造品牌与消费者的亲近感。代言人的语音广告在第一时间给关注路易威登（Louis Vuitton）的微信用户惊喜，同时受众可通过即时互动的方式发起留言，形成互动的良性循环。

（三）新媒体在奢侈品品牌广告传播中的问题

1. 广告投放者对新媒体了解不足

正因为奢侈品品牌广告投放新媒体的必然趋势和越来越多资金涌入新媒体平台，导致出现新媒体平台趋于拥挤甚至不必要资源浪费的现象。有相当一部分的广告没有对新媒体数据等进行深入分析，只是盲目、粗暴地将网页的点击量、粉丝的增长数量、文章的点赞量作为衡量新媒体的广告收益，没有深入分析不同媒介的不同特性而制定错误的媒体使用策略。所发微博全程都在"自导自演"，无论受众在其微博下评论什么或者有什么信息需求都没有得到有效反馈。长此以往，信息需求得不到双向的沟通会使消费者对奢侈品的注意力迅速转移，甚至"取关"。

2. 广告内容创意表现形式单一

在品牌的活动报道和公关软文方面，微博和微信的内容如出一辙，只是客观地、生硬地叙述广告活动，单一地作为官网内容的延伸，并没有突出各自新媒体的特点，没有借助微博信息互动即时化、微博热门、微博热搜榜等优势进行广告投放，没有充分利用微信强大的"朋友圈"进行人际关系传播，也没能利用特殊的媒介形态等特质丰富广告表现形式。如此，长期积累的单调生硬的广告内容在广告效果上不仅事倍功半，更是造成广告受众的审美疲劳，浪费广告主的人力、物力、时间成本。

3. 奢侈品广告社会责任缺失

当下的大多数奢侈品广告多以美女、暴力等元素进行宣传，这与价值符号和现代人的生活压力形成巨大反差，往往在不知不觉中向消费者灌输漫无节制的消费主义与享乐主义：购买一件奢侈品就会得到其想要的快乐。这种虚无缥缈的广告诱饵在浑然不觉间影响人的社会化进程。例如，青少年过分贪图享受奢侈品带来的"优越感"，却不通过自己的双手劳动致富等不良现象出现。

第四节　国家文化与品牌传播

一、国别与奢侈品的态度差异

市场研究公司益普索在采访不同国家有能力购买奢侈品的消费者时，问："你喜欢奢侈品吗？"答案从 1 到 10 中选择。结果显示，中国得分最高（8.2 分），其后依次是墨西哥（8.0 分）、印度（7.3 分）、英国（7.3 分）、美国（6.8 分）、韩国（6.4 分）、德国（6.1 分）、意大利（6.1 分）、法国（5.7 分）、日本（5.6 分）。值得注意的是，欧洲国家和日本排在最后，这并不意味着这些国家的人不买奢侈品，只是他们对于奢侈品的态度不像其他国家那样积极。这说明对待奢侈品的态度存在国别差异。

法国是众多奢侈品品牌的来源国，但是国际奢侈品市场却远不能依赖法国消费者。法国文化主张低调的奢华，品牌产品的历史、工艺和细节才是他们的消费重点，而意大利更追求艺术和潮流。

各个国家对奢侈品的态度则大不相同，如俄罗斯、中国等，在这些国家，人们对奢侈品的态度更加注重享乐，注重感官享受，奢侈品的标志必须显眼、闻名。

二、美国、日本和法国人的奢侈理念

在比较研究不同的国家对于奢侈品的看法时，巴黎高等商学院从美国、日本和法国选取了相似的客户样本，要求被访者说出问题中的选项是否同奢侈有关。[①] 如图 13-7 所示，

---

① ［法］Vincent B., Jean-Noel K. 奢侈品战略——揭秘世界顶级奢侈品的品牌战略 ［M］. 谢绮红译. 北京：机械工业出版社，2017.

三个国家的情况非常接近，但是仍然存在显著差别。

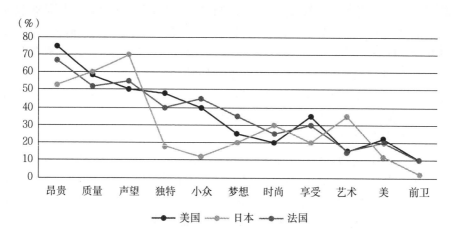

图 13-7　奢侈品在美国、日本和法国分别意味着什么

资料来源：［法］Vincent B.，Jean-Noel K. 奢侈品战略——揭秘世界顶级奢侈品的品牌战略［M］. 谢绮红译 . 北京：机械工业出版社，2017.

（1）被访者都将奢侈品同高价格联系起来：奢侈品一定非常昂贵。

（2）优良的品质位居其次。

（3）日本消费者远比其他国家重视品牌声望，声望比品质和价格更重要。事实上，奢侈品品牌必须享有盛名。

（4）相比之下，日本消费者不认为独特或小众是奢侈品的标准，这一点不同于其他两个国家。奢侈品消费者样本大部分是低频客户，他们显然并不想将自己与他人区分开来，只是想追随潮流。据估计（Chadhaand Husband，2006），东京 60% 的 20~30 岁的女性都有路易威登产品，这证明消费者往往被迫顺从环境。

（5）在美国，通过缩小销售渠道并不能让客户获得专属感和地位，而应该让客户觉得自己的个性和地位得到肯定。

（6）日本消费者重视奢侈品的艺术和时尚感，这一点同其他国家不同。但是，以上只是每个国家的平均数据，一个国家内部不同的人群情况也会大相径庭。

这些数据能够解释为什么日本消费者并不认为雷克萨斯（Lexus）是奢侈品品牌，因为它缺乏品牌声望这一重要元素。这一日本本土品牌没有高贵出身，没有悠久历史，没有文化底蕴，仅仅是丰田汽车一个比较高端的系列。且日本人对待财富的方式非常不同，日本人比较低调，日本消费者同其他发达国家和金砖国家比较起来，对于奢侈品的热情最低。日本在奢侈品消费方面曾经是先驱，如路易威登在 20 世纪 80 年代和 90 年代曾风靡日本，博柏利（Burberry）在日本仅仅是在罗丝玛丽·布拉沃加盟后公司发生转向时才实现盈利。现在，日本客户和年轻人已先于其他国家一步进入了后物质主义阶段，他们仍然想购买奢侈品，却是想要购买更有意义的奢侈品，更加注重心灵层面的奢侈品。

美国虽然看重品牌历史，但是程度不及其他两国，但是美国消费者追求卓越的品质。美国社会是一个开放、包容、精英领导的社会，适用于人的规则同样适用于品牌。缺乏悠久历史并不是无法克服的困难，对于美国社会来说购买奢侈品是一种投资。

三、奢侈品品牌全球化

奢侈品品牌的全球化发展是必须的，也是必然的。亚洲国家以及新兴经济体国家是奢侈品品牌的重要市场，并受到欢迎，其原因是多方面的。

首先是因为金砖国家出现了一个极其富裕的群体。经济的增长造就了这一批超级富豪——主要是商人。美林证券公司和凯捷全球财富报告统计，欧洲、美国和金砖国家有70000位超高资产净值人士，有6700万位高资产净值人士。但美林证券公司认为奢侈品品牌的核心目标是7900万人（欧洲3100万人，美国2600万人，金砖国家2200万人）。这一广义化的定义表明，现代奢侈品的目标不仅是富人。新兴国家消费者对于奢侈品的需求不断增长，显示出西方国家强大的软实力。一些国家仍然被西方的生活方式、创意和创新的速度所吸引。奢侈品品牌代表着西方文化除科技之外的精髓。以法国为例，法国一方面以奢侈品品牌闻名，另一方面以高科技高速列车、核能源、战斗机和公共设施（包括城镇和国家的水处理设施）闻名。西方品牌之所以成功还有一个被忽视的原因，那就是缺乏本地竞争（印度除外），事实上，大多数国家已经放弃了本国的文化，融入全球文化。

日本在第二次世界大战战败后，迅速开始支持征服国的生活方式，并且树立了一个目标，即通过成为世界上第二大工业国。这就是为什么日本公司生产满足全球需要的商品（丰田、尼桑、东芝、佳能、理光、三菱等）。需要注意的是，日本从来没有出口过本国的奢侈品（如丝绸和服），日本认为自己的文化应当保持独立，不能出口。此外，日本尤其不喜欢同外国人分享。

第十四章
奢侈品品牌资产与度量 ·····································

第一节 奢侈品品牌资产

一、品牌资产与奢侈品品牌资产的特殊性

品牌本质上是一种无形资产，这种无形资产具备财务价值，尤其是那些强势品牌，品牌本身就是具有高价值的可交易资产（卢泰宏等，2000）。[①] 奢侈品品牌资产反映奢侈品品牌价值。奢侈品品牌资产理论则是基于一般产品或服务的品牌资产理论，并兼顾了奢侈品的特殊性。

（一）品牌资产

自20世纪80年代由广告公司最先应用品牌资产概念以来（Barwise，1992）[②]，国际营销学界对品牌资产的研究呈现逐渐深入的趋势，理论研究包括概念界定、变量测度以及品牌资产与其他营销学概念、心理学概念和社会学概念等诸多跨学科概念的相关性实证分析或建模等。同时，一些研究机构或组织也包括一些市场研究如辛迪加机构出于盈利或研究的目的自发地开始在不同范围内开展了类似知名品牌资产排行榜的评估与披露活动。如《商业周刊》每年发布的"100个全球最有价值品牌"评选活动，其中品牌资产的测试研究工作由英国Interbrand公司承担，并与《商业周刊》联合发布。

美国营销科学学会（Marketing Science Institute，MSI）自1988年以来将品牌资产作为重要的研究主题，倡导市场营销学界在这一领域展开研究，并陆续举办了一系列国际学术会议交流相关理论的进展，积极地推动了品牌资产理论的发展。

学术界关于品牌资产的定义众多，美国营销科学学会（1988）对品牌资产的定义是：品牌资产是该品牌的消费者、渠道商和母公司的一系列联想和行为的集合，它可使该品牌产品相比没有品牌时达到更大的销售量或获取更大的销售利润，并赋予该品牌较之其竞争者强而持久的差异化优势。

该定义明确指出，消费者、渠道商和品牌企业是品牌资产的重要主体，他们对品牌的

---

① 卢泰宏，黄胜兵，罗纪宁. 论品牌资产的定义 [J]. 中山大学学报（社会科学版），2000（4）：17-22.

② Barwise P. Brand Equity：Snark or Boojum？[J]. International Journal of Research Marketing，1992（10）：93-104.

联想，如品牌产品的高品质、独特性等，会驱使其偏好或追捧该品牌，从而为品牌产品能够带来更多的市场回报创造条件。那么，消费者、渠道商和品牌企业又是怎样的关系呢？显然，品牌企业的品牌联想和行为取决于其直接客户，即渠道商的偏好和选择，而渠道商的品牌联想和行为取决于其直接客户，即消费者的偏好和选择。依照这样的逻辑，进一步地，无论是品牌企业还是渠道商，他们的品牌联想和行为则根本性地取决于其最终的直接客户，即消费者的偏好和选择。

Aker（1991）[①] 对品牌资产的界定反映了品牌与消费者的关系。他认为，品牌资产是由品牌知名度、品牌忠诚度、品牌认知度以及品牌联想以及如商标等其他指标构成。

Biel（1992）[②] 认为，品牌资产是当产品或服务拥有品牌之后所产生的额外现金流。如果用经济学术语来表达，品牌资产就是一种超越生产、产品、现有有形资产以外的价值。

品牌资产的核心，是较之无品牌产品而言由于品牌自身而产生的品牌价值，主要包括财务价值或会计意义的价值、消费者感知的价值和品牌延伸的低成本价值（卢泰宏等，2000[③]；张梦霞，2013[④]）。

（二）奢侈品品牌资产的特殊性

奢侈品品牌资产是指产品和服务为奢侈品的品牌资产。概述前文所论述的，较之于大众商品，奢侈品的特殊性具有多属性特征，如表 14-1 所示。这些特征表现为：①奢侈品是稀缺独特的。它突出个性化；产品制造采用稀缺的材料；有特别的美学表现，这种美学表现以精致、刺激、品位、风格、高雅等特征而擅长；与传奇的故事关联等。②奢侈品有特别的制售经验。它是少数工匠的作品；由制作故事带来更高的传承价值；为消费者带来惊喜；有精致的购物环境体验和私密性保障等。③品质考究。它有极致的包装设计；严苛的制作细节；需要采用诀窍或特殊工艺制造；对品质的追求执着，一丝不苟。④奢侈品会设置消费障碍。它体现特别的专业知识；溢价；消费体验是空前的。⑤奢侈品定价极高。它有极高的绝对价格和相对价格；由于价格昂贵造就的卓越感知。⑥奢侈品强调社会价值。它的趋同性参照群体有独特的消费习惯；强调圈子文化与特权。⑦奢侈品被普遍认同。它的品牌和所属的品类被普遍认同，有唤起消费者欲望的作用；品牌创建期的传奇故事被广泛流传。⑧奢侈品的知名度高。它拥有强大的品牌附加价值；品牌标识的可识别度高等。奢侈品特征及其驱动力如表 14-1 所示。

表 14-1　奢侈品特征及其驱动力

奢侈品特征	驱动力
稀缺独特	个性化；稀缺的材料；美学表现（精致、刺激、品位、风格、高雅等）；一流体验；故事关联；获取困难；等待；限量；拥有资格
制售经验	极其特殊的材料，少数工匠的技能，手工制造；传承与形象（传奇）；购买惊喜；精致的购物环境和私密性

① Aaker D. Managing Brand Equity：Capitalizing on the Value of a Brand Name ［M］. New York：The Free Press，1991.
② Biel Aliexander L.，How Brand Image Drives Brand Equity？［J］. Journal of Advertising Research，1992（6）：6-12.
③ 卢泰宏，黄胜兵，罗纪宁. 论品牌资产的定义 ［J］. 中山大学学报（社会科学版），2000（4）：17-22.
④ 张梦霞. 中小企业战略品牌管理研究——聚焦品牌资产 ［M］. 北京：经济管理出版社，2013.

续表

奢侈品特征	驱动力
品质考究	极致的包装设计；严苛的制作；诀窍/工艺；品质执着
消费障碍	溢价；熟悉度/专业知识；空前体验
极其昂贵	极高的绝对价格和相对价格；昂贵驱动的卓越感知
社会价值	参照群体消费习惯；圈子与特权
普遍认同	品类或品牌被普遍认同，唤起消费者欲望；初始传奇永驻于心
知名度高	强大的品牌资产；品牌标识鲜明

资料来源：丹尼尔·兰格，奥利弗·海尔. 奢侈品营销与管理［M］. 潘盛聪译. 北京：中国人民大学出版社，2016.

奢侈品的主要特征即稀缺独特、制售经验、品质考究、消费障碍、极其昂贵、社会价值、普遍认同和知名度高，有机会在品牌企业营销组合策略外在刺激和消费者心理知觉内在响应的内外因作用下，形成消费者的品牌知识，产生消费者的高水平品牌感知价值。有时候，我们会在商店的二手货柜台看到比新品价格还要高的爱马仕手袋或香奈儿手袋等，这是为什么呢？款式限量、原料或工匠等的稀缺、消费障碍……都是这种市场现象的直接原因。

奢侈品的特殊性导致了奢侈品品牌资产的特殊性，表现为其较之于大众消费品品牌资产有更高的溢价价值效应，即奢侈品品牌资产的财务价值或会计意义的价值更高，其消费者的感知价值水平更高，其品牌延伸的低成本价值更显著。其中，消费者对奢侈品品牌的高价值感知对奢侈品品牌资产的提升起到了推波助澜的作用。正如前文所述，如今几乎所有的一线奢侈品品牌都建立了客户关系管理（CRM）系统或社会客户关系管理（SCRM）系统，目的是使品牌管理者和设计者能够第一时间了解品牌产品消费者的现实需求，引领他们的潜在需求。

当然，奢侈品品牌公司也可以通过多种渠道认识消费者需求，有的放矢地提升消费者的品牌价值感知水平，打造品牌资产。下面的故事可以启发读者更好地认识消费者需求对品牌发展的价值。

🔵 **小故事 14-1**

年轻人的作用有多大，看看古驰是怎么做的

所谓"影子董事会"是指一些非高管员工与高级管理人员就公司战略计划一起工作，其目的就是充分利用年轻群体的洞察力，并让高管的视角多样化。

古驰作为一家时尚公司，在追踪甚至引领消费者的品位方面拥有良好的记录。

从 2015 年以来，在 CEO 马里奥·彼扎瑞（Mario Bizzarri）的指导下，古驰经历了一场全面的转型，让公司得以与当今市场更加紧密相关。古驰创建了一个由"千禧一代"组成的"影子董事会"，与高管团队定期会面。根据马里奥·彼扎瑞的说法，"影子董事会"包括从不同的职能部门抽调出来的成员；他们是"本公司最具才华的人士——许多人非常年轻"。他们讨论执行团队所关注的问题，并且正是他们的真知灼见"让领导层惊醒"。古驰的销售自此增长136%，从34.97亿欧元（2014 财年）到82.85 亿

欧元（2018 财年），这一增长绝大多数是由互联网和数字战略驱动的。

"影子董事会"具有重塑商业模式、创新设计流程、组织机构转型和提高"千禧一代"受关注程度等方面的优势。研究表明"千禧一代"渴望更多的关注和机会，而"影子董事会"恰好提供了这样的条件。

（资料来源：金妮弗·乔丹，迈克尔·苏瑞耳. 年轻人的作用有多大，看看普达拉和古驰的差别［EB/OL］.［2019-07-10］. https：//mp. weixin. qq. com/s/V2019-07-11 RbIk1_JcH_Uqnn83eUlJQ.）

从古驰品牌的例子中可以看出，"影子董事会"中的年轻人是"千禧一代"的同龄人或年龄相仿者，他们自己就是今天古驰品牌的目标客户群，他们深谙"千禧一代"奢侈品消费者的价值观、生活方式、消费动机和消费偏好等，所以这些年轻人能够通过加入"影子董事会"帮助品牌公司高层管理者做出正确的市场决策。

当业界问及古驰的 CEO 彼札瑞"古驰还能够火多久"时，他说，业界如今对奢侈品品牌的年轻化至少应该有更新一层的认识，即品牌不仅在创意层面要更加信任具有多样化背景的年轻人，在商业方面也应通过组织创新来倾听年轻人的观点，甚至增强其决策权。由于更早地受到多样性教育的影响，年青一代对于新事物持更加公平和开放的态度，这是时代赋予他们的天然优势。古驰要实现可持续发展，它必须永远像初创企业才能经久不衰。这或许也意味着，推动奢侈品品牌前进的"影子"力量也必须是年青一代（Drizzie，2019）[①]。

二、基于顾客的奢侈品品牌资产

（一）K. L. Keller 的品牌金字塔模型

K. L. Keller（1993，2010）[②] 的品牌金字塔模型（又称为 CBBE 模型）为基于顾客与品牌的关系研究品牌资产提供了清晰的思路。他指出，基于顾客的品牌资产是从顾客（无论个人还是组织）的视角研究品牌资产，它是顾客品牌知识所导致的对品牌营销活动的差异化反应。一个品牌的强势程度取决于顾客相对稳定的品牌认知。基于顾客的品牌金字塔模型则专门用以描述优势品牌的创建过程，如图 14-1 所示。

图 14-1 揭示出一个品牌创建过程必须包括四个关键层级，其结构如同一个金字塔，金字塔左侧自下而上所显示的是品牌的成长过程，即品牌识别（第一层级）、品牌含义（第二层级）、品牌响应（第三层级）和品牌关系（第四层级）。上述四个层级分别回答来自消费者针对一个品牌的四个基本问题：①这是什么品牌？②这个品牌的产品有什么用途？③这个品牌的产品怎么样？④这个品牌与顾客有什么关系？

金字塔的右侧则针对上述四个问题明确了不同层级下品牌创建的四个不同目标，这四个自下而上的目标基于对顾客的品牌感知价值水平。具体为：识别品牌；理解品牌；响应品牌；忠诚品牌。

目标一即识别品牌的达成，意指品牌建设的目标是培养顾客深刻而广泛的品牌认知，

① Drizzie. Gucci 的"影子董事会"作用有多大？［EB/OL］.［2019-07-11］. https：//xw. qq. com/amphtml/20190711005773/ZJC2019071100577300.

② Keller K. L. Conceptualizing, Measuring and Managing Customer-based Brand Equity［J］. Journal of Marketing, 1993, 57（1）：1-22；Keller K. L. 战略品牌管理［M］. 北京：中国人民大学出版社，2010.

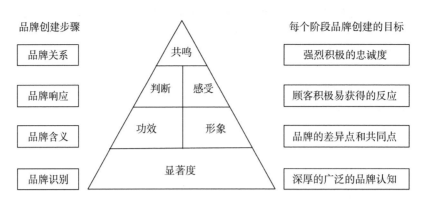

图 14-1　K. L. Keller 基于顾客的品牌金字塔模型（CBBE 模型）

资料来源：Keller K. L. Conceptualizing, Measuring and Managing Customer-based Brand Equity ［J］. Journal of Marketing, 1993, 57（1）: 1-22；Keller K. L. 战略品牌管理 ［M］. 北京：中国人民大学出版社, 2010.

因此需要企业着力提高"品牌显著度"（见金字塔从底层计数第一层），即在不同情形下顾客回忆和再辨识该品牌的能力。目标二即理解品牌的达成，意指品牌建设的目标是帮助顾客了解本品牌有别于行业竞争品牌的差异点和共同点，为此，需要企业着力提高"品牌功效"和"品牌形象"（见金字塔从底层计数第二层）。其中，品牌功效指产品或服务满足顾客功能性需求的程度；品牌形象指人们如何从主观抽象的角度去理解一个品牌，这种理解更多的是站在品牌无形价值属性的角度。目标三即响应品牌的达成，意指品牌建设的目标是获得来自顾客针对品牌的积极行动，比如表现为积极的品牌态度、品牌偏好、品牌产品购买倾向和购买行动，为此需要企业着力培养顾客积极的"品牌判断力"和"品牌感受力"（见金字塔从底层计数第三层）。其中，品牌判断力指顾客对品牌的个人偏好和评价；品牌感受力指消费者对品牌的感情反应。目标四即忠诚品牌的达成，意指品牌建设的目标是培养顾客的品牌忠诚度，为此，需要企业着力打造"品牌—顾客""共鸣"（见金字塔最高层），即促成顾客与品牌间的终极价值关系和认可，使顾客感受到与品牌长期的价值分享和共赢。

　　K. L. Keller 基于顾客的品牌资产理论，揭示品牌资产积累和提升的基础是顾客，品牌资产管理是对目标客户群的品牌价值感知管理。顾客的品牌价值感知是一个主观判断的过程，对顾客品牌价值感知状况的科学判断，并将之转化为企业品牌管理的战略和战术，需要具备丰富客户管理经验的经理人和通晓相关理论的专家通力合作去实现。

　　学术界基于顾客的品牌资产理论的研究颇多，大量的定性研究和定量研究并存。在定量研究中，比如 Yoo 和 Donthu（2000）[①]、Netemeyer 等 （2004）[②] 的度量量表为探索品牌资产诸因素间的关系提供了工具。王海忠（2006）[③] 的实证研究采用的基于顾客的品牌资产测度量表便参照了 Yoo 和 Donthu（2000）、Netemeyer 等（2004）的研究成果。王海忠（2006）基于顾客的品牌资产研究包括六个维度共 24 个项目，如表 14-2 所示。这里，品

---

① Yoo B., Donthu N., Lee S. An Examination of Selected Marketing Mix Elements and Brand Equity ［J］. Journal of Academy of Marketing Science, 2000（28）: 195-211.

② Netemeyer R. G., Krishnan B., Pullig C., et al. Developing and Validating Measures of Facets of Customer-based Brand Equity ［J］. Journal of Business Research, 2004（2）: 209-224.

③ 王海忠. 品牌测量与提升——从模型到执行 ［M］. 北京：清华大学出版社, 2006.

牌资产由品牌知名度、品牌联想、感知质量、感知价值、品牌忠诚五个维度或因子构成，品牌资产及其五个维度均由四个题项或原始变量进行度量。

表 14-2 基于顾客的品牌资产测度

维度或因子	度量题项
品牌知名度	别人经常提起这个品牌 这个品牌家喻户晓 我很容易从同类产品中识别出这个品牌 这个品牌的广告令人印象深刻
品牌联想	这个品牌与众不同 这个品牌的特征能快速进入我的脑中 这个品牌比其他的品牌更具吸引力 我可以很容易识别出这个品牌与其他品牌在功能或性能上的差异
感知质量	与其他品牌相比，这个品牌具有相当高的质量 这个品牌是同类产品中质量最好的 我认为这个品牌的品质相当不错 我觉得这个品牌的质量值得长期信赖
感知价值	我觉得这个品牌物有所值 这个品牌表现出的个性风格与我自身很类似 从购买所要花费的时间、购买的便利性以及价格等方面来考虑，这个品牌是个很不错的选择 与其他品牌相比，这个品牌具有更高的性价比
品牌忠诚	这个品牌将是我的首选 我愿意向朋友推荐这个品牌 只要商店有这个品牌的产品，我不会购买其他品牌的同类产品 如果这个品牌一时缺货，我也不会购买其他品牌的产品
品牌资产	即使它们一样，购买这个品牌比买其他的品牌更加有意义 即使其他品牌与这个品牌有一样的特征，我也愿意购买这个品牌 如果其他品牌和这个品牌一样好，我也更愿意使用这个品牌 如果其他的品牌与这个品牌没有任何的差别，看起来使用这个品牌更加明智

资料来源：王海忠. 品牌测量与提升——从模型到执行 [M]. 北京：清华大学出版社，2006.

王海忠（2006）利用多元线性回归分析对品牌知名度、品牌联想、感知质量、感知价值、品牌忠诚与品牌资产所组成的基于消费者的品牌资产模型进行了统计分析和假设检验。他的研究表明，品牌资产由品牌知名度、品牌联想、感知质量、感知价值、品牌忠诚五个维度构成，品牌资产的各维度与品牌资产均存在着统计意义上显著的正相关关系。依照与品牌资产的相关关系由强至弱地排序，这些指标分别为品牌知名度、品牌忠诚、感知质量和感知价值。由此启发品牌企业在进行品牌管理时可借鉴如下建议，即提高品牌知名度，打造品牌忠诚度，进而促进品牌联想，通过消费者对品牌的质量感知和价值感知，最终实现品牌的增值获利能力。

(二) 顾客资产与品牌资产

在品牌资产管理中，常常会提及顾客资产的概念，那么顾客资产与品牌资产到底是什么关系？它们对客户购买行为又有怎样的关联性影响？下面对此进行阐述。

1. 顾客资产的界定

Rust 等（2004）① 认为，从企业角度来说，顾客资产是企业现有顾客和潜在顾客的终身价值折现现值的总和。也就是说，顾客资产的价值不仅是顾客当前的盈利能力，还包括企业将从顾客一生中获得贡献的折现净值。把企业所有顾客的这些价值加总起来，即为顾客资产。

Rust 等（2004）进一步揭示出顾客资产由三大驱动因素构成，即价值资产（Value Equity）、品牌资产（Brand Equity）和关系资产（Relationship Equity）。其中，价值资产是顾客依据付出与所得的感知对某一产品或服务所做的客观评价，驱动价值资产的因素主要有质量、价格和便利性；品牌资产被界定为顾客对品牌主观和无形的评价，即超出顾客客观感知价值之外的那部分价值；关系资产是顾客忠诚于品牌的倾向，它超越了顾客对品牌的主观和客观评价。Rust 等（2004）特别指出，在产品与竞争对手产品存在差异、购买决策过程复杂以及产品和服务具有创新性的情况下，价值资产能够发挥重要作用；在购买行为特征表现为低参与度、购买过程比较简单、消费体验能从一个人传递到另一个人以及购买的产品为显性消费时，品牌资产的影响较大；而在顾客要求间断性服务时，关系资产就显得特别重要。

2. 顾客资产与品牌资产的关系

Rust（2004）等给出的顾客资产的定义显示，品牌资产是顾客资产的三大构成要素之一。从企业盈利的角度分析，企业有一部分资产来自"价值资产、品牌资产和关系资产"，这三类资产归类为顾客资产，因为它们的价值基础均为顾客。Aaker（1991）② 认为，品牌资产可以通过推动信息的解释与加工、提升采购决策的信心和提高顾客的满意程度等途径来为顾客创造价值。因此，品牌资产是提升基于顾客行为的顾客资产的战略武器。进一步地，本书还认为，顾客资产的维护和提升又是推动品牌资产战略性增长的促进因素和保障，如果顾客资产水平低，说明品牌资产水平一定不高，因为后者是前者的一个和数或累加因子。Washburn 和 Plank（2002）③ 的研究指出，品牌资产会影响顾客对特定品牌的反应方向和反应强度，而这种反应又会进一步通过继续维持关系的意愿、重复购买行为、交叉购买行为、升级购买行为、口碑等途径表现出来，从而对顾客资产产生重要影响。

（三）基于顾客的中国强势品牌

德勤（2017）④ 发布的《2017 年全球奢侈品力量》报告中，中国香港周大福珠宝集团有限公司名列第九强，其品牌价值估值为 73 亿美元，折合人民币约 503.7 亿元。报告还披露，奢侈品公司十强全部盈利。依据该报告，新兴奢侈品市场（中国、俄罗斯和阿拉伯联合酋长国等）消费者继续助推奢侈品市场的增长，70%的消费者称其奢侈品支出有所增

① Rust R. T., Lemon K. N., Zeithaml V. A., Return on Marketing: Using Customer Equity to Focus Marketing Strategy [J]. Journal of Marketing, 2004, 68 (1): 109-127.

② Aaker D. Managing Brand Equity: Capitalizing on the Value of a Brand Name [M]. New York: The Free Press, 1991.

③ Washburn J. H., Plank R. E. Measuring Brand Equity: An Evaluation of a Consumer based Brand Equity Scale [J]. Journal of Marketing Theory and Practice, 2002, 10 (1): 46-62.

④ Deloitte Global Powers of Luxury Goods 2017 [EB/OL]. https://www2.deloitte.com/us/en/pages/consumer-business/articles/cb-global-powers-of-luxury-goods.html.

长，而在成熟市场（欧洲、美国和日本），这一比例仅为53%。此外，高品质仍然是奢侈品消费者的"必然要求"，消费者仍然非常注重产品工艺和手工制造，需要有区别的、更加个性化的产品。

在这份报告中，共有7家中国（含中国香港）奢侈品公司跻身百强榜单，其销售额占百强公司的8.9%。其中三大珠宝公司：周大福、老凤祥和周生生占据了大多数销售额。周大福是三者中最大的公司，老凤祥和周生生都保持前25的排名。

基于顾客的品牌资产管理，对周大福、老凤祥和周生生进行分析，周云、胡宝贵、花涛（2018）[①] 研究发现，周大福、周生生和老凤祥的品牌知名度分别为80.51%、68.03%和65.70%，说明品牌知名度对中国消费者购买行为有较大影响，换言之，品牌知名度为周大福带来了丰厚的市场回报。在表14-3的指标中，品牌质量是分析品牌质量状况的基本指标，当其数值大于0时，该指标数值越大，说明其品牌质量的整体状况越好；当该指标取值大于1时，说明品牌具备奢侈品的特征，其品牌的目标市场为小众人群。品牌稳定性反映目标消费者的品牌偏好的持久性，其取值区间为0~100，取值越大，说明品牌稳定性越高。

周生生在品牌美誉度、品牌质量和品牌稳定性方面的表现优于其他两个品牌。老凤祥的品牌认知度和品牌忠诚度优于周大福和周生生，该品牌的质量和稳定性强于周大福、弱于周生生。

表14-3 中国三大珠宝品牌的品牌资产分析（以影响力大小排序）

品牌	知名度（%）	美誉度（%）	忠诚度（%）	认知度（%）	品牌质量	品牌稳定性
周大福	80.51	16.61	0.60	15.63	0.599	5.93
周生生	68.03	17.40	0.70	11.63	0.660	6.22
老凤祥	65.70	15.35	0.75	18.19	0.508	5.47

资料来源：周云，胡宝贵，花涛. 中国连锁品牌发展质量调研报告（2017）[M]. 北京：中国轻工业出版社，2018.

值得注意的是，表14-3中的数据反映出这三个品牌的忠诚度水平很低，分别为0.60%、0.70%和0.75%。与国际知名奢侈品品牌相比，中国珠宝品牌企业的品牌忠诚管理非常重要，且任重而道远。

第二节 品牌资产测度

本节将阐述品牌资产的测度理论，包括三个部分：第一，品牌资产测度的一般国际标准。第二，品牌资产测度方法：①Interbrand方法；②Financial World方法；③中国驰名商标方法。第三，关于品牌资产测度方法的评价。

事实上，关于品牌资产的测度理论一般是通用的，所以，书中将介绍的品牌资产测度

---

① 周云，胡宝贵，花涛. 中国连锁品牌发展质量调研报告（2017）[M]. 北京：中国轻工业出版社，2018.

理论将从通用理论开始，但是也会兼顾学术界相关研究，以及奢侈品行业或其他机构发布的一些有影响力的奢侈品类排行榜单所采用的评估方法，目的是说明和展示奢侈品品牌资产测度的特殊性，以供读者借鉴。

一、品牌资产测度的一般国际标准

1999 年，在美国营销科学研究院主持的品牌资产计量研讨会上，就品牌资产测度标准问题达成如下共识（王海忠，2006）[①]：①有充分的理论依据。②尽可能完善，涵盖品牌资产的所有维度，并且这些维度应有明确的含义。③具有诊断力，能够反映出品牌资产的兴衰或涨落。④就收入流量和品牌可延伸性而言，能够反映品牌的未来趋势。⑤客观性，以便不同的人使用测度工具能够得到同样的品牌资产测量结果。⑥数据容易获取，以便测度能够定期监测众多产品品类中多个品牌的价值。⑦结果为单一数据，便于跟踪研究，有传播价值。⑧对高层管理而言，直观、可信。⑨说服力强、可靠、稳定，同时能够反映品牌健康状况的变化。⑩与其他相关的资产测度指标存在关联效度。

尽管目前国际上进行品牌资产测度的单位众多，例如，专门机构、企业内部部门和如中介、媒体、权威杂志、咨询公司等社会其他机构，但是，各种组织和机构均基本遵循或应该遵循上述十大原则，只是由于各类测评标准的测评基础点和侧重点各异，当然所采用的具体测评方法也不同。

卢泰宏（2002）将品牌资产评估方法的基本要素归纳为三大类：①财务要素，与成本、溢价、附加现金流相关；②市场要素，与市场表现、市场业绩、竞争力和股市相关；③消费者要素，与态度、行为、信仰、认知、认同和购买意愿相关。基于上述三个要素又形成四个用于品牌资产评估的要素组合，其各自的特点和代表性评估方法如表14-4 所示。

表 14-4　品牌资产评估方法的分类

评估方法要素	评估方法依据的品牌资产含义	代表性方法
财务要素	品牌资产是公司无形资产的一部分，是会计学意义的概念	成本法、替代成本法、市值法
财务要素+市场要素	品牌资产是品牌未来收益的折现，故调整传统财务方法，加入市场业绩要素	Interbrand 方法、Financial World 方法
财务要素+消费者要素	品牌资产是相对于同类无品牌或竞争品牌而言，消费者愿意为某一品牌所付的额外费用	溢价法；品牌抵补模型（BPTO）；联合分析（Conjoint Analysis）
消费者要素+市场要素	品牌资产反映与消费者的关系程度，着眼于其运行机制和真正驱动因素	Brand Asset Valuator、Brand EquityTen、EquiTrend、Brand Engine

资料来源：卢泰宏. 品牌资产评估的模型与方法 [J]. 中山大学学报，2002（3）：88-109.

品牌资产研究的测算因研究视角不同和应用范围的局限，其计算公式也不同。表14-5汇总了品牌资产的主要计算方法。

① 王海忠. 品牌测量与提升——从模型到执行 [M]. 北京：清华大学出版社，2006.

表 14-5　品牌资产的计算方法

特点	方法名称	品牌资产计算公式	适用范围
基于资产视角	Interbrand方法	品牌收益×品牌强度	用于任何产品类别或品牌，包括品牌收购、兼并或租赁等市场行为；当产品的品牌辐射范围狭窄时不起作用
基于客户视角	Financial world 方法 溢价方法 忠诚度因子方法	品牌净利润×品牌强度 溢价销售/平均利润率 理论目标客户群×忠诚因子×周期内购买×（单位产品价格−无品牌单位产品价格）×时限内周期数	同于 Interbrand 方法 适合客户熟悉的产品 适合快消品，非耐用品
基于综合视角	品牌资产十因子模型 CBBE 模型	（价格优势+满意度/忠诚度）+（感知品质+领先品牌/声望）+（感知价值+品牌个性+组织联想）+品牌知名度+（市场价格和分销渠道+市场份额） 品牌显著度+（品牌绩效+品牌形象）+（品牌评价+品牌感受+品牌响应）	既适用连续性研究，也适用定制研究；考虑到行业差异，有必要对指标进行适当调整 同于溢价方法

资料来源：Jiangwen Huang. A Review of Brand Valuation Method［J］. Journal of Service Science and Management，2015（8）：71-76.

在表 14-4 和表 14-5 中提及的代表性方法没有包括如中国驰名商标方法这样的具有中国特色的方法，原因是该类方法只在中国应用。在后面的方法介绍中，读者将会看到，中国驰名商标方法应该是综合兼顾品牌资产的三个要素的评估方法，也可以算作要素组合的第五种，且偏向品牌价值的定性评测。本书将重点介绍 Interbrand 方法。

二、品牌资产测度方法

（一）Interbrand 方法

英国的 Interbrand Group 成立于 1974 年，是全球最大的综合性品牌咨询公司，该公司因发布年度《Interbrand 全球最具价值品牌》（*Interbrand Best Global Brands*）排行榜而闻名，上榜品牌共计 100 个。

1988 年，Interbrand 在全球范围内率先推出品牌评估，究其原因是公司深刻地认识到，强势品牌会影响与品牌企业业务增长密切关联的关键利益相关者群体的决策行为，这些利益相关者包括当前和潜在的客户、员工和投资者等，会影响客户选择，会创造忠诚度，会吸引、保留和激励人才，会降低融资成本。Interbrand 的品牌估价（品牌资产）方法专为考虑上述所有这些因素而设计。自 2001 年起，公司已经与许多著名中国品牌成功分享了它的商标品牌价值创造和管理方法。2002 年，Interbrand 在上海设立办事处。作为世界上最早研究品牌资产测度的商业机构，目前国际上使用较广、影响力较大的品牌资产测度方法就是 Interbrand 品牌资产测度方法。

Interbrand 在对一个品牌的品牌资产进行估值时，会考虑三个关键内容。品牌价值的评估主要通过三个关键维度：①品牌化产品和服务的财务业绩（Financial Forecast）；②购买决策过程中的品牌作用力（Role of Brand）；③品牌所拥有的贡献于未来收益的品牌强度（Brand Strength）。

品牌化产品和服务的财务业绩分析用于衡量组织投资者的总体财务回报或其经济利润。该指标是品牌产品或服务的未来运营利润（运营收益减去税后的余额）减扣行业加权平均成本（有形资产创造的利润），从而获得无形资产（包括品牌）的未来利润。

购买决策过程中的品牌作用力用于衡量在产品决策中归因于品牌的那部分收益，即考量在无形资产（包括品牌）的未来利润中，仅仅来自品牌的未来利润贡献比重，是过去三年利润的加权平均值。为此，Interbrand 公司采用了"品牌作用指数"（RBI），该品牌指数的量化单位是百分比（%）。在进行品牌作用指数测算时，需要排除品牌因素以外的如价格、便利性、产品功能等影响，换言之，需要区别同一产品或服务在有品牌和无品牌情况下客户购买行为的差异。品牌作用指数估值依据是：品牌原始的而非二手的研究对其所在行业各公司和各品牌历史角色的回顾，或专家面板数据。

品牌所拥有的贡献于未来收益的品牌强度用于衡量品牌创造忠诚的能力，从而衡量未来可持续的需求和利润。品牌强度分析基于对 Interbrand 认为构成强势品牌的多个因素的评估，其评估结果取决于某品牌相对于业内其他品牌、相对于其他世界级品牌在相关领域的绩效比较。品牌强度分析可深入了解品牌的优势和劣势，并用于生成发展趋势图，以预测品牌在未来保持增长的实力和价值。品牌强度决定了品牌未来现金流的创造能力。

品牌资产计算公式是：品牌资产价值=品牌收益×品牌强度。

Interbrand 品牌资产测度方法遵循的基本逻辑如图 14-2 所示。

财务分析	市场分析	品牌分析
运营收益-税-行业加权平均成本	经济收益×品牌作用	品牌收益×品牌强度
Economic Profit 经济收益	Branded Earnings 品牌收益	Brand Value 品牌价值

图 14-2　Interbrand 品牌资产测度方法遵循的基本逻辑

资料来源：Interbrand（2011），参见 http：//www.interbrand.com/zh-CHT/best-global-brands。

关于品牌强度的测度，Interbrand 先后提出了三套测度方法，即七因子加权综合法、四因子加权综合法（Interbrand，1996）[1] 和十因子加权综合法（Interbrand，2011，2019[2]）。针对七因子加权综合法和四因子加权综合法，品牌强度的最小值为 0，最大值为 20。

---

① Interbrand. World's Greatest Brands［M］. London：Macmillan Press Ltd.，1996.

② Interbrand［EB/OL］. https：//www.interbrand.com/best-brands/best-global-brands/methodology/.

Interbrand 的品牌强度七因子加权综合法涉及用于测度品牌强度的七个因子，其因子名称、评估指标及其权重如表 14-6 所示。

表 14-6　品牌强度的属性或评估指标

因子名称	评估指标	权重
领导力（Leadership）	市场份额、市场定位、市场细分、品牌知晓度	0.25
稳定力（Stability）	历史、现在的地位、满意度、客户忠诚度	0.15
市场力（Market）	竞争结构（集中度）、市场增长、规模、销售	0.10
国际力（Internationality）	国外市场开拓、出口历史	0.25
趋势力（Trend）	实用价值、吸引力	0.10
支持力（Support）	质量、一致性、广告支持、同一性	0.10
保护力（Protection）	注册日期、法律有效范围和监控	0.05
		权重和 = 1

资料来源：Gabriela Salinas. The International Brand Valuation Manual：A Complete Overview and Analysis of Brand Valuation Techniques，Methodologies and Applications ［Z］. 2011.

　　领导力是指品牌具有的影响市场的能力。领导品牌代表着一种市场主导力量，表现为市场份额占优，往往可以控制市场价格水平、分销渠道，并抵制竞争者的入侵。显然，其品牌价值较之于竞争品牌更加稳定地保持在较高的水平。稳定力是依据品牌发展历史对其长期生存能力的判断。历史越悠久的品牌，其与消费者生活方式和习惯的一致性就越高。市场力是指不同行业、不同类别产品市场之间的差异性和特殊性。国际力是指品牌跨越地理和文化边界发展的能力。国际性高的品牌表现为单一市场脆弱度低、制造和营销成本低、具有较佳经济效益的优势。趋势力是指品牌的实用价值和潮流趋势的代表性，反映一个品牌的活力或生命力。被消费者认知为具备时代感和实用价值的品牌分值较高。支持力是指来自企业对品牌发展的支持力度，比如企业在品牌整合营销传播方面的投入和侧重表现。保护力是指品牌被保护的力度和范围。经注册或获得其他形式法律保护的品牌资产较高（陆娟，2001）[①]。

　　四因子加权综合法涉及：比重（Heavy，即在同类产品中的市场占有率）、广度（Broad，即市场分布）、深度（Deep，即顾客忠诚度）和长度（Long，即产品延伸度）。对该方法本书不做赘述。

　　2011 年，在 Interbrand 的官方网站上，该公司发布的该年度全球 100 个最具价值品牌排行榜的品牌强度测算基于 10 个因子，称之为 Interbrand 十因子加权综合法，该方法沿用至今。针对新的十因子加权综合法，品牌强度采用 0~100 标尺度量，100 表示最强，它基于 10 个品牌活力维度进行测评。品牌在各个维度上的绩效表现测算主要依据品牌在同行业的相对表现，对于一些特殊品牌，则做本品牌与其他世界级品牌的比较分析。品牌强度通过给定的运算法则（如贴现率）进行逆向计算，是基于品牌抗御挑战并创造预期收益的概率的品牌收益现值。从本质看，新方法的计算方法则基本没有大的改变，只是在评估品牌强度时，指标界定更清晰、指标与指标间的差异性更突出，内容也进一步完善，更有利

---

① 陆娟. 品牌资产价值评估方法评介 ［J］. 统计研究，2001（9）：34-35.

于降低度量误差，特别是释义误差。文献研究显示，目前尚无公开发布的 Interbrand 新指标体系的权重赋值文献。应该指出的是，自 Interbrand 发布该榜单以来，公司对品牌强度各个指标做过多次调整，下面是最新的 10 个品牌强度因素。由于除该公司英国官网上有品牌强度因素的英文表达，其他地区网站均是链接的形式，在下面的内容展开中本书做了各个因素定义的中文翻译。

Interbrand（2019）[①] 将 10 个品牌强度因素分类为内部强度和外部强度，内部强度包括品牌的清晰度、承诺度、治理度和反应度 4 个因素，外部因素包括品牌的真实度、关联度、差异度、一致度、覆盖度和参与度 6 个因素。下面是上述十个品牌强度因子的含义。

1. 品牌强度的内部因素

第一，清晰度（Clarity）。指品牌内在清晰地表达品牌在价值观、品牌定位和品牌主张方面所代表的含义和清晰地了解目标受众、客户见解和驱动因素的程度。

第二，承诺度（Commitment）。指对品牌的内在承诺和对品牌重要性的内在信念，以及品牌在时间、影响力方面获得内部支持的程度。

第三，治理度（Governance）。指组织具备所需技能的程度和品牌的运营模式，目的是快速且高效地部署品牌战略。

第四，反应度（Responsiveness）。指组织能够不断发展品牌和业务，以应对或预期市场变化、挑战和机遇。

2. 品牌强度的外部因素

第一，真实度（Authenticity）。指品牌完全基于内在的真实和能力，它有明确的故事和良好的价值基础，它所给予的与客户所期待的一致。

第二，关联度（Relevance）。指品牌满足所有相关人口统计的、地理学的和地理区位的客户/消费者需求、愿望和决策标准的能力。

第三，差异度（Differentiation）。指客户/消费者认为品牌具有差异化的主张和品牌体验的程度。

第四，一致度（Consistency）。指在所有接触点或形式上品牌体验没有败笔的程度。

第五，覆盖度（Presence）。指在传统媒体和社交媒体中消费者、客户和舆论界人士对品牌感受到无所不在和积极谈论的程度。

第六，参与度（Engagement）。指消费者/客户对品牌的深刻理解、积极参与以及强烈认同的程度。

那么，Interbrand 的品牌价值评估依据的数据来自哪里？根据 Interbrand 官方网站发布的"方法论"可知，在 Interbrand 看来，强大的品牌价值评估需要整合评估，其中包括广泛的信息来源。其数据来源是除了公司自己广泛的案头研究和专家小组评估外，估值模型还会应用到外部数据资源。具体来说，财务数据来自汤森路透（Thomson Reuters）、品牌公司年度报告和分析师报告等，消费品数据来自 GlobalData 公司的品牌量和品牌价值数据，社交媒体分析来自 Infegy 公司。

如今越来越多的奢侈品品牌开始进入社交媒体，如香奈儿（CHANEL）、古驰（Gucci）等均开发了 APP 应用，或者通过建立微博账号或微信订阅号与消费者随时随地建立联系，迪奥（Dior）先行成功进入抖音在新的社交媒体展开品牌推广和交易活动。如

---

① Interbrand（2019），参见 https：//www.interbrand.com/best-brands/best-global-brands/methodology/。

此，奢侈品品牌企业能够利用社交媒体与客户展开双向互动式营销，加强品牌曝光度，维护品牌与顾客的关系。所以，在进行品牌资产评估时，也适时纳入了社交媒体分析。

依据 Interbrand 的指标体系，2011 年上榜的 10 个顶级最有价值的品牌是可口可乐（Coca-Cola）、IBM、微软（Microsoft）、谷歌（Google）、美国通用电气公司（GE）、麦当劳（McDonald's）、英特尔（Intel）、苹果（Apple）、迪斯尼（Disney）和惠普（HP），其中谷歌和苹果分别实现了 27% 和 58% 的跨越式品牌价值增长。例如，谷歌通过不断推出新技术和新产品（如云连接计算机），在品牌响应度上表现出色；苹果以其"伟大的品牌和伟大的技术，传递全新独特的客户体验，将创新产品与消费者生活方式快速整合"，也在品牌响应度上表现卓越，使其从 2010 年的品牌价值排名第 17 跃居 2011 年的排名第 8。两个品牌在品牌强度等因素上也均有综合的高水平表现。

在奢侈品行业，品牌资产最高的奢侈品品牌有哪些？它们在 2010~2011 年的表现及其近十年品牌资产的历史表现如何？图 14-3 是 2011 年 Interbrand 前 10 个最有价值奢侈品品牌排行榜及其近十年表现。如图 14-3 所示，排名前十的奢侈品品牌有路易威登（Louis Vuitton）、古驰（Gucci）、爱马仕（Hermes）、卡地亚（Cartier）、蒂芙尼（Tiffany）、阿玛尼（Armani）和博柏利（Burberry）等。以位居行业榜首的法国品牌路易威登为例，其 2010 年收入增长 19%，品牌价值增长 6%，不仅得益于品牌知名度、品牌延伸（如手表业）和市场扩张（亚洲市场），其在品牌强度的整体十个方面也均表现出持久性出色。

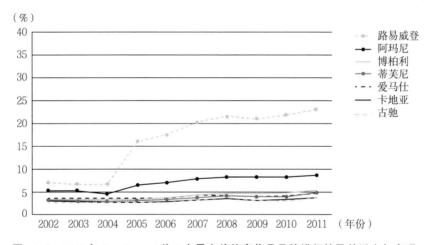

图 14-3 2011 年 Interbrand 前 7 个最有价值奢侈品品牌排行榜及其近十年表现

资料来源：Interbrand 官网，详见 https://www.interbrand.com/best-brands/best-global-brands/2011。

上面的例子也从一个侧面说明了新的品牌强度评测指标虽然没有造成品牌价值排行榜的大起大落，并保持了持续性，但从学术界、行业和企业的层面看，了解 Interbrand 新的品牌强度因子结构是很有意义的。其一，Interbrand 在品牌资产评估方面的权威地位不容忽视；其二，从企业战略品牌管理的角度出发也为其品牌战略决策明确了努力的方向；其三，学术界在品牌价值测度方面又有了新的借鉴和思路，它将有助于完善品牌测度理论。

2018 年度 Interbrand 发布的"全球最具价值品牌"排行榜（Interbrand Best Global Brands 2018）揭示，苹果以 2144.80 亿美元的品牌资产位居榜首，谷歌和亚马逊分别名列第二、第三位，两个品牌的价值均超过了 1000 亿美元。微软、可口可乐、三星电子、丰田、奔驰、脸书和麦当劳的品牌资产分别名列第四至第十位。中国品牌华为进入 100 强。

2018 年新上榜的奢侈品品牌是香奈儿，位居第 23 位。事实上，2000~2009 年，香奈儿在 Interbrand 全球最具价值品牌排行榜上一直榜上有名，这次是时隔 9 年重回榜单。香奈儿旗下产品横跨服装、珠宝、腕表、手袋、鞋履、配饰、美妆品、护肤品、香水等多个产品大类，产品组合的品牌风格协调一致，互补共生。该排行榜上价值增值幅度最高的 10 个品牌中，作为奢侈品品牌的古驰（+30%）和路易威登（+23%）表现卓越，发展势头强劲。此外，爱马仕（+15%）和迪奥（Dior）（+14%）的品牌资产增长也十分出色。爱马仕是唯一一家在过去五年中保持品牌资产持续两位数增长的奢侈品品牌，奢侈品作为增长最快的部分发挥了前所未有的作用。图 14-4 是 2018 年 Interbrand 全球最具价值品牌排行榜中价值增值幅度较高的品牌排序，关于奢侈品品牌的统计用三角符号标示。图 14-4 也为我们在全球市场范围内分析和预测相关行业、企业和品牌等的发展潜力和趋势提供了独到的视角和基点。

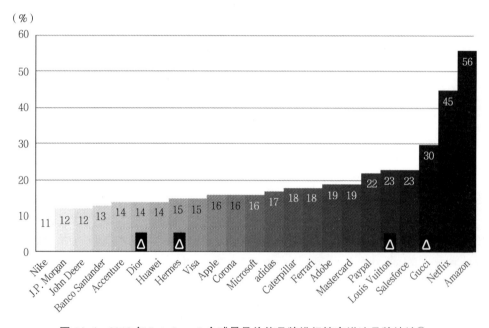

图 14-4　2018 年 Interbrand 全球最具价值品牌排行榜高增速品牌统计①

图 14-5 是 2018 年 Interbrand 全球最具价值品牌排行榜榜单中上榜的 9 个奢侈品品牌的资产统计。图 14-5 显示，多年来的冠军品牌路易威登稳坐奢侈品品牌霸主地位，不仅品牌资产位居第一，其品牌资产增长达到+23%，说明品牌充满活力。路易威登保持业内领先的密钥是什么呢？Interbrand 揭示，关于路易威登的品牌强度表现，它在内部因素中的承诺度（Commitment）、反应度（Responsiveness）和外部因素中的一致度（Consistency）表现得尤为出色。具体分析如下：在承诺度方面，路易威登坚守品牌的内在承诺和对品牌重要性的内在信念，能够始终保持在时间、影响力方面获得企业内部强有力的支持；在一致度方面，路易威登使客户在所有"品牌—客户"接触点或形式上得到高水平的品牌体验。

在反应度方面，当品牌面对市场变化、挑战和机遇时有卓越的应对能力。例如，当网

---

① 详见 https://www.interbrand.com/best-brands/best-global-brands/2018，有改动。

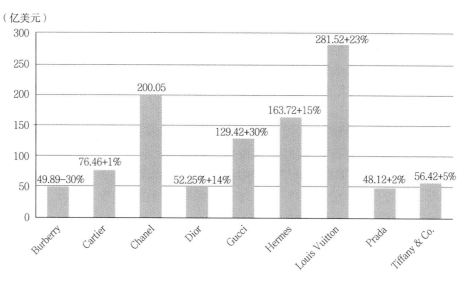

（亿美元）

图 14-5　2018 年 Interbrand 全球最具价值品牌排行榜奢侈品品牌资产统计①

红经济在市场上表现出强势影响力时，2018 年 10 月 31 日，路易威登正式宣布吴亦凡成为品牌代言人，共同开启品牌的非"凡"之旅。由该品牌男装艺术总监 Virgil Abloh 推出的 2019 年秋冬男士时装秀系列，如扎染造型嬉皮前卫，老花夹克摩登复古，廓形西服极简时髦，即由新晋品牌代言人倾情演绎②。这种反应度优势也表现在路易威登所属集团公司路威酩轩的经营管理方面，作为世界第一大奢侈品集团，路威酩轩坚持采取积极增长的经营模式，以分散性组织结构、有机增长、垂直整合、创造协同效应、传承精湛工艺、经营业务和地理分布平衡六大支柱作为企业运营的基础。分散型的组织结构和运营原则，能确保旗下品牌的独立性，根据客户的需求快速做出行之有效的决策，同时充分调动员工的积极性。把有机增长放在首位，集中优势资源发展旗下品牌，并鼓励员工提出新创意和新思路（苏昉，2018）③。

　　香奈儿从榜单 100 个品牌以外一跃位列奢侈品类品牌资产第二，它在品牌强度的十个指标中，在内部因素清晰度（Clarity）、外部因素真实度（Authenticity）和参与度（Engagement）方面赢得了品牌价值。比如，在清晰度方面，近年来，香奈儿（CHANEL）品牌的消费者/客户对该品牌理解和参与、认同度方面达到很高的水平。该品牌通过早春秀和秋冬秀等系列的品牌新品发布会，大大提升了其产品的品牌辨识度，其简约、优雅、独特、精致的香奈儿风格在奢侈品行业打下深刻烙印。

（二）Financial World 方法

　　美国 Financial World（金融世界）杂志每年对世界上"最具影响力"的品牌（主要是消费品品牌）进行评估，并公布年度世界领导品牌的品牌资产评估报告，其评估结果在世界范围内广为关注。Financial World 品牌价值测度方法也被广泛接受并采用。但是，其测

---

①　详见 https：//www. interbrand. com/best-brands/best-global-brands/2018，有改动。
②　详见 https：//www. louisvuitton. cn/zhs-cn/articles/kris-wu-in-louis-vuitton-mens-fall-winter-2019。
③　苏昉. 法国奢侈品产业发展趋势与运营策略［J］. 法语国家与地区研究（中法文），2018（1）：45-50，93.

度方法与 Interbrand 的方法十分相似（Keller，1998）[①]。对此，Keller（1998）曾做出详细的讨论，故本书在此只对该方法做简要介绍。

Financial World 的品牌资产测评属基于市场的品牌价值测度方法，该方法同样基于品牌市场绩效和品牌强度系数，即品牌资产为上述两个指标的乘积。主要不同之处是，Financial World 方法更多是以专家意见来确定品牌的财务收益等数据。具体来说，首先，专家基于公司销售额和对行业平均利润率的估计，计算出公司的营业利润，再从营业利润中剔除非品牌贡献利润额得到品牌收益。其次，根据 Interbrand 的品牌强度七因子模型估计品牌强度系数，品牌强度系数的范围大致在 6~20。最后，依据公式："品牌价值 = 品牌收益×品牌强度系数"获得 Financial World 品牌价值。

卢泰宏（2002）基于艾丰（1997）[②] 的《中国品牌价值报告》给出了 Financial World 品牌价值计算过程，如表 14-7 所示。

表 14-7　Financial World 品牌资产计算方法　　　　单位：美元

步骤	指标	计算公式	万宝路（1992 年）	可口可乐（1993 年）
1	销售额		154 亿	90 亿
2	利润额	（行业）	22%	30%
3	利润	1×2	34 亿	27 亿
4	资本比率	（行业）	60%	60%
5	理论资本	1×4	92 亿	54 亿
6	一般利润	5×5%	4.6 亿	2.7 亿
7	品牌利润	3~6	29 亿	24 亿
8	修正利润	三年加权	29 亿	24 亿
9	税率	（行业）	43%	30%
10	理论纳税	8×9	12 亿	7.2 亿
11	纯利润	8~10 日	17 亿	16.8 亿
12	强度系数	6~20	19 倍	20 倍
13	品牌价值	11×12	323 亿	336 亿

注：表中第 8 项修正利润以品牌利润近似替代。

资料来源：卢泰宏（2002）[③] 根据艾丰（1997）[④] 整理，本书略加修改。

对表 14-7 进行分析，以进一步揭示品牌建设对企业发展的意义。首先，万宝路和可口可乐两个品牌的强度系数分别为 19 倍和 20 倍，接近或达到满分，说明两个品牌在品牌强度测度的诸维度上均表现卓越。其次，万宝路的品牌价值是其销售额的 2 倍，可口可乐的品牌价值是其销售额的 3.7 倍，说明良好的销售业绩能够反映较高的品牌价值，或较高

---

① Keller K. L. Strategic Brand Management-Building, Measuring, and Managing Brand Equity［M］. Englewood Cliffs, Prentice Hall，1998.

②④ 艾丰. 中国品牌价值报告［M］. 北京：经济科学出版社，1997.

③ 卢泰宏. 品牌资产评估的模型与方法［J］. 中山大学学报，2002（3）：88-109.

的品牌价值具备良好的销售业绩基础。该结论支持了 Silverman 等（1999）[①] 的研究结论。再次，在万宝路 34 亿美元销售利润中，品牌做出的利润贡献达到 29 亿美元，即除去品牌因素，产品本身创造的利润不超过 5 亿美元。类似地，在可口可乐 27 亿美元销售利润中，品牌做出的利润贡献达到 24 亿美元，即除去品牌因素，产品本身创造的利润不超过 3 亿美元。最后，万宝路和可口可乐的理论资本分别为 92 亿美元和 54 亿美元，但是它们的品牌价值（利润角度的）却分别达到 323 亿美元和 336 亿美元。

上述分析表明，优秀的品牌是企业财富积累的加速器，而品牌强度诸维度又是品牌价值增值的驱动器。从企业长期发展的角度来看，有效的战略品牌管理能使企业在激烈的市场竞争中实现可持续发展，并不断走向卓越。

(三) 中国驰名商标方法

"驰名商标"（Famous Trade Mark）又称为周知商标，最早出现在 1883 年签订的《保护工业产权巴黎公约》（以下简称《巴黎公约》）。我国于 1984 年加入该公约，成为其第 95 个成员国。和加入《巴黎公约》的其他成员国一样，依据该公约的规定对驰名商标给予（公约缔结国范围内）特殊法律保护[②]。如前文所述，中国驰名商标认证始于 20 世纪 90 年代初，经历了不规范（评选）向逐步规范（评选再认证、认证）的过渡。在我国，中国驰名商标必须是注册商标，其认定遵循严格法律程序，目前属于国内最为权威的国家级品牌荣誉。

中国驰名商标指标体系是一个偏定性的测评体系。按照 2001 年修订的《商标法》第十四条规定，结合品牌资产理论，中国驰名商标的评选基于以下五项品牌资产指标：

（1）品牌知晓度，依据相关公众对该品牌知晓程度的有关材料。根据《驰名商标认定和保护规定》第 2 条第 2 款的规定，相关公众包括与使用商标即注册品牌所标示的某类商品或者服务有关的消费者，生产前述商品或者提供服务的其他经营者以及经销渠道中所涉及的销售者和相关人员等。换言之，驰名并非指在全社会范围内所有公众的高品牌认知度，而是指在相关者中的驰名度。

（2）品牌历史，依据该品牌使用、注册的历史和范围的有关材料（《驰名商标认定和保护规定》第 3 条第 2 项规定）。品牌权利人利用和行使品牌专用权的主要方式是使用其品牌，只有品牌被使用才能在交易中体现其价值，才能把品牌的无形资产转化为物质财富。对于注册品牌权利人，使用品牌是其基本义务。当然，也会考虑品牌的注册历史和范围。

（3）品牌传播力度，依据该品牌其任何宣传工作的持续时间、程度和地理范围的有关材料，包括广告宣传和促销活动的方式、地域范围、宣传媒体的种类以及广告投放量等有关材料（《驰名商标认定和保护规定》第 3 条第 3 项的规定）。通常，品牌各种营销沟通活动的持续时间、程度和地理范围，会影响其在一定区域内公众的品牌知晓度。作为认定的"驰名"商标，第一点和第三点共同加强了对品牌"知名度"的度量。

（4）品牌排他性，依据该品牌作为驰名商标受保护记录的有关材料，包括该品牌曾在

---

① S. N. Silverman, D. E. Sprott, V. J. Pascal. Relating Consumer-based Sources of Brand Equity to Market Outcomes [J]. Advances in Consumer Research, 1999 (26): 352-358.

② 详见 http://baike.baidu.com/view/563468.htm。

中国或者其他国家和地区作为驰名商标受保护的有关材料（《驰名商标认定和保护规定》第 3 条第 4 项规定）。注册商标具有独一无二的品牌身份，注册范围决定了品牌身份的有效范围。历史上曾发生过多起中国商标（特别是老字号）被恶意注册的事件。因此，品牌排他性是品牌价值排他性或独属性的基础。

（5）品牌市场绩效，依据该品牌主要商品近三年的产量、销售量、销售收入、利税、销售区域等有关材料（《驰名商标认定和保护规定》第 3 条第 5 项规定）。驰名商标不仅应该知名，还要有很好的盈利能力，品牌的无形资产特质必须鲜明。关于品牌市场绩效的考察，国家并没有给出统一的标准，以下我们将《百度文库》中资料披露，以供参考。

小资料：什么样的商标才有望认定为中国驰名商标？

根据《商标法》第十四条的规定，结合我们在协助优秀企业申报认定中国驰名商标实践中总结的经验，基本达到下列最低要求的企业，就可以尝试申报认定中国驰名商标。当然，这并非国家标准，而且，对每个行业的数据要求会有所不同，因此此件仅供企业参考。

（1）除特殊情况外，该商标所有者企业注册资金应当不少于 1000 万元，实际资产应当在 5000 万元以上。

（2）该商标的注册和使用时间应当在 5 年以上，使用时间较短的难以认定。

（3）该商标原则上应当是省、自治区、直辖市著名商标。

（4）该商标现有价值经相关机构评估应当在 1000 万元以上。

（5）该商标所有者企业使用该商标的商品近 3 年的年产值在 1 亿元以上，年销售收入原则上应在 5000 万元以上，市场占有率在全国同行业中居前 20 位。

（6）该商标所有者企业近 3 年年缴纳税金应当在 1000 万元以上。

（7）产品市场不局限于本地，产品起码销往全国一半以上省、自治区、直辖市，最好是全国均有销售网络。产品销往国外更佳。也就是说，使用该商标的商品的销售区域应当覆盖全国主要地区。

（8）该商标应该进行过多渠道、全方位、不间断的广告宣传，省级、中央级媒体近 3 年的广告宣传费每年不少于 1000 万元。宣传包括广告、软文、活动冠名、户外等。

（9）企业是全国性行业协会、商会的理事单位为最佳。

（10）企业是行业标准的制定者、参与者为最佳。

（11）企业主打产品已经获得过中国品牌产品称号为最佳。

（12）企业主打产品已经获得过国家免检产品称号为最佳。

（13）商标是否已经注册不重要。

（14）企业规模小不重要，关键是行业排名。因为有的行业所有企业都小。

（15）企业规模很大也未必符合条件，因为也许这个行业所有企业都是大企业。

（资料来源：百度文库. 什么样的商标才有望认定为中国驰名商标？[EB/OL]. http：//wenku. baidu. com/. ）

三、关于品牌资产测度方法的评价

上文介绍了三个品牌资产测度方法，这些测度方法对我国企业进行战略品牌管理，无疑是非常重要和实用的。显然，无品牌战略是一种低效率的企业维持生存战略，因为它们不具备做大做强的价值加速器——好品牌。那么，企业做好品牌的原则和抓手，正是上述品牌测度方法中所揭示的品牌资产构成的指标特征。无论这些方法是侧重定性分析，还是侧重定性与定量的综合分析，品牌资产的测度指标是本企业与其市场竞争者均要面对的市场考核指标，谁表现出色，谁就是优胜者。

当然，就品牌资产测度方法本身而言，它们并非完美，仍有待完善。首先，两个国际上影响力较大的 Interbrand 和 Financial World 测度方法的局限至少表现为：①没有揭示品牌资产内部的因果关联，对品牌管理指引不够（卢泰宏，2002）。②测评中没有严格区分母子品牌资产的差异，会导致企业难以分辨品牌资产中母子品牌各自的价值贡献占比（卢泰宏，2002），从而不利于企业进行品牌组合战略管理。③测评中依据业内专家判断绩效指标，不可避免地会导致评测结果的主观性，有失客观性。

其次，Interbrand 品牌资产测度方法的局限性，尤其体现在其核心测度——品牌强度测度部分。Gabriela Salinas（2011）认为，主要表现在以下两点局限：其一，品牌强度分析表现为统计上的复杂化，品牌强度值是主观赋值的，赋值的依据是那些常常基于存在冗余或有些彼此内相关的因素，这样就可能导致总值有偏。其二，该方法假设"对所有的行业部门、区域和产品类别，品牌强度测度因素和权重等同"。然而，事实上，用于确定品牌强度的每个因素的权重、因素本身和关键因素的数量是随着部门、产品、区域以及行业或产品的生命周期的变化而变化的。上述问题共同存在于七因素方法和新的十因素方法中。

第三节　奢侈品品牌强度比较分析

依据 Interbrand（2018）[1]，每个品牌强度因素均代表了品牌潜在的增长杠杆，揭示品牌资产管理中品牌业务中的最大的机会和风险。该公司的全球首席学习和文化官 Rebecca Robins 指出，今天领先的奢侈品品牌们正在提升品牌和业务转型的门槛，对于奢侈品行业而言，比以往任何时候将面临着更多的机会去为自己的业务或更多的业务制定转型的标准。

品牌强度的培育包括内部因素和外部因素两大类，内部因素包括清晰度、承诺度、治理度和反应度，它们是品牌企业内部文化和与文化密切关联的内部业务对品牌资产的贡献。那些品牌资产持续增长的奢侈品品牌在内外部因素上均有卓越的表现和连接。

依据图 14-5，2018 年 Interbrand 全球最具价值品牌排行榜榜单中上榜的 9 个奢侈品品牌的品牌资产统计，2018 年上榜的奢侈品品牌按照品牌资产由高至低的排序分别为：路易威登、香奈儿、爱马仕、古驰、卡地亚、蒂芙尼、迪奥、博柏利和普拉达，这 9 个品牌在品牌强度方面各自的突出表现有何不同？表 14-8 是上述九大世界著名奢侈品品牌的品牌强度优势的比较。

---

[1]　Interbrand（2018），详见 https：//www.interbrand.com/best-brands/best-global-brands/2018。

表 14-8　世界著名奢侈品品牌强度比较分析

品牌名称	内部因素				外部因素					
	清晰度	承诺度	治理度	反应度	真实度	关联度	差异度	一致度	覆盖度	参与度
路易威登		★		★				★		
香奈儿	★				★					★
爱马仕	★	★			★					
古驰		★		★			★			
卡地亚	★				★			★		
蒂芙尼						★	★			★
迪奥		★					★			
博柏利		★				★		★		
普拉达		★				★	★			
星计数	3	6	0	2	5	2	4	3	0	2
分权重	0.2727	0.5455	0	0.1818	0.3125	0.1250	0.2500	0.1875	0	0.1250
总权重	0.1111	0.2222	0	0.0741	0.1852	0.0741	0.1481	0.1111	0	0.0741

资料来源：笔者根据 2018 Interbrand 全球最具价值品牌报告绘制和计算。

在表 14-8 中，笔者还对品牌强度各个维度在九大奢侈品品牌的品牌资产上的贡献做了统计，以所列星星表示，星星的个数代表某因素得分。表中"星计数"是基于 9 个品牌的各个因素的得分。表中"分权重"是当分别考虑 4 个内部因素或 6 个外部因素时，基于 9 个品牌的内部因素权重得分或外部因素权重得分。表中"总权重"是基于 9 个品牌的考虑全部内外部因素的权重分布。权重反映不同条件下，各个因素的重要性。

在"2018 Interbrand 全球最具价值报告"中，关于九大世界著名奢侈品品牌的表述，能够从品牌资产评估的角度看到这些品牌的独特价值，这些表述言简意赅，是概括也是感言。具体表述如下：路易威登隶属 LVMH 奢侈品集团，是一家成立于 1854 年的法国时装品牌公司；香奈儿是一家私营公司品牌，它是创建、开发、制造和分销奢侈品的全球领导者；爱马仕是一家家族企业品牌，生产一系列奢华的时尚和生活方式产品，其工匠的手工制作总是充满爱意；古驰是一个具有影响力、创新性和进步性的品牌，它正在重塑一种完全现代的时尚方式；卡地亚是法国奢侈品品牌，该品牌开发了一系列奢侈品，包括高端珠宝、手表、皮革制品、香水和配饰；蒂芙尼已成为优雅、创新设计、精湛工艺和创意卓越的代名词；迪奥隶属奢侈品集团路威酩轩，它从事设计和零售成衣时装、配饰和护肤化妆品，迪奥一贯地保持着该品牌作为公认的高级定制时装创造者的传统；博柏利是一个全球奢侈品品牌，具有鲜明的英国态度，以非凡的创造力和不懈的创新而闻名；普拉达是意大利奢侈时尚品牌，隶属普拉达集团，是奢侈品行业的领先品牌。

关于九大著名奢侈品品牌的品牌强度比较分析将在后续内容中展开。综上所述，品牌强度包括内部因素和外部因素两个层面，世界著名奢侈品品牌在品牌强度的两个层面上的表现，能够反映出该行业品牌强度的哪些特殊性呢？因此，有必要针对奢侈品部门进行单独的品牌强度分析。

一、世界著名奢侈品品牌内在强度特点

（一）品牌承诺度是最重要的内在品牌强度

在内部因素的四个维度即清晰度、承诺度、治理度和反应度中，九个品牌的内部因素总得分为 11 分，其中得分最高的是承诺度，得 6 分，清晰度得 3 分，反应度得 2 分，治理度得 0 分，特别地，在内部因素的四个维度中，承诺度的内部权重为 0.5455，其作为内部优势对品牌资产的重要性，占到品牌内部强度的一半以上。

承诺度（Commitment）是指对品牌的内在承诺和对品牌重要性的内在信念，以及品牌在时间、影响力方面获得内部支持的程度。上述数据揭示，在奢侈品品牌的内部强度或竞争力建设中，九个世界著名品牌的品牌管理经验是，品牌承诺是压倒性品牌获得价值的基石，路易威登、爱马仕、古驰、迪奥、博柏利和普拉达在品牌承诺度方面均表现卓越。

例如，路易威登自创立起，使用品牌经典之作见证世界的每一个变迁。关于路易威登品牌个性它它自己是这样描述的："1854 年，路易威登在巴黎问世，忠实传承了品牌创始人的壮志与愿景。品牌的悠久历程铸造了其传奇历史。"

例如，古驰，它的创作同时代表了意大利手工艺对细节和品质的重视，呈现出浪漫的令人激动的美学理念。古驰将道德置于其业务经营中的核心地位，是一项强有力的道德承诺，品牌认为，诚信对其业务的可持续发展至关重要。此外，该品牌的道德承诺与其隶属的开云集团一脉相承。开云集团的《道德规范》（中文）长达 25 页，首页由开云集团 CEO 兼董事会主席 F. 亨利·皮诺本人签署，他指出，规范旨在为集团的所有活动提供行为标准，同时也助力开云的成功和可持续性发展。

（二）品牌治理度均表现薄弱

九个品牌在治理度上均没有出色表现，它们在治理度上均没有得到高分，结果是没有一颗"治理度"强度星星被奢侈品品牌获得。治理度（Governance）是指组织具备所需技能的程度和品牌的运营模式，目的是快速且高效地部署品牌战略。治理度对于奢侈品品牌企业或集团而言，是其品牌管理的战略和战术的制定、部署、协调、激励和控制的能力，是企业文化价值观的行动落实的表现。依据 Interbrand 的评估标准，所有上榜奢侈品在治理度方面的表现都需要继续努力。显然，鉴于奢侈品品牌的国际性特征，在全球范围内管理品牌并非易事，奢侈品品牌的发展任重道远。

二、世界著名奢侈品品牌外在强度特点

（一）品牌真实度和差异度依次是最重要的外在品牌强度

在外部因素的六个维度即真实度、关联度、差异度、一致度、覆盖度和参与度中，九个品牌的外部因素总得分为 16 分，其中得分最高的是真实度，得 5 分；其次是差异度，得 4 分；再次是一致度，得 3 分；关联度和参与度均得 2 分；覆盖度得 0 分。在外部因素的六个维度中，真实度的外部权重为 0.3125，其作为外部优势对品牌资产的重要性占到品

牌外部强度的近 1/3。

真实度（Authenticity）是指品牌完全基于内在的真实和能力，它有明确的故事和良好的价值基础，它所给予的与客户所期待的一致。上述数据揭示，在奢侈品品牌的外部强度或竞争力建设中，九个世界著名品牌的品牌管理经验是，品牌真实度是最重要的品牌外部竞争力。在真实度方面表现出色的是香奈儿、爱马仕、卡地亚、博柏利和普拉达。奢侈品品牌真实性来自工艺、供应稀缺、独特的美学以及与原产地的联系（P. A. Hitzler, G. Müller-Stewens, 2017）①。因为消费者对遗产、手工艺和质量的一贯性偏好和信任，使这些老牌奢侈品品牌得到了消费者乐意支付"货真价实"的品牌所有权特权的回报。

Pamela N. Danziger（2018）② 阐述了真实度为什么对于今天的奢侈品品牌目标客户群如此重要，这是因为我们生活在今天一个真实的时代，需要真实的品牌，需要真实的通信，需要与消费者的真实关系。对于真正的奢侈品来说，越对品牌做深入挖掘，发现它就会越真实。根据 Stackla 进行的一项研究，品牌的真实性是 86% 的消费者决定支持哪些品牌的重要原因。Cohn 和 Wolfe 的另一项针对 15000 名受访者的全球性调查发现，91% 的全球消费者表示，会通过"购买、投资、认可或类似行动"来奖励品牌的真实性，这其中超过 60% 的消费者将"购买"或"更倾向购买"那些他们认为真实的品牌。

例如，品牌香奈儿的发展完全基于内在的真实和能力，将品牌创始人 Coco CHANEL 的故事、态度和风格等作为品牌独特的价值基础和设计理念，使品牌带给目标市场的产品与其客户的期待毫无违和感。

例如，"真正的奢华"是爱马仕品牌的核心及其代表性含义。与其他奢侈品品牌不同的是，爱马仕会使用真正的品牌购买者给出该品牌非凡价值的真实见证。此外，该品牌严格限制其产品的生产和分销，其明确的意图是不满足消费者需求，而是提升产品。

差异度是仅次于真实度的第二重要品牌强度外部因素，差异度的外部权重为 0.2500，其作为外部优势对品牌资产的重要性占到品牌外部强度的 1/4。差异度（Differentiation）是指客户/消费者认为品牌具有差异化的主张和品牌体验的程度。表 14-8 中的数据显示，在奢侈品品牌的外部强度或竞争力建设中，九个世界著名品牌的品牌管理经验是，品牌差异度是仅次于品牌真实度的、第二重要的品牌外部竞争力。引领品牌差异度优势的奢侈品品牌分别是古驰、蒂芙尼、迪奥和普拉达。

例如，古驰不断追求革新与卓越，以独有的现代视野重新演绎与影响时尚演进。该品牌在创作总监亚力山卓·米开理全新视角的引领下，重新阐述 21 世纪精品，巩固其全球精品品牌的地位。为了打造品牌的差异化价值，古驰对奢侈品行业固有的传统和惯例提出挑战，抛弃墨守成规，在公司的每个层面上优先考虑创造力，从而带来了重要且持续的竞争优势。

例如，普拉达对品牌差异价值的打造，按照品牌自我的描述是这样的："自 1913 年以来，普拉达一直是新锐风格的代名词，通过超越趋势的代码将产品概念、结构和图像结合在一起。它的时尚超越了产品，将概念转化为一个宇宙，去挑战传统的底线。"品牌普拉达认为，创造"差异"需要"超越趋势"，什么是超越趋势呢？就是要通过一种创新的方

---

① P. A. Hitzler, G. Müller-Stewens. The Strategic Role of Authenticity in the Luxury Business [M]. Gardetti M. A. (Ed.): Sustainable Management of Luxury, 2017.

② Pamela N. Danziger. Louis Vuitton or Hermès: Which is the More Authentic Luxury Brand? [EB/OL]. [2018-08-01]. https://www.forbes.com/sites/pamdanziger/2018/08/01/.

法，从非传统或跨学科的各种社会分析中汲取灵感，这些学科有时显然远离时尚，如电影和摄影等，从而去获得从非同寻常的角度重新解释现实创作或差异化产品。[①]

(二) 奢侈品品牌的覆盖度普遍较弱

九个品牌在覆盖度上均没有出色表现，它们在覆盖度上均没有得到高分，结果是没有一颗"覆盖度"强度星星被奢侈品品牌获得。覆盖度（Presence）是指在传统媒体和社交媒体中消费者、客户和舆论界人士对品牌感受到无所不在和积极谈论的程度。

近年来，奢侈品品牌已经热播到社交媒体并获得回报。事实上，无论品牌产品属于哪一个行业领域——奢侈品或折扣，跨国或街角商店，品牌在传统媒体和社交媒体的覆盖度，不仅是促销或沟通问题，也是对这一新的营销渠道的认识和开放问题，无视者或迟到者都可能导致市场份额的损失。实际上，在中国市场，这九个奢侈品品牌无论是在传统媒体还是在社交媒体均已经风生水起，生机勃勃，但是，根据 Interbrand 的评估标准，所有上榜奢侈品在覆盖度品牌强度方面的表现都需要继续努力。

三、世界著名奢侈品品牌强度综合分析

为了进行世界著名奢侈品品牌强度综合分析，本书将表 14-8 中总权重一行的权重由大到小进行排序，然后将表格进行矩阵转置后得到表 14-9。基于总权重得分，也就是打破品牌强度的内部因素和外部因素的界限，首先分析品牌强度的各个维度对奢侈品品牌资产的贡献能力，然后分析世界著名奢侈品品牌强度排序的特点。

表 14-9　品牌强度各维度权重

	路易威登	香奈儿	爱马仕	古驰	卡地亚	蒂芙尼	迪奥	博柏利	普拉达	星计数	总权重
承诺度	★		★	★			★	★	★	6	0.2222
真实度		★	★		★			★	★	5	0.1852
差异度				★		★	★		★	4	0.1481
清晰度		★	★		★					3	0.1111
一致度	★				★			★		3	0.1111
反应度	★			★						2	0.0741
关联度						★	★			2	0.0741
参与度		★				★				2	0.0741
治理度										0	0
覆盖度										0	0
权数和	0.4074	0.3704	0.5185	0.4074	0.4074	0.2963	0.4444	0.5185	0.5555		

资料来源：根据 2018 Interbrand 全球最具价值品牌报告设计和计算。

[①]　Prada Group，详见 https://www.pradagroup.com/en/brands/prada.html。

（一）品牌强度的各个维度对奢侈品品牌资产的贡献能力

品牌强度的十个维度按照权重排序分别为：承诺度、真实度、差异度、清晰度、一致度、反应度、关联度、参与度、治理度和覆盖度，它们的权重依次为 0.2222、0.1852、0.1481、0.1111、0.1111、0.0741、0.0741、0.0741、0、0。

依据上述信息和数据我们发现，当用十个品牌强度维度分析九个世界著名奢侈品品牌的品牌强度对它们品牌资产的贡献时，显现出如下特征：第一重要贡献的品牌强度因子是承诺度，权重为 0.2222；第二重要的品牌强度因子是真实度，权重为 0.1852；第三重要的品牌强度因子是差异度，权重为 0.1481；并列第四重要的品牌强度因子是清晰度和一致度，权重为 0.1111；并列第五重要的品牌强度因子是反应度、关联度和参与度，权重为 0.0741，表现较差的品牌强度因子是治理度和覆盖度，权重为 0。

这些特征进一步表明，作为品牌资产最高的奢侈品品牌，它们的品牌价值积累是对品牌承诺的坚守，是品牌面对消费者的真实；品牌承诺是内在的品牌品格，品牌真实是外在表现的独特的品牌个性。正是品牌始终如一地保持着这最重要的内在与外在的一致性，使这些奢侈品品牌在清晰度、一致度、反应度和参与度方面有着各自有所侧重的独特的、卓越的表现。

（二）基于品牌强度的世界著名奢侈品品牌排序

如果按照品牌强度对品牌资产的贡献分析，并考虑这个单一指标的权数，会发现品牌普拉达表现最优，该品牌在最重要（即对奢侈品品牌资产贡献度最高）的三个品牌维度即承诺度、真实度和差异度上都有非常好的表现，其次是爱马仕和博柏利，再次是迪奥、路易威登、古驰和卡地亚并列第四名，排第五名的是香奈儿，蒂芙尼排第六位。尽管上面的分析有一定的局限性，但是，单纯以品牌强度为标准进行分析也是非常有意义的，因为品牌强度是品牌可持续发展的重要驱动力。

在互联网、数字化和智能化等以新技术引领为特征的全球市场发展大趋势下，奢侈品品牌企业面临着从未有过的新问题有待解决，例如，如何提升奢侈品品牌的治理度？如何提升奢侈品品牌的覆盖度？当然，正如前文所述，领先的奢侈品品牌正在跨越品牌和业务转型的门槛，对于奢侈品行业而言，今天比以往任何时候都将面临着更多的机会去为企业和行业制定转型的标准。奢侈品品牌资产的管理机遇与风险并存。

第 十 五 章

奢侈品品牌的可持续发展 ·······························

第一节　经典与时尚

创办于 1847 年并被誉为"皇帝的珠宝商、珠宝商的皇帝"的卡地亚（Cartier）、1854 年以皮箱店形式诞生的路易威登（Louis Vuitton）、1913 年创立于法国的香奈儿（CHANEL）……这些仍旧是现在人们耳熟能详的品牌，甚至比诞生之初具有更高的价值和声誉，受到各个国家不同年龄层消费者的追捧。

一、时尚市场

快时尚的概念逐渐深入人心，人们不愿一成不变，开始希望以更快速的方式接近潮流、接近时尚，去追逐不同年代千变万化的款式。Zara 等品牌曾一度因其款式更新速度极快、着重把握时尚潮流而深受许多消费者的青睐。

那么，到底何谓时尚？为什么时尚会如此重要？时尚是人们对某种事物的崇尚，是当时当季流行的元素，它是持续而有规律变化的风格。每一个时代都会有不同的时尚，所体现的正是当时人们对日常事务的审美体验。时尚的一个重要特点就是求新、求异，它从来不会停留于某种形式，而会不断地去寻求新的形式，这种改变并不一定就是对原有形式的完全变革，也可能是在某个细节处进行改变。① 理性主义者将时尚看作是一种社会现象，认为其中蕴含了丰富的人类心理，审美主义者提出时尚是美的表现形式，对美的追求是时尚发展的主要动力，后现代主义者提出的观点为，时尚是媒体和商家制造的产物，对其背后的商业意图进行了批判。②

奢侈品品牌同样也包含了一定的时尚元素，因时代而改变，从而富有生命张力。迪奥（Dior）的经典设计"New Look"打破了"二战"后女性单调的服装样式，随着时尚潮流的不断变化，迪奥每年都会在"New Look"的基础上推出新的系列，包括 Zig-Zag、H 型、纺锤型以及自由型等，每一种类型都代表了当时女性的追求和社会风尚。如伊夫·圣罗兰（Yves Saint Laurent）在担任迪奥设计师时，就曾经对 H 型进行过改良，他放松了腰线，只保留较为女性化的柔和肩线，使整个造型更加年轻化，从而使服装更加符合当时的社会

---

①② 杨道圣. 时尚的历程［M］. 北京：北京大学出版社，2013.

走向，也因此获得了社会各界的好评。

被称为时尚界女王的可可·香奈儿女士在"二战"结束后重新复出时也曾因未把握住时尚走向而备受质疑，相较于迪奥的服装风格，人们觉得她的设计太过陈旧。后来她通过改良设计和面料，再次引发媒体的追捧和关注，人们如是评价："她带来的不仅是潮流，更是一场革命！"

时尚的魅力就在于极易引起模仿，引发大众的关注和崇尚。若总是游离于时尚之外，终将难逃被遗忘和质疑的命运。但是一味追求时尚，真的可以让品牌越走越远吗？拥有130多年历史的英国服装品牌耶格（Jaeger）最终难逃破产托管的命运，这一历史与博柏利相当、曾经比博柏利更奢侈的英国品牌的衰落，完全是一部现代时装零售史。① 该品牌曾试图通过年轻化策略来吸引年轻消费者，虽然一直都在试图跟上时尚的步伐，但却逐渐失去了原本的特色，最终导致了品牌的没落。

时尚的一个重要特性就是持续时间短暂，时间跨度可以用季度来衡量，一旦一个品牌过分注重流行元素，就将不再属于奢侈的行列，因为奢侈品品牌的特性是永恒。

二、经典元素

"潮流转瞬即逝，而风格永存。"香奈儿（CHANEL）的品牌精神已经向我们揭示了它的理念和追求——经典元素给予了品牌永恒的价值。奢侈品品牌之所以和其他的品牌不同，一个重要方面就在于每个奢侈品品牌都有自己的经典之处，不管这个经典之处是体现在款式、风格、材质还是设计理念。而能够克服危机、继续发展的奢侈品品牌更加注重传承品牌自己的经典。

一个奢侈品品牌的经典，来源于自身的历史感和文化性上。历史感见证了奢侈品品牌的产生、壮大、传承和演变，让这个品牌变得有根可寻，有源可溯。2009年，路易威登创立150周年的广告通过年老的宇航员和路易威登老花布系列包向我们传达了一个信息：悠久的品牌历史如同杰出的宇航员一样具有不可替代的价值。历史感体现了永恒，而经典就是因为无论时间过去多远都依旧令人着迷。历史感让一个品牌具有了深度，在岁月的打磨中积淀了优秀的品质。文化性则体现在奢侈品品牌所独特的理念当中，每一个奢侈品品牌都为我们创造了不一样的梦想，感性独特如杜嘉班纳（Dolce & Gabbana）、随意优雅如阿玛尼（Armani）、激情坚韧如菲拉格慕（Ferragamo）……这种价值观会一直延续在品牌的发展之中，成为品牌的代名词，并吸引已经拥有或渴望拥有这种品质的人们。

源于历史感和文化性的经典体现在品牌的方方面面。香奈儿手工坊传承着传统的制衣工艺，它在开拓年轻市场、紧跟潮流的同时仍旧保留着传统的品牌核心，手工制作是它的经典之一，更不用说作为优雅和典范代名词的香奈儿2.55，每个人都能认出、每个设计师都想要模仿、虽经创意改变但不丢失本真的香奈儿小外套，低调内敛、线条流畅的小黑裙。它们之所以成为了我们心中的经典，在于对工艺、生活的精致追求，对独立和自信的向往，充满了个性和活力，即使时至今日，也依然如此。

即使是曾经风靡一时的快时尚品牌似乎也难逃被时代冲刷的命运，H&M的店面里不再像从前一样人头攒动，目前的销售业绩处于惨淡的状态，2017年它关闭了在北京西单大

---

① 史黛拉. Jaeger破产前玩得这么阴 百年服装品牌沦落至此［EB/OL］.［2017-06-01］. https：//www. tnc. com. cn/info/c-001006-d-3611996. html.

悦城的店铺，而这是其进入中国的第一家店铺。究其原因，在产品丰富度和时尚感上比不上 Zara，而又没有创造出自己经典的 H&M 逐渐没落也就不足为奇了。事实上，H&M 不是唯一开始走滑坡的品牌，其他诸如 Forver21、GAP、NEWLOOK 等品牌的发展都并非意想中那么好。追逐潮流的快时尚品牌更容易出现同质化，品牌之间没有自己的特色，要是再加上经营不善、价格不合理等问题就不可避免地会走向没落。

反观那些历经百年的奢侈品品牌，它们在发展过程中都不约而同地选择了传承自己的经典，现在反倒历久弥新了。

三、时尚与经典的关系

纪梵希先生曾经说过："真正的美是来自对传统的尊重，以及对古典主义的仰慕。"虽然潮流瞬息万变，但我们仍能看见经典元素被不断地重复，成为新一季的时尚。这是一种对过去艺术形式的致敬和传承，也是对未来更新的表达方式的向往和呼吁。

时尚和经典是辩证统一的两个方面。现在的经典必定是多年之前流行一时的风尚，这样才给了它被人们关注和认可的机会，也正因为其受追捧的程度之高才被人们选择传承了下来，并且在这个过程中不断被重新拿出来检视，继续融入当时最新的元素，摒弃掉不再符合时代发展的特点，一代一代流传下来，最终成为了现在的经典。而时尚虽然更加侧重时效性，但有的时尚元素却会因为得到不同时代人们的共同认可而被继承了下来，理念长存，生生不息，最终成为了经典。如果一个经典元素总是故步自封，忽视时代发展的需要，不继续更新自身，那么终究会因为人们的眼光和态度的改变而消逝；同样，如果一个元素只追求当下的流行，不考虑经典在人们心中的位置，那么也就会转瞬即逝，无法成为人们口中津津乐道的经典之作。只有融入时尚的经典和来源于经典的时尚，才会长存不息，被人们铭记于心，也只有融合了经典与时尚两种元素的奢侈品才会成为真正的艺术品。如博柏利，不断与时俱进，在追求现代感和崇尚真我的同时，依然传承着最初的价值理念和创立之初的品牌传统，也因此被称为是经典与时尚兼备的英伦风格典范。又如卡地亚，从豹形系列首饰到三色金戒指再到"Love"手镯，每一样都是现在被人们尊崇的经典，同时也符合当时的潮流主题。

经典元素赋予了奢侈品品牌永恒的属性，时尚则为其注入了新生的活力，是这两者的融合让奢侈品品牌能够持续发展下来。

第二节　新材料与 3D 打印

一、新材料与奢侈品品牌

(一) 新材料的应用

我们日常生活中接触到的多是传统材料，如普通陶瓷材料、普通金属材料（钢铁、铜）等。新材料是新出现或正在发展中的具有传统材料所不具备的优异性能的材料①，它是与高新技术相联系的材料，即采用新工艺、新技术合成的具有不同特殊机能或在传统材料的性能上有所突破的材料。它的特殊机能包括光、声、电、磁等，性能上的突破则指超强、超硬、耐高温等特点。在化学层面上可以将新材料分为金属材料、有机材料和无机材料，在这三大类里面又可以细分出许多不同的模块，如金属材料中包括高温合金、超塑性合金、形状记忆合金等，有机材料涉及高分子压电材料、液晶材料等。目前，新材料产业已经成为世界最活跃的产业之一，各国都在大力进行研究和发展，各个行业和领域都在尝试利用新材料进行生产，这其中也包括奢侈品行业。

（二）奢侈品品牌选材的一次突破

奢侈品品牌对新材料的应用可以体现在服饰、汽车和首饰三个领域。

1. 服饰领域

服饰领域竞争的突出表现之一就是在材料上的相互竞争，注重对服饰材料的创新运用，其中有三种材料受到了服装领域的极大青睐。一是对新型纤维的运用。一个典型的例子就是由美国杜邦公司推出的新型纤维莱卡，其伸展度可以达到500%，并能恢复原样，从而减少对人体的束缚，这种新型纤维还具有很强的兼容性，能够与羊毛、棉等多种材料进行混合，使面料更加贴身、富有弹性。二是复合纤维。是指在同一纤维截面上存在两种或两种以上不相混合的聚合物，从而能够改善材料的染色性、耐磨性、气味等属性。有研究发现聚酯纤维与普通材料相比具有更耐热的性能，适合用于制作夏季服装。三是生态新材料的运用。这与许多奢侈品品牌目前所推行的绿色理念十分相符，生态新材料可以细分为绿色天然纤维和绿色再生纤维。绿色天然纤维的一个突出代表就是竹纤维，可以以竹子为原料，利用高科技技术把竹纤维提取出来，再通过不同工序制造出再生纤维素纤维，也可以是将提取的竹纤维直接进行利用。竹纤维的优点在于具有吸汗性和透气性，因此十分适于制作运动衫以及夏季的各种服装。绿色再生纤维包括大豆纤维、甲壳素纤维以及牛奶纤维等，其中大豆纤维是我国自主研发的纤维产品，具备舒适性、保暖性、易染色性等特点，被誉为是"绿色纤维"；而甲壳素纤维的原料主要就是我们平时所接触的虾、蟹等海鲜产品，将会有效地抑制细菌的滋生。

一些奢侈品品牌已经在新材料方面做出了尝试。古驰在宣布不再使用皮草之后将有可能使用锦纶6纤维，这是替代皮草的一种绝佳原料。奢侈品品牌集团开云集团（Kering）也在与H&M合作，希望能够开发出再生纤维技术，以循环再生的方式来满足全球市场对化纤制品的需求。由此可见，新材料，尤其是环保新材料逐渐成为奢侈品品牌的新宠，以适应消费者日益提升的环保意识和社会责任。

2. 汽车领域

目前，汽车新材料领域的发展重点在于轻量化材料，这主要是因为汽车轻量化能够提高能源的利用率，降低汽车废气的排放，从而减少对环境造成的污染。现阶段汽车轻量化材料主要是铝、镁、钛等金属合成材料，今后的发展方向将会落在金属材料、高分子材料以及其他新材料上。在金属材料方面，形状记忆合金可被用来制造汽车雾灯和空调开关等部件，将有助于提高汽车的安全性和稳定性；稀土材料可被应用于发动机排气净化材料

---

① 胡静. 高新技术产业科普丛书：新材料［M］. 南京：东南大学出版社，2011.

中，从而减少汽车尾气的排放。在高分子材料方面，高性能塑料、工程塑料、特种纤维、特种橡胶等都将会大有作为，不论是在安全零部件的制造还是机械性能等方面。其他的新材料还包括玻璃钢、陶瓷基复合材料以及高温超导材料等。

宝马（BMW）、奔驰（Mercedes-Benz）等品牌已经研发出了碳纤维复合材料来制造车体板等部件，并且用植物纤维来制造车身零件以减轻车重，降低能耗。保时捷（Porsche）911车型欲采用碳纤维、多种金属合金等材料来制造零部件以此降低发动机的重量，实现汽车轻量化。劳斯莱斯（Rolls-Royce）也同样在践行轻量化理念，通过在新款产品中运用铝合金底座将会给车身减重2.5吨左右。由此可见，各个汽车奢侈品品牌都希望能够运用新材料来实现轻量化的目的，以达到节能减排、可持续发展的效果。

3. 首饰领域

现代的首饰领域与传统的相比，一个突出的特点就在于其选材不再局限于金银与珠宝，而是开始涉足新材料领域，将新材料本身所独有的美感应用到首饰中。应用较为广泛的一种材料就是纤维，其中包括金属纤维、化学纤维以及其他新型纤维。日本设计师Yoko Izawa曾用莱卡、聚丙烯等材料制作首饰，给人们以视觉上含蓄、神秘的美感体验。金属玻璃这种新材料也逐渐脱颖而出，它是金属冷却后不发生结晶，并且其原子排列依旧不规则所形成的。金属玻璃既是金属，又是玻璃，具有高强度、光泽性好、抗氧化能力强等优势，从而使由其制造的首饰能够做到在外观与其他材质一样美观的情况下不会因为长久佩戴而氧化变黑。

目前，首饰类奢侈品领域对新材料的应用还不是很多，虽然像宝格丽（Bvlgari）等品牌有使用陶瓷来制作首饰，相较于以往多采用珠宝、钻石等传统材料有所突破，但是在对新材料的运用上仍有待加强。

二、3D打印重新制造奢侈品品牌

（一）3D技术的应用

试想一下未来的某一天：早上醒来，你启动了厨房里的一个机器，机器里已经放有制作材料——"墨盒"，不久，你发现从这个机器里飘出了巧克力蛋糕的香味，十分诱人，刚想拿出蛋糕进行品尝，你突然想到自己还没有刷牙，却不小心把牙刷碰落到了下水管道里，无奈之余你并未因为家里没有多余的牙刷而感到苦恼，相反你从容地走到家用Fabber前，快速查找不同的牙刷设计，确认款式并下单，Fabber开始打印你的牙刷。享受好早餐之后，你准备和朋友们一起去海边散步，翻找了一下衣柜发现没有合适的衣服，想到之前在电脑上保存了一套衣服的设计很喜欢，就连接设备，不一会儿你心仪的衣服就打印出来了。走出门，你不禁感叹："多么美好的生活呀！"

正是3D打印技术的应用让这一切不再是梦，而成为了人们触手可及的现实。虽然目前的技术还没有完全达到上述片段中所描述的场景，比如已经可以用3D技术打印出食物，但人们还不敢放心地食用，不过在打印衣服、牙刷等日用品方面3D打印技术已经是游刃有余了。

被人们认为是第三次工业革命重大标志的"3D技术"，它的正式名称是"增材制造"，"增材"指将原材料沉积或黏合为材料层从而构成三维实体的方式，"制造"指打印机通过某种方式制造材料层的过程，也就是说，3D 打印的本质并不是打印过程，而是制造过程。3D 打印机的正常运行离不开计算机的作用：首先要输入一个设计好的电子蓝图或是设计文件，它们能够告诉打印机在哪里放置原材料，然后 3D 打印机在文件指令的引导下，先喷出固体粉末或是液态材料，经过第一层固化后，3D 打印头返回并在第一层外部形成另一个薄层，然后打印头再次返回，在第二层外部再形成第三层，最终薄层累计成为一个三维物体①。

3D 打印技术的设想是能够从打印物体外形到打印物体内部构成，最终能够实现打印物体的高级功能和行为。它将带来可持续的产业变革，创造出新的商业模式，淘汰旧的商业模式，一些工作会被取代，但新的职业也会应运而生。3D 打印将会改变人们未来的生活方式，具体体现在以下三个方面：

1. 生物医学

2014 年，我国国内首例采用钛合金 3D 打印技术进行下颌骨缺损个体化功能修复的病例顺利进行。主治医生通过综合运用 CT 影像、三维重影、镜像、计算机辅助设计、生物力学分析及快速原型等多项技术，利用钛合金 3D 打印技术为患者设计了一个生物相容性好的下颌骨修复体，成功帮助患者摆脱了病痛的阴霾。这样的案例不在少数，研究人员正在尝试使用 3D 打印机制造人体器官和骨骼模型，美国康奈尔大学研究人员通过 3D 技术打印出人造耳朵来用于先天畸形儿童器官移植……3D 打印让人们得益于科技，受惠于医学。

2. 礼品饰物

2014 年，BumpyPhoto 公司就推出过一项新技术，在采用硬树脂复合材料的基础上，利用 3D 打印技术将 2D 照片制作成全色 3D 浮雕。2018 年 1 月，我国天威耗材则使用 3D 打印技术为"南方盛典"活动制作过奖杯，为全国观众解开了 3D 打印技术的神秘面纱。3D 打印技术制作的礼品饰物别具一格，独有风味。

3. 制造行业

相较于传统的金属制造技术，3D 打印金属具有更多的优点，其中一个重要方面就表现在 3D 打印剩下的金属粉末都是可以回收利用的。除此之外，传统的制造材料运输和存储过程都将会产生更多的污染，如在全球供应链中运输工具所产生的大量排放物，储存产品的仓库的照明、冷却及加热会产生碳排放等，3D 打印的数字化库存能较大程度上解决这些环境问题。

（二）奢侈品品牌与 3D 打印技术

奢侈品品牌的发展离不开科技的推动，3D 打印这项顶级科技正在逐渐改变奢侈品行业。

1. 3D 打印产品

作为第一个使用 3D 打印技术制造配饰的奢侈品品牌，亚历山大·麦昆（Alexander McQueen）与 3D 打印公司 Vojd Studios 合作推出了限量款 3D 打印雨伞——Skull Umbrella，这一举措标志着 3D 打印技术正式进入了奢侈品行业。在此之后，多个奢侈品品牌都对这

---

① 胡迪·利普森，梅尔芭·库曼.3D 打印：从想象到现实［M］.赛渝研究院专家组译.北京：中信出版社，2013.

一技术进行了尝试。在 2011 年的巴黎高级定制时装周上，荷兰设计师 Iris Van Herpen 发布了她的 3D 打印杰作，引起了时尚领域的广泛关注，后来她又在 2013 年的时装周上推出了 Wilderness Embodied 系列（见图 15-1），其中的鞋履都是采用 3D 打印制成的。在 2015 年的巴黎时装周上，香奈儿向社会各界展示了运用 3D 打印技术制作而成的经典小套装。结合前面所提到的例子可以发现，奢侈品品牌正在不断尝试 3D 打印技术来制造自己的产品，而这也确实是它们以后努力的方向。小到汽车零部件，大到整件服装的制作，3D 打印让奢侈品品牌有了更多的表达方式，尤其是在服装设计领域。3D 技术优化了定制过程，使整个设计过程转为立体，让设计师和顾客从一开始就能看到服装的立体效果；同时，3D 打印丰富了服装材料的种类，设计师可以选择合成纤维制品来制作特殊的造型；3D 打印能够革新服装的加工工艺，通过熔融沉积法和激光烧结法来对材料进行加工，让成品更加合体。虽然目前奢侈品品牌中的高级定制仍然更倾向于传统的裁缝手工制作，但我们并不排除在不久的将来 3D 打印参与到高级定制的某一个阶段、制作服装的某一过程。不仅在服装领域，在汽车配件、珠宝首饰、配饰等方面，3D 打印同样可以发挥作用，如法拉利（Ferrari）、劳斯莱斯（Rolls-Royce）以及宝马（BMW）都与 3D 打印公司合作设计过产品的部件。因此，对于奢侈品品牌来说，让 3D 打印技术参与到自己产品的制作过程中将会是不错的选择，这将会对产品的材料、工艺、款式等带来技术性的变革。

Wilderness Embodied 系列

图 15-1　3D 打印产品

资料来源：Stratasys 3D 打印美履震撼巴黎时装周艾里斯·范·荷本秀场，详见 VOGUE 时尚网，2013-07-11。

2. 3D 打印门店

除了 3D 打印产品，奢侈品品牌在 3D 打印门店方面也进行了尝试。路易威登在澳大利亚悉尼设立了 3D 打印的快闪店，作为最新男装系列的展示平台，这也是全球第一家 3D 打印的零售店。之后，英国奢侈品品牌 Bottletop 和科技公司 AI Build 合作创建的 3D 打印商店在伦敦正式营业。3D 打印店铺在以下两个方面具有优势：第一，建造时间短，路易威登 3D 打印店铺的设计公司从收到消息到店铺建成开幕只用了三个星期的时间，这对建造时间紧迫的企业将会是一个益处，能够解决短时间修建店铺的问题；第二，能够提高企业竞争力，将 3D 打印技术融入公司商业模式将有助于提高企业的创新力和竞争优势，将该企业与其他同行区分开来。对于奢侈品品牌来说，有时候时间和创意就是金钱，它们需要在短时间内对一个地区的消费者做出反应，尤其是在合适的商业区，越早地落成店铺就

能够越早地开始营业和盈利；同时为了尽可能减少同行业以及快时尚品牌带来的冲击，奢侈品品牌还需要不断地创新，提升自己的特殊竞争力。因此 3D 打印在奢侈品品牌的门店建设方面将会发挥重要作用，缩短施工时间，而将更多的时间和精力放在区位选择以及成本—收益分析上。

(三) 3D 打印的负面影响

3D 打印技术给奢侈品品牌发展带来了积极影响，它能够帮助设计师构造出以前的技术无法实现的复杂结构，给设计师更大的发挥空间，它可以给予品牌更快的生产速度和进入市场的速度，它可以让企业选择成本更低但性能不变的材料，它还可以赋予消费者更多参与设计的机会，让设计更加个性化，但是 3D 打印同样存在负面影响。

试想一下这样的场景，一位科技"发烧友"用 3D 打印技术制造出了一件香奈儿的小外套，并且在市场上低价售出，这种产品将会对品牌造成怎样的影响？又会在消费者中引起怎样的轰动？知识产权侵权和假冒行为将会是 3D 打印对奢侈品行业造成的最大挑战。奢侈品行业从法律上保护设计师以及品牌的创意、设计和产品的版权、商标或专利形式，当最重要的知识产权受到侵犯损害后，这个品牌就难以维持下去。另外，3D 打印也会威胁现有的奢侈品市场。当用 3D 打印技术来制造设计师的作品时，人们可能不会再那么关注奢侈产品，而是选择更富有个性的产品，这将会极大地冲击奢侈品行业目前的供应链体系，甚至会使奢侈品品牌面临失去重要市场的风险。

因此，奢侈品品牌在充分运用 3D 打印技术完善自己的产品、建设自己门店的同时也要十分关注这一技术可能会对自己造成的负面影响，必要情况下需积极运用法律手段维护自身的合法权益，才能获得长久永续的发展。

第三节　人工智能

"人工智能既不追求通往世界的描述性方法，也不追求规范性的途径。它致力于探究在我们所生活的世界上建立和嵌入人造智能并与之进行成功交互的限制。它旨在记录世界。"①这是卢西亚诺·弗洛里迪在他的《第四次革命——人工智能如何重塑人类现实》一书中提出的对"人工智能"的看法。那么到底什么是人工智能？它又能给我们所关注的奢侈品品牌带来怎样的改变？

一、人工智能带来的市场变化

人工智能（Artificial Intelligence，AI），主要研究用人工的方法和技术，模仿、延伸和扩展人的智能，用计算机来模拟人类学习、思考、推理等思维活动和智力行为，从而实现

---

① 卢西亚诺·弗洛里迪. 第四次革命——人工智能如何重塑人类现实 [M]. 王文革译. 杭州：浙江人民出版社，2016.

机器智能。人工智能的长期目标就是能实现达到人类智力水平的人工智能。① 互联网和信息技术等领域的各种研究热点以及其他行业发展的关键环节都离不开人工智能的作用，其中在以下方面最具代表性。

（一）数据挖掘

数据挖掘是通过各种技术从数据库或数据仓库的大量数据中提取人们感兴趣的信息和知识，这些信息和知识可能是隐含的、未知的或者是具有潜在价值的。要实现这一目标，就需要有丰富的原始数据，相应的领域知识和友好的人机界面。数据挖掘技术在零售业中发挥着重要作用，这将会为今后的奢侈品零售业的变革提供契机，也能为企业科学管理和决策提供技术支持。

一是顾客特征。这不仅包括顾客的地址、年龄、性别、职业等基本信息，更重要的是还包括顾客的消费水平和消费趋势。通过这些方面的数据可以大致了解顾客的喜好、消费习惯等特征。二是顾客关注点。在收集了大量的顾客消费信息之后，通过分析可以得出顾客最关注的方面，例如顾客最喜欢在店里的哪个位置等，进而采取有针对性的营销方式来吸引顾客的注意力。三是顾客忠诚度。通过顾客在不同时期购买的商品和消费行为来推测顾客忠诚度的变化情况，及时发现并采取措施留住有可能流失的老顾客，并且吸引购买次数暂时不多的新顾客。

可以说，数据挖掘让市场预测变得更加切实可行，企业能更加直观、真实地看到市场的需求变化，了解到具体的业务运作情况，从而做出相应的调整。

（二）智能机器人

智能机器人是一种智能的、高度灵活的并且自动化的机器，能够具备感知、规划、动作和协同等能力。目前，智能机器人发展的一个重要课题是认知机器人，这是一种已经具备类似人类感知能力、能够适应复杂环境并完成复杂任务的机器人。

随着人们对智能机器人了解的深入，越来越多的领域开始将智能机器人应用到自己的运作体系中。例如，工业机器人和服务机器人，工业机器人能够进行搬运材料、工具等重复性的工作，而服务机器人则可以进行修理、清洗、运输等工作，具有更广的应用范围。

（三）互联网智能

互联网智能指基于万维网的智能技术（Web Intelligence）。随着互联网的广泛应用，出现了许多基于互联网的计算模式，其中之一就是云计算。它为用户提供了一个大规模的资源池，这里面包括存储、服务等各种资源，可以在多个用户之间集中共享。另一个应用就是搜索引擎，它能够对搜集来的网页进行处理，实时响应用户的查询请求，并将搜索到的结果及时反映给用户。购物平台可以根据顾客在网页上的搜索记录来分析他们的偏好，对不同顾客进行针对性的信息推送，提高购买率。

---

① 史忠植．人工智能［M］．北京：机械工业出版社，2016．

二、人工智能重塑奢侈品品牌

人工智能对奢侈品品牌的重塑在于为其注入更多的活力，让它更新、更好。

（一）鉴定真假

对于不是直接从专柜购买奢侈品的用户来说，鉴定奢侈品真假常常是一个棘手的问题，虽然现在市场上也开始出现了一些人工鉴定的方式，但由于距离太远、人才短缺等因素而不具有可行性。在此情况下，人工智能鉴定奢侈品真假的系统就应运而生了，并且目前已经处于初步发展阶段。

小黑智能，一个成立于 2017 年的年轻团队，致力于人工智能奢侈品鉴定系统的研发。通过运用人工智能深度学习模型，该系统可以从用户上传的照片中自动抓取奢侈品的特征信息，通过分析材质颗粒的饱满度、纹理的沟壑宽度、针脚间距和密度、配皮颜色封漆、五金光泽棱角等信息来辨别物品的真假并给予用户反馈。经过测试，小黑智能的鉴定系统可将正品识别的响应速度控制在 15 秒之内，识别准确率可以达到 90% 以上，相信经过不断试验精确度会越来越高。小黑智能不是唯一一支从事这项研究的队伍，早在 2016 年，纽约初创公司 Entrupy 就开始为鉴定奢侈品真伪提供人工智能解决方案。这家公司的主要产品是一款手持扫描器，通过 AI 算法分析手袋等商品的微观成像，并利用深度学习技术将成像与其庞大的"商品数据库"进行对比来分辨该商品与正品之间的区别进而判断真假。

人工智能帮助奢侈品品牌防伪溯源的另一个表现就是基于物联网的 RFID（Radio Frequency Identification），又称为无线射频识别，可以做到将产品独一无二的原料、质量控制等信息置于 RFID 中，从而帮助企业和消费者通过带有 NFC 功能的设备读取产品数据，查验产品真假，这使奢侈品品牌的产品追溯变得切实可行，对品牌形象的保护、企业减少损失都会带来积极效果。[①] 意大利奢侈品品牌菲拉格慕（Ferragamo）就已经在其手袋和鞋子中嵌入了 RFID 电子芯片以打击假货，保障自身和消费者的权益。RFID 在标签识别中的应用也十分广泛[②]，瑞贝卡·明可弗（Rebecca Minkoff）到 2017 年夏天为止，其所有的手袋都将运用 RFID 电子标签。

传统的鉴定方式需要投入大量的技术性人才资源，而人工智能利用深度学习、图像识别等技术可以成功克服人才短缺这一难题，快速响应鉴定市场的需求，在提高效率的基础上也可以保证鉴定的准确性，除此之外，还可以打破空间上的限制，用户将可以随时随地对购买到的奢侈品进行检验。

（二）提升服务

人工智能可以在多个方面提升奢侈品品牌的服务水平，带给顾客全新的体验。

1. 人工智能语音系统

奢侈品门店里仍然是以导购提供服务为主，由他们为顾客介绍产品的基本信息以及提供

① 严春花，周永凯，李斌，殷永胜. RFID 电子标签在服装产品防伪溯源中的应用［J］. 纺织科学研究，2018（1）：77-79.

② Jayadi R., Lai Y-C., Lin C. C. Efficient Time-oriented Anti-collision Protocol for RFID Tag Identification［J］. Computer Communications, 2017, 112（11）：141-153.

相应的帮助。鉴于以下几个方面的原因，在以后的奢侈品门店的设计中可以尝试引入人工智能语音系统。首先，部分顾客可能希望以自己参观的方式来熟悉产品，对于这一类顾客，通过在门店的每一区域安装人工智能语音系统，让他们根据需要自己先初步了解产品的信息，确定感兴趣之后再与导购进行进一步的沟通，这将会是一种合理的做法。其次，导购的精力有限，对产品，尤其是新产品的了解可能会出现一些偏差，或是了解不全面，而人工智能语音系统因为有信息技术的支持已经模式化，在向顾客提供信息的过程中出错的可能性较小。通过人工智能语音系统的应用，可以将顾客自由了解产品信息与导购详细介绍、语音系统提供客观准确数据与导购提供个性化、情感化服务相结合，这将会是奢侈品品牌的一次积极尝试。

2. 产品试用

欧莱雅曾与一家位于蒙特利尔的创业公司联合开发了一款名为 Beauty Gifter 的机器人，这款机器人可以通过询问问题的方式自动向顾客推荐合适的彩妆和护肤品。Olay 曾推出一款人工智能分析皮肤的工具 Olay Skin Advisor，资生堂收购 MATCHCo，用户可以通过 APP 评估肤色来选择合适的粉底液，而不用到专柜才能进行试色并挑选合适的产品，而路威酩轩（LVMH）旗下的丝芙兰（SEPHORA）以及雅诗兰黛（Estée Lauder）、宝格丽（Bvlgari）等也开始尝试 AR 试妆为顾客提供便利。人工智能的作用不仅仅体现在化妆品领域，还体现在时装方面。2016 年，拉尔夫·劳伦（Ralph Lauren）就在其位于曼哈顿纽约第五大道旗舰店里推出智能互动试衣间。在这种试衣间里，顾客可以通过自由选择试镜光线和场景来查看试穿服装的效果，做出更合理的选择。当顾客希望试穿不同型号或是颜色的服装时，也无须走出试衣间，而只用通过试衣镜上的触屏进行选择，店里的工作人员就会收到信息并拿来相应的服装。

这些尝试对奢侈品品牌今后在试用方面提供了很好的借鉴作用。首先，AR 试妆、智能测试皮肤等方式可以减少顾客不断尝试的麻烦。这种试妆方式也将会解决奢侈品品牌实体店临时没有试用装的问题，让前来购买的顾客都能够尝试自己感兴趣的产品。其次，通过人工智能进行试妆也将会扩大奢侈品品牌的客户群。如果其他品牌能够像雅诗兰黛一样在官网推出 AR 试妆，那么顾客就可以随时随地通过网络的方式进行试用，这将会吸引更多的潜在客户。

3. 预测市场，准确营销

奢侈品品牌开始关闭部分线下店铺，进而转向线上开店。古驰、路易威登等都推出了品牌官网，顾客可以直接在网上进行选购。顾客在网站上浏览、购买的记录就将成为原始数据，为各奢侈品品牌进行市场分析提供数据支持。首先，需要引起注意的是，顾客反复浏览或是频繁购买的产品系列，它们之间存在的特点和共性将有可能成为品牌以后设计的借鉴点或是卖点。同时品牌网站还可以根据顾客的浏览记录为其进行有针对性的推荐，如一位顾客多次浏览印花系列的产品，那么下一次这一系列出新的时候就可以及时进行推荐；另一位顾客十分热衷手袋，那网站也可以就此推荐与手袋比较搭配的服饰或饰品，通过这种间接的营销方式或许会引起顾客新的购买需求。其次，通过挖掘线下门店里顾客的活动特征来为产品布局提供支持。通过门店里的装置或是图像拍摄可以发现顾客在不同区域的停留时间以及相应的反应，如数据显示顾客在走进门店的时候会不自觉地忽略掉刚进门那一块区域，而会在中间或是其他特定的区域停留更长的时间，鉴于这种情况，在放置产品的时候就可以选择在特定位置放置当季主推的系列以此增加关注度，而将上一季的或是不那么重要的产品放在入门位置。

第四节　资本市场的机遇与挑战

一个开放的资本市场孕育着更多的投资机会，对于奢侈品品牌来说，像建立之初一样以手工作坊或是家族企业的形式进行小规模经营已经不再切实可行了，它们寻求更多的扩张机会，希望能够真正做大做强，因此奢侈品品牌开始与资本市场相伴而生，借力发展。

一、资本市场

现代资本市场是由股票市场、债券市场、期货市场、期权市场和共同基金所组成的，与奢侈品品牌联系比较密切的是股票市场和资本市场中的企业运营战略。

在股票市场上进行筹资活动的主要是股份有限公司，它们将发行股票所筹集的资金作为公司的资本性资金，除了这个目的之外，它们还希望能够通过发行股票来增强自身的实力，优化公司资本结构。股票上市则是指股份有限公司发行的股票申请到证券交易所进行公开挂牌交易的过程。被批准上市的公司将需要根据规定，定期披露财务情况和经营状况。

在企业运营战略中，兼并与收购是非常重要的一个组成部分。从广义上来看，兼并与收购是企业为了获得其他企业的控制权而进行的产权交易活动。从狭义上来讲，这是指企业以产权交易的方式获得另一企业几乎所有的股份和资产，从而将其吞并，拥有控制权的行为。通过并购的方式，将有可能产生协同效应，即收购企业与被收购企业之间产生"1+1>2"的效果。另一个作用是战略性计划，企业不能盲目扩张，在发展的过程中如果选择并购并不相关的企业，那么一定是因为它们的合作能够发挥更大的效用。通过并购的方式还可以让企业获得更多的市场份额，继续保持竞争优势。

企业运营战略的另一个重要组成部分就是企业的重组，这是企业根据经济发展的需要，通过产权流动的方式分拆、整合各种生产要素，并且进行内部优化的过程，这其中包括企业组织、资本结构、组织结构以及债务结构等方面的变化和优化。[①]

二、奢侈品品牌借力资本市场

作为奢华、财富的象征，奢侈品品牌本身就意味着大量的资本集聚和资金流动，它与资本市场的合作也是机遇与挑战并存。

(一) 上市

奢侈品品牌与资本市场的交集之一就是上市，以下是 10 家奢侈品品牌公司的上市时间，如表 15-1 所示。

---

① 汪玲. 资本市场 [M]. 北京：电子工业出版社，2003.

表 15-1　10 家奢侈品品牌公司上市时间

公司名称	上市时间	上市地点
蒂芙尼	1987 年 3 月	美国
爱马仕	1993 年 6 月	法国
路威酩轩集团	1999 年 4 月	法国
开云集团	1999 年 4 月	法国
博柏利	2002 年 1 月	英国
历峰集团	2003 年 3 月	瑞士
斯沃琪集团	2003 年 3 月	瑞士
山东如意	2007 年 12 月	中国
普拉达	2011 年 6 月	中国
菲拉格慕	2011 年 7 月	意大利

资料来源：根据各品牌官网数据整理而成。

不同于较早就已经上市的爱马仕、开云集团以及历峰集团等，普拉达的上市经历了多次的磨难，最终在 2011 年初，普拉达董事会正式通过了到中国香港上市的计划，正式启动到中国香港上市程序，并于同年 6 月在中国香港交易所挂牌上市，也成为第一家在中国香港上市的奢侈品公司。根据资料显示，在上市后的第二年，普拉达的销售额就增长了 29%，之后几年的销售额一直都保持在这一水平，上市让这一奢侈品公司进入了产量急剧上升的阶段。除了更加接近中国市场，获得更高的销售额之外，普拉达到中国香港上市的另一个考虑就是集资偿还债务，它曾明确表示希望通过这次上市来还清约 10 亿欧元的负债。然而随着经济放缓以及其他因素，2014 年普拉达在亚太地区的销售额就缩水了 3.1%。公开财务报表后企业开始过分追求产量、销量而忽视产品质量的做法让普拉达的产品成为被人们诟病的对象。

因此，上市在给品牌带来诸如销售额和资本性资金增加、缓解公司的债务危机等益处的同时，也会带来一些弊端。第一是业绩不佳再融资受阻的风险。低迷、降价……从 2013 年开始普拉达就遭遇重重危机，截至 2017 年，业绩的下滑使公司的股价从最高的每股 81.89 港元下跌到每股 24.05 港元，股市的重挫让普拉达的融资遭到了前所未有的困难。第二是上市后的监管责任和法律风险。奢侈品公司在上市后除了要受到证券监管部门的严格监督外，还会受到来自投资者和其他专业机构的监督，一旦在信息披露或是具体操作上存在漏洞，就有可能会遭到诉讼。例如，普拉达的产品质量问题就频频遭到怀疑和投诉。第三是公司股权分散可能会造成的问题。这将会造成股东对公司经营状况和对经理人员监督的不重视，最终不利于公司的有效治理。

（二）并购

相较于上市而言，并购是奢侈品品牌之间操作更加频繁的举动，像路威酩轩集团、历峰集团、开云集团等都通过收购的方式成为多个奢侈品品牌的母公司。我国的山东如意集团（Shandong Ruyi）也逐步扩大在全球的时尚版图，其中最受瞩目的举动是 2018 年初收购了意大利奢侈品品牌 Bally，获得了其 70% 的股份，除此之外，英国奢侈品品牌雅格狮丹（Aquascutum）、日本品牌 RENOWN、法国品牌 SMCP 也都在其旗下，如表 15-2 所示。

表 15-2 山东如意集团（Shandong Ruyi）收购的品牌

收购年份	品牌名称
2010	RENOWN
2012	YeonSeung
2012	GWA 毛纺公司
2013	Carloway
2014	PeineGruppe
2016	SMCP
2017	雅格狮丹（Aquascutum）
2017	Invista
2017	利邦控股
2018	Bally

资料来源：慧聪纺织网，详见 http://www.textile.hc360.com。

并购的作用其一是产生协同效应，其中最突出的是经营协同，通过并购给公司生产经营活动带来效率方面的变化，并因此获得更多的收益，这具体表现在销售渠道的共享以及管理费用的节约等方面。奢侈品品牌的不同产品可以利用同一销售渠道进行推广，从而节省费用。其他的协同效应还包括成本协同、收入协同以及财务协同。其二是可以增强竞争实力。通过并购，由单一的奢侈品品牌公司逐渐拥有多个奢侈品品牌，甚至是成长为像路威酩轩、开云、历峰以及山东如意这样的集团，将有助于提升其市场地位，从而拥有更高的市场估值。我国的山东如意集团已经成为全球收入排名第16的时尚奢侈品集团，其旗下的 SMCP 以及 RENOWN 在 2017 年全球 100 大奢侈品公司排行榜中分列第 51 位和第 58 位，促进了山东如意的全球资源配置。而 Michael Kors 在收购了英国奢侈鞋履品牌 Jimmy Choo 后，后者的股价上升了 17%，反映了公司规模的相对扩大进一步提升了公司的融资能力。其三是增加市场份额，这对于奢侈品品牌来说是最直观的效益。SMCP 有近千家门店，遍布全球 36 个国家，进一步增加了山东如意集团的市场份额。目前的奢侈品品牌并购基本上都属于横向并购，有助于提升行业的集中度。

在并购的过程中同样也存在着诸多的风险。首先最重要的是整合风险，只有当买方与被收购企业紧密地联系在一起时，这样的并购才是成功的。拥有百年历史的法国奢侈品皮具品牌兰姿在被历峰集团收购后，由于疏于管理及投入不足等问题，目前仍有 80% 的业绩是在法国本土产生，产品逐渐老化，一度处于危机当中。历峰集团与兰姿之间的松散联系使这一品牌未能在并购中焕发新生，反倒跌入谷底。其次是客户流失风险，这主要体现在内外部环境的变化所导致的客户流失。虽然消费者对我国产品的态度有所改善，但是仍难以摆脱低质量的印象。因此，在我国企业收购奢侈品品牌后，可能会使消费者对奢侈品品牌的态度有所改变，从而转向购买其他品牌的产品，造成客户的流失。这将会是山东如意集团等中国企业在经营国际奢侈品品牌时要十分关注的问题。最后是品牌文化整合风险。在并购后由于一个企业中存在多个品牌，可能会出现不同品牌之间趋同的现象，导致奢侈品品牌原有的文化被弱化。

（三）重组

重组方式主要包括资本重组、股权重组、业务重组以及职员重组。奢侈品品牌的重组主要体现在后两个方面。业务重组，顾名思义，即对企业的业务进行划分，进而决定进入上市公司的业务。古驰在 2018 年初做出了一个重大举措，准备实施一个新的组织结构，此次调整主要针对四个新领域：一是品牌的商品化和全球市场业务；二是批发渠道、奥特莱斯和旅游零售业务；三是品牌与消费者的参与度；四是数字化业务与创新。这一举动的目的在于进一步深化品牌与消费者之间的关系。鉴于业务重组对企业自身组织架构的影响，这一方式的应用并没有像职员重组那么广泛。路威酩轩集团目前经历了密集的人事调整，执掌迪奥男装创意总监 11 年的 Kris Van Assche 将出任同为路威酩轩旗下的男装品牌贝鲁提的创意总监。对于拉尔夫·劳伦来说，其重组计划将裁掉 107 个职位。

奢侈品公司的重组将会有利于其资源的优化配置，使其关注对自身最有利的核心部门，并充分发挥员工的能力和潜质。同时，这也将有利于优化组合，提升品牌的竞争力。如古驰（Gucci）做出调整的四个新领域将有利于品牌更好地预测市场发展趋势，进而更好地满足消费者的需求，提升品牌的应对能力。重组还将会促进专业化分工与协作。每一个部门都有自己的职能范围，只需要专注于自己负责的部分就可以，这将促进员工的专业化程度。

但是在重组的过程中也存在一些问题。一是这可能会造成消费者对品牌忠诚度的下降。例如，在职员重组中对人员的裁减将会使消费者认为这一品牌正处于下滑趋势，从而失去对该品牌的信心，导致品牌声誉的下降。二是团队的协作可能存在冲突。通过重组将会使不同的职员成为一个团队，对于彼此并不熟悉的他们来说，还未建立默契之前的冲突在所难免。另外，业务部门的重组使新的部门加入，如何与另一个团队进行协作也将会是一个重要问题。

借助资本市场，奢侈品品牌寻求做大做强的途径。但是资本市场瞬息万变，在这里奢侈品品牌不能只是关注自身产品的营销，还要重视上市后的公司状况，与其他品牌的并购、重组等问题，需要更谨慎的态度和更深入的思考。

第五节　创新：机遇与威胁

创新是奢侈品行业的 DNA，正如美国石油大王洛克菲勒说的一样，"如果你要成功，你应该朝着新的道路前进，不要跟随被踩烂了的成功之路"。由此可见创新对一个行业、一个品牌的重要性。

一、定义品牌创新

品牌创新是全部或部分调整或改变品牌原有内涵或品牌形象识别，使品牌具有新形象的过程，通过创新可以赋予品牌更富有针对性的消费意愿与消费意境。这是企业根据市场的变化和消费者的需求偏好，对品牌内涵或形状重新设计，从而建立新品牌、新应用的管理活动以此来提升服务质量、增加市场份额、满足消费者不断变化的需求，从而巩固自身的市场地位。一个品牌创新的动力主要来自于以下几方面：一是品牌的强势度，即该品牌的知名度、信誉度、市场份额以及获利能力都比较高；二是消费者的需求，品牌不再是企业经营者的品牌，而是消费者的品牌，因此当消费者的需求改变时也就促使品牌做出相应的变化；三是竞争者的挑战，一个品牌只有优于竞争者，才能继续维持市场份额，并保持领先地位；四是技术的创新，技术更新换代的速度之快已经超出我们的想象，只有具备技术创新能力的品牌才能在日益变化的时代中适应市场发展的需要；五是企业的发展，企业需要通过不断创新来提高自身的综合实力，这包括对组织形式以及经营模式等方面的改进与创新；六是市场的变化，目前的市场竞争已经逐渐演变成了以品牌为核心，因此随着市场的变化品牌的内涵、模式也要不断地修正，只有这样才不会被市场所淘汰①。

品牌创新的维度多种多样，为企业的改进提供了多种思路。一是品牌的科技创新。技术创新是创立知名品牌的重要途径，尤其对于互联网等企业来说，通过不断提升创新能力来改进产品的质量和功能，从而赢得消费者的青睐，获得更多的市场份额。二是品牌的产品创新，这主要体现在对产品品质、服务上的改进，前者是指对产品质量、性能、品种等方面的创新，如在第二次世界大战后，迪奥对女装的设计进行了改进，所推出的"New Look"样式更加注重女性化；后者则是指对有形产品的延伸，是对顾客的需求的满足。各奢侈品门店中的工作人员为顾客介绍产品的性能，帮助顾客挑选合适的产品就属于服务。目前，服务水平对一个品牌的声誉正发挥着越来越大的作用。三是形象创新，这是对品牌所包含的名称、标志以及包装等方面的创新。四是品牌的内涵创新，这是指为了更加符合市场的需求，不断改进品牌的文化价值和定位，使其能与时俱进，富有时代色彩。香奈儿最初的品牌定位是高贵优雅，随着时代的发展及女性对自由的推崇，其理念也更加现代化②，它的品牌定位逐渐变为优雅舒适、自然。五是品牌的经营方式创新，如目前备受青睐的网络营销、绿色营销等，这也成为许多奢侈品品牌正在尝试的领域。六是人力资源的创新，这包括领导者观念的改变以及员工素质的提升。如路易威登（Louis Vuitton）任命 Off-White 的创始人 Virgil Abloh 为男装创意总监，旨在改变领导层的设计理念，似乎是希望延续街头潮流的思路。七是品牌的组织管理的创新，这包括企业的管理机制等方面的不断创新与完善。

对于奢侈品行业来说，市场的不断发展、消费者需求的变化、竞争对手如快时尚品牌、潮牌的共同发力都促使其必须要对品牌进行创新。

二、奢侈品品牌的创新之路

全球的奢侈品品牌商们为了寻求自身发展，都在各个方面进行不同程度的创新，这为它们带来了生机与活力，但是若方法不当，也将会不可避免地产生一些威胁和消极作用。

（一）产品创新

品牌的产品创新可以为其带来新的价值增长点，将会更加适应不断变化的市场，并且形成这一品牌积极向上、不断学习的形象和文化。奢侈品品牌在产品品质方面的创新主要

① 薛可. 品牌扩张：延伸与创新［M］. 北京：北京大学出版社，2004.
② Driscoll C. CHANEL：The Order of Things［J］. Fashion Theory：The Journal of Dress，Body & Culture，2010，14（2）：135-158.

可以分为三种类型，它们分别都有各自的利弊。

第一种是彻底变革，也即独创性创新。这种创新使奢侈品品牌完全偏离了之前的设计风格，引入新的美学理念，比较具有代表性的品牌是古驰（Gucci）和圣罗兰（Yves Saint Laurent）。古驰在2015年新任命的创意总监Alessandro Michele的首个系列就完全颠覆了其前任总监所代表的古驰风格，他所采用的中性风、蝴蝶结领巾以及镂空绣花的衬衣让人们看到了一个不一样的、更加年轻化的古驰，也为这个品牌注入了新的设计理念——复古、繁华、色彩艳丽，这一设计在当时广受业内外的赞誉。彻底变革的方式如果实施恰当将会为品牌带来立竿见影的效果，甚至产生颠覆性的作用，可以让品牌焕发新生；但是也面临巨大的风险，一旦这一战略最新实施的效果淡化之后，顾客可能会对其失去兴趣，品牌的关注度又会重新下降，品牌资源随之枯竭。

第二种是换代型创新，这是指通过新技术和新材料，对现有产品进行较大的变革，使产品的功能得到不断的完善①。这种创新方式能够为消费者带来新的产品体验，让他们享受到不同的产品功能，但是这种创新是建立在原有产品存在不足的情况下的，如果设计者无法发现现有产品的缺陷的话，那么就无法对产品进行创新。

第三种是逐步变革。这种创新方式并不改变品牌的核心价值和外观，只是根据发展的需要进行缓慢的、不影响根本特性的改变，芬迪和普拉达采用的就是这种创新方式。这种创新方式虽然比彻底变革更加安全，不会对品牌风格造成太大的变动，但是因变动太小可能会被消费者所忽略，无法发现品牌的创新之处，从而认为该品牌创新能力比较弱，没有与时俱进。

由此可见，产品创新并不必然会促进品牌的发展，也不是简单对产品做出改变就可以的，还需要考虑这种创新是否符合大众的审美，能否为他们所接受，以及这种创新能力的持续性和可行性，否则就有可能会给品牌造成致命的打击。如在彻底变革产品设计时，如果顾客无法接受与品牌完全不同的风格，那么他们可能会失去对该品牌的兴趣，从而造成市场份额的大幅度下降。

（二）内涵创新

品牌的内涵创新一方面体现在定位创新上，这是指不断创新品牌的定位以更好地满足消费者的需求；另一方面则表现在文化理念的创新，这需要企业通过不断地改进完善来使自身的文化理念使其更能体现其价值观，也更贴近消费者。

目前奢侈品品牌频繁与快时尚品牌合作，逐渐加入潮流文化的元素，定位逐渐转向新潮、年轻化。如（高田贤三）和H&M进行合作，在创办人高田贤三的经典设计中获得灵感，打造一个更加缤纷多彩的青少年系列，华伦天奴（Valentino）也与GAP推出了联名系列。除了与快时尚品牌推出联名系列之外，奢侈品品牌的另一举动就是任用走潮流路线的设计师。路易威登在近日就正式宣布了Virgil Abloh成为新一任男装艺术总监，Virgil Abloh是高端潮流品牌Off-White的创始人，对潮流时尚具有变革理念。

奢侈品品牌的这些举动体现了其对自身内涵的一种抉择，到底是继续保持居高临下的高姿态，定位于小众群体，还是开始打破传统，走向大众市场？奢侈品品牌对自身内涵的创新让其定位更加年轻化，也更加潮流化，这对于逐渐成为消费主力军的"千禧一代"来说将会是一个亮点和吸引力，更加符合他们的消费品位，这对保持市场份额、增加利润将

---

① 李杰．奢侈品品牌管理：方法与实践［M］．北京：北京大学出版社，2010.

会是有益的。但是不断地与快时尚品牌联名，任用风格完全不同的设计师将有可能对奢侈品品牌本身的传统文化、经典设计造成巨大的冲击，如果改变过度的话将会导致奢侈品品牌原有文化体系的崩塌，到那时这个奢侈品品牌将名存实亡，甚至会不复存在。因此，奢侈品品牌在内涵上的创新是必要的，它们需要不断增加、改变自身的定位和理念才能与时俱进，但是不能破坏掉原有的、经典的内涵和理念。

（三）经营方式创新

奢侈品品牌在经营方式上的创新主要体现在采用网络营销和绿色营销上。网络营销即为在互联网上开展营销活动的一种方式。奢侈品品牌纷纷尝试电子商务，通过建立自身官方网站、入驻电商平台、微信小程序等方式来改变传统的门店营销模式。像古驰、路易威登、蒂芙尼等奢侈品品牌就都开设微信精品店，这种方式更像是依托微信客户端的自营平台。更多的奢侈品品牌则是采用官方网站的方式。对于电子商务这一形式来说，这可以让顾客更快速地获得更多的信息，也为他们的购买提供了便利，不需要受到时间、地点的限制，只需要在网页上进行查看并支付，就能获得自己心仪的产品。但是这也给奢侈品品牌带来了一定的挑战，网络销售将会为假冒伪劣产品提供更多的漏洞，如果措施不到位可能会造成假货泛滥的情况，影响奢侈品品牌的声誉和可信度。

绿色营销是指通过开发绿色产品，开拓绿色市场给品牌带来新的发展机遇。奢侈品品牌逐渐意识到"绿色"的重要性，正在通过原材料的改进、设备更新等方式来树立自身的绿色形象，向消费者传达正能量，这与目前提倡保护环境、节约资源的理念相符，将会增加消费者对奢侈品品牌的好感度和认同感，在下文将会重点阐述。不过这在最初实行阶段可能会给奢侈品品牌带来如成本上升的问题，需要奢侈品品牌妥善地处理。

（四）品牌传播方式创新

一方面，品牌传播方式的创新主要体现在对网络的运用，整合广告、公关等营销方式以及品牌的整合推广。在网络运用方面，除了传统的微博、微信等方式，互动平台的兴起让奢侈品品牌找到了新的切入点。Michael Kors 是第一个与抖音合作的轻奢品牌，在 2017 年挑战旨在传达"只要有自信，走到哪里都是伸展台"的时尚理念，并邀请了三位时尚达人在平台上进行诠释。互动平台的应用同样利弊参半。这可以让奢侈品品牌创建一个挑战内容邀请使用者来录制并分享视频，增加了品牌与消费者之间的互动机会，更有助于消费者了解该品牌的理念和价值观，提升品牌在用户中的影响力，而且这种方式也比通过微信、微博等平台更加便宜，效果也会更加直观生动。但是，该平台上的内容质量仍有待提升，平台与用户也都不是很成熟，而且发起的挑战成败参半，如果奢侈品品牌所发起的挑战话题并不能引起用户的兴趣的话，可能会导致活动失败。

另一方面，创新体现在对广告代言人的选择上，奢侈品品牌代言人呈年轻化趋势，并且在我国的代言人主要集中在当红流量明星上，这其中的一个代表品牌就是卡地亚（Cartier）。为了展现 Juste un Clou（中文意为"只是一个钉子"，见图 15-2）的独特内涵，卡地亚（Cartier）邀请鹿晗演绎了充满自由精神的全新大片《钉义自己》。博柏利（Burberry）则是邀请了吴亦凡作为其代言人。这两大奢侈品品牌的举动都引起了市场的极大关注，并引发了追星的消费者们购买明星同款产品的热潮。除了增加营销热点和销售额外，对代言人的创新选择也让奢侈品品牌走到了潮流的最前端，给品牌注入了活力。但是奢侈品品牌在选择代言人的时候也应十分谨慎，不能一味只追求明星的关注度，更要注重明星形象与品牌的匹配度，选择适合的明星。

图15-2　钉义自己

资料来源：卡地亚官网，详见 https：//www.cartier.cn/zh-cn/系列/珠宝系列/系列.viewall.html。

奢侈品品牌的创新之路并不平坦，目前的创新或许会增加其曝光度和销售量，但是如何维持创新能力，以及确保不会因创新不当而带来负面影响将是奢侈品品牌需要深思的问题。

第六节　环境保护与绿色消费

人类社会的发展离不开自然环境，正如自然环境的保护也离不开人类社会。奢侈品行业作为人类社会的一个独特组成部分，其与自然环境紧密相连，不管是因为原材料的获取，还是一个企业、一个品牌在保护环境方面所需要承担的责任。在环境保护的过程中，一种新的消费模式悄然而生，并成为近年来人们所热衷的话题，那就是绿色消费。

一、环境保护与绿色消费的效应

环境保护与绿色消费是近年来人们耳熟能详的词语，这两者具体是指怎样的行为方式？绿色消费需要我们采取哪些措施？

环境保护指采用多方面的措施，合理利用自然资源，防止环境被污染和破坏，从而维护生态平衡，使有用自然资源能够得以再生产[①]。但环境保护绝非易事，工业、农业、生活、交通等各方面都将会产生污染源。以工业为例，在工业生产工艺过程中，有的反应复杂、中间产物多，就有可能会排放出多种污染物。

作为人们越来越重视保护环境、生态平衡背景下出现的绿色消费受到消费者心理、社会文化等因素的影响[②]，可以概括为"3R"和"3E"，"3R"分别是 Reduce（减少非必要的浪费）、Reuse（重复使用）、Recycle（再生利用）；"3E"则指 Economic（经济实惠）、

---

① 邓仕槐.环境保护概论［M］.成都：四川大学出版社，2014.

② Lee H. J.，Park S-Y. Environmental Orientation in Going Green：A Qualitative Approach to Consumer Psychology and Sociocultural Factors of Green Consumption［J］.Journal of Global Scholars of Marketing Science，2013，23（3）：245-262.

Ecological（生态效益）、Equitable（符合平等）。它主要包括三方面的内容：一是对未被污染或是有助于公众健康的绿色产品的选择；二是在消费过程中注重对垃圾的处理，避免对环境造成污染；三是引导消费者形成新的消费观念，在追求舒适生活的同时注重对自然环境的保护，从而实现可持续发展。其内涵中规定了避免使用以下六种产品：①危害消费者和他人健康的商品；②因过度包装、超过产品有效期或过短的生命周期而造成不必要浪费的商品；③在生产、使用和丢弃时，造成大量资源消耗的商品；④含有对动物残酷或剥夺行为而生产的商品；⑤使用出自稀有动物或自然资源的商品；⑥含有对发展中国家有不利影响的商品①。对照上述对绿色消费的衡量标准不难发现，目前奢侈品品牌的一些运营方式并不符合绿色消费的理念。大多数奢侈品品牌在产品中都会加入皮草元素，以此来体现典雅、高贵等特性，但是一件皮草的制作却没有那么美好，甚至缺少人性化。在世界各地的毛皮农场里，为了获得完整的皮毛，工人会重击动物的头部，甚至会采用毒气或电击的方式，很多动物在被剥皮的时候，可能还是活的。为了获得更多的皮毛，动物会被无节制地催肥直至扭曲以扩大皮毛的面积。如果说一件皮草是残忍剥夺动物生命的结果，那么一个手袋可能就是虐杀稀有动物的产物。

二、奢侈品品牌的必要性

社会组织对奢侈品品牌在上述两个方面的行为一直十分关注，并积极地采取措施。美国善待动物组织 PETA 为了能够表达自己对奢侈品品牌在对待动物方面的态度，特意购买了相关品牌的股票以进入股东大会为动物发声。他们希望能够从内部做出努力，要求公司永久地禁止使用珍稀动物皮作为原材料制作产品。而奢侈品消费者也越来越关注奢侈品品牌在环保方面的形象，他们更加关注自己购买的产品是否符合绿色消费，有没有危害到环境，更希望能够看到产品生产环节的透明化、可视化。因此在舆论公众越来越关注环境保护的情况下，奢侈品品牌必须要积极采取措施进行应对，否则就有可能失去消费者、失去市场。

另外，关于奢侈品品牌"虐待动物、浪费资源"的负面事件时有发生，消费者对奢侈品品牌的信任度有所下降，奢侈品品牌为了提升自己的形象，巩固声誉，十分有必要采取改革举措积极做出反应，让消费者对自己改观，建立新的认识，只有这样，奢侈品品牌才有可能继续拥有市场。

三、奢侈品品牌的环保可持续道路

许多奢侈品品牌已经开始做出改变，希望能够找到一种更环保的方式去生产，但是在产品宣传等方面很高调的它们在这里却显得很低调，在介绍时总是轻描淡写，因为它们"并不确定可持续是否真的可以成为一个卖点"。其实，奢侈品品牌可以在积极探索环保的生产方式的同时进行适当的宣传，毕竟极具号召力的它们或许可以将环境保护变成时尚的标签，让更多人、更多企业参与到保护环境的行列中，这何尝不是一种有益的尝试？

---

① 胡雪萍. 绿色消费 [M]. 北京：中国环境出版社，2016.

（一）　原料选择

对于奢侈品品牌来说，一种可行的方式就是放弃原先使用的某些不合理材料，进而采用更加环保的原材料进行生产。古驰（Gucci）、阿玛尼（Armani）、范思哲（Versace）等奢侈品品牌纷纷宣布将停止使用皮草，这一消息获得了大量消费者的肯定。与此同时，在生产的过程中，古驰、葆蝶家（Bottega Veneta）等奢侈品品牌采用了环境友好型的材料聚氨酯来替代聚氯乙烯，后者在制造和回收过程中将会对环境造成较大的污染。除此之外，古驰使用有机鞣革而不再是重金属鞣革来作为浅色皮革，路易威登（Louis Vuitton）也同样使用植物鞣革来制作手袋。迪奥（Dior）、雅诗兰黛（Estée Lauder）等推出的以植物成分代替化学成分的"绿色香水"正受到时尚女性的喜爱，逐渐成为风靡的产品。原材料更生态化的原则不仅仅体现在对产品本身的制作上，各奢侈品品牌对产品包装材料的选择也更加环保。凯歌香槟（Veuve Clicquot）的恒温包装盒就是采用了马铃薯淀粉和纸所制成，具有可降解的功能。大多数的奢侈品品牌（尤其是化妆品牌）也都开始采用可降解再生纸、天然树脂包装、生物塑料包装或者分量替换包装等来践行可持续的理念。

原材料选择所带来的积极效果将会是有目共睹的。舍弃皮草将会减少对相应动物的伤害，对于保护动物组织更将会是一个福音，但是目前相关奢侈品品牌在减少采用珍稀动物作为原材料上并未做出具体行动，这是在今后仍需要努力的方向，更多的奢侈品品牌应该要重视对原材料的选择，不能让破坏环境成为追求高品质的代价。采用各种环境友好型材料将会减少在制造和消费者使用的过程中对环境造成的污染，而各种可降解的包装材料即使在废弃时也不会对环境造成太大的破坏。

（二）　宣传公告

除了改变原材料的选择外，在其他方面的"软文化"同样也至关重要。

沃尔沃（Volvo）在 2017 年发布了一组 V90 Cross Country Ocean Race 特别版车型的图片，该品牌希望能够借此来让人们意识到目前的海洋环境并不乐观，并因此提高保护海洋自然环境的意识。2015 年，开云集团（Kering）发布了首份环境损益报告，通过调查遍布全球 100 多个国家的 1000 多个供应商来检测每一件产品的能源消耗量。其旗下奢侈品品牌斯特拉·麦卡特尼（Stella McCartney）在 2016 年也公布了首份环境损益表，它们希望通过这种方式鼓励其他品牌采取相应的措施，来探寻企业对环境造成的影响，并因此减少对环境造成的伤害。

通过发布宣传环境保护的官方图片以及公布环境损益表等方式，奢侈品品牌成功地吸引了公众的注意力，而这一次的吸引所带来的影响将会是积极的、双赢的。一方面，奢侈品品牌可以向公众传达出这样一个信息：它们十分重视环境保护，已经将其作为企业社会责任的一部分，并且在努力探寻各种方式来减少对环境的破坏。而这种信息将会极大地提升公众对品牌的印象，或者会引起部分公众的共鸣，使他们更加愿意购买该奢侈品品牌。另一方面，关注度极高的奢侈品品牌所发布的信息必然也会对公众的行为起到引导作用，让更多人意识到环境保护的重要性和紧迫性，并做出相应的行动。在顺应环境保护潮流下，奢侈品品牌既可以增加自己的销售量，提高声誉，同时也能承担起社会责任，呼吁公众加入环保，可谓是互利共赢。

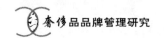

（三）节能减排

不管是环境保护还是绿色消费，其实践过程中都十分注重减少污染物以及能耗的排放，而这也将成为奢侈品品牌努力的方向。

奢侈品品牌的门店为了让产品看起来更加精致，色彩更加鲜明亮丽，通常都会采用各种荧光灯或是白炽灯，而这会产生大量的能耗。目前，许多奢侈品品牌如路易威登等都试图采用 LED 灯进行代替，结果显示，这将有可能减少 50% 的能耗，并且 LED 灯的效果比前面的两种灯都更好。除了在门店设备上下功夫之外，在产品生产过程中的节能减排也至关重要。比如雪树伏特加（Belvedere Vodka）的一家酿酒厂通过热量回收系统"弃油改气"，提高了能源的利用效率，也减少了将近 30% 的碳排放量。

奢侈品品牌可以通过选用低能耗的设备、改装系统等方式来减少排放污染物和能源消耗的，这将会帮助奢侈品行业更加清洁化，最终也会减少其生产成本（对环境污染的治理以及因环境污染而被征税）。

综上所述，奢侈品品牌与环境保护和绿色消费从来就不是互相排斥的两个方面，奢侈品并不意味着就是浪费、奢靡的生活方式，它们的制造也并不一定必然危害环境；环境保护和绿色消费也不意味着就不能购买奢侈品。相反，奢侈品品牌可以通过其影响力引导人们保护环境、绿色消费，让它们成为人们崇尚的时尚生活方式，并且通过改变自身的生产流程、原料选择等来切实减少自身对环境的影响。当奢侈品品牌更加重视公众所关注的社会问题时，它才不会因为与人们的理念相左而被排斥，才能与时俱进，随着时代的发展不断地走向新的阶段，成为社会正能量的传播者，发挥与其社会关注度相称的积极影响。

第七节　奢侈品品牌的中国市场未来

一、中国奢侈品消费情况

中国自加入 WTO 以来，从首次进入中国被人们所知的皮尔·卡丹（Pierre Cardin）到现在人们耳熟能详的香奈儿（CHANEL）、古驰（Gucci）、路易威登（Louis Vuitton）等，中国消费者在逐渐丰富对奢侈品品牌了解的同时，也开始成为全球奢侈品市场的重要组成部分，表现出了对奢侈品的强劲购买能力，中国市场将会带来长期的增长机遇[1]。

贝恩公司的报告显示，2008～2017 年，中国消费者的奢侈品整体消费金额不断上升，从 2008 年的 222.9 亿美元到 2012 年的 483.7 亿美元一直到 2017 年的 4924 亿美元，2015 年和 2016 年中国奢侈品市场对全球奢侈品市场的贡献率则分别为 31% 和 30%，相当于中国消费者买走了将近全球 1/3 的奢侈品。到目前为止，虽然更多的国人开始选择在国内购物，但是海外购买仍旧是中国消费者购买奢侈品的最主要渠道，在消费总额中占比超过 50%，从 2013 年开始，这一比例更是超过了 70%。2008～2017 年中国消费者奢侈品消费

---

① Som A., Blanckaert C. The Road to Luxury [M]. Singapore: John Wiley, 2015.

整体情况及在海外消费情况如图 15-3 所示。

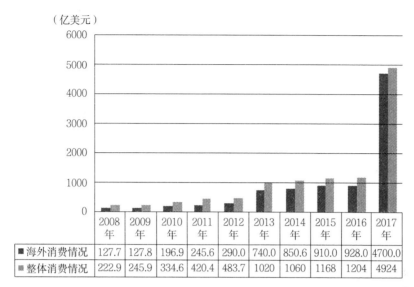

（亿美元）	2008年	2009年	2010年	2011年	2012年	2013年	2014年	2015年	2016年	2017年
■ 海外消费情况	127.7	127.8	196.9	245.6	290.0	740.0	850.6	910.0	928.0	4700.0
■ 整体消费情况	222.9	245.9	334.6	420.4	483.7	1020	1060	1168	1204	4924

图 15-3 2008~2017 年中国消费者奢侈品消费整体情况及在海外消费情况

资料来源：根据 2009~2017 年贝恩中国奢侈品市场研究报告整理而成。

我国消费者之所以更加青睐海外奢侈品市场，最主要的原因是海外市场上奢侈品的价格更加优惠并且质量有保证，而目前国内市场上假货问题比较严重。其他方面的原因则包括产品的选择范围更多、更广，零售人员的服务质量更好，新品上架速度更快等。

我国的奢侈品消费仍然存在一些问题，比如盲目消费、炫耀性消费等，有的消费者甚至不顾自己的实际经济实力，负债购买奢侈品，对自身和社会的发展都造成了一定的消极影响。因此消费方式、消费态度等方面将会是我国今后要不断改进的方向，消费者要更加注重理性消费。

从总体上来看，我国的中产群体正在迅速崛起，可支配收入增加，人们对奢侈品的态度也在逐渐发生转变，更多地倾向于将其作为自我奖励、生活品质提高的象征，而不再只是纯粹地炫耀，因此，中国奢侈品市场将会对全球的奢侈品市场做出积极贡献，且总体趋势向上。

二、奢侈品品牌在中国的发展

早在 20 世纪 70 年代，中国的奢侈品市场就开始处于萌芽状态，1976 年，瑞士手表品牌欧米茄（OMEGA）进入中国，这是目前所知的最早进入中国内地市场的奢侈品品牌。三年之后，皮尔·卡丹（Pierre Cardin）在中国举办了第一场时装秀，成为我国消费者知道的第一个服装类奢侈品品牌。在此之后，法国鳄鱼（Lacoste）、美国花花公子（Play Boy）等品牌都陆续登陆中国市场，成为那一阶段人们心中奢侈品品牌的"领军人物"。

20 世纪 90 年代之后，随着我国的改革开放，与其他国家的沟通更加广泛，更多的国际奢侈品品牌开始进入我国市场。1990 年，卡地亚（Cartier）成为 90 年代首家进入中国市场的奢侈品品牌，在北京王府饭店开设了第一家门店。1992 年，路易威登（Louis Vuitton）也通过在王府饭店开设专卖店的方式开始进入中国市场。1993 年各大奢侈品品牌蜂拥而至，其中包括博柏利（Burberry）、兰蔻（Lancôme）、雅诗兰黛（Estée Lauder）和香奈儿（CHANEL）等品牌。1994年，我国第一家经营奢侈品品牌的百货商店——美美百货在上海开业，其中云集了诸如圣罗兰（Yves Saint laurent）、古驰（Gucci）等奢侈品品牌。之后，阿玛尼（Armani）、爱马仕（Hermès）等品牌都开始入驻中国市场。

进入21世纪后，随着经济的发展，我国奢侈品市场的需求进一步增加，为奢侈品品牌提供了巨大的机遇。蒂芙尼（Tiffany & Co.）于2001年，宝格丽（Bvlgari）和蔻驰（Coach）于2003年分别进入我国市场，名表百达翡丽（Patek Philippe）也于2005年落户我国上海，同年进入的还有华伦天奴（Valentino）。2004年，劳力士（Rolex）在北京开设第一家专卖店[①]。

经过了四十多年的时间，我国的奢侈品市场逐渐走向繁荣和稳定，各大国外奢侈品品牌在中国基本上都有门店，成为人们心中对精致生活的向往。我国的本土奢侈品品牌虽也开始兴起，但发展缓慢。上海滩（Shanghai Tang）可以说是中国的第一个奢侈品品牌，由邓永锵于1994年创立，在1997年由历峰集团（Richemont）购买大多数股份，并于2008年被完全收购，但因业绩不佳于2017年被出售给意大利纺织品商人Alessandro Bastagli。该品牌以20世纪30年代上海的服装设计为基础，结合流行的设计理念，逐渐成为了中式时尚品牌。刚进入西方市场的时候，由于错误估计西方消费者对中国传统工艺的喜爱程度而一度难以打开市场，后来才逐渐确定风格定位。之后，"上海滩"虽然受到了西方时尚人士的追捧，但几经浮沉，且在我国的知名度始终不高，仍旧无法成为我国消费者心目中的"奢侈品"。

随着经济的进一步发展，人们消费观念的逐渐转变，信息技术的瞬息万变，奢侈品品牌在中国市场的未来将会如何？国外奢侈品品牌该怎样继续保持在我国消费者心中的地位？我国的本土奢侈品品牌又该如何突破局限，在全球奢侈品品牌领域占据自己的一席之地？

三、国际奢侈品品牌的中国市场战略

中国奢侈品市场潜力很大，在不久的将来或许会成为全球最大的奢侈品市场。国际奢侈品品牌如果要在中国获得成功，必须为愿意花钱的消费者提供特殊的价值[②]，倾听消费者的需求并做出相应的改变。

（一）与中国元素相结合

作为全球重要的奢侈品市场，中国消费者的消费习惯和心理将是奢侈品品牌不能忽视的重要因素。虽然中国消费者非常热衷流行文化，但由于文化传统的影响，人们仍然十分偏好中国元素，尤其是对生肖动物、具有特定含义的植物等的关注。因此为了突出对中国市场的重视以及迎合消费者的需求，奢侈品品牌在今后的设计中将会持续不断地引入中国元素，并且与中国传统节日相结合。

这其中的一个突出代表就是奢侈钟表品牌，它们常会运用熊猫、龙、孔雀等中国元素。百达翡丽借鉴中国西汉时期的龙纹玉璧推出了"白玉龙"限量手表，突出体现了古雅

① 赵忠秀，朱明侠，张小琳. 奢侈品管理概论［M］. 北京：对外经济贸易大学出版社，2010.
② 丹尼尔·兰格，奥利弗·海尔. 奢侈品营销与管理［M］. 潘盛聪译. 北京：中国人民大学出版社，2017.

质朴的风格。伯爵表（Piaget）同样也曾推出过龙凤表来庆祝龙年的到来。服饰类奢侈品同样十分钟爱中国元素。早在 2009 年，香奈儿就设计了山茶花胸针、雪纺披肩等系列，其灵感来源于香奈儿女士的中国乌木漆面屏风。同样的例子还出现在蒂芙尼中国十二生肖系列、迪奥"鸡年主题"手链以及古驰狗年主题单品等①，如图 15-4 所示。

香奈儿山茶花胸针　　　　　　　　　古驰狗年主题单品

图 15-4　与中国元素相结合的奢侈品

资料来源：根据香奈儿官网、古驰官网和 Global Blue 网数据整理而成。

奢侈品品牌与中国元素的结合可以说是西方经典与中国经典的相得益彰。中国红、翡翠绿、刺绣等中国元素的运用给奢侈品品牌在原有基础上更增添了一份历史积淀，中华五千年的文明让奢侈品与艺术品更加接近，也让奢侈品与中国消费者更加贴近，它们不再是冷冰冰的西方文明的产物，其中也添加了许多我们熟悉的元素，有了我们的文化底蕴。同样，奢侈品对中国元素的运用也让中国元素、中国传统文化与工艺为世界所知，让世界看到中国世世代代流传下来的经典之美，去感受中国作为一个文明古国所独特的历史魅力和精神。

（二）销售渠道发生转变

随着互联网的发展，网上购物逐渐成为消费者热衷的一种消费方式，人们可以足不出户就了解到各品牌的产品并且不受时间限制地进行产品选购，而不必担心门店距离以及拥挤等问题。而这也将成为奢侈品品牌的一种重要销售渠道，许多奢侈品品牌都已经开始尝试电子商务，试图开辟一块新的领域。

圣罗兰（Yves Saint laurent）在 2018 年 1 月与京东达成合作，进驻京东旗下的奢侈品电商平台 TOPLIFE，其他入驻该平台的奢侈品品牌还包括阿玛尼（Armani）、拉佩拉（La Perla）等。除了通过入驻电商平台的方式外，奢侈品品牌也纷纷建立自己的官方网站，直接为消费者提供信息和服务。路易威登、古驰、香奈儿、赛琳等品牌都有自己的官方平台，消费者通过网上选购和支付的方式就可以轻松地获得自己喜欢的产品。

电子商务之所以成为奢侈品品牌在渠道布局中的重要环节主要有以下方面的原因：第一，为消费者提供了获取信息的便利途径。他们只需要进入京东及天猫等平台或是打开奢侈品品牌的官方网站，就可以随时随地获得有关产品的最新信息。第二，网络消费更加便捷。这主要体现在消费者可以不受时间及空间的限制，不需要考虑门店的营业时间以及距离远近，而只用通过网络即可进行选购。同时，这也避免了门店对消费者数量上的限制。为了保证服务质量，奢侈品门店一般都会规定一个时间段里的消费者数量，如果前来选购的消费者比较多的话，那么就有可能要面临排队的不便，进行网上选购则减少了消费者在

---

① 香奈儿官网、古驰官网和 Global Blue 网。

这方面的担忧。第三，由消费者的消费方式所决定。目前"千禧一代"开始成为奢侈品消费的主力军，网上购物已经成为他们日常生活的一种主要购物方式。为了迎合消费者的需要，奢侈品品牌自然要在销售渠道上做出改变，开拓将会拥有更多受众的领域。

(三) 市场布局更加合理

目前奢侈品品牌的门店主要位于北京、上海、广州、深圳等一线城市，在二线和三线城市虽然也有所布局，但是数量仍旧比较少，与人们日益增长的消费需求存在落差。因此在今后的规划中，奢侈品品牌在继续稳固一线市场的同时将会积极拓展二线和三线城市。

二线和三线城市的消费者在奢侈品消费中的作用逐渐凸显，这一方面是因为他们虽然获得的工资没有在一线城市那么高，但是所在城市的消费水平比一线城市低，他们不必承受那么重的生活压力，从而使他们与生活在一线城市的消费者相比，会有更多的经济盈余来购买奢侈品。另一方面是因为二线和三线城市经济的迅速发展推动了新生富豪的产生，尤其是在江苏、浙江、福建等省份，人们的生活水平有了大幅度提升，生活水平的提高进一步促进了他们对奢侈产品的需求，而当地屈指可数的奢侈品门店使得他们只能到一线城市或是海外进行选购。

因此，考虑到我国区域经济的发展，奢侈品品牌将会在拥有经济实力的二线和三线城市开拓市场，进一步扩大消费受众。

(四) 鉴赏体验类消费兴起

随着人们消费观念的进一步转变，我国消费者对奢侈品的消费不再局限于产品上，而开始转向鉴赏类、体验类消费，其中包括豪华酒店及度假村、出国旅游、健身会所以及艺术品、古董等。

因此这一类的奢侈品品牌将会逐渐兴起，直至蓬勃发展，与出国旅游相衔接的航空公司、度假酒店等，特色家具品牌、名贵手表及洋酒等都将会更加频繁地出现在人们的视线中，给人们在精神上带来奢侈的享受。例如，被称为拥有世界上最豪华航班的新加坡航空，它的A380客机里面不仅提供了有按摩功能的座椅，还有私人专属的套房和浴室以及平板电视机，让旅客在飞行的过程中享受顶级的服务。

鉴赏体验类消费的兴起体现了消费者对生活品质的进一步追求，更加注重对生活过程的享受和体验。这或许会对今后奢侈品领域的格局产生影响，产品类奢侈品品牌所占比重虽然仍为多数，但是会逐渐下降，而鉴赏体验类奢侈品品牌的比重虽增长缓慢，但逐年上升。

四、中国本土奢侈品品牌的高端化成长路径

人们所能想到的奢侈品品牌基本上都是国外的，鲜少有我国本土的奢侈品品牌。我国虽有自己的奢侈产品，却没有打造出属于自己的奢侈品品牌。然而这并不是一件容易的事，综观国外的奢侈品品牌，无不是经历了数十年甚至是上百年的历程，早已积淀下了深厚的产业根基，才得以有今日的辉煌。这些都将为我国本土奢侈品品牌的打造之路提供借鉴作用。

(一) 树立全球品牌意识

如果要发展中国自身的奢侈品品牌，首先要做的就是转变观念，不再只是局限于一个

区域、一个群体，而是要树立起全球品牌意识。全球品牌意识关注的全局观念，更加重视在全球范围内对自身品牌的建设，设计符合全球消费者需求的产品，在营销和市场传播的过程中把握消费者的共性。

随着经济全球化的发展和互联网的普及，人们的观念逐渐融合，甚至出现了趋同。正如我国消费者可能会青睐美国街头文化的服装，而法国消费者则可能会对刺绣十分热爱。这无疑是给我国的奢侈品品牌提供了一个思路：从一开始就要将品牌的定位设为全球，因为只有这样才能涵盖到大多数消费者（不管是我国还是国外）的品位和需求，才能体现我国奢侈品品牌的海纳百川，博采众长。而只有这样的奢侈品品牌才会有源源不断的动力不断创新、不断发展。

（二）选择合适的产品

文化是奢侈品品牌的根本，而历史是奢侈品品牌文化的载体。对于奢侈品品牌来说，它背后所蕴含的一些元素，所体现的一些价值理念才是最重要的。因此在打造奢侈品品牌的时候，首先就要选择具有这些特质的产品，它们的历史少则几十年，多则上百年，一提起来人们总会将其与我们所独有的文化联系起来，绵远悠长。除此之外，化妆品、珠宝、跑车等奢侈品领域都已经被外国品牌所占据，中国本土品牌如果要突破重围，就必须要选择有文化性及民族独特性的产品。

高端白酒将会是一个突破口。中华民族的酿酒历史已有三千余年，而五粮液和茅台的创建也有百年的历史。中国数千年的酿酒历史以及灿烂的酒文化正是这两个品牌深厚的历史积淀和文化底蕴，其中的独特工艺更是人民智慧的结晶。茶叶将会是另一个可行途径。我国是世界上最早种植茶叶的国家，拥有十分悠久的茶文化，西湖龙井、洞庭碧螺春等都是我国的名茶，如果能够将这些目前仍只是宽泛地以品种命名的产品创建一个独特的品牌，从而打造顶级茶文化，这将不失为一个可行的方法。

除此之外，我国的刺绣（如苏绣、湘绣、蜀绣、粤绣等）、瓷器（景德镇瓷器）等无一不是独具特色又源远流长，具有文化代表性和传承性，这些都是非常适合被打造成为奢侈品品牌的产品。

（三）注重产品设计和质量

奢侈品品牌所体现的不仅是文化方面的积淀与传承，还包括对品质以及细节的重视和追求。因此我国在创建奢侈品品牌的过程中一定要十分注重对产品质量和设计的把握，首先要设计出符合人们当下审美观念和价值需要的产品，保证产品所呈现出来的独特性和艺术性，同时也要为消费者提供高质量的服务和产品保证。正如香奈儿（CHANEL）仍然在手工坊里传承着传统的制衣工艺，坚持用手工打造一件更完美的服装一样，奢侈品品牌在工艺和产品质量上的专注和严格象征了对精致的追求。

目前"中国制造"的形象虽有所改善，但仍难逃被人们与低质量、假冒产品等联系起来的命运，人们对中国生产产品的态度并不乐观。因此要打造中国本土奢侈品品牌的关键之举就是要重新树立起消费者对"中国制造"的信心，严格把控产品的质量，让人们真正地接受中国制造的产品，并且逐渐将其与高档品、奢侈品联系起来。

参考文献

［1］ Aaker D. Managing Brand Equity: Capitalizing on the Value of a brand Name ［M］. New York: The Free Press, 1991.

［2］ Amit R., Zott C. Value Creation in E-business ［J］. Strategic Management Journal, 2001, 22 (6-7): 493-520.

［3］ Allan A. Business Models: A Strategic Management Approach ［M］. Boston, Massachusetts: McGraw-Hill, 2004.

［4］ Barwise P. Brand Equity: Snark or Boojum? ［J］. International Journal of Research Marketing, 1992 (10): 93-104.

［5］ Biel Aliexander L. How Brand Image Drives Brand Equity? ［J］ Journal of Advertising Research, 1992 (6): 6-12.

［6］ Chaudhuri A., Holbrook M. The Chain Effects from Brand Trust and Brand Affect to Brand Performance: The Role of Brand Loyalty ［J］. Journal of Marketing, 2001, 65 (2): 81-93.

［7］ Chevalier M., Mazzalovo G. Luxury Brand Management: A World of Privilege ［M］. New Jersy: John Wiley & Sons, 2008.

［8］ Christopher B. The Idea of Luxury ［M］. Cambridge: Cambridge University Press, 1994.

［9］ Clay C. Building a Brand—One Patient at a Time ［J］. Marketing Health Services, 2011, 31 (2): 5-7.

［10］ Deloitte Global Powers of Luxury Goods 2017 ［EB/OL］. https://www2.deloitte.com/us/en/pages/consumer-business/articles/cb-global-powers-of-luxury-goods.html.

［11］ Erdem T. An Empirical Analysis of Umbrella Branding ［J］. Journal of Marketing Research, 1998, 35 (3): 339-351.

［12］ Fornerino M., Jolibert A., Sánchez C. M., Zhang M. X. Do Values or Goals Better Explain Intent? A Cross-national Comparison ［J］. Journal of Business Research, 2011, 64 (5): 490-496.

［13］ Fich N. Brand Management of Luxury Goods ［M］. Orleans: Grin Verlag, 2013.

［14］ Gabriela Salinas. The International Brand Valuation Manual: A Complete Overview and Analysis of Brand Valuation Techniques, Methodologies and Applications ［M］. New Jersy: John Wiley & Sons, 2011.

［15］ Guercini S., Milanesi M. Extreme Luxury Fashion: Business Model and Internationalization Process ［J］. International Marketing Review, 2017, 34 (3): 403-424.

［16］ Harsborne C., Weiss P. (eds). The Collected Papers of Charles Sanders Peirce ［M］. Cambridge: Harvard University Press, 1994.

［17］Hitzler P. A.，Müller－Stewens G. The Strategic Role of Authenticity in the Luxury Business ［M］. Gardetti, M. A. （Ed.） Sustainable Management of Luxury, 2017.

［18］Jean－Louis C.，Gilles L.，Pierre V－F. In Search of New Planets in the Luxury Galaxy ［J］. Journal of Business Research, 2017 （77）：140－146.

［19］Jose L. N.，John A. Q. The Mass Marketing of Luxury ［J］. Business Horizons, 1998, 41 （6）：61－68.

［20］Jiseon A.，Jung K. P.，Hyowon H. Luxury Product to Service Brand Extension and Brand Equity Transfer ［J］. Journal of Retailing & Consumer Services, 2018 （42）：22－28.

［21］Jiangwen Huang. A Review of Brand Valuation Method ［J］. Journal of Service Science and Management, 2015 （8）：71－76.

［22］Kapferer, Jean－Noel. The Kapferer on Luxury：How Luxury Brands Can Grow Yet Remain Rare ［M］. London：Kogan Page, 2015.

［23］Kapferer J. N. Managing Luxury Brands ［J］. Journal of Brand Management, 1997 （4）：251－259.

［24］Kapferer J. N. The New Strategic Brand Management ［M］. London：Kogan Page, 2012.

［25］Kamakura W. A.，Novak T. P. Value－system Segmentation：Exploring the Meaning of LOV ［J］. Journal of Consumer Research, 1992, 19 （1）：119－132.

［26］Keller K. L. Conceptualizing, Measuring and Managing Customer－based Brand Equity ［J］. Journal of Marketing, 1993, 57 （1）：1－22.

［27］Keller K. L.，Strategic Brand Management－Building, Measuring, and Managing Brand Equity ［M］. New Jersy Prentice Hall, 1998.

［28］Magaly D.，Alexander O.，Yves P. E－business Model Design, Classification and Measurement ［J］. Thunderbird International Business Review, 2002, 44 （1）：5－23.

［29］Martins E. C.，Terblanche F. Building Organizational Culture that Stimulates Creativity and Innovation ［J］. European Journal of Innovation Management, 2003, 6 （1）：64－74.

［30］Morton R. L. Bringing your Personal Brand to Life：An Effective Brand Communicates your Distinct Value ［J］. Healthcare Executive, 2012, 27 （1）：70, 72.

［31］Katarzyna B－R.，Izabela S. Employer Branding as a Source of Competitive Advantage of Retail Chains ［J］. Journal of Management and Business Administration. Central Europe, 2018 （1）：2－12.

［32］Kim S.，Park G.，Lee Y.，et al. Customer Emotions and Their Triggers in Luxury Retail：Understanding the Effects of Customer Emotions Before and After Entering a Luxury Shop ［J］. Journal of Business Research, 2016, 69 （12）：5809－5818.

［33］Netemeyer R. G.，Krishnan B.，Pullig C.，et al. Developing and Validating Measures of Facets of Customer－based Brand Equity ［J］. Journal of Business Research, 2004, 57 （2）：209－224.

［34］Klupś－Orłowska K. People's Republic of China as a New Direction for Luxury Goods Brands Producers based on the Example of Activity of Louis Vuitton Moet Hennessy ［Z］. Research Papers of the Wroclaw University of Economics/Prace Naukowe Uniwersytetu Ekonomicznego we Wroclawiu, 2013：295.

［35］ Lih－Bin O., Hock－Hai T., Vallabh S. The Effects of Retail Channel Integration through the Use of Information Technologies on Firm Performance［J］. Journal of Operations Management, 2012, 30 (5): 368-381.

［36］ Michael H. M., Kannan R. Fashion Faux Pas: Gucci & LVMH［J］. Thunderbird International Business Review, 2003, 45 (2): 225-239.

［37］ Olorenshaw R. Luxury and the Recent Economic Crisis［J］. VSE－Vie & Sciences Economiques/La revue de L'Economie et de L'Entreprise, 2011 (18): 188.

［38］ Pamela N. Danziger. Louis Vuitton Or Hermès: Which is the More Authentic Luxury Brand?［EB/OL］.［2018-08-10］. https://www. forbes. com/sites/pamdanziger/2018/08/01/.

［39］ Uche Okonkwo. Luxury, Fashion, Branding－trends, Tactics, Techniques［M］. New York: Palgrave Macmillan, 2007.

［40］ Richard K. The 80/20 Manager: The Secret to Working［M］. Boston: Little, Brown and Company, 2013.

［41］ Rust R. T., Lemon K. N., Zeithaml V. A. Return on Marketing: Using Customer Equity to Focus Marketing Strategy［J］. Journal of Marketing, 2004, 68 (1): 109-127.

［42］ Silverman S. N., Sprott D. E., Pascal V. J. Relating Consumer－Based Sources of Brand Equity to Market Outcomes［J］. Advances in Consumer Research, 1999 (26): 352-358.

［43］ Sunmee C., Anna S. M. Perceived Controllability and Service Expectations: Influences on Customer Reactions Following Service Failure［J］. Journal of Business Research, 2006 (1): 24-30.

［44］ Valarie A. Z. Consumer Perceptions of Price, Quality, and Value: A Means－end Model and Synthesis of Evidence［J］. Journal of Marketing, 1988, 52 (3): 2-22.

［45］ Veblen T. B. The Theory of the Leisure Class［M］. Boston: Houghton Mifflin, 1899.

［46］ Vigneron F., Johnson W. L. W. A Review and a Conceptual Framework of Prestige－seeking Consumer Behavior［J］. Academy of Marketing Science Review, 1999 (1): 1-15.

［47］ Washburn J. H., Plank R. E. Measuring Brand Equity: An Evaluation of a Consumer based Brand Equity Scale［J］. Journal of Marketing Theory and Practice, 2002, 10 (1): 46-62.

［48］ Wiedmann K., Hennigs N., Siebels A. Measuring Consumers Luxury Value Perception: A Cross-cultural Framework［J］. Academy of Marketing Science Review, 2009, 35 (7): 1-21.

［49］ Woodson T. S. 3D Printing for Sustainable Industrial Transformation［J］. Development, 2017, 58 (4): 1-6.

［50］ Young J. H., Joseph C., Nunes X. D. Signaling Status with Luxury Goods: The Role of Brand Prominence［J］. Journal of Marketing, 2010, 74 (4): 15-30.

［51］ Yoo B., Donthu N., Lee S. An Examination of Selected Marketing Mix Elements and Brand Equity［J］. Journal of Academy of Marketing Science, 2000 (28): 195-211.

［52］ Zeithaml V. A. Consumer Perceptions of Price, Quality and Value: A Means－end Model and Synthesis of Evidence［J］. Journal of Marketing, 1988, 52 (3): 2-22.

［53］ 安永咨询. 2017 全球奢侈品行业报告［R］. 2018.

［54］安德鲁·怀尔曼，迈克尔·贾里．零售的力量［M］．伦敦：麦克米兰出版社，1997.

［55］艾丰．中国品牌价值报告［M］．北京：经济科学出版社，1997.

［56］爱马仕是如何平衡旗下零售门店网络的？［EB/OL］．［2017-05-26］. http：//www. chinasspp. com/News/Detail/2017-5-26/382035. htm.

［57］［法］埃里克．布欧纳．奢侈与数字：数字时代品牌生存之道［M］．北京：人民邮电出版社，2018.

［58］白光．品牌造词的故事［M］．北京：中国经济出版社，2005.

［59］贝恩，Altagamma. 2017 全球奢侈行业研究报告［R］. 2017.

［60］BrandZ 全球最具价值品牌 100 强排行榜［EB/OL］. http：//www. sohu. com/a/146935245_460357，2017.

［61］布朗卡特．奢侈品之路：顶级奢侈品牌战略与管理［M］．谢绮红译．北京：机械工业出版社，2016.

［62］柴少宗．消费者行为学［M］．北京：清华大学出版社，北京交通大学出版社，2010.

［63］陈涛．营销渠道管理［M］．北京：机械工业出版社，2013.

［64］陈宪．中国奢侈品消费行为分析：从儒家文化影响的角度［J］．市场营销导刊，2007（1）：42-45.

［65］陈华．明星的"危机"效应［N］．解放日报，2014-06-27.

［66］陈瑾燕．从人的基本需要和欲望来看设计产品的定位分层——小议奢侈品［J］.职业技术，2007（18）：36-37.

［67］陈星星．奢侈的理由：每个时尚大牌都有很多传奇［M］．北京：社会科学文献出版社，2014.

［68］崔颖．奢侈品牌团队的创新动力［J］．企业管理，2017（2）：111-113.

［69］仇立．绿色消费行为研究［M］．天津：南开大学出版社，2013.

［70］戴安娜·代尔瓦勒．奢侈品品牌营销——创建·实施·案例［M］．上海：东华大学出版社，2016.

［71］丹尼尔·兰格，奥利弗·海尔．奢侈品营销与管理［M］．潘盛聪译．北京：中国人民大学出版社，2016.

［72］戴宏颖，李静．奢侈品护理的服务增值［J］．销售与市场（管理版），2013（7）：71-73.

［73］Drizzie. Gucci 的"影子董事会"作用有多大？［EB/OL］．［2019-07-11］. https：//xw. qq. com/amphtml/20190711005773/ZJC2019071100577300.

［74］丁纯．欧盟经济发展报告 2007［M］．上海：复旦大学出版社，2007.

［75］丁夏齐，马谋超，王詠，樊春雷．品牌忠诚：概念、测量和相关因素［J］．心理科学进展，2004，12（4）：594-600.

［76］董洁林，陈娟．无缝开放式创新：基于小米案例探讨互联网生态中的产品创新模式［J］．科研管理，2014（12）：76-84.

［77］杜建耀．企业产品组合的优化［J］．经济管理，2003（4）：70-74.

［78］范秀成，罗海成．基于顾客感知价值的服务企业竞争力探析［J］．南开管理评

论，2003（6）：41-45.

［79］冯林燕，王新新，何云春．国内外奢侈品牌研究的最新进展及启示［J］．外国经济与管理，2015（1）：21-31.

［80］菲利普·科特勒，阿姆斯特朗．市场营销：原理与实践（第16版）［M］．楼尊译．北京：中国人民大学出版社，2015.

［81］弗朗兹·博厄斯．原始艺术［M］．贵阳：贵州人民出版社，2004.

［82］付碧莲，陈楚微．货币风暴来袭，人民币傲然挺立［N］．国际金融报，2014-03-03（11）.

［83］付微．奢侈品也要玩网购［N］．燕赵都市报，2011-04-04.

［84］富充．阿提哈德如何成为顶级航空的典范，三大妙处只有亲身体验才能感受到［EB/OL］．https：//www.ysslc.com/caijing/shenghuo/571153.html.

［85］高金城．基于中国奢侈品市场持续健康发展的奢侈品价格问题研究［J］．商业经济研究，2015（15）：20-22.

［86］龚蕾．路易威登2016年度财报分析［EB/OL］．http：//gongleimm.blog.sohu.com/323816875.html.

［87］顾纪瑞．中国奢侈品市场变化和消费者群体分类研究［J］．消费经济，2012（6）：32-36.

［88］顾庆良．时尚产业导论［M］．上海：格致出版社，2010.

［89］官方购物网站将上线，爱马仕的"新零售"来了［EB/OL］．http：//m.look.360.cn/transcoding？sign＝360_e39369d1&url＝9de1ddda1fc38a3f0.

［90］韩英，程晓君．传统奢侈品与新奢侈品特征及消费群比较［J］．青年记者，2010（27）：35-36.

［91］何伟．2017品牌榜：路易威登掉4%，普拉达掉14%［EB/OL］．http：//www.ebrun.com/20170927/248196.shtml.

［92］洪俊杰，张梦霞．中国奢侈品消费者行为报告2015［M］．北京：经济管理出版社，2016.

［93］洪俊杰，张梦霞．中国奢侈品消费者行为报告2015［J］．品牌，2016（2）：2.

［94］后东升，周伟．零售店商品陈列技巧［M］．深圳：海天出版社，2007.

［95］胡道锐，宋国栋．产品组合策略实例研究——以斯沃琪集团为例［J］．中国集体经济，2011（9）：75.

［96］黄浩洲．左岸时尚右岸奢侈［M］．北京：知识产权出版社，2017.

［97］黄静，王文超．品牌管理［M］．武汉：武汉大学出版社，2015.

［98］嵇爽．新媒体环境下奢侈品牌在国内的广告投放分析研究［J］．新闻研究导刊，2017（14）：271-272.

［99］吉尔·格里芬．抓住消费者的心——如何培养、维系忠诚的消费者［M］．广州：中山大学出版社，1999.

［100］［美］杰伊·戴蒙德，艾伦·戴蒙德，谢里·利特．时尚零售全渠道模式［M］．方刚译．上海：东华大学出版社，2017.

［101］Keller K.L.战略品牌管理［M］．北京：中国人民大学出版社，2010.

［102］孔淑红．奢侈品品牌历史（第二版）［M］．北京：对外经济贸易大学出版

社，2014.

[103] 李飞 . 奢侈品营销 [M]. 北京：经济科学出版社，2010.

[104] 李飞，贺曦鸣，胡赛全，于春玲 . 奢侈品品牌的形成和成长机理——基于欧洲 150 年以上历史顶级奢侈品品牌的多案例研究 [J]. 南开管理评论，2015（6）：60-70.

[105] 李鸿磊，柳谊生 . 商业模式理论发展及价值研究述评 [J]. 管理学动态，2016（9）：186-199.

[106] 李杰 . 奢侈品品牌管理——方法与实践 [M]. 北京：北京大学出版社，2010.

[107] 李敬 . 渠道营销：实现产品到商品 "惊险跳跃" 的完美构想 [M]. 成都：西南财经大学出版社，2007.

[108] 李世鹏 . 中国奢侈品市场的发展 [J]. 消费导刊，2010（6）：22.

[109] 刘晓刚，幸雪，傅白璐 . 奢侈品学（第二版）[M]. 上海：东华大学出版社，2016.

[110] 刘晓颖 . COACH 转型时尚奢侈品 [N]. 第一财经日报，2017-05-04（A07）.

[111] 蔺雷，吴贵生 . 服务创新 [M]. 北京：清华大学出版社，2003.

[112] 龙飞 . Vertu 走下神坛，破产边缘的症结在哪？[EB/OL]. http://mini.eastday.com/a/170718014429421.html.

[113] 陆娟 . 品牌资产价值评估方法评介 [J]. 统计研究，2001（9）：34-35.

[114] 陆雄文 . 管理学大辞典 [M]. 上海：上海辞书出版社，2013.

[115] 卢泰宏，黄胜兵，罗纪宁 . 论品牌资产的定义 [J]. 中山大学学报（社会科学版），2000（4）：17-22.

[116] 卢晓，Phan M. C. T. 奢华酒店业服务创新成功决定因素研究：基于巴黎雅典娜广场酒店案例 [J]. 研究与发展管理，2012（5）：34-41.

[117] 罗格·D. 布莱克韦尔，保罗·W. 米尼德，詹姆斯·F. 恩格尔 . 消费者行为学（第 9 版）[M]. 徐海，朱红祥，于涛译 . 北京：机械工业出版社，2015.

[118] [英] Malcolm McDonald，Martin Christopher. 市场营销学 [M]. 张梦霞，解永秋等译 . 北京：经济管理出版社，2008.

[119] 马克态 . 塑造品牌个性 [J]. 江苏商论，2006（12）：96-97.

[120] 马志伟 . 时尚志 [M]. 上海：复旦大学出版社，2012.

[121] 梅莉，左鹏 . 绿色营销 [M]. 北京：中国财政经济出版社，2003.

[122] 米苏 . 21 世纪国际名牌名品奢华档案 [M]. 上海：上海科学技术出版社，2010.

[123] 米歇尔·舍瓦利耶，米歇尔·古泽兹 . 奢侈品零售管理 [M]. 卢晓译 . 北京：机械工业出版社，2014.

[124] 米歇尔·舍瓦利耶，热拉尔德·马扎罗夫 . 奢侈品品牌管理 [M]. 卢晓译 . 上海：格致出版社，2015.

[125] 彭传新 . 品牌叙事理论研究：品牌故事的建构和传播 [D]. 武汉大学博士学位论文，2011.

[126] 彭传新 . 奢侈品品牌文化研究 [J]. 中国软科学，2010（2）：69-77.

[127] 让·诺埃尔·凯费洛 . 论奢侈 [M]. 北京：机械工业出版社，2016.

[128] 让·诺埃尔·科普菲尔，文森特·巴斯蒂安，黎晓 . 当代奢侈品面面观 [J].

艺术设计研究，2013（3）：5-10.

[129] 饶丹. 科技与奢侈品联姻是下个时代的双赢吗 [EB/OL]. http：//www. sohu. com/a/32947261_114812.

[130] 任曙彪，张博川. 消费者购买决策中的信息搜寻行为研究 [J]. 科协论坛，2007（3）：69-70.

[131] 萨宾·伊史科娃法，韩燕（整理）. 奢侈品品牌管理概述 [J]. 艺术设计研究，2011（3）：11-16.

[132] 司金銮. 当代西方消费决策模式点评 [J]. 经济纵横，1995（10）：15.

[133] 苏昉. 法国奢侈品产业发展趋势与运营策略 [J]. 法语国家与地区研究（中法文），2018（1）：45-50，93.

[134] 邵斐. 奢侈品与品牌文化 [J]. 中国投资，2013（S1）：290.

[135] 邵芊涵. 奢侈品牌在中国市场的定价策略研究 [D]. 对外经济贸易大学硕士学位论文，2016.

[136] 奢国. 深度解读 2018 年奢侈品的四大发展趋势 [EB/OL]. https：//www. iyiou. com/p/66604. html.

[137] 奢侈品牌研究中心. 奢华品牌圣经——永恒的经典 [M]. 北京：人民邮电出版社，2012.

[138] 沈蕾，李义敏. 奢侈品品牌态度研究 [J]. 预测，2011（3）：22-26.

[139] 什么产品能当奢侈品？ [J]. 现代营销（学苑版），2009（8）：18.

[140] 斯特凡妮亚·萨维奥洛，艾丽卡·克贝利尼. 时尚与奢侈品管理 [M]. 江汇译. 广州：广东经济出版社，2016.

[141] 史秋琼. Armani 服装品牌案例浅析 [J]. 山东纺织经济，2013（7）：37-38.

[142] 施卓敏，郑婉怡，林倩. 奢侈品品牌叙事学中的共性元素及个性特征研究——以九个奢侈品品牌的品牌叙事为例 [J]. 品牌研究，2016（6）：56-69，78.

[143] 孙柳. 浅析新媒体环境下奢侈品的营销策略——以巴宝莉为例 [J]. 传播与版权，2017（10）：39.

[144] 孙铁骑. 奢侈品消费的文化审视 [J]. 兰州学刊，2015（6）：182-186.

[145] 田丽. 我国百货企业买手制转型的困境与突破 [J]. 商业经济研究，2017（14）.

[146] 王海忠. 品牌管理 [M]. 北京：清华大学出版社，2014.

[147] 王海忠. 品牌测量与提升——从模型到执行 [M]. 北京：清华大学出版社，2006.

[148] 王健. 希腊危机第三轮救助的内容、前景及其对中国金融稳定的影响研究 [J]. 金融发展评论，2015（7）：46-53.

[149] 王晓艳. 浅谈品牌个性塑造——以两个男装品牌为例 [J]. 经济论坛，2008（12）：100-101.

[150] 王新业. 百达翡丽："华丽符号"的经营哲学 [J]. 管理工程师，2008（9）：31-33.

[151] 王琰. 奢侈品中国制造 [EB/OL]. [2005-08-11]. http：//news/xinhuanet. com/newmedia/2005-08/11/content_3338525. htm.

［152］王炜瀚，王健，梁蓓．国际商务［M］．北京：机械工业出版社，2013．

［153］沃夫刚·拉茨勒．奢侈带来富足［M］．刘风译．北京：中信出版社，2003．

［154］［法］Vincent B.，Jean-Noel K. 奢侈品战略——揭秘世界顶级奢侈品的品牌战略［M］．谢绮红译．北京：机械工业出版社，2013．

［155］［法］Vincent Bastien，Jean-Noel Kapferer. 奢侈品战略［M］．谢绮红译．北京：机械工业出版社，2017．

［156］［法］Vincent B.，Jean-Noel K. 奢侈品战略——揭秘世界顶级奢侈品的品牌战略［M］．谢绮红译．北京：机械工业出版社，2018．

［157］夏瑾．法国人平常心对待奢侈品［N］．环球时报—人民网，2005-09-5（22）．

［158］萧国亮，隋福民．世界经济史［M］．北京：北京大学出版社，2007．

［159］晓雯．买手店前景好　挑战大［N］．中国服饰报，2018．

［160］新浪广东．欧美奢侈品中国代工厂主要集中在东莞等地［N］．新浪广东时尚，2014-03-13．

［161］新华时尚．"流水线"上的爱马仕，你会买吗？［EB/OL］．http：//www.mnw.cn/news/cj/940403.html．

［162］邢小兰．品牌故事如何讲［J］．中外企业文化，2014（5）：58-60．

［163］肖叶．高科技十万个为什么——新材料［M］．北京：昆仑出版社，1999．

［164］徐荣春．奢侈消费的经济评价和伦理评价［D］．上海师范大学硕士学位论文，2008．

［165］徐钦．奢侈品品牌的社交媒体评价对客户价值影响——以产品价值、关系价值和品牌价值为视角［J］．商业经济研究，2018（5）：71-74．

［166］亚伯拉罕·马斯洛．马斯洛人本哲学［M］．北京：九州出版社，2003．

［167］杨明刚．国际顶级品牌：奢侈品跨国公司在华品牌文化战略［M］．上海：上海财经大学出版社，2006．

［168］姚歆，赵敏．奢侈品网上零售［M］．北京：对外经济贸易大学出版社，2010．

［169］叶明海．品牌创新与品牌营销［M］．石家庄：河北人民出版社，2001．

［170］于冬雪．当奢侈品遇上高科技［EB/OL］．http：//cpc.people.com.cn/n/2015/0123/c87228-26435218.html．

［171］尹彬．奥特莱斯购物中心新商业模式探索［J］．商业经济研究，2015（12）．

［172］余明阳．品牌学［M］．合肥：安徽人民出版社，2002．

［173］恽丽梅，秦世明．洋古董钟表［M］．北京：北京出版社，2003．

［174］张家平．奢侈孕育品牌［M］．上海：学林出版社，2007．

［175］张梦霞．象征型购买行为的儒家文化价值观诠释——概念界定、度量、建模和营销策略建议［J］．中国工业经济，2005（3）：106-112．

［176］张梦霞．奢侈消费的界定及其价值观动因研究［J］．经济管理，2006（12）：23-29．

［177］张梦霞．奢侈品消费动机解构的实证研究［J］．中国零售研究，2010（1）：73-87．

［178］张梦霞．中小企业战略品牌管理研究——聚焦品牌资产［M］．北京：经济管理出版社，2013．

［179］张梦霞．市场营销学［M］．北京：北京邮电大学出版社，2019.

［180］张梦霞，陈静．当代中国奢侈品消费行为特征与解析［J］．品牌研究，2016（4）：20-26.

［181］张梦霞，王斯洋．中国城市"80后"人群奢侈品消费动机维度族的实证研究［J］．首都经济贸易大学学报，2010（3）：62-67.

［182］张娜．众多中华老字号海外集体遭抢注［N］．法制早报，2006-10-15.

［183］张文泽．三四线城市买手制品牌集合店前景可观［J］．时代经贸，2014（9）：86-87.

［184］张小琳，朱明侠．奢侈品企业价格歧视策略研究［J］．商业研究，2013（5）：86-90.

［185］赵春华．时尚传播［M］．北京：中国纺织出版社，2014.

［186］赵忠秀，朱明侠，张小琳．奢侈品管理概论［M］．北京：对外经济贸易大学出版社，2010.

［187］曾涛．企业商业模式研究［D］．西南财经大学博士学位论文，2006.

［188］曾玉玲．中国市场奢侈品消费模式研究——从地位寻求式消费到产品认知式消费［J］．长江大学学报（社会科学版），2015（5）：54-58.

［189］郑锐洪．营销渠道管理［M］．北京：机械工业出版社，2012.

［190］周婷，朱明侠．奢侈品案例分析［M］．北京：对外经济贸易大学出版社，2011.

［191］周云．奢侈品品牌管理［M］．北京：对外经济贸易大学出版社，2010.

［192］周云，胡宝贵，花涛．中国连锁品牌发展质量调研报告（2017）［M］．北京：中国轻工业出版社，2018.

［193］朱桦，黄宇．经典与时尚——当代国际奢侈品产业探析［M］．上海：上海人民出版社，2012.

［194］朱铭，荆雷．设计史［M］．济南：山东美术出版社，1992.

［195］朱锦鸿．服务、服务营销、感知服务质量的研究综述［J］．现代管理科学，2010（7）：112-114.

［196］朱明侠，曾明月．奢侈品管理概论［M］．北京：对外经济贸易大学出版社，2014.

［197］朱耘．奢侈品牌"下沉式"营销调查［N］．中国经营报，2010-11-20.